寒旱区胶粉改性沥青及其混合料性能与应用

HANHANQU JIAOFEN GAIXING LIQING
JI QI HUNHELIAO XINGNENG YU YINGYONG

王　岚　崔亚楠　著

人民交通出版社
北京

内 容 提 要

本书针对内蒙古寒旱区大温差、强紫外线等气候环境特点,研发了区域气候适应性胶粉改性沥青配方。基于流变学原理,采用宏、细观力学相结合的方法,对热拌及温拌胶粉改性沥青及其混合料的微观结构特性、高低温流变性能开展研究,揭示了胶粉改性沥青的改性机理和温拌胶粉改性沥青的温拌机理,阐释了热拌及温拌胶粉改性沥青混合料宏观力学性能的细观力学机理,提出热拌及温拌胶粉改性沥青混合料施工技术。本书内容包括:绪论、胶粉改性沥青基本性能及微观结构、环境影响下胶粉改性沥青的蠕变、胶粉改性沥青混合料黏弹性力学行为、温拌胶粉改性沥青技术、温拌胶粉改性沥青混合料性能、寒旱区胶粉改性沥青的工程应用等内容。

本书可供行业内相关科研、设计、施工人员参考使用,也可作为高等院校高年级本科生及研究生的参考资料。

图书在版编目(CIP)数据

寒旱区胶粉改性沥青及其混合料性能与应用/王岚,崔亚楠著. —北京:人民交通出版社股份有限公司,2024.7

ISBN 978-7-114-19453-5

Ⅰ.①寒… Ⅱ.①王… ②崔… Ⅲ.①沥青拌和料—性能—研究 Ⅳ.①U414.7

中国国家版本馆 CIP 数据核字(2024)第 062913 号

书　　名:寒旱区胶粉改性沥青及其混合料性能与应用
著 作 者:王　岚　崔亚楠
责任编辑:袁　方　陈虹宇
责任校对:刘　芹
责任印制:刘高彤
出版发行:人民交通出版社
地　　址:(100011)北京市朝阳区安定门外外馆斜街 3 号
网　　址:http://www.ccpcl.com.cn
销售电话:(010)59757973
总 经 销:人民交通出版社发行部
经　　销:各地新华书店
印　　刷:北京建宏印刷有限公司
开　　本:787×1092　1/16
印　　张:16.5
字　　数:381 千
版　　次:2024 年 7 月　第 1 版
印　　次:2024 年 7 月　第 1 次印刷
书　　号:ISBN 978-7-114-19453-5
定　　价:86.00 元

(有印刷、装订质量问题的图书,由本社负责调换)

　　随着汽车工业的迅速发展,大量废旧橡胶轮胎产生,将废旧橡胶轮胎磨成粉末加入沥青中进行改性,是实现固废循环利用、保护生态环境、提高沥青路面质量的重要举措。由于胶粉改性沥青黏度大,因此施工温度高,产生的有毒有害烟雾多,造成能源浪费、污染严重,而温拌技术是实现绿色低碳施工的重要途径之一。内蒙古寒旱区具有冬季寒冷、温差大、多风沙、干燥等气候特征,这种气候环境对沥青路面的性能提出了更高的要求,沥青路面材料应兼具良好的高温抗车辙性能和低温抗开裂性能。开发具有寒旱区气候适应性胶粉改性沥青材料,掌握寒旱区特殊区域气候环境下热拌及温拌胶粉改性沥青及其混合料的微观结构特性、流变性能及黏弹性性能,对于其在该地区的推广和应用具有重要意义。

　　本书著者经过近 20 年的潜心研究,依托国家自然科学基金(11962024、52168063、12262030)、内蒙古自治区科技计划项目(2019GG031)等的支持,针对寒旱区特殊区域气候环境特点,基于流变学原理,采用宏观力学和细观力学相结合的方法,研发了区域气候适应性胶粉改性沥青配方,对热拌及温拌胶粉改性沥青及其混合料的微观结构特性、高低温流变性能开展研究,揭示了胶粉改性沥青的改性机理和温拌胶粉改性沥青的温拌机理,阐释了热拌及温拌胶粉改性沥青混合料宏观力学性能的细观力学机理,研究成果可为寒旱区胶粉改性沥青及其混合料的推广和应用提供参考。

哈尔滨工业大学　谭忆秋

2024 年 6 月

　　随着汽车工业的快速发展,世界各国承受的来自废旧橡胶轮胎的环保压力越来越大。目前,我国已成为全球最大的汽车消费国。截至 2023 年底,我国机动车总保有量达 4.35 亿辆,废旧轮胎产生量达到 6990 万条。废旧轮胎大量堆积造成环境污染和土地占用,废旧轮胎的资源化再利用已成为目前亟待解决的关键问题。大量研究表明,将废旧橡胶轮胎磨成粉末加入沥青中,可以改善沥青的温度敏感性,增强沥青的高温稳定性、低温抗裂性及抗疲劳性能。同时,胶粉改性沥青路面在降低噪声、延缓路面反射裂缝和适应不良气候等方面具有显著的优势。

　　近年来,胶粉改性沥青在国内外得到广泛应用,但各地在胶粉改性沥青的配方和制备,沥青混合料设计、施工,以及路面检测指标、标准等方面不尽相同。对于北方寒旱区,由于年温差及昼夜温差较大,胶粉改性沥青及其混合料在制备及应用方面具有特殊性,加之胶粉改性沥青黏度大,施工温度相比其他改性沥青至少提高了 10℃,造成沥青进一步老化,在施工过程中排放大量有毒有害烟雾,不符合绿色低碳交通的理念。胶粉改性沥青温拌技术可降低胶粉改性沥青的施工温度、减少污染物排放、节约能源,解决了低温季节热拌胶粉改性沥青混合料的施工问题,并使之具有不低于热拌胶粉改性沥青混合料的路用性能。

　　本书基于国内外胶粉改性沥青的研究成果,充分吸收新理念、新技术、新工艺,针对寒冷地区胶粉改性沥青和温拌胶粉改性沥青进行了大量的试验研究和实体工程实施,全面分析了胶粉改性沥青和温拌胶粉改性沥青及其混合料的黏弹性、路用性能和施工特性,为北方寒冷地区胶粉改性沥青铺面材料的设计、施工提供依据,供寒旱区道路设计和施工参考。本书注重基本原理、研究思路和技术方法的论述,力求内容的理论性与实践性、系统性与先进性及可读性与可操作性并重。

　　本书内容是内蒙古工业大学王岚教授和崔亚楠教授课题组近 20 年研究成果

的提炼和总结。感谢国家自然科学基金委员会、内蒙古自治区交通运输厅、内蒙古自治区科学技术厅的支持。本书所涉及的实体工程是在内蒙古自治区交通运输厅的支持下实施完成的。本书的撰写得到了天津市交通运输工程质量安全监督总站、山东省交通科学研究院、中咨公路养护检测技术有限公司等单位的大力支持,在此向支持我们研究工作的同行表示深深的谢意!

由于著者水平有限,书中难免有不妥之处,恳请读者批评指正。

著 者

2024 年 6 月

CONTENTS **目　录** ◀

第1章
绪论

1.1 胶粉改性沥青

1.1.1 胶粉改性沥青的发展

目前,我国是全球最大的汽车消费国,废旧轮胎数量可观,每年产生的废旧轮胎以10%~12%的速度递增。我国废旧轮胎通常采用焚烧、填埋等原始的处理方法,回收利用率不到西方发达国家的30%,在造成巨大资源浪费的同时也造成"黑色污染",见图1-1。由于废旧轮胎具有很强的抗热性和抗降解性,通过燃烧会产生有毒气体,残留有害的固体废物,给生态环境及人类生活带来极大危害。因此,对废旧橡胶轮胎进行安全、有效的处理已成为社会各界关注的焦点[1]。

a) 废旧轮胎堆放　　　　　　　　　　　　b) 废旧轮胎焚烧

图1-1　废旧橡胶轮胎造成的危害

废旧橡胶轮胎属于工业有害固体废弃物,将其埋在土中,100年都不会分解腐烂,但若长期露天堆放,将会占用土地,造成资源的极大浪费,而且会恶化自然环境、破坏植被生长,经过日晒雨淋,容易积存污物,滋生细菌,而且轮胎橡胶缓慢分解时会释放有害气体,严重污染空气,影响人类健康,危及生态环境。此外,日久自燃还极易造成火灾[2]。为此,日益增多的废旧橡胶轮胎已成为世界各国迅速蔓延的黑色公害。

世界各国都非常重视废旧轮胎资源的开发和利用,各国政府已立法或成立专门机构进行管理,并实施鼓励政策。如美国相继出台了《轮胎回收利用法》及《废旧轮胎回收处理再利用》专项法案,各州设立专项基金,用于管理、处理废旧轮胎。1975年,法国颁布了《废弃物及资源回收法》。加拿大于1992年授予"轮胎再循环管理协会"专项立法委任权,负责管理废轮胎处理专项基金。1993年,日本颁布的《环境基本法》第八节"费用负担及财政措施"中规定了使用者的缴费义务,使用者丢弃一条废轮胎需缴纳处理费300日元。我国在2010年12月31日,由工业和信息化部公布《废旧轮胎综合利用指导意见》。《废旧轮胎综合利用指导意见》充分认识到废旧轮胎综合利用的重要意义,制定的发展目标是:到2015年国内旧轮胎翻新水平有较大提高,废轮胎资源加工环保达标率达到80%。稳定发展再生橡胶产品,年产量达到300万t。2013年3月14日,由工业和信息化部印发《废旧轮胎综合利用行业准入公告管理暂行办法》,以加强废旧轮胎综合利用行业准入管理工作,规范行业发展秩序,提高废旧轮胎综合利用技术水平。10多年来,废旧橡胶轮胎的循环利用如火如荼。

图1-2为废旧轮胎回收利用途径。可以看出,废旧轮胎的利用可分为直接利用和间接利用。其中,直接利用主要为轮胎翻新、作为码头缓冲器等,而间接利用是经再加工后循环再利用。

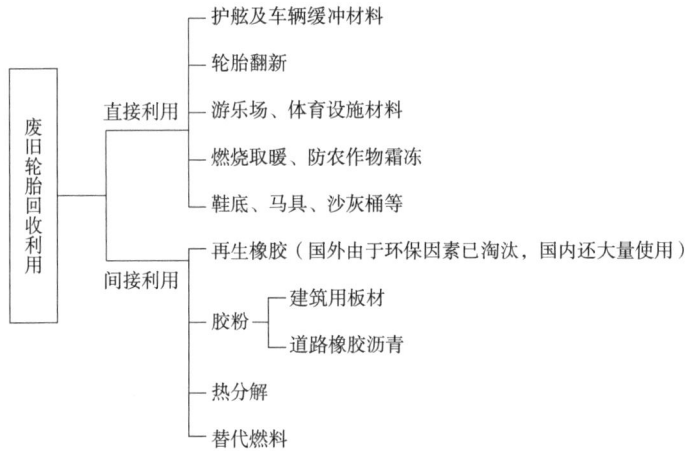

图1-2　废旧轮胎回收利用途径

橡胶改性沥青已有百余年的历史。早在1873年,英国人Samuel Whiting就申请了有关在沥青中加入1%的天然橡胶对沥青进行改性的专利,但这一专利产品没有在实际工程中应用[3]。1898年,法国也开始在沥青中掺配天然橡胶。1902年,法国修筑了掺有橡胶的沥青路面[4]。

现代意义上的胶粉改性沥青混合料首先出现在20世纪40—60年代的美国。美国橡胶回收公司(Rubber Reclaiming Company)在20世纪40年代首先采用干拌法的生产工艺生产了Ramflex废胎橡胶粉沥青混合料,60年代美国专家Charles McDonald首先采用湿拌法的生产工艺生产了Overflex TM胶粉改性沥青混合料[5]。

美国将废轮胎胶粉改性沥青用于修筑公路已有40余年的历史,1982—1986年已试铺了210多个路段,共1.1万km。这种路面的热稳定性能和防冻性能都比较好,并可减少维修费用[5]。美国联邦统计局统计,到1997年,胶粉改性沥青已消耗了8000万t废轮胎。原西德日耗200t废轮胎用于修筑公路、运动场及机场跑道。

法国、比利时、奥地利在公路建设中亦广泛采用废胶粒、废胶粉配料。俄罗斯伏尔加格勒公路交通部门将废轮胎胶粒用于铺设路面,可有效预防由冬季路面结冰引发的交通事故。

为了减少车辆行驶时产生的噪声,英国在萨里郡4条交通繁忙的道路上利用废轮胎胶粒重新铺路,使噪声降低了70%。英国科拉斯公司获准在法国应用这项技术,每年铺设10万 m^2 的胶粉改性沥青路面。这些路段主要集中在巴黎居民区的一些繁华街道。该技术的优点之一是胶粒取自回收再利用的废轮胎,有利于环境保护。此外,这些橡胶颗粒还具有吸收光线、减缓强光刺眼的优点,与传统的路面相比,驾驶员在胶粉改性沥青路面上驾驶车辆感觉更舒适[6]。

在多孔隙沥青混凝土(PAC)路面的发源地法国,铺筑了超过100万 m^2 的胶粉改性沥青多孔隙路面,通过总结多年的PAC路面室内研究和实际应用效果,发现废胎橡胶粉改性PAC比普通PAC在保持长久排水性能、抵抗重交通、抗剪切和抵抗不良气候影响等方面具有明显的优势。

南非的废旧轮胎橡胶粉在公路行业中的应用十分成功,南非和美国加利福尼亚州一样拥有历时20~25年仍然完好的胶粉改性沥青路面;胶粉改性沥青应用领域包括沥青面层、应力吸收层等,基本上拥有一整套胶粉改性沥青相关的技术指标[7-8]。

多数研究证明:胶粉改性沥青路面可减小路面厚度,延长道路使用寿命,改善路面的温度敏感性,提高沥青的黏度和SHRP PG高温指数,可提高混合料的抗高温、抗低温变形能力,提升低温柔韧性和延长疲劳寿命;并且能降噪、防滑,具有更好的黏结性。同时,胶粉改性沥青改性后不但某些性能优于SBS改性沥青,而且价格更为便宜[9]。

胶粉改性沥青研究在我国始于20世纪80年代,广东、山东、辽宁、北京、天津、江西、湖北、浙江等地开展了胶粉改性沥青的应用研究,铺筑了试验路,并取得了一定的实践成果。

1993年,沈阳市在交通量较大的道路试铺了1万 m^2 的胶粉改性沥青路面,经过寒暑交替的考验,效果良好;1995年,在五爱路至浑河大坝间试铺了3万 m^2 的胶粉改性沥青路面,经过多年的高负荷运行考验,效果良好。之后,在沈哈高速公路用胶粉改性沥青试铺了一段路面,效果良好。北京路翔技术有限责任公司于1995年在北京小红门和广东韶关地区218国道采用胶粉+PE复合改性沥青试铺了一段路面,效果良好[10]。该公司还成功研制了生产改性沥青的高速混炼机专用设备,利用该套设备生产的胶粉改性沥青质量优良,在京石高速公路试铺了一段路面。此外,我国已成功研制适用于胶粉改性沥青防堵塞的喷洒机,为胶粉改性沥青筑路提供了施工配套的硬件。2006年,内蒙古工业大学寒区道路材料课题组在内蒙古赤通鲁高速公路上铺筑了胶粉改性沥青桥面防水层,经过多年的运营,使用效果良好。2007年,在赤通鲁高速公路与赤朝高速公路连接线铺筑了胶粉改性沥青降噪路面试验段,经测试,车辆行驶噪声可减少5.0~8.0dB。之后在内蒙古多条高速公路、一级公路上铺筑了胶粉改性沥青和温拌胶粉改性沥青路面试验段,效果良好。

在生产工艺方面,国内也做了大量研究,许多学者研究了废胎橡胶粉改性沥青的制备工艺、胶粉品种、胶粉粒度等因素对改性沥青稳定性的影响。采用高速剪切工艺制备的废胎橡胶粉改性沥青具有良好的稳定性,而采用传统工艺制备的改性沥青存在明显的离析现象;不同种类和不同粒径的废胎橡胶粉对改性沥青稳定性的影响明显不同;通过添加相容剂可明显缩短达到稳定所需的混合时间。近年来,高掺量胶粉改性沥青工艺日趋成熟。

1.1.2　胶粉改性沥青的组成及特性

按照美国 ASTM D6114[11]的定义,胶粉改性沥青是含量15%以上的废胎橡胶粉在高温状态下(180℃以上)与沥青溶胀反应得到的改性沥青胶结材料,即在普通基质沥青里加入15%以上的废轮胎胶粉,经高速剪切研磨后在高温状态下搅拌,经溶胀反应,形成的一种改性沥青胶结料。作为胶粉改性沥青的改性剂——废轮胎胶粉,是由废旧轮胎经过粉碎、研磨制成的粉状胶料。胶粉改性沥青混合料的性能除取决于沥青、集料的性质和级配外,胶粉本身的性质也有重要影响,如胶粉的掺量、来源、化学成分、生产工艺、细度等。

废轮胎胶粉对沥青的改性有明显效果。胶粉在沥青中主要经历溶胀、脱硫降解过程。胶粉改性沥青的作用阶段不同,橡胶-沥青体系表现的性质也不同,体系性质随剪切条件和废胎橡胶粉掺配比的变化规律也不同。沥青的化学组成对胶粉在改性过程中的脱硫降解影响很大。沥青中芳香分含量越高,胶粉在沥青中越容易脱硫降解;而沥青质含量越高,胶粉在沥青中越难以脱硫降解。在交联助剂的作用下,脱硫废胎橡胶粉可在沥青中再次形成网状结构,并且在沥青中有较好的分布,更易溶胀,更好地改善沥青性能。

废轮胎胶粉对沥青低温延度(5℃)和弹性恢复方面的改性效果较好。其中,胶粉的粒度和用量对沥青的改性有重要的作用。胶粉对沥青的低温性能改性效果较好[12]。

国内橡胶轮胎主要类型有子午胎、斜交胎。天然橡胶含量不同,胶粉改性沥青的性质不同。天然橡胶含量高,可以加快沥青和橡胶的反应速度,增强胶粉改性沥青的黏附性。从这个角度考虑,胶粉应选自斜交胎。

由于废胎橡胶粉和沥青的化学成分不相同,且都具有较强的惰性,相互接触一般不产生直接的化学反应,废胎橡胶粉与沥青拌和主要发生溶胀反应。然而,通过胶粉改性沥青混合料反算废胎橡胶粉密度、采用沥青浸渍法检测废胎橡胶粉密度及胶粉改性沥青性能指标,都会发现废胎橡胶粉的掺入改变了沥青的性能,具有显著的相互作用,同时,也能看到无论采用哪种拌和方式,废胎橡胶粉颗粒在胶粉改性沥青中都是天然存在的。废胎橡胶粉和沥青是在高温条件下共混,其过程比较复杂。废胎橡胶粉正是在这种双重作用下产生改性效果,使胶粉改性沥青混合料表现出与一般沥青混合料不同的路用性能。

沥青的性能要求包括高温稳定性、低温抗裂性、抗老化性能、弹性恢复等。废胎橡胶粉中含有天然橡胶、合成橡胶、硫黄、炭黑、抗老化剂等成分,这些成分对改善沥青混合料的品质十分有益。废胎橡胶粉的掺入能提高沥青软化点,改善低温流动性,降低针入度,提高延度,使沥青产生良好的弹性变形。炭黑可以改善沥青的黏附性、耐久性和耐磨性,提高沥青混合料的抗车辙性能[13-14];硫黄可以改善沥青的温度稳定性;抗老化剂能增强沥青的抗老化性能。研究表明,废胎橡胶粉对改性沥青性质的影响,主要取决于废胎橡胶粉来源、基质沥青、废胎橡胶粉形态、废胎橡胶粉用量以及加工处理条件等方面。

1.1.2.1　高温性能

黏度是沥青材料重要的技术指标,通常黏度被用作最重要的高温控制指标,并设置一个黏度控制范围。国外的很多研究采用布氏(Brookfield)旋转黏度计法测定通过胶粉改性后的沥青黏度。Bennert 等[15]、Lougheed 等[6]的试验结果表明,废胎橡胶粉的加入能够增加沥青的黏度,从而提高沥青路面高温抗变形的能力。另外,Gopal 等[16]、张丽萍等[17]、邱欣等[18]通过黏度、针入度及软化点试验研究发现,经胶粉改性后,沥青的耐高温性能得到了改善。李美江等[19]采用毛细管法测得运动黏度,发现掺入废胎橡胶粉能够大大提高沥青的黏度,且随着掺量的增加,胶粉改性沥青的黏度表现出良好的规律性(指数规律)。Bahia 等[20]研究发现,旋转黏度随废胎橡胶粉含量的增加而连续升高,在不同温度下,胶粉含量的影响规律是相似的,在高温(135 ~ 185℃)下黏度的增加与胶粉的含量呈对数关系。Navarro 等[21]研究表明,胶粉改性沥青是典型的非牛顿流体,温度越高,废胎橡胶粉颗粒越大,则非牛顿趋势越显著。Shen Junan 等[22]对橡胶粉表面积和尺寸对胶粉改性沥青胶结料高温特性的影响进行研究发现,胶粉颗粒的表面积和粒径对沥青胶浆的相位角和复数模量有较大影响。

1.1.2.2 低温性能

美国陆军工程师团水道试验站(U. S. Army Engineer Waterways Experiment Station,WES)通过拉伸蠕变试验发现,胶粉改性沥青在低温时比普通沥青软,其拉伸劲度模量比相应的基质沥青小20% ~ 80%,这也表明胶粉改性沥青的温度敏感性远比普通沥青要低[23]。交通部公路科学研究院的研究表明,以低温延度评价胶粉改性沥青低温性能时,5℃延度显著大于基质沥青的延度,且随着废胎橡胶粉掺量的增加,胶粉改性沥青的低温延度明显增加。在当量脆点试验中,随着废胎橡胶粉掺量的增加,胶粉改性沥青的当量脆点明显降低[24]。

1.1.2.3 抗老化性能

常用的评价沥青短期老化的试验方法有薄膜加热试验(TFOT)及旋转薄膜加热试验(RTFOT),它们的试验条件比较苛刻,接近强制式搅拌中的老化过程。长期老化性能的试验方法一般采用SHRP(美国公路战略研究计划)提出的压力老化试验(PAV)。Wong 等[25]的试验结果表明,从薄膜烘箱老化试验前后的针入度、软化点、延度和弹性恢复看,经过薄膜烘箱老化后胶粉改性沥青的黏度提高,而且沥青质量损失也得到明显改善。可以看出,经过薄膜烘箱老化后,相比基质沥青,橡胶沥青的抗老化性能有所增强。Soon-Jae Lee 等[26]通过对胶粉改性沥青胶结料老化性能的试验研究发现,胶粉来源及含量对其老化性能有较大影响,胶粉含量在15%时具有最佳的抗车辙能力,胶粉含量最高达到35%时,仍能满足高性能沥青路面(Superpave)胶结料的抗车辙、疲劳开裂、抗低温开裂性能要求。

1.1.2.4 弹性恢复性能

弹性恢复性能作为评价改性沥青性能的新指标已被广泛使用。废胎橡胶粉是一种良好的弹性材料,有助于提高沥青弹性恢复能力,从而可以减少荷载作用下路面的残余变形和路面的损坏。目前,较为通用的弹性恢复试验为拉伸弹性试验。从弹性恢复的试验结果看,废胎橡胶粉的掺入大大改善了沥青的弹性恢复性能,当胶粉用量在20%以内时,掺量的增加能显著提高沥青的弹性恢复性能[12]。Oliver[27]的研究表明,废胎橡胶粉表面越粗糙,表面积越大,改性沥青的弹性恢复性能越好。

1.1.2.5 胶粉粒径、含量、形状及类型对改性沥青性能的影响

针对掺入不同粒径胶粉的改性沥青性能进行研究[28],结果显示:在一定的粒径范围内,胶粉越细,对沥青性质的改善效果越明显。在相同胶粉比的情况下,粒径大的胶粉对改性沥青的软化点、弹性恢复性能的改善效果较好,而粒径小的胶粉更能显著地提高改性沥青的延度。这是因为胶粉越细,在沥青中溶胀越容易,对提高改性沥青的延度和针入度越有利,但若胶粉在沥青中溶胀性有限,则过细的胶粉在沥青中将难以形成骨架结构,会使沥青的弹性恢复性能减弱,并在温度升高时易流动变形,即软化点会降低。从经济与技术角度综合考虑,胶粉也并不是越细越好。康爱红等[29]利用荧光显微照相技术和红外光谱法等现代测试手段对胶粉改性沥青进行微观结构分析发现,胶粉改性沥青的性能虽然提高了,但其存储稳定性相对较差。废胎橡胶粉掺量增多,基质沥青中游离的废胎橡胶粉含量增加,致使离析增多。李雪等[30]对胶粉改性沥青的长期稳定性和循环稳定性进行研究,并分析制备工艺、胶粉品种、胶粉粒径以及混合时间对其稳定性和常规性能的影响。结果表明,胶粉改性沥青常规性能受制备工艺、胶粉品种和混合时间等因素的影响显著,但对胶粉粒径的依赖性不大,最佳混合时间一般约为4h。刘日鑫等[31]探讨胶粉用量和物料混合搅拌条件对改性沥青性能的影响。结果表明,在1400r/min转速下,胶粉用量为11份,物料混合搅拌温度和时间分别为142℃和4h时,改性沥青的软化点较高,5℃时的延度较大,25℃时的延度和针入度较小,其抗高温软化、抗低温龟裂和抗车辙性能较好。付永然等[32]应用正交试验和极差分析法研究了废胎橡胶粉、稳定剂等改性剂对沥青性能的影响,通过考察沥青的各个性能指标,用极差分析法优化了各种改性剂的用量,为研究胶粉改性沥青提供了一种科学的方法。郭峰伟等[33]通过大量试验分析了胶粉改性沥青制备过程中溶胀时间、湿度、胶粉粒径、胶粉掺量以及基质沥青对胶粉改性沥青性能的影响,并从微观结构方面进行了分析。这进一步说明通过选择基质沥青、改变工艺条件,可以制成不同性能要求的路用胶粉改性沥青。Panagiotis Frantzis[34]利用光学显微镜观察胶粉改性沥青的微观结构,分析胶粉颗粒形状、尺寸、胶结料特性对胶粉与胶浆相互作用的影响及胶粉颗粒的溶胀现象。Liu等[35]对不同废胎橡胶粉类型、胶粉粒径及胶粉含量等对胶粉改性沥青性能的影响进行了研究,得出不同类型胶粉的最佳掺量。解建光等[36]对废弃轮胎胶粉的酸值进行了测试,并据此进行了胶粉表面活化处理,再用作沥青混合料的改性剂,采用马歇尔试验、车辙试验和低温劈裂试验分别比较了活化胶粉与未活化胶粉改性后的沥青混合料性能变化。叶智刚等[37]对胶粉在沥青中脱硫降解后的溶解度测试法进行比较,认为离心法与抽提法两种皆可用,但离心法相对抽提法有正误差。提高温度会使沥青与橡胶之间的传质增加,溶解量增大。增加胶粉掺入量会提高沥青的黏度,使体系内部之间的传质下降,以百分比计的橡胶表观溶解度下降,但橡胶的绝对溶解量仍会增加。

1.1.3 胶粉改性沥青的生产

一方面,胶粉改性沥青中橡胶颗粒能够吸收沥青中的轻质油分,使体积增大,产生溶胀

作用,溶胀后废胎橡胶粉体积达到胶结料的30%～40%,从而导致沥青中轻质油分减少,黏度增加;另一方面,橡胶颗粒的骨架填充作用仍然存在。因此,胶粉改性沥青性质的变化是基质沥青品质变化和体系结构变化双重作用的结果。

由于废胎橡胶粉和沥青都是惰性较强的高分子材料,大多数废胎橡胶粉并未经过脱硫处理,自身有良好的交联结构,因此,将废胎橡胶粉和沥青均匀拌和形成一种稳定的路用材料并不是一件容易的事,其对沥青的改性机理也和常规改性沥青的机理有所不同。在配方方面,影响废胎橡胶粉改性沥青质量的因素主要为胶粉粒度、胶粉种类、沥青种类等[38],胶粉并非越细越好[39-40]。在工艺方面,关键影响因素是搅拌温度、速度和时间。石洪波等[41]分析了废胎橡胶粉改性沥青的生产方法、改性机理、改性效果、混合料性质及生产设备的研究进展,对制约我国胶粉改性沥青形成产业化的瓶颈提出了建议。

国外道路研究人员对胶粉改性沥青的生产工艺和性能也做了大量的研究工作,Billiter[42]研究发现,高温、高剪切速率(如在263℃、4000r/min)加工处理可导致橡胶的溶解量增加,改善沥青的低、中温流变性质,降低高温黏度。Memon等[43]研究了高温和高剪切速率加工处理条件对废胎橡胶粉改性沥青脱硫和降解的影响,发现只通过剪切过程就可改善废胎橡胶粉改性沥青的温度敏感性;若在加热条件下(267℃)剪切2h,然后搅拌处理(228℃、95min),则能获得更好的降解和脱硫效果。

1.1.3.1 废胎橡胶粉颗粒的生产工艺

废旧轮胎造粒设备是废旧轮胎再利用的关键。胶粉的生产方法主要有常温粉碎、湿法粉碎、冷冻粉碎及臭氧粉碎等四种方法[44-45]。路用废胎橡胶粉宜选用常温研磨粉碎的轮胎胶粉。在国内,20～40目胶粉可直接在滚筒粉碎机上粉碎。采用滚筒式或齿盘式常温机械,滚筒速比为1∶3.24,其胶粉为不规则的锯齿状,产量约占目前胶料总量的63%,其粒度一般较小,为425～850μm粒径胶粉。国内已开发出常温精细粉碎机,采用圆形磨盘,以循环水为冷却介质,进料为425～850μm粒径胶料,产品是以180μm粒径为主的精细胶粉,生产能力为150kg/h。我国XJF系列橡胶精细粉碎机采用水冷锥形磨体式结构,可使废旧橡胶在常温下粉碎至150～250μm,精细胶粉出粉率达80%以上,生产能力达120kg/h,处于国内领先、国际先进水平。该设备底盘材料是以硬质合金作为一对磨合转子与定子的研磨材料,能将预碎至2～4mm的胶粒一次粉碎达标。

1.1.3.2 胶粉改性沥青制备工艺

通常可通过机械搅拌法、胶体磨法和高速剪切法得到胶粉改性沥青。由于胶粉改性剂与沥青相容性较差,仅仅采用简单的机械搅拌需要太长的时间,且效果不好,因此必须通过胶体磨或高速剪切设备等专用机械的研磨和剪切强制将改性剂打碎,使改性剂充分分散到沥青里,这种生产改性沥青的方法是目前国际上最先进的方法。除了可以在工厂生产并运输到现场使用外,也可将改性沥青设备安装在现场,现场制备、就地使用给生产带来了很大的方便,而且避免远距离运输导致的沥青老化。

采用胶体磨法与高速剪切法加工改性沥青,一般都需经过改性剂溶胀、分散、存放、发育四个阶段。每个阶段的工艺流程和时间随改性剂及加工设备的不同而不同,而加工温度是关键。改性剂溶胀阶段后,磨细分散才能做到又快又好。加工出来的改性沥青还需要进入储存缸中不停地搅拌,继续发育,才能喷入拌和锅中使用[46]。关键是确定合理的溶胀—分散—存放—发育的工艺过程,尤其是分散过程中胶体磨的间隙、温度、遍数,剪切机的转速及时间,这些参数都影响改性沥青的产量和质量,而且应该注意,研磨时间并不是越长越好,剪切并不是越细越好。实际上,较高的温度和较长的改性时间会导致废胎橡胶粉改性沥青过度降解,使改性沥青的物理性质受到很大影响,如弹性损失、沥青的氧化老化加重、沥青体系的硬化等[46]。

胶体磨法是先将基质沥青加热到180℃,分别加入不同比例和不同粒径的废胎橡胶粉,用搅拌机搅拌1h,然后进入胶体磨进行研磨,使废胎橡胶粉进一步被细化以便充分溶胀(图1-3)。剪切研磨后进入发育罐进一步反应混合,充分混合2h后停止搅拌。经发育制成胶粉改性沥青,然后灌模测定其物理性质[47]。

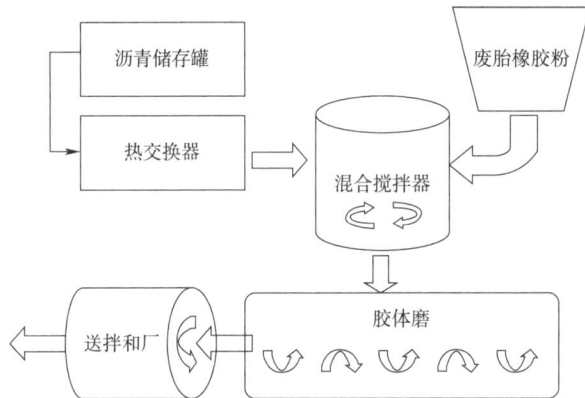

图1-3　胶粉改性沥青生产设备

在生产工艺方面,国内学者进行了大量研究,廖明义等[48]研究了废胎橡胶粉改性沥青的制备工艺、胶粉品种、胶粉尺寸等因素对改性沥青稳定性的影响。张春生[49]对废胎橡胶粉改性沥青及混合料进行了室内试验,研究了废胎橡胶粉与基质沥青的掺配工艺和最佳掺量,提出橡胶粉改性沥青的生产工艺规程。石洪波等[50]对废胎橡胶粉改性沥青的工艺条件进行了研究,认为剪切温度、剪切速度、剪切时间是影响改性沥青性能的关键因素,温度太低时,改性沥青的黏度较大,废胎橡胶粉很难与沥青混合均匀;剪切温度高于200℃时,沥青易老化;适宜的剪切温度为170~180℃。废胎橡胶粉通过高速剪切被磨得更细,可增加与基质沥青的相容性,剪切的适宜速度一般为700r/min;剪切时间太短,废胎橡胶粉与沥青混合不均匀;剪切时间过长,沥青会因老化而黏度明显增大,适宜的剪切时间为30min。

目前,我国先后制定和出版了废胎橡胶粉改性沥青有关技术标准和专著。交通运输部发布了行业标准《路用废胎胶粉橡胶沥青》(JT/T 798—2019),江苏省发布了《江苏省橡胶沥青路面技术规程》,包括《橡胶沥青产品建议技术标准》《橡胶沥青应力吸收层施工技术指南》《断级配橡胶沥青混合料(AR-AC-13)施工指南》。北京市出台了《北京市废胎胶粉沥青及混合料设计施工技术指南》。天津市发布了《应力吸收层技术指标及施工方法》《天津市废轮胎胶粉改性沥青路面技术规程》。交通运输部公路科学研究院发布了《橡胶沥青及混合料设计施工技术指南》。孙祖望等出版了《橡胶沥青技术应用手册》。尽管如此,各地、各厂家在胶粉改性沥青的生产工艺、配方及沥青性能方面仍有所不同。关于胶粉改性沥青的深入研究仍在继续。

1.2　沥青及沥青混合料黏弹性原理与黏弹特征

1.2.1　沥青的黏弹性原理

黏弹性材料的数学物理模型是在古典阻尼理论的基础上发展起来的,这种模型可以由弹性元件和黏性元件串联或并联组合而成,如 Maxwell 流体模型、Kelvin 固体模型。这两个模型是最简单的黏弹性材料的物理模型。为了更好地描述黏弹性材料的动态力学性能,可以将它们构造成更为复杂的线性黏弹性模型,如 Burgers 模型、广义 Kelvin 模型和广义 Maxwell 模型。广义 Kelvin 模型和广义 Maxwell 模型的线性黏弹性力学性质的数学描述,即为整数阶微分本构方程。我们也可以通过遗传积分的方法来描述黏弹性材料的力学性质,建立与微分型本构关系完全相同的积分型本构关系。本构方程的微分形式与流变模型间的关系比较明显和直观,因而在早期关于黏弹性的文献中被大量采用。而本构方程的积分形式则能直接反映黏弹性材料的基本实验特性——记忆特性,因此现代黏弹性研究往往更多地采用积分型本构方程。

沥青是一种典型的黏弹性材料[51-52],在高温下变软,低温下变脆,其黏弹性能对沥青路面的使用性能具有重要的影响。为了描述其流变性质,早在 20 世纪 60 年代,Monismith 等[53]就已应用流变理论对沥青混凝土的黏弹性特征进行了研究,并且证实了 Burgers 模型可以用于分析沥青混合料的黏弹性特性。目前,在研究沥青及沥青混合料的黏弹性能时,应用最多的是 Burgers 模型。Burgers 模型是由一个 Maxwell 模型和一个 Kelvin 模型串联而成的四元件模型,Burgers 模型能反映黏性流动、瞬时弹性和延迟弹性的影响。

描述胡克弹性、牛顿黏性以及一般黏弹性本构关系时,最简单的数学模型是以弹簧代表胡克弹性,以黏壶代表牛顿黏性流动,以弹簧和黏壶的组合代表一般黏弹性元件。

(1)弹性元件

以弹簧代表的胡克弹性,弹簧在外力作用下将瞬时产生和外力成比例的变形,撤除外力后弹簧的变形将瞬时恢复。如图 1-4 所示,其应力-应变关系满足胡克定律:

$$\sigma = E\varepsilon \tag{1-1}$$

式中:E——弹性模量;

ε——应变。

按照胡克定律,在时刻 0 施加恒定应力并保持不变,将瞬时产生弹性变形 ε 并保持不变,在时刻 t_0 撤销应力,变形 ε 在瞬间完全恢复。

（2）黏性元件

以黏壶代表的牛顿流动，黏壶在外力作用的瞬时时刻并不能够使得黏性液体产生流动变形，保持外力不变，黏壶中的黏性液体将和时间成比例持续发生流动变形，自黏壶中流出的黏性液体即使在外力撤除后也不能恢复。如图 1-5 所示，以黏壶代表牛顿流体，其应力与应变关系满足牛顿内摩擦定律：

$$\tau = \eta \dot{\gamma} \text{ 或 } \gamma = t\frac{\tau}{\eta} \tag{1-2}$$

式中：η——黏性系数，是不依赖于切变速度的常数；

$\quad\gamma$——流动速度；

$\quad t$——时间。

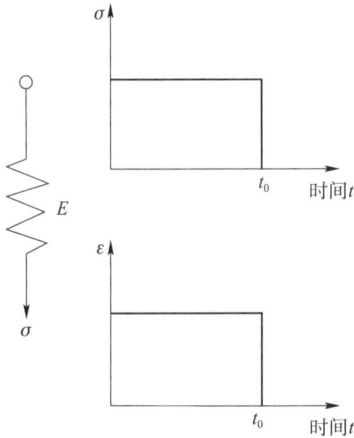

图 1-4　弹簧与弹性变形　　　　图 1-5　黏壶与流动变形

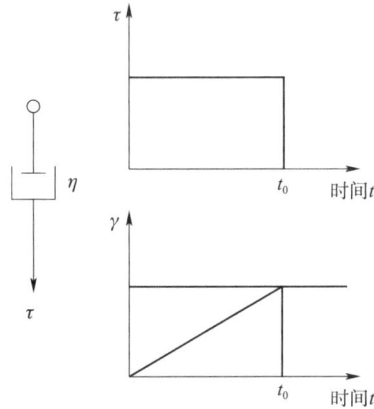

按照牛顿内摩擦定律，在时刻 0 施加恒定应力并保持不变，瞬间并不产生瞬时变形。随着时间的增加，流动变形 γ 与时间按照一定的先行比例关系持续增加。在时刻 t_0 撤销应力，变形 γ_0 不能恢复并将永远保持下去。为统一起见，采用拉伸黏性流动描述牛顿定律，并采用与胡克定律相同的符号体系，有：

$$\sigma = \eta \dot{\varepsilon} \text{ 或 } \varepsilon = t\frac{\sigma}{\eta} \tag{1-3}$$

弹性元件和黏性元件经过串联或并联后在一定程度上反映了材料黏弹性力学行为的特点，如蠕变和应力松弛的特性，但很难合理地拟合沥青这种材料复杂多变的力学行为，因此可以采用稍微复杂一些的结合方式，构造更为合理的力学模型。将弹性元件与黏性元件进行组合，得到较常见的 Maxwell 模型、Kelvin 模型，如图 1-6 所示。

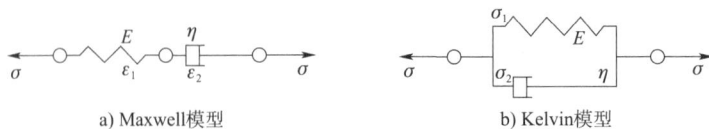

a) Maxwell模型　　　　　　b) Kelvin模型

图 1-6　Maxwell 模型和 Kelvin 模型

Kelvin 模型适合表述蠕变与蠕变恢复的力学行为，Maxwell 模型适合表述应力松弛的力学行为。将二者串联后得到如图 1-7 所示的四元件模型（可以记为 [M]-[K]），通常称为 Burgers 模型，则可以同时说明蠕变、蠕变恢复和应力松弛等力学行为。

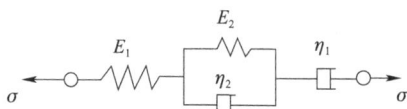

图 1-7 Burgers 模型

Burgers 模型是目前使用较为广泛的黏弹性力学模型，它的本构方程为：

$$\sigma + \frac{\eta_1 E_1 + \eta_1 E_2 + \eta_2 E_1}{E_1 E_2}\dot{\sigma} + \frac{\eta_1 \eta_2}{E_1 E_2}\ddot{\sigma} = \eta_1 \dot{\varepsilon} + \frac{\eta_1 \eta_2}{E_2}\ddot{\varepsilon} \tag{1-4}$$

式中：η_1、η_2——黏性系数；

E_1、E_2——弹性模量；

σ——应力；

ε——应变。

①蠕变

将一定应力的输入 $\sigma = \Delta(t) \cdot \sigma_0$ 代入本构方程式（1-4），取拉普拉斯变换，得到：

$$\frac{\sigma_0}{s} + \frac{\eta_1 E_1 + \eta_1 E_2 + \eta_2 E_1}{E_1 E_2}\sigma_0 + \frac{\eta_1 \eta_2}{E_1 E_2}s\sigma_0 = \eta_1 s \bar{\varepsilon}(s) + \frac{\eta_1 \eta_2}{E_2}s^2 \bar{\varepsilon}(s)$$

解出这一代数方程，得：

$$\bar{\varepsilon}(s) = \sigma_0 \left[\frac{E_2}{s^2(\eta_1 E_2 + \eta_1 \eta_2 s)} + \frac{\eta_1 E_1 + \eta_1 E_2 + \eta_2 E_1}{s(\eta_1 E_1 E_2 + \eta_1 \eta_2 E_1 s)} + \frac{\eta_1 \eta_2}{\eta_1 E_1 E_2 + \eta_1 \eta_2 E_1 s} \right]$$

作拉普拉斯变换反演，得到蠕变应变：

$$\varepsilon(t) = \sigma_0 \left(\frac{E_1 + E_2}{E_1 E_2} + \frac{t}{\eta_1} + \frac{1}{E_2} e^{-\frac{E_2}{\eta_2}t} \right) \tag{1-5}$$

相应的蠕变柔量可以表达为：

$$J(t) = \frac{\varepsilon(t)}{\sigma_0} = \frac{1}{E_1} + \frac{t}{\eta_1} + \frac{1}{E_2} \left(1 - e^{-\frac{E_2}{\eta_2}t} \right) \tag{1-6}$$

或记为：

$$J(t) = J_E + J_V + J_C \tag{1-7}$$

其中，$J_E = \dfrac{1}{E_1}$ 为瞬时弹性变形柔量，$J_V = \dfrac{t}{\eta_1}$ 为黏性流动变形柔量，$J_C = \dfrac{1}{E_2}\left(1 - e^{-\frac{E_2}{\eta_2}t} \right)$ 为延迟弹性变形柔量，分别描述沥青及沥青胶浆的瞬时弹性、黏性流动及延迟弹性。

②应力松弛

把应变输入 $\varepsilon = \varepsilon_0 \Delta(t)$ 代入本构方程式（1-4），进行拉普拉斯变换，得到：

$$\bar{\sigma}(s) = \varepsilon_0 \frac{\eta_1 E_1 E_2 + \eta_1 \eta_2 E_1 s}{E_1 E_2 + (\eta_1 E_1 + \eta_1 E_2 + \eta_2 E_1)s + \eta_1 \eta_2 s^2} \tag{1-8}$$

进行拉普拉斯变换反演，得到：

$$\sigma(t) = \frac{\varepsilon_0}{A} \left[\left(\eta_1 - \frac{\eta_1 \eta_2}{E_2}r_1 \right)e^{-r_1 t} - \left(\eta_1 - \frac{\eta_1 \eta_2}{E_2}r_2 \right)e^{-r_2 t} \right] \tag{1-9}$$

其中:$r_{1,2} = \dfrac{p_1 \pm A}{2p_2}$;

$A = \sqrt{p_1^2 - 4p_2}$;

$p_1 = \dfrac{\eta_1 E_1 + \eta_1 E_2 + \eta_2 E_1}{E_1 E_2}$;

$p_2 = \dfrac{\eta_1 \eta_2}{E_1 E_2}$。

相应的松弛弹性模量可以表达为:

$$E_r(t) = \frac{\sigma(t)}{\varepsilon_0} = \frac{1}{A} \left[\left(\eta_1 - \frac{\eta_1 \eta_2}{E_2} r_1 \right) e^{-r_1 t} - \left(\eta_1 - \frac{\eta_1 \eta_2}{E_2} r_2 \right) e^{-r_2 t} \right] \qquad (1\text{-}10)$$

1.2.2 沥青混合料的黏弹特性

沥青混合料是一种典型的热流变材料,具有黏弹性,其应力-应变关系依赖于加载历史和环境温度。黏弹性材料的力学特性对时间与温度的依赖性主要表现为:当试验温度一定,给定不同的加载条件并达到相同的应变水平时,其响应表现为应力随加载速度的加快或加载时间的缩短而增大。当加载时间一定,给定不同的试验温度,则相同时间内达到同样的应变水平时,黏弹性材料响应的应力水平随温度的升高而降低。事实上,试验温度的升高相当于快速加载,即加载时间的缩短,黏弹性材料的这种特性称为时间-温度换算法则[54]。

对于沥青混合料黏弹性的研究起始于 20 世纪 60 年代,各国道路工程学者对沥青混合料的黏弹特性做了大量的研究,且大多采用蠕变和松弛等准静态试验方法。此外,动态试验方法也开始被较广泛地应用于沥青混合料复数模量、延迟角和耗散能等黏弹性动态参数分析[55-57]。Szydlo 等[58]分析了沥青混合料流变参数对永久变形的影响,发现流变模型中的黏性系数 η_1 和延迟弹性模量 E_2 对沥青混合料车辙深度具有显著影响,其中沥青胶浆的流变性能参数(尤其是黏性系数)是导致沥青路面发生车辙流动变形的主要因素,而延迟弹性模量则能决定沥青表面磨耗层的变形。Abbas 等[59]应用广义 Maxwell 模型得出了沥青混合料的剪切模量模型,且该模型的计算结果与试验结果具有较好的相关性。Lee 等[60]利用单轴拉伸试验,获得了 Schapery 本构模型的黏弹性参数,并结合破坏因子研究了沥青混合料的微观破坏。Tashman 等[61]基于沥青混凝土的微结构研究出了一种适用于描述沥青混合料高温永久变形的黏塑性连续模型。该模型将沥青混凝土的重要微结构性能与其连续行为联系起来,以便更好地预测沥青混凝土的永久变形。该模型主要由高温条件下影响沥青混凝土永久变形的各因素组成,包括应变率、围压、扩张、集料摩擦、各向异性和破坏等。Lu 等[62]把沥青混合料描述为黏弹塑性材料,建立了黏弹塑本构模型。Erkens 等[63]建立了沥青混凝土本构模型,讨论了沥青混凝土的三维有限元法。Blab 等[64]对三维沥青路面进行了黏弹性有限元分析。Abbas 等[59]通过二维图像技术捕捉胶粉改性沥青混合料内部微观结构,分析其黏弹性行为,并通过模型参数的比较验证了分析模型的正确性。Shu 等[65]基于弹性-黏弹性相关理论提出了预估 HMA(热拌沥青)混合料动态模量的黏弹性微观力学模型,在这一模型中

HMA 混合料被看成由胶浆、沥青胶结料包裹集料的混合物,并由此预估沥青混合料弹性模量,再由弹性-黏弹性相关理论预估复合模量及动态模量。

郑健龙在沥青混凝土黏弹性研究方面进行了大量的试验研究和理论分析[66-67],利用 Burgers 模型计算了沥青混合料的疲劳特性,并通过不同温度下的沥青混合料松弛试验计算了时-温等效的移位因子,提出了计算变温条件下沥青混凝土应力松弛本构模型,并通过应力松弛试验获得了基于广义 Maxwell 模型的黏弹性参数,说明了黏弹性参数在计算累积耗散能中的应用,并认为黏弹性参数对累积耗散能有直接影响。彭妙娟等[68]建立了用于预估沥青路面车辙的非线性黏弹性-弹塑性本构模型。该模型可以体现沥青混合料的非线性弹性、塑性、黏弹性、非线性黏弹性对沥青路面车辙的影响,能较为全面地反映沥青路面永久变形的特性。邵腊庚等[69]采用直接拉伸试验研究了沥青混合料的黏弹性损伤特性,得出了一种沥青混合料黏弹性连续损伤模型,该模型不仅能反映沥青混合料拉伸时的应变率效应与应力软化现象,而且结合 Arrhenins 移位因子,能得到沥青混合料在不同温度下拉伸时的应力响应,并且发现拟合所得到的参数理论模型与试验结果相关性较高。封基良等[70]则利用直接拉伸试验获得 Burgers 模型参数,介绍了确定黏弹性参数的 arquardt 法、非线性拟合效果以及黏弹性参数统计检验方法。钱国平等[71]基于热黏弹性力学理论和有限元方法,应用广义 Maxwell 模型模拟沥青混合料的黏弹性,通过试验研究和理论推导,得出增量型热黏弹性本构关系,建立了环境条件下沥青路面的温度应力场的有限元计算方法。李一鸣[72]通过沥青混合料的应力松弛试验得到试验温度下的松弛劲度模量,并依据时-温等效原理得出覆盖满足实际要求的温度和时间的松弛劲度模量曲线簇,为计算沥青路面温度应力提供了科学数据。侯金成[73]通过对纤维沥青混凝土松弛模量的研究,得到了纤维沥青混凝土有效模量的黏弹性解答,并研究了几种常见纤维沥青混凝土的应力松弛特性。结果表明,纤维沥青混凝土在松弛过程中,其泊松比随着基体松弛模量的减小而逐渐增大,纤维的加入能明显改善沥青路面抵抗变形的能力,并减小路面动态加载时的最大弯沉及卸载时的残余弯沉。王随原等[74]的研究结果表明,沥青混合料的变形由瞬时弹性变形、延迟弹性变形、黏性流动变形、弹性恢复、延迟弹性恢复、永久变形六部分组成,采用 Burgers 模型可以较好地模拟蠕变试验所得的蠕变柔量曲线,也可解释为什么 SBS 改性沥青混合料的高温性能好于基质沥青混合料。因此,可以用 Burgers 模型表征沥青混合料蠕变试验的黏弹特性。延西利等[75]通过三轴试验研究了沥青混合料的流变特性,明确了沥青混合料的流变模型,并采用计算机试验数据进行模拟,得出沥青混合料 Burgers 模型的流变参数,结果表明,温度并不影响沥青混合料的弹性性质,但会影响瞬时弹性与黏弹性中弹性成分的比例。黄卫东等[76]采用微膜式黏度计和单轴蠕变试验研究了沥青及混合料的流变性质,并用流变学理论将沥青与混合料的黏性部分与弹性部分分开,在数学上推导出 Burgers 模型四参数与车辙试验动稳定度间的关系。结果表明,流变模型中的黏性系数与动稳定度成正比。叶群山[77]采用蠕变试验研究了纤维沥青胶浆与混合料的黏弹特性,并采用相应的流变模型对其黏弹特性进行描述。结果表明,纤维沥青混合料蠕变试验加载过程中蠕变劲度模量随时间的变化关系可以由幂函数形式来表征,修正的 Burgers 模型更适合描述纤维沥青混合料的黏弹特性。流变模型参数拟合结果表明,纤维在沥青混合料中的主要影响是提高沥青混合料黏弹性能中的迟滞黏弹性能和黏性性能,其对沥青混合料弹性性能的改善效果则会因矿料骨架的作用而有所弱化,尤其是 E_2、η_1 的增大能提高沥青混合料抵抗永久变形(车辙性能)的能力。郭乃胜[78]根据单轴静压蠕变试验分析了纤维沥青混合料蠕变特性与纤维掺量的关系,应用黏弹性本构模型探讨了纤维沥青混凝土的黏弹性特征,提出计入纤维掺量的"四单元、五参数"黏弹性本构方程,并应用该方程计算蠕变加载过程,其结果与试验结果一致性较好。郑健龙等[79]基于热黏弹性力学理论,对不同温度条件下沥青混合料的应力松弛特征开展试验研究,应用热流变简单材料的时-温等效原理对试验结果进行分析和参数拟合,根据试验结果建立了描述沥青混合料黏弹特性的广义 Maxwell 模型,并通过理论推导提出沥青混合料非定常和非均匀变温条件下增量型热黏弹性本构关系,在此基础上,给出应用本构关系进行沥青路面热黏弹性力学分析的数值实现方法。

目前,关于沥青混凝土黏弹性的研究主要是基于黏弹性理论提出黏弹性本构模型,进而通过相关的室内试验进行模型验证和参数确定。此外,也可以把确定的参数应用到沥青混凝土的路用性能的评价模型(如车辙预估模型、开裂模型等)中。

1.3　沥青微观结构及微观力学测试原理

随着对沥青细观结构研究的不断深入,对表征沥青的手段也提出了更高的要求,涌现出多种对沥青细微观结构的分析方法。基于沥青的结构及性状,一般运用于纯物质的测试方法表征沥青极其困难,红外光谱(IR)作为一种广泛使用的测试手段引起大量学者的关注,红外光谱是由分子吸收能量引起的振动和转动能级跃迁而产生的吸收光谱来分析、鉴别物质,研究分子内部结构及分子之间的相互作用,它是解析物质结构的强有力工具。此外,扫描电子显微镜(SEM)和原子力显微镜(AFM)分别从微观和纳观角度观测物质的细观表面形态,同时技术成熟,制样方便,操作简单,也得到了广泛的应用。

1.3.1　原子力显微镜测试原理

1.3.1.1　工作原理

原子力显微镜可以分为力检测系统、位置检测系统、反馈系统[80]。原子力显微镜工作原理图如图 1-8 所示。原子力显微镜中的激光发射器中发射出一束激光,经过光学系统发射至带有探针的微悬臂背面,经由微悬臂背面反射至感光元件,被半导体二极管检测到并接收,经过处理便可得到所测样品的表面形貌信息。

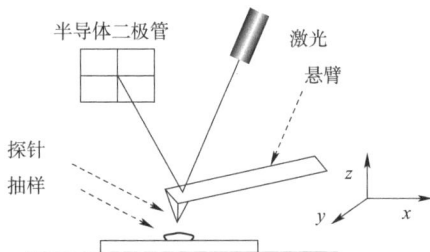

图 1-8　原子力显微镜工作原理图

1.3.1.2　原子力显微镜扫描模式和探针选择

原子力显微镜探针与沥青样品原子相互作用时,主要是范德华力作用。范德华力、探针与沥青样品之间的距离关系如图 1-9 所示。探针从较远处接近沥青样品时，主要受吸引力作用，距离逐渐缩小，原子间排斥力逐渐增大，吸引力被排斥力抵消一部分。当探针与沥青样品间距离达到定值时，原子间的吸引力和排斥力达到平衡状态。距离继续减小时，原子间主要受排斥力作用。

AFM 有三种测试模式：接触模式、非接触模式和轻敲模式，如图 1-9 所示。接触模式不适用于测试低弹性模量、易变性材料，故此方法不适用于测试沥青材料。非接触模式对微悬臂材质要求比较高，样品微观形貌用微悬臂的振动幅度表征[81]；测试的图像分辨率低、不够清晰，故应用并不广泛。采用轻敲模式测试样品时，探针与样品之间的距离较近，压电元件可以直接调节微悬臂的振动幅度，以较小的力间歇地接触样品表面，减少样品表面损伤。轻敲模式更适用于软弱黏性试样，且其分辨率远高于非接触模式，因此选用此种模式测试沥青材料微观特性。采用轻敲模式可以获得形貌图与相位图，样品形貌可由探针针尖在测试过程中的轨迹变化来表示，相位图是当探针针尖检测到试样表面形貌不同时，悬臂杆的驱动与反应振幅的时间延迟形成的相位差图像[82]。

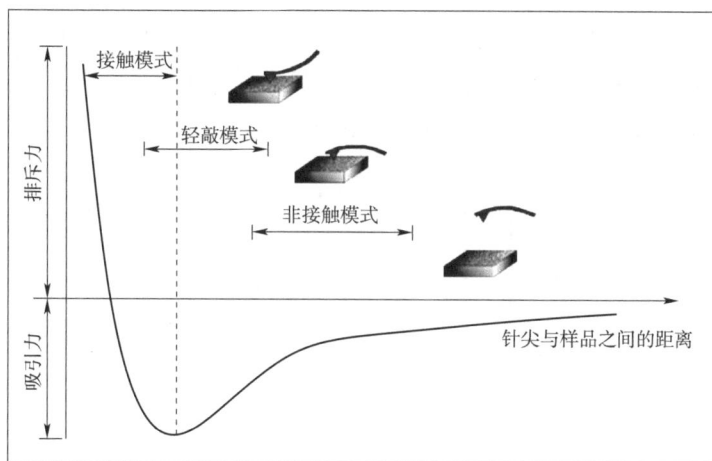

图 1-9　范德华力、探针与沥青样品之间的距离关系图

原子力显微镜峰值力轻敲模式（Peakforce Tapping Mode Atomic Force Microscope，PFT-AFM）是在轻敲模式下衍生来的。此模式弥补了力曲线阵列模式（Force-Volume）的成像分辨率低和精度难以控制的缺点，满足小黏附力试件测试力曲线的要求。工作原理是压电元件作用使探针针尖与沥青接触，并对沥青施加作用力，此作用力需很微小以保证沥青的形变在弹性范围内，以此获得沥青表面微观力学信息[83]。根据定量纳米力学测试模式（Quantitative Nanomechanical Testing Model，QNM）的原理，对沥青表面不同部位进行微观力学测试，得到杨氏模量（Young-Modulus）、黏附力（Adhesion）、变形量（Deformation）和耗散能量（Dissipation），由此分析判断微观结构中各部分的力学特性与力学变化。

原子力显微镜由探针、微悬臂、压电元件和激光探测器组成。探针是原子力显微镜的重要组成部分。目前，探针主要为单晶硅和官能团修饰的功能性探针，如—CH_3、—$COOH$、—OH 等。一般可以根据测试材料的特点、扫描模式和研究内容等要求选择适合的探针。

1.3.2 扫描电子显微镜测试原理

近年来,扫描电子显微镜作为一种技术成熟、适用性广泛且对试样要求相对低的物体表观形貌测试设备,用来直观地评价材料的形貌、组成、缺陷分布等,提供了材料的物理化学反应、力学强度形成、损伤变形演化等机理的理论依据,在土木工程材料微细观结构观测中较为常用。

SEM 技术的扫描范围较大,可达数平方毫米,具有很大的景深和较宽的视野,但是只能观测二维图像,而 AFM 技术的最大扫描范围为 $100\mu m \times 100\mu m$,同时能对高度进行测量,可以得到高分辨率的三维图像,但是 AFM 的工作区域选择困难,且仅能在微米尺度范围进行观测,难以实现对较大样品表面的观测。就观测图像的分辨率来说,两者在理论上均为纳米级,但实际的试验结果表明对于较大扫描范围(微米或毫米级),SEM 的图像质量优于 AFM;在进行小范围扫描,特别是纳米级的范围扫描时,AFM 的图像质量明显优于 SEM,因此将两种技术结合起来,更有助于深刻地了解沥青在不同状态下细观结构的变化。

扫描电子显微镜的工作原理(图 1-10)是利用二次电子信号成像来观察样品的表面形态,当一束高能入射电子轰击物质表面时,被激发的区域将会产生二次电子和背散射电子。根据高能电子和物质相互作用时不同信息的产生机理,采用不同的信息检测器采集信息,得到物质的微观形貌特征,反映样品的表面形态结构[84]。

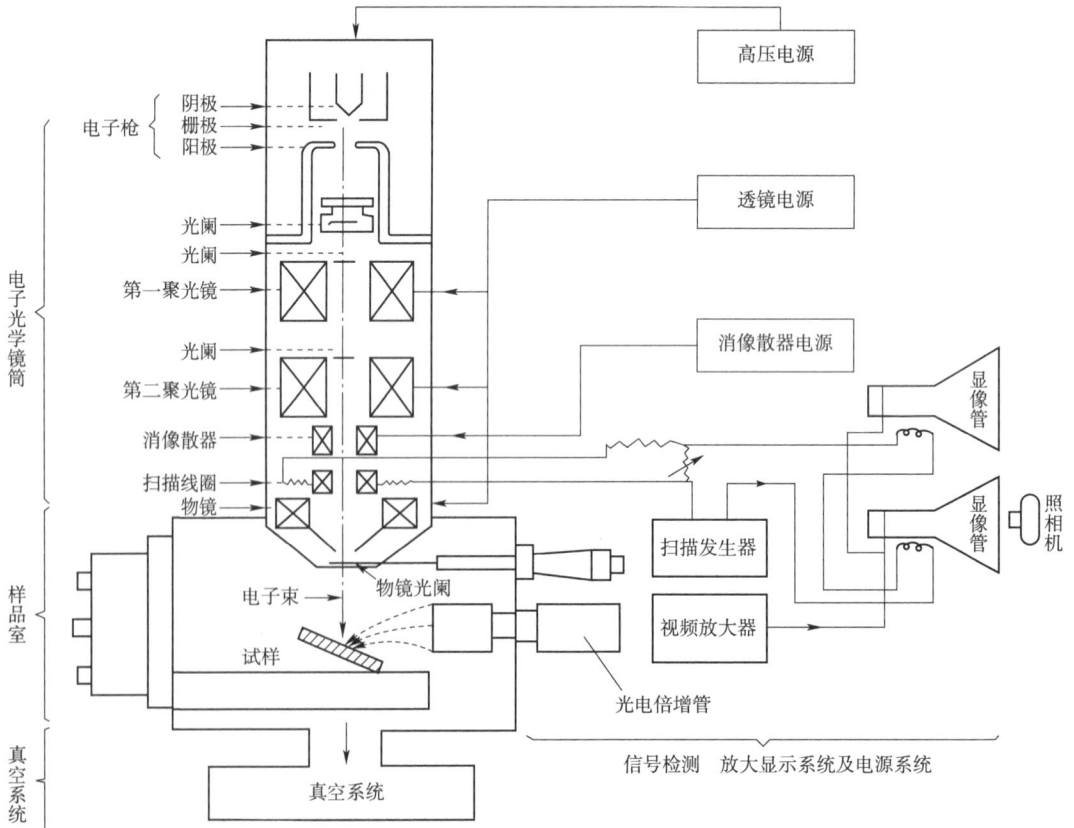

图 1-10 扫描电子显微镜工作原理示意图

1.3.3 傅立叶红外光谱测试原理

红外光谱是由分子吸收能量引起振动和转动能级跃迁而产生的吸收光谱,是解析物质结构的强有力工具,被广泛用来分析、鉴别物质,研究分子内部及分子之间相互作用。红外光谱是利用物质对红外光区电磁辐射的选择性吸收来进行结构分析、定性和定量分析的,其最突出的特点是特征性强,常作为"分子指纹"被广泛应用于分子结构的研究和化学组成的分析。由于红外吸收带的波长位置与吸收带的强度和形状能反映分子结构的特征,因此其主要用于鉴定未知物的结构或用于化学基团及化合物的定性鉴定。又因红外吸收带的吸收强度与分子组成或其化学基团的含量有关,故也可用来进行定量分析和化合物纯度鉴定。

根据量子学说,分子量子态发生跃迁,伴随着电磁波的吸收或发射。当样品被不同波长的红外辐射照射后,一些波长的辐射被样品选择吸收而减弱,便形成了红外吸收光谱[85]。红外光谱分为近红外、中红外以及远红外三个波段。有机结构分析主要应用的是中红外(波段位于 $600 \sim 4000\,cm^{-1}$ 范围内)。中红外光谱区通常分为 $1300(1800) \sim 4000\,cm^{-1}$ 和 $600 \sim 1800(1300)\,cm^{-1}$ 两个区域。最有分析价值的基团频率在 $1300(1800) \sim 4000\,cm^{-1}$ 范围内,这一区域称为官能团区,也称为基团频率区或特征区。该区域内的峰是由伸缩振动产生的吸收带,比较稀疏,而且容易辨认,常用作鉴定官能团。在 $600 \sim 1800(1300)\,cm^{-1}$ 区域内,除了单键的伸缩振动外,还有因变形振动产生的光谱带。该种振动基团频率与特征吸收峰以及整个分子的结构密切相关。当分子结构有略微不同时,该区域的吸收便会存在细微的差异,并显示出分子的特征,称为指纹区。指纹区有助于指认结构类似的化合物,同时可以作为化合物存在某种特定基团的重要旁证。

红外吸收峰的强度主要取决于分子中化学键的偶极矩变化大小,当分子中有极性化学键时,其偶极矩变化大,吸收峰较强;相反,两端原子相同的化学键,如 C—C、S—S 等的红外吸收峰较弱,这类非极性基团通常在拉曼光谱中有较强的信号。不同物质对不同波长的红外辐射吸收程度是不同的,所以形成的红外光谱也不一样。但对于一些官能团,由于具有红外特征吸收峰,因此可以根据各种物质的红外特征吸收峰位置、数目、相对强度和形状等参数,推断试样物质存在哪些基团,并确定其分子结构。傅立叶变换红外光谱工作原理示意如图 1-11 所示。

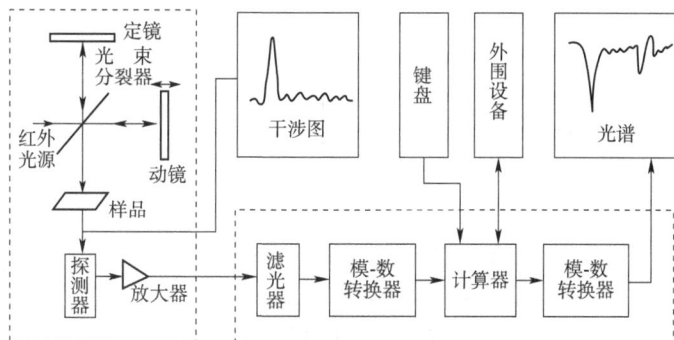

图 1-11 傅立叶变换红外光谱工作原理示意

1.3.4　热重分析测试原理

热重分析(Thermogravimetric Analysis,TG 或 TGA),是指在程序控制温度下测量待测样品的质量与温度变化关系的一种热分析技术,用来研究材料的热稳定性和组分。它的基本工作原理(图 1-12)为:样品质量变化所引起的天平位移量转化成电量,这个微小的电量经过放大器放大后,送入记录仪记录;而电量的大小正比于样品的质量变化量。当被测物质在加热过程中升华、汽化、分解出气体或失去结晶水时,被测物质的质量就会发生变化。这时热重曲线就不是直线而是有所下降。通过分析热重曲线,就可以知道被测物质在多少摄氏度时产生变化,并且根据失重量,可以计算失去了多少物质。TGA 试验有助于研究晶体性质的变化,如熔化、蒸发、升华和吸附等物理变化;也有助于研究物质的脱水、解离、氧化、还原等化学变化。热重分析通常可分为两类:动态(升温)和静态(恒温)。

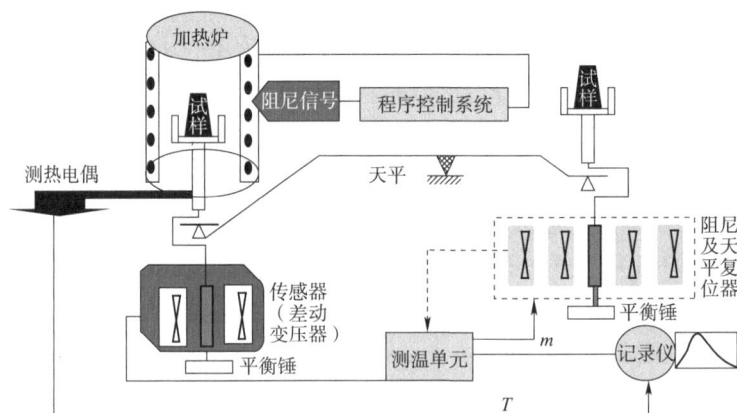

图 1-12　热重分析工作原理示意

热重试验得到的曲线称为热重曲线(TG 曲线),如图 1-13 所示。TG 曲线以质量分数为纵坐标,从上向下表示质量减少;以温度(或时间)为横坐标,自左至右表示温度(或时间)增加。

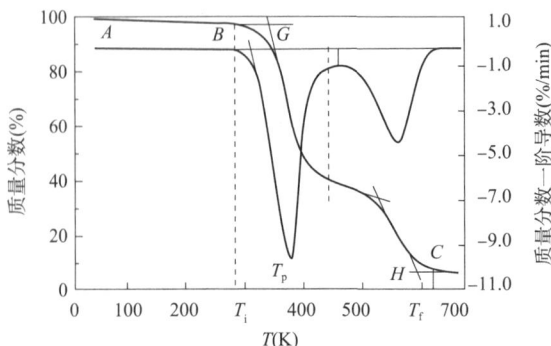

图 1-13　TG 曲线示意

如果参比物和被测物质的热容大致相同,而被测物质又无热效应,两者的温度基本相同,则测到的是一条平滑的直线,该直线称为基线。一旦被测物质发生变化,就会产生热效应,在差热分析曲线上就会有峰出现。热效应越大,峰的面积也就越大。在差热分析中通常还规定,峰顶向上的峰为放热峰,表示被测物质的熔变小于零,其温度将高于参比物。相反,峰顶向下的峰为吸收峰,则表示被测物质的温度低于参比物。一般来说,物质的脱水、脱气、蒸发、升华、分解、还原、相的转变等表现为吸热,而物质的氧化、聚合、结晶和化学吸附等表现为放热。

本章参考文献

[1] 马涛,陈葱琳,张阳,等. 胶粉应用于沥青改性技术的发展综述[J]. 中国公路学报,2021, 34(10):1-16.

[2] 广西交通科学研究院. 废旧轮胎在公路工程中的综合应用[J]. 交通节能与环保,2015, 11(1):13-22.

[3] LEWANDOWSKI L H. Polymer modification of paving asphalt binders [J]. Rubber Chemtechnol,1994,67:447-480.

[4] HOIBERG A J. Bitumen materials: asphalt, tars and pitehes, Volume 1 [M]. New York: Interscience Publishers, 1964.

[5] 谢川. 废轮胎胶粉改性沥青现状研究[J]. 中国轮胎资源综合利用,2018(2):23-28.

[6] LOUGHEED T J, PAPAGIANNAKIS A T. Viseosity characteristics of rubber modified asphalt [J]. Journal of Materials in Civil Engineering,1996, 8(3):153-156.

[7] ZHOU H, HOLIKATTI S, VACURA P. Caltrans use of scrap tires in asphalt rubber products: a comprehensive review[J]. Journal of Traffic and Transportation Engineering(English Edition), 2014, 1(1): 39-48.

[8] NI H F. Application of asphalt rubber technology to recreational trails[M]. Denver:University of Denver,2003.

[9] 王岚,胡江三,陈刚. 聚合物改性沥青及混合料高低温性能试验研究[J]. 公路工程,2014 (4):69-85.

[10] 石先成. 不同废旧硫化废胎橡胶粉改性沥青性能研究[D]. 济南:山东大学,2008:5-6.

[11] Standard Specification for Asphalt-Rubber Binder (Withdrawn 2018): ASTM D6114/ D6114M-09[S]. 2009.

[12] CONG P L, XUN P J, XING M L,et al. Investigation of asphalt binder containing various crumb rubbers and asphalts[J]. Construction and Building Materials, 2013, 40(3): 632-641.

[13] REBALA S R,ESTAKHRI C K. Laboratory evaluation of crumb rubber modified mixtures designed using TxDOT mixture design method[J]. Transportation Research Record, 1995, 1515: 1-10.

[14] GHALY A M. Properties of asphalt rubberized with waste tires crumb[J]. Journal of Solid Waste Technology and Management, 1999, 26(1): 45-50.

[15] BENNERT T,MAHER A,SMITH J. Evaluation of crumb rubber in hot mix asphalt[R]. USA:Center for Advanced Infrastructure and Transportation(CAIT) Rutgers Asphalt/Pavement Laboratory(RAPL) Rutgers University,2004.

[16] GOPAL V T,SEBALLY P, EPPS J. Effect of crumb rubber particle size and content on the low temperature rheological properties of binders[C]//Presented at the 81th Annu Meeting of the Transportation Research Board,Washington D. C. 2002.

[17] 张丽萍,邱欣,薛亮,等.废旧轮胎橡胶改性沥青混合料路用性能的室内试验[J].沈阳建筑大学学报(自然科学版),2005,21(4):293-296.

[18] 邱欣,凌建明,张敏江.新型改性沥青混合料路用性能评价研究[J].沈阳建筑大学学报(自然科学版),2006,22(6):885-889.

[19] 李美江,王旭东.废胎橡胶粉改性沥青性能研究[C]//中国公路学会道路工程学会.2004年道路工程学术交流会论文集.北京:人民交通出版社,2004.

[20] BAHIA H,DAVIES R. Factors controlling the effect of crumb rubber on critical properties of asphalt binders[J]. Journal of the Association of Asphalt Paving Technologists,1995,64(1):130-162.

[21] NAVARRO F J,PARTAL P,MARTINEZ-BOZA F,et al. Thermo-rheological behaviour and storage stability of ground tire rubber-modified bitumens[J]. Fuel, 2004,83(14-15): 2041-2049.

[22] SHEN J N,AMIRKHANIAN SERJI,XIAO F P, et al. Influence of surface area and size of crumb rubber on high temperature properties of crumb rubber modified binders[J]. Construction and Building Materials,2009,23(1):304-310.

[23] BUNCHER M S. Evaluating the effects of the wet and dry processes for including crumb rubber modifier in hot mix asphalt[D]. Auburn:Auburn University, 1995.

[24] 张巨松,王文军,刘传昆,等.脱硫废轮胎胶粉改性沥青性能的实验研究[J].沈阳建筑大学学报(自然科学版),2007,23(5):785-789.

[25] CHING W C,WONG W G. Effect of crumb rubber modifiers on high temperature susceptibility of wearing course mixtures[J]. Construction and Building Materials,2007,21(8):1741-1745.

[26] LEE S J, AKISETTY C K, AMIRKHANIAN S N. Recycling of laboratory-prepared long-term aged binders containing crumb rubber modifier[J]. Construction and Building Materials, 2008, 22(9): 1906-1913.

[27] OLIVER J W H. Modification of Pawing asphalts by digestion with scrap rubber[J]. Transportation Research Record,1987(821):37-44.

[28] 崔海滨,马立强,孔宪明.废胎橡胶粉改性沥青性能影响因素研究[J].石油沥青,2006,20(3):22-24.

[29] 康爱红,肖鹏,马爱群.废胎橡胶粉改性沥青存储稳定性研究[J].中外公路,2007,27(3):205-207.

[30] 李雪,廖明义.胶粉改性沥青的性能研究[J].橡胶工业,2005,52(5):283-287.

[31] 刘日鑫,孙可伟,林志伟.胶粉改性沥青性能的研究[J].橡胶工业,2007,54(7): 418-420.

[32] 付永然,王博,孔宪明.胶粉改性沥青性能正交试验分析[J].石油沥青,2006,20(5): 69-71.

[33] 郭峰伟,刘峰燕.路用胶粉改性沥青试验[J].石油沥青,2007,21(4):17-20.

[34] FRANTZIS P. Crumb rubber-bitumen interactions: cold-stage optical microscopy[J]. Journal of Materials in Civil Engineering, 2003,15(5):419-426.

[35] LIU S T, CAO W D, FANG J G, et al. Variance analysis and performance evaluation of different crumb rubber modified(CRM) asphalt[J]. Construction and Building Materials, 2009,23(7):2701-2708.

[36] 解建光,钱春香,傅大放,等.表面活化处理的废胎橡胶粉用于改性热拌沥青混合料 [J].公路,2004(4):101-105.

[37] 叶智刚,张玉贞.废胎橡胶粉改性沥青溶解度的判别与比较[J].研究与应用,2004 (12):14-16.

[38] 于晓晓,李彦伟,蔡斌,等.胶粉改性沥青研究进展:从分子到工程[J].合成橡胶业, 2022,45(1):2-12.

[39] 贾志新.浅谈废旧橡胶粉改性沥青在道路中的应用[J].公路交通科技(应用技术版), 2020,16(11):117-119.

[40] ZHOU H P,HOLIKATTI S,VACURA P. Caltrans use of scrap tires in asphalt rubber products: a comprehensive review [J]. Journal of Traffic & Transportation Engineering,2014,1 (1):39-48.

[41] 石洪波,邹明旭,廖克俭,等.废胎橡胶粉改性道路沥青的研究进展[J].化学工业与工程技术,2005,26(2):27-30.

[42] BILLITER T C. The characterization of asphalt-rubber binder[D]. Texas:A&M University, 1996.

[43] MEMON G M, CHOLLAR B H. Large-scale laboratory production of chemically modified crumb rubber asphalt(CMCRM)[C]∥Abstracts of Papers of the American Chemical Society. 1155 16TH ST, NW, WASHINGTON, DC 20036 USA:AMER CHEMICAL SOC, 1998, 216:U862-U862.

[44] 赵静.胶粉与胶粉复合改性沥青的性能研究[D].长沙:长沙理工大学,2008.

[45] 王笑风.路用废旧轮胎胶粉复合改性沥青应用技术[M].北京:人民交通出版社股份有限公司,2019.

[46] CHIPPS J F,BILLITER T C,DAVISON R R. Oxidative aging of asphalt rubber implications to performance analysia[C]∥ACS Division of Fuel Chemistry Preprints, 1998,43(4): 1057-1062.

[47] 黄文元,张隐西.路面工程用橡胶沥青的反应机理与进程控制[J].公路交通科技, 2006,23(11):5-9.

［48］廖明义,李雪.废胎橡胶粉改性沥青稳定性及其影响因素[J].石油化工高等学校学报,
2004,17(4):38-41.

［49］张春生.废胎橡胶粉沥青的试验研究及其工程应用[D].长春:吉林大学,2004.

［50］石洪波,王洪国,廖克俭,等.废胎橡胶粉改性沥青配方与工艺条件研究[J].石化技术
与应用,2005,23(4):274-276.

［51］张肖宁.沥青与沥青混合料的粘弹力学原理及应用[M].北京:人民交通出版社,2006.

［52］ZHANG Y, LUO R, LYTTON R L. Characterization of viscoplastic yielding of asphalt con-
crete[J]. Construction & Building Materials, 2013, 47(10):671-679.

［53］MONISMITH C L, SECOR G A, SECOR K E. Temperature induced stresses and deforma-
tions in asphalt concrete[C]. Association of asphalt paving technologists proceedings,1965,
34:248-284.

［54］詹小丽,张肖宁,卢亮.沥青低温粘弹性能的预测[J].吉林大学学报(工学版),2008,38
(3):530-534.

［55］刘立新.沥青混合料粘弹性力学及材料学原理[M].北京:人民交通出版社,2006.

［56］MONISTH C L, SECOR K E. Viscoelastic behavior of asphalt concrete pavements[C].
International Conference on Structure Design of Asphalt Pavements,Michigan,1962.

［57］KRISHNAN J M,RAJAGOPAL K R. On the mechanic behavior of asphalt[J]. Mechanics
of Materials,2005,37(11):1085-1100.

［58］SZYDLO A,MAEKIEWICZ R. Asphalt mixes deformations sensitivity to change in rheologi-
cal parameters[J]. Journal of Materials in Civil Engineering, 2005(1):17.

［59］ABBAS A R,PAPAGIANNAKIS A T,MASAD E A. Linear and nonlinear viscoelastic analy-
sis of the microstructure of asphalt concretes[J]. Journal of Materials in Civil Engineering,
2004,16(2):133-139.

［60］LEE H J,KIM Y R. Viscoelastic constitutive model for asphalt concrete under cyclic loading
[J]. Journal of Engineering Mechanies,1998, 124(1):32-40.

［61］TASHMAN L,MASAD E. A microstructure-based viscoplastic model for asphalt concrete
[J]. International Journal of Plastieity,2005,21(9):1659-1685.

［62］LU Y,WRIGHT P J. Numerical approach of visco-elastoplastic analysis for asphalt mixtures
[J]. Computers Structures,1998,69(2):139-147.

［63］ERKENS S M J G, LIU X,SCARPS A. 3D finite elementmodol for asphalt concrete response
simulation[J]. International Journal of Geomechanics,2002,2(3):305-330.

［64］BLAB R,HARVEY J T. Modeling measured 3D tire contact stresses in a viscoelastic Fe
pavement model[J]. International Journal of Geomechanics,2002,2(3):271-290.

［65］SHU X,HUANG B S. Dynamic modulus prediction of HMA mixtures based on the viscoelas-
tic micromechanical model[J]. Journal of Materials in Civil Engineering, 2008,20(8):
530-538.

［66］郑健龙.Burgers 粘弹性模型在沥青混合料疲劳特性分析中的应用[J].长沙交通学院

学报,1995,11(3):32-42.

[67] 郑健龙,田小革,应荣华.沥青混合料热粘弹性本构模型的实验研究[J].长沙理工大学学报(自然科学版),2004,1(1):1-7.

[68] 彭妙娟,许志鸿.沥青路面永久变形的非线性本构模型研究[J].中国科学 G 辑:物理学、力学、天文学,2006,36(4):415-426.

[69] 邵腊庚,周晓青,李宇峙,等.基于直接拉伸试验的沥青混合料粘弹性损伤特性研究[J].土木工程学报,2005,38(4):125-128.

[70] 封基良,黄晓明.沥青粘结料粘弹性参数确定方法的研究[J].公路交通科技,2006,(5):16-18,22.

[71] 钱国平,郭忠印,郑健龙,等.环境条件下沥青路面热粘弹性温度应力计算[J].同济大学学报,2003,31(2):150-155.

[72] 李一鸣.沥青混合料的松弛劲度模量[J].石油沥青,1995(1):17-22.

[73] 侯金成.纤维沥青混凝土粘弹性能研究[D].辽宁:大连海事大学,2007.

[74] 王随原,周进川.SBS 改性沥青混合料蠕变性能试验研究[J].公路交通科技,2006,23(12):10-13.

[75] 延西利,息惠敏,张登良.沥青混合料线性流变模型的数值模拟[J].西安公路交通大学学报,1999,9(1):7-12.

[76] 黄卫东,吕伟民.沥青及沥青混合料流变性质与动稳定度的关系[J].同济大学学报(自然科学版),2000,28(4):501-504.

[77] 叶群山.纤维改性沥青胶浆与混合料流变特性研究[D].武汉:武汉理工大学,2007.

[78] 郭乃胜.聚酯纤维沥青混凝土的静动态性能研究[D].大连:大连海事大学,2007.

[79] 郑健龙,钱国平,应荣华.沥青混合料热粘弹性本构关系试验测定及其力学应用[J].工程力学,2008,25(1):34-41.

[80] 谷亦杰,宫声凯.材料分析检测技术[M].长沙:中南大学出版社,2009.

[81] 王高超.基于 AFM 测试技术的沥青与集料粘附能力试验研究与评价[D].长沙:长沙理工大学,2018.

[82] PAULI A T,GRIMES R W,BEEMER A G,et al. Morphology of asphalts, asphalt fractions and model wax-doped asphalts studied by atomic force microscopy[J]. International Journal of Pavement Engineering, 2011,12(4):291-309.

[83] YOUNG T J, MONCLUS M A, BURNETT T L, et al. The use of the PeakForceTM quantitative nanomechanical mapping AFM-based method for high-resolution Young's modulus measurement of polymers [J]. Measurement Science & Technology, 2011, 22 (12): 125703.

[84] 涂晶晶.扫描电子显微镜扫描电路及图像采集电路研制[D].上海:上海师范大学,2012.

[85] 杨荣臻,肖鹏.基于红外光谱法的 SBS 改性沥青共混机理分析[J].华东公路,2006,(3):78-81.

第2章
胶粉改性沥青基本性能及微观结构

2.1 胶粉改性沥青基本技术指标

胶粉改性沥青的基本技术指标包括黏度、针入度、软化点、延度、弹性恢复等。这些技术指标和沥青路面的使用性能具有密切的关系,对沥青路面的高温稳定性、低温抗裂性、水稳定性、抗疲劳能力和耐久性有重要影响,是生产企业和建设单位衡量沥青性能的最重要指标。

2.1.1 黏度

黏度是由流体内部质点之间因相互作用力而产生的阻力,在外力作用下则表现为流体内部抵抗流动的程度。黏度标志着黏弹性材料变形时存在与黏性材料相似的流动性,其物理本质是材料变形时其分子与原子之间没有滑移。黏度是沥青的力学指标,其大小反映沥青抵抗流动的能力,直接决定了沥青在沥青混合料中的掺入量大小,同时也反映了沥青抗剪切能力的高低,而沥青抗剪切能力又直接关系到路面的车辙变形。沥青黏度大,黏结力强,所拌制的沥青混合料强度高,稳定性和耐久性好。

一般而言,毛细管黏度计、同轴圆筒黏度计、落球黏度计等主要测试简单牛顿流体的剪切黏度,而对于非牛顿流体就显得比较复杂,必须测试 2 ~ 3 个或更多流变参数来获取较宽范围的流变曲线,如利用毛细管黏度仪测试非牛顿流体时,必须测得圆管壁上的剪切应力,即管截面上的最大剪应力,由此得到液体的表观黏度 $\eta_a = \tau_R/\gamma$ 和管壁真实黏度 $\eta_R = \tau_R/\gamma_R = \eta(r_R)$。目前,常用于测量非牛顿流体黏度的旋转流变计包括圆锥-平板黏度计、圆盘-平板黏度计、布洛克菲尔德(Brookfield)旋转黏度计(简称布氏黏度计)等。美国战略公路研究计划(Strategic Highway Research Program, SHRP)推荐采用布洛克菲尔德旋转黏度计方法(ASTMD4402)测定不同温度下沥青的黏度。因此,笔者采用该黏度计测量胶粉改性沥青的黏度。布洛克菲尔德旋转黏度计工作原理如图 2-1 所示,它是同轴圆筒黏度计中内筒(转子)旋转模式的一种,可通过电机变速改变角速度,以测出不同剪变率下的黏度和剪切应力,

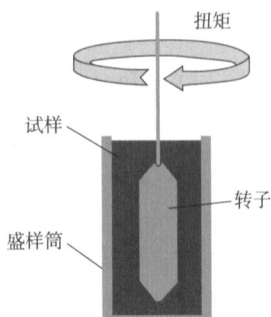

图 2-1 布洛克菲尔德旋转黏度计工作原理

(扭矩、试样、盛样筒、转子)

绘出相应的流变曲线。同时需要注意的是,这种内旋式流变计在测试高黏度流体时,存在装料和旋转困难,在较高的转速下还会产生流体爬杆现象,因此在胶粉改性沥青胶浆的黏度测试过程中,一定要注意转子和转速的调节[1]。

布洛克菲尔德旋转黏度计可以测量沥青的高温(45℃以上)黏度。其工作原理是将少量沥青样品盛于恒温控制的盛样筒中,一个转子在沥青试样中转动,测定相应的转动阻力所反映出来的扭矩。扭矩读数乘仪器参数即可得到以厘泊(cP)表示的沥青黏度,$1cP = 1mPa \cdot s = 1/1000Pa \cdot s$。美国在胶粉改性沥青黏度测试中采用 27 号转子,转速为 20r/min。实践证明,转速过快和转子过小对胶粉改性沥青测试是不利的。转速过快会加快胶粉改性沥青在测试过程中的离析,而转子过小(与胶粉颗粒粒径太接近)也会使测试结果失去代表性,同时,测试还需要满足精度的要求。基于以上几点,采用 27 号转子,转速 20r/min 时的剪变率是基本合理的[2]。

为研究胶粉颗粒细度对胶粉改性沥青黏度的影响,选用 20 目、30 目、40 目、60 目、80 目胶粉颗粒,含量为 18% 的胶粉改性沥青进行了旋转黏度试验。黏度是最能反映沥青本质的特性指标,因为它度量的是黏结剂流动的阻力,而这一阻力则与沥青液-固两相的组成是直接相关的。胶粉改性沥青即使在 200℃ 高温下仍然保持着液-固两相的状态,被凝胶体包围的橡胶颗粒核心的存在使沥青胶料变稠、变硬而呈现出某些固体橡胶的性能。胶粉改性沥青的黏度直接反映了胶结料的流动特性,也能间接反映胶结料与流动过程相关的各种物理、力学特征。所以,可以说胶粉改性沥青的黏度是否合适在很大程度上代表了胶结料性能的优劣。

黏度是监控改性沥青品质变化的最有效手段,黏度指标可用来判断是否添加了足够的废胎橡胶粉,以及是否添加了过多的废胎橡胶粉而丧失工作性能。在胶粉改性沥青应用较普遍的国家和地区,黏度是最重要的过程质量监控指标,并被设置了一个控制范围。胶粉改性沥青黏度较高,一般以 180℃ 旋转黏度作为主要的质量检验项目。

从沥青黏度的定义来看,当沥青中存在的颗粒粒径不能被忽略时,颗粒会对液体的层间流动产生较大阻力,影响沥青黏度指标测试结果的准确性。当胶粉改性沥青中废胎橡胶粉掺量过大、胶粉粒径过大或胶粉中纤维含量较多时,胶粉改性沥青中的胶粉颗粒及纤维对旋转黏度计的转子产生的阻力将不可忽略,使试验测得的黏度值偏大。

图 2-2 为测得的胶粉改性沥青胶浆黏度随胶粉含量而变化的曲线。从图中可以看到,当废胎橡胶粉的掺加量在 12% 以下时,黏度的增长速率是很低的;而废胎橡胶粉的掺加量在 15% 以上时,黏度增长速率明显加快。

图 2-3 为 180℃ 旋转黏度与胶粉粒径关系曲线。可见,在胶粉含量一定的情况下,随着胶粉粒径的减小(即目数的增加),旋转黏度逐渐增大。这是因为胶粉粒径越小,溶胀反应越

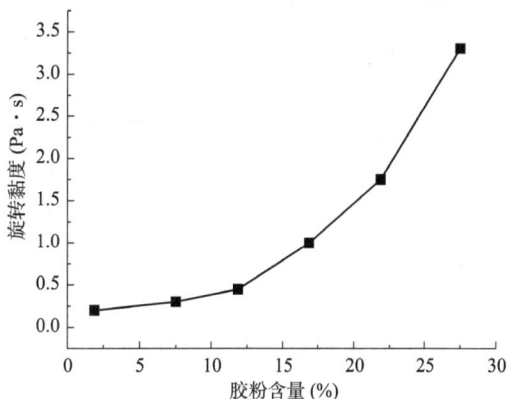

图 2-2　黏度随胶粉含量而变化的曲线

好,沥青越黏稠,沥青中的胶粉颗粒对旋转黏度计的转子产生的阻力越大,使试验测得的黏度值越大。

图2-4为胶粉改性沥青黏度随胶粉颗粒在沥青中溶胀反应时间而变化的情况。从图中可以看到,黏度随反应时间增加先增大,在一定时间内可达到最大值,之后呈下降趋势。这说明随着反应时间的增加,胶粉改性沥青的液-固两相特性在逐步减弱。

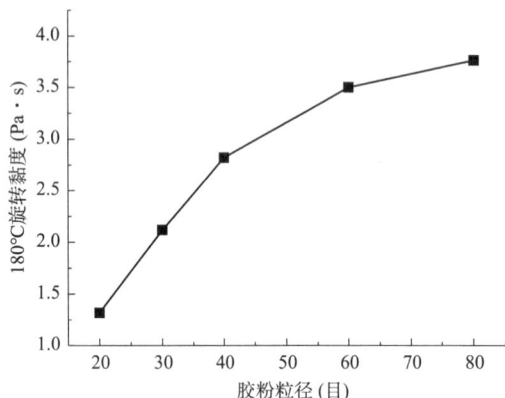

图2-3 180℃旋转黏度与胶粉粒径关系曲线   图2-4 黏度随反应时间变化的曲线

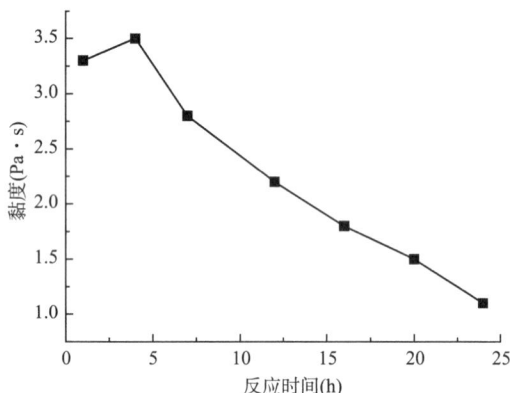

2.1.2 针入度

沥青的针入度实质上表示的是测试温度下沥青的黏度。目前,在世界范围内具有代表性的道路沥青的评价体系有三种,即针入度等级标准、黏度等级标准和PG分级体系。道路沥青的针入度反映沥青的流变性能,即沥青抵抗剪切破坏的能力,表示沥青软硬程度和稠度。我国习惯采用针入度等级标准评价道路沥青。针入度等级标准是根据我国具体情况制定的,基本能满足对沥青质量的控制。针入度是指在标准实验条件(温度25℃,荷重100g,贯入时间5s)下以标准针贯入沥青试样的深度(以0.1mm计)。针入度等级标准按照沥青针入度的不同将沥青分成不同的标号,针入度越大,沥青标号越高。气候不同,选择的标号也不同,一般情况下南方选择低标号,北方选择高标号。

随着胶粉粒径和含量的变化,胶粉改性沥青的技术性质也发生相应变化。笔者针对20目、30目、40目、60目、80目胶粉粒径,含量为18%,以及粒径为30目时,含量为15%、18%、20%的胶粉改性沥青,从经济和性能两方面确定最佳的胶粉粒径和含量。

图2-5为25℃针入度与胶粉粒径关系曲线,可以看出,在胶粉含量一定的情况下,随着胶粉粒径的减小(即目数的增加),针入度逐渐增大。这是因为胶粉粒径越小,溶胀反应效果越好,沥青内部均匀程度越好,故针入度值越大。但在40目以后增长速度明显减慢。

图2-6为25℃针入度与胶粉含量关系曲线,可以看出,在胶粉粒径一定的情况下,随着胶粉含量的增加,针入度逐渐减小。这是因为胶粉含量增加后,改性沥青的黏稠度增加,致使针入度减小。

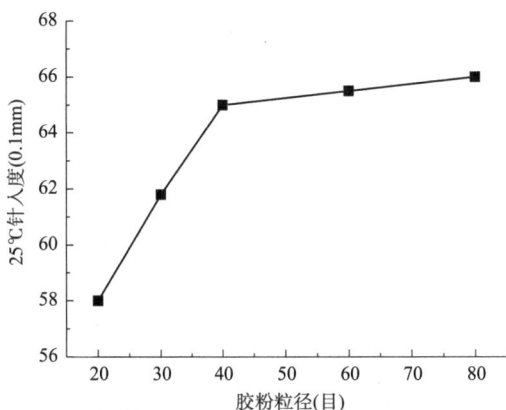

图 2-5　25℃针入度与胶粉粒径关系曲线

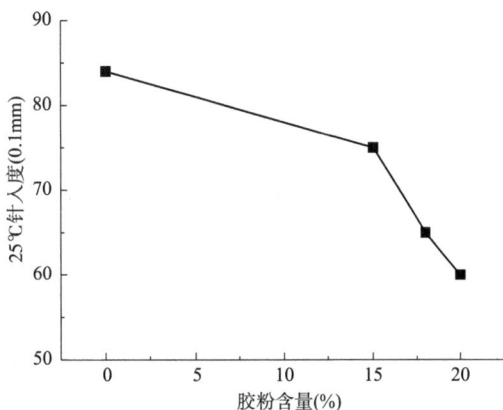

图 2-6　25℃针入度与胶粉含量关系曲线

2.1.3　软化点

　　软化点与针入度一样,常作为控制生产流程、检验产品质量、评估沥青性质的指标。道路沥青的软化点一般在 40~60℃ 范围内,可直接表示路面发软变形的程度。"环球法"测得的软化点是目前世界上普遍使用的评价指标。不同的沥青有不同的软化点,工程用沥青软化点不能太低或太高,否则夏季融化、冬季脆裂,且不易施工。虽然软化点指标是经验性和条件性的,但由于其试验所使用的仪器相对简单,数值表达直观,便于一般技术人员掌握,易于普及,因此生产企业一般以软化点作为产品质量的控制指标。

　　图 2-7 为软化点与胶粉粒径关系曲线,可以看到,在胶粉含量一定的情况下,随着胶粉粒径的减小,软化点逐渐升高。这是因为胶粉粒径越小,胶粉颗粒比表面积越大,在沥青中溶胀越充分,沥青的黏度就越大,因而越不易流动变形,故软化点会越高。

　　图 2-8 为软化点与胶粉含量关系曲线,可见,随着胶粉含量增加,软化点升高,且在 15%~18% 区间增长速率最大。这是因为胶粉含量增加后,沥青中的骨架结构加强,致使软化点升高。

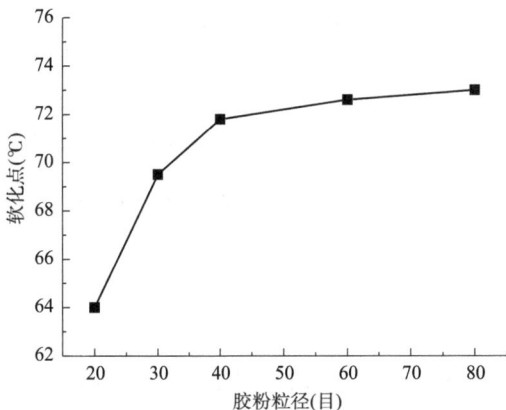

图 2-7　软化点与胶粉粒径关系曲线

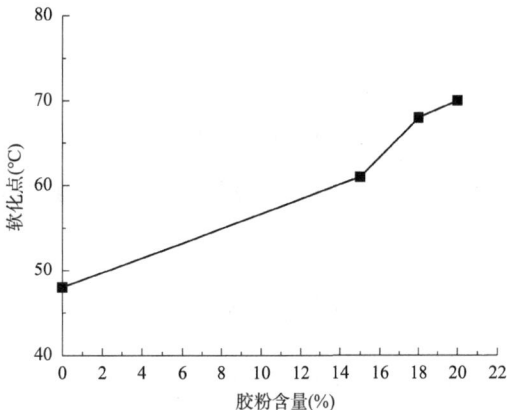

图 2-8　软化点与胶粉含量关系曲线

2.1.4 延度

沥青的延度表示沥青在一定温度下的变形能力,是道路沥青最重要的指标之一。有些国家的道路沥青标准不设延度指标,也有学者认为延度指标没有什么意义。虽然对沥青的延度指标还有异议,但是许多试验表明,延度值与路面低温开裂有不同程度的相关。另有研究证实,当13℃时的延度小于5cm时,路面的温缩裂缝将大量增加。将沥青做成"8"字形标准试件,在规定温度下以一定的速度被拉伸至断开时的长度,称为延度,以cm表示。延度越大,表明沥青的塑性越好,延度是评定沥青塑性的重要指标。延度作为评价沥青低温性能的指标,由于其具有方法简单、数值比较直观等优点,一直为众多国家所采用。

随着胶粉粒径和含量的变化,胶粉改性沥青技术性质发生相应变化。针对胶粉含量为18%,粒径为20目、30目、40目、60目、80目,以及粒径为30目时,含量为15%、18%、20%的胶粉改性沥青,进行了延度试验,试验结果如图2-9、图2-10所示。

图2-9为5℃时沥青延度与胶粉粒径关系曲线,由图可见,在胶粉含量一定的情况下,随着胶粉粒径的减小,延度逐渐增大。原因也是胶粉粒径越小,溶胀反应效果越好,故延度越大。

图2-10为5℃时沥青延度与胶粉含量关系曲线,可见,随着胶粉含量增加,延度增大,且开始时增加较快,在胶粉含量超过18%以后,延度增加速度减慢。这是因为废胎橡胶粉颗粒对延度有增强作用。

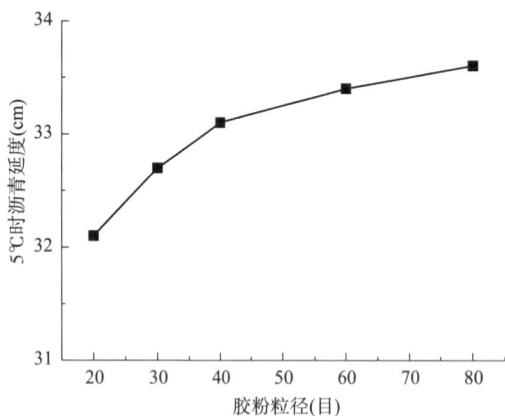

图2-9 5℃时沥青延度与胶粉粒径关系曲线

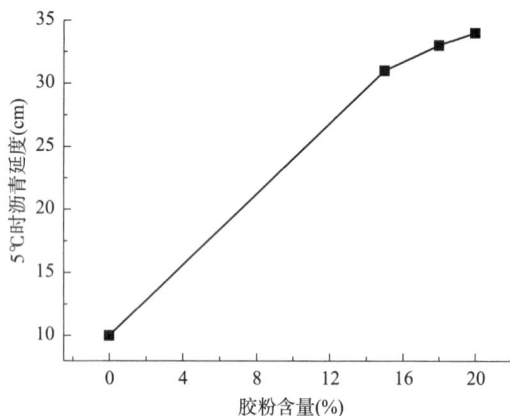

图2-10 5℃时沥青延度与胶粉含量关系曲线

由以上分析可知,胶粉粒径在80目以内时,粒径越小,对沥青改性效果越好,但造价会越高。

2.1.5 弹性恢复

弹性恢复即评价热塑性橡胶类聚合物改性沥青的弹性恢复性能,即测定用延度试验仪拉长一定长度后的可恢复变形的百分率。试验温度为25℃,拉伸速率为5cm/min。

针对胶粉粒径为30目,含量分别为15%、18%和20%的胶粉改性沥青进行了弹性恢复试验,试验结果如图 2-11 所示。

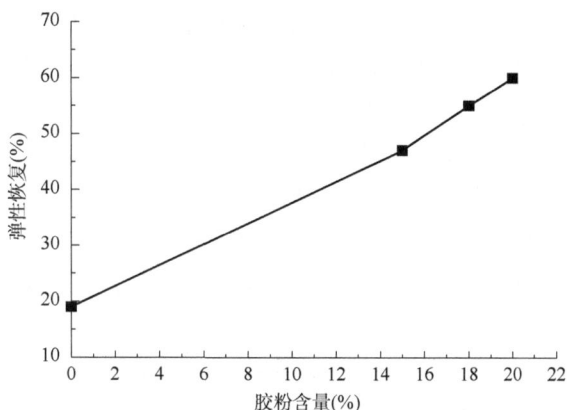

图 2-11　沥青弹性恢复与胶粉含量关系曲线

由沥青弹性恢复与胶粉含量关系曲线,可见随着胶粉含量增加,弹性恢复增大。这是因为橡胶具有弹性。

由以上分析可见,在胶粉粒径一定时,胶粉含量对胶粉改性沥青的基本材料性能具有较大影响,随着胶粉含量增加,沥青的基本性能改善较大。但由于胶粉在沥青中的溶胀是有限的,胶粉含量过大会使沥青中出现离析现象,从而影响沥青的基本性能。因此,在实际中,应选择合理的胶粉粒径与含量,以便获得最佳的经济效益和材料性能。根据以上研究结果,从经济性和材料性能都较好的角度来看,胶粉改性沥青的胶粉粒径为 30 ~ 40 目,含量以 18% ~ 20% 为宜。

2.2　胶粉改性沥青的相态结构

2.2.1　动态力学分析方法

作为一种黏弹性材料,沥青的流变性质取决于温度和时间,即温度和荷载频率对沥青材料的力学性能会产生重要影响。同时,沥青路面在长期服役过程中,其结构内所承受的工作温度和外部荷载作用频率都会在一个较宽的范围内不断变化。因此,有必要研究沥青材料的力学性质随温度和荷载频率的变化规律,并将这些影响因素归入统一的力学模型,从而为沥青材料的性能和沥青路面的结构分析提供便利。

动态力学分析(Dynamic Mechanical Analysis,DMA)是研究材料黏弹性的重要手段,是测定材料在一定温度和荷载频率范围内动态力学性能变化的方法。DMA 方法在材料研究,特别是高聚物与复合材料的研究中应用较多,通过高聚物材料的结构、分子运动的状态来表征材料的特性,主要用于研究分子运动,评价材料的力学行为、耐热性与耐寒性,研究共混高聚物的相容性、复合材料的界面特性及高分子运动机理等[3-7]。

2.2.1.1 动态力学分析方法在沥青研究中的应用

路面承受动态的车轮荷载,产生随时间变化的垂直振动和冲击作用以及水平推挤作用,因此用动态力学分析方法研究改性沥青的性能指标更为合适。在 SHRP 计划中,首先提出采用动态剪切流变仪(Dynamic Shear Rheometer, DSR)测量沥青在特定温度和荷载频率下的流变性能,通过该方法可以得到沥青的复数模量 G^*、储存模量 G'、损失模量 G''、动黏度 η'、相位角 δ 等黏弹性指标,用来评价沥青的黏弹性能。储存模量 G' 表示交变应力作用下材料储存并可以释放的能量,反映的是沥青的弹性成分;损失模量 G'' 反映变形过程中因内部摩擦产生的以热的形式散失的能量,体现沥青的黏性成分;动黏度 η' 反映的是沥青的黏性成分;相位角 δ 反映的是沥青的黏弹比。

改性沥青的结构中包括分子结构、低聚物和高聚物等大分子链的结构及聚集态结构,沥青的性质、化学组成和结构极其复杂,高聚物的加入改变了沥青的相态结构,使其相态结构更为复杂。沥青中加入高分子材料后,具有某些高聚物的性质,一些学者便借助研究高聚物流变学的方法来研究改性沥青的性质。Lu 等[8]应用 DMA 研究了 SBS 改性沥青的相分离状况,分析了分离后各相的流变特性,并讨论了相分离的机理,其中温度是影响各相流变特性的重要因素。Zaman 等[9]分别采用 DMA 和 DSR 对三种沥青胶浆(PG 64-22、PG 70-28 和 PG 76-28)的黏弹特性进行分析,并对比两种仪器测定结果,发现二者实测数据十分吻合。SHRP 计划中引入 DSR 测量沥青在特定温度和荷载频率下的流变性能,从黏弹性的角度提出了针对不同路面损坏类型的控制参数指标($G^*/\sin\delta$、$G^*\sin\delta$ 等),用来评价沥青的高温性能和疲劳性能[10-13]。邹桂莲等[14]采用 DSR 进行温度扫描,评价了 8 种沥青与矿粉、纤维混合胶浆在 30~80℃ 范围内车辙抵抗因子 $G^*/\sin\delta$ 和在 5~30℃ 范围内疲劳抵抗因子 $G^*\sin\delta$ 的温度响应谱。研究表明:加入不同比例和品种的矿粉、水泥填料后,沥青胶浆高温性能明显提高。李晓民等[15]对粉煤灰、矿粉、消石灰和水泥四种矿物填料组成的沥青胶浆进行动态频率扫描试验和稳态流动试验,对四种不同矿物填料、不同粉胶比对沥青高温性能的影响进行了评价。冯浩[16]通过 DSR 试验对沥青胶浆的流变特性进行研究,分析了剪应力水平、角速度以及试验温度和粉胶比等对沥青胶浆流变特性的影响规律。詹小丽[17]采用 DMA 方法对沥青及改性沥青的相态结构进行分析,首先通过 Han 曲线的温度依赖性、动态黏弹参数与频率的变化曲线,揭示出沥青与改性沥青的相态结构明显不同。沥青可以近似看为均相聚合物,而改性沥青在所测温度和频率范围内为多相聚合物;根据频率扫描结果对沥青和改性沥青的时-温等效原理进行了研究,对沥青和改性沥青相态结构对时-温等效原理的适用性进行了分析;并且对不同沥青的移位因子和不同温度下的移位因子进行了分析,结果表明,沥青的移位因子与加载方式无关,而不同的沥青的移位因子明显不同。

2.2.1.2 动态剪切流变仪工作原理

沥青胶浆动态流变性能的测试可采用动态剪切流变仪进行。DSR 工作原理如图 2-12 所示,它属于平板式流变仪。另外,国际上常用的还有双筒旋转式剪切流变仪,它们的工作原理大致相同。图 2-12 中,两块 ϕ25mm 或 ϕ8mm 的平行板间距为 1.1~2.2mm 或 0.9~1.8mm,将沥青试样夹在平板之间,一块板固定,另一块围绕中心轴来回振荡,振荡板从 A 点

开始移动到 B 点,又从 B 点返回经 A 点到 C 点,最后从 C 点回到 A 点,形成一个循环周期。试验角速度为 10rad/s,约相当于 1.59Hz。所施加的荷载为正弦荷载,其应力-应变波形如图 2-13 所示。

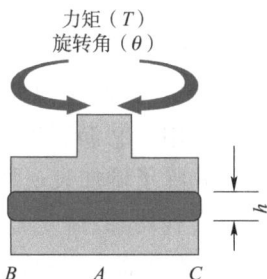

图 2-12 动态剪切流变仪工作原理   图 2-13 黏弹性材料应力-应变图

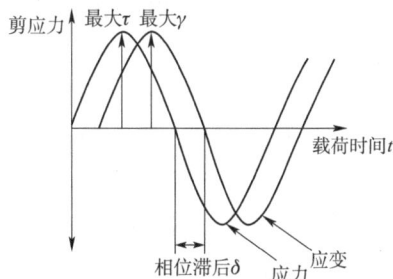

沥青试样的剪应力 τ、剪应变 γ、复数剪切模量 G^* 及相位角 δ 由式(2-1)、式(2-2)、式(2-3)及式(2-4)计算得出:

$$\tau = \frac{2T}{\pi r^3} \tag{2-1}$$

$$\gamma = \frac{\theta r}{h} \tag{2-2}$$

$$G^* = \frac{\tau_{\max} - \tau_{\min}}{\gamma_{\max} - \gamma_{\min}} \tag{2-3}$$

$$\delta = 2\pi f \cdot \Delta t \tag{2-4}$$

式中:　　　　　T——最大扭矩,$\text{N} \cdot \text{m}$;

　　　　　　　　r——振荡板半径,mm;

　　　　　　　　h——试样高度,mm;

　　　　　　　　θ——振荡板的旋转角,°;

$\tau_{\max}$、$\tau_{\min}$、$\gamma_{\max}$、$\gamma_{\min}$——试样承受的最大和最小剪应力(Pa)、剪应变(无量纲);

　　　　　　　　Δt——滞后时间,s。

弹性固体的相位角为 $0°$,而黏性流体的相位角则为 $90°$。对于沥青胶结料,其 G^* 和 δ 完全取决于试验温度和荷载作用频率。极端高温时,沥青表现出黏性流体性质;而在极端低温时则表现出弹性固体性质。在常规路面温度下,沥青材料一般可同时呈现出黏性流体和弹性固体的性质。

DSR 不仅可用来测试某一特定温度、频率、荷载水平条件下的力学响应,也可以方便地连续改变频率、温度或者应力、应变水平进行测试,获得作为响应的动态力学频率响应谱、动态力学温度响应谱、动态力学应力响应谱,或者动态力学应变响应谱。这种连续改变频率、温度或者应力、应变水平的测定模式称为扫描。

2.2.2 Han 曲线

1982 年,Han 以均相聚合物的分子黏弹性理论为基础提出 $\lg G'$-$\lg G''$ 关系曲线来描述均相聚合物的相态关系,此关系曲线被称为 Han 曲线[18-20]。一般而言,均相聚合物体系的 Han 曲线与多相聚合物体系的明显差异在于:前者不存在温度依赖性,而后者却存在温度依赖性,并且这种温度依赖性与相行为的变化有关。因此,就可以将 Han 曲线开始出现温度依赖性的临界温度作为多组分聚合物体系的相分离温度。

沥青共混物的结构形态按照相溶性可分为 3 种[21-22]:①沥青和聚合物完全不相溶,形成非均相的混合物,这种混合物不易稳定,很快分离成两相,因此这种改性沥青必须现拌现用,不能够实现工厂化生产。聚合物起到类似填料的作用。②沥青和聚合物完全相溶,沥青可溶解聚合物,形成十分稳定的混合物,但这种混合物除了增加表观黏度外,对基质沥青性能的改善很有限。③沥青和聚合物部分相溶,形成宏观均相、微观分相的结构。在这种结构中,聚合物吸收沥青中的芳香分而溶胀,形成连续相状态,这种结构可以有效改善沥青的性质。

胶粉在与沥青加速搅拌过程中,部分胶粉颗粒会经历解聚和脱硫,使得胶粉颗粒分裂,分子变小,小的颗粒会进入沥青的某些组分中。Navarro 等将胶粉改性沥青和胶粉分别溶于四氢呋喃,结果发现,所得的不溶物为含炭黑的硫化链状物[23],废胎橡胶粉有 89% 的不溶物,而胶粉改性沥青有 85% 的不溶物,这说明不溶物的减少是因为在混合过程中,胶粉颗粒发生脱硫、解聚反应,使得胶粉颗粒变小,进而溶解于沥青中[41-42]。因此,胶粉改性沥青的流变特性受不溶胶粉和已溶胶粉的共同影响。对滤出不溶物的沥青进行研究发现,其黏弹性较基质沥青有所增强。研究认为,在高温条件下,胶粉改性沥青的流变性是受不溶于沥青的胶粉颗粒影响的。

图 2-14 为胶粉改性沥青的 Han 曲线,可以根据不同温度下 Han 曲线的温度依赖性和斜率的变化对沥青和改性沥青的相态结构进行分析。

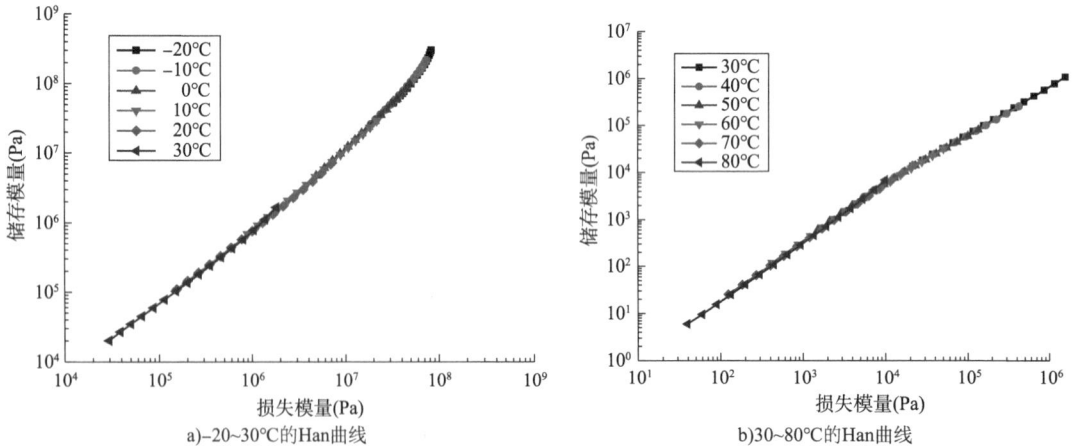

图 2-14 胶粉改性沥青的 Han 曲线

当温度在 -20 ~ 30℃时,Han 曲线没有温度依赖性,但在 50 ~ 80℃时,Han 曲线已经存在较明显的温度依赖性,表明改性沥青在此温度范围内,相态结构比较复杂。对于均相聚合物,Han 曲线的斜率为 2,从聚合物斜率的偏离程度也可以分析聚合物的相分离程度,从表 2-1 中可以看出,在 40℃时 Han 曲线的斜率较小,表明在 40℃附近时改性沥青形成网络结构。随着温度的升高,Han 曲线的斜率逐渐增

大,表明改性沥青的相态结构随温度的升高而发生变化,逐渐转向均相体;而在温度降低时,Han 曲线的斜率也逐渐增大,当温度达到 −20℃时,斜率接近 2,说明在低温时,胶粉改性沥青更接近均相体。由不同温度下 Han 曲线变化规律可以看出改性沥青相结构的变化规律。

不同温度下 Han 曲线的斜率 表 2-1

温度(℃)	−20	−10	0	10	20	30	40	50	60	70	80
Han 曲线斜率	1.835	1.545	1.296	1.166	1.076	1.040	1.000	1.080	1.169	1.228	1.268

2.2.3 动态模量

储存模量和损失模量反映的是沥青的弹性成分和黏性成分,相位角反映的是沥青的黏弹比例,通过黏弹性参数随频率的变化规律可以对沥青的相态结构进行分析。均相聚合物的 $\lg G'(\omega)$-$\lg \omega$ 和 $\lg G''(\omega)$-$\lg \omega$ 曲线在低频区呈直线,且斜率分别为 2 和 1,多相聚合物的斜率小于 2 和 1,研究表明,低频区的斜率与线性黏弹关系的斜率值的偏离程度可敏感地反映体系的非均相程度。

图 2-15、表 2-2 为不同温度下胶粉改性沥青的储存模量与损失模量随频率的变化关系。可以发现,在整个温度范围 −20 ~ 80℃内,储存模量与频率曲线的斜率值均小于 2,损失模量与频率曲线的斜率值均小于 1,表明改性沥青在这一温度范围均为非均相体系。在 −20℃时,改性沥青的模量曲线斜率较小,特别是在末端区,储存模量和损失模量随频率变化很小,说明在胶粉改性沥青中存在网状结构,这种网状结构可能是基质沥青和废胎橡胶粉发生反应形成的,且可以使沥青具有良好的稳定性和力学性能,从而提高其耐低温的性能。

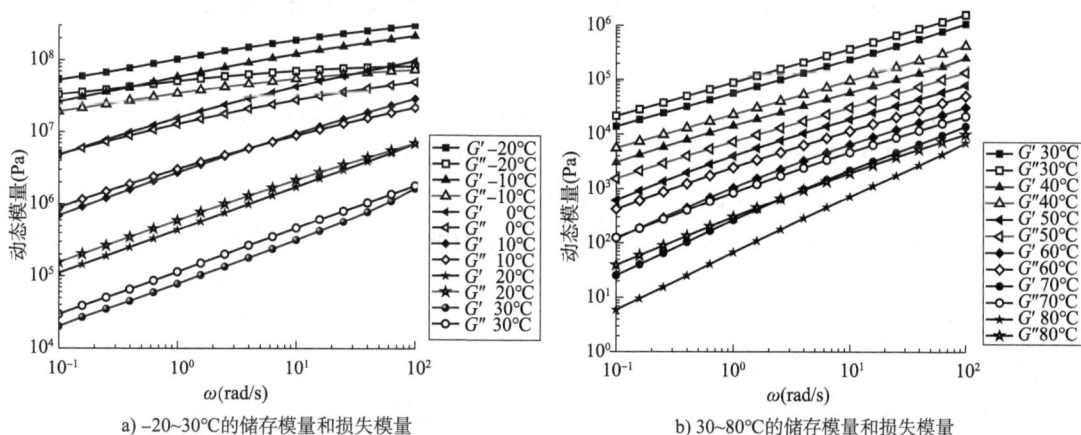

a) −20~30℃的储存模量和损失模量　　b) 30~80℃的储存模量和损失模量

图 2-15　不同温度下的储存模量和损失模量

在低频区,随着温度升高,曲线斜率呈现增大趋势,这与 Han 曲线得到的结论是一致的,表明在 40℃附近时,改性沥青相分离程度增大,随着温度升高,相态结构逐渐恢复。这也表明改性沥青的相态结构及其复杂性随着温度的变化而呈现不同的状态。

从图中也可以看出,在温度低于 10℃时,储存模量均大于损失模量,即弹性性质占主导地位,但温度超过10℃以后,损失模量超过储存模量,并且随温度升高二者之间的差距加大,说明此时黏性行为占主导地位,温度高,改性沥青表现为黏流态。

不同温度下胶粉改性沥青的拟合结果   表2-2

项目	结果	−20℃	−10℃	0℃	10℃	20℃	30℃
储存模量	斜率	0.259	0.312	0.437	0.540	0.598	0.623
	相关系数	0.997	0.998	0.997	0.999	1.000	0.999
	标准误差	0.019	0.021	0.032	0.022	0.003	0.028
损失模量	斜率	0.139	0.200	0.336	0.463	0.555	0.611
	相关系数	0.984	0.991	0.995	0.998	1.000	1.000
	标准误差	0.025	0.026	0.035	0.029	0.016	0.004
项目	结果	40℃	50℃	60℃	70℃	80℃	
储存模量	斜率	0.624	0.693	0.800	0.914	1.022	
	相关系数	1.000	0.998	0.998	0.999	1.000	
	标准误差	0.015	0.040	0.054	0.046	0.018	
损失模量	斜率	0.624	0.643	0.686	0.744	0.805	
	相关系数	1.000	1.000	0.999	0.999	0.999	
	标准误差	0.008	0.009	0.025	0.035	0.035	

2.3　胶粉改性沥青动态流变特性及流变模型

采用奥地利 Anton Paar 公司生产的 Physical MCR101 型动态剪切流变仪进行胶粉改性沥青胶浆动态剪切流变试验,包括温度扫描(Temperature Sweep)、频率扫描(Frequency Sweep)以及动态剪切蠕变(Dynamic Shear Creep)试验。其中,温度扫描试验中采用的温度范围为−20~80℃,荷载作用频率为10rad/s,依据SHRP规范的意见,在40℃以下时采用直径为8mm的底盘,温度高于40℃时则采用直径为25mm的底盘。频率扫描时采用的温度也为−20~80℃,在任一温度下采用的频率范围为0.1~100rad/s,在频率扫描测试之前,必须首先进行荷载作用频率为10rad/s时的应变扫描,使剪切模量恒定,以确保试验在线性黏弹性范围之内,在试验测得的不同温度下的复数剪切模量和相位角的基础上,可以通过时-温等效原理进行主曲线的拟合。

2.3.1　频率扫描

图2-16~图2-18反映了储存模量、损失模量和相位角与温度(低温−20~30℃和高温30~80℃)和角频率的三维关系。

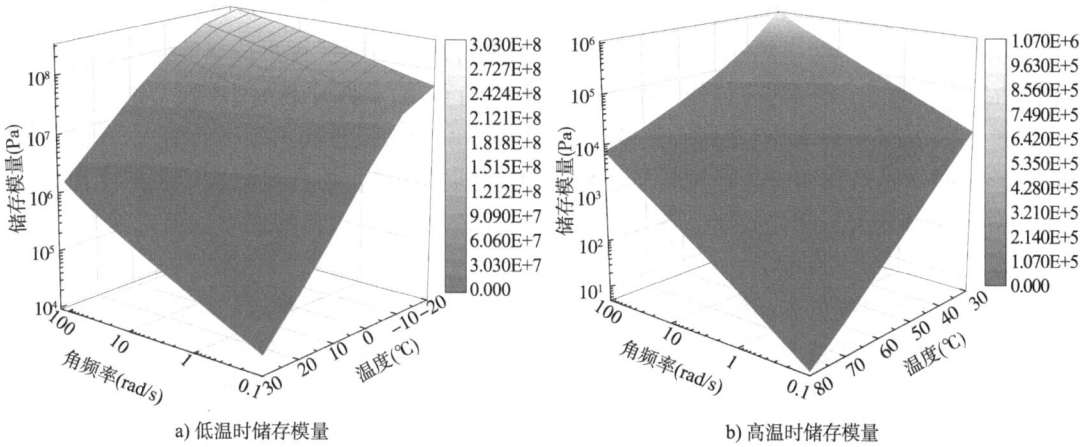

a) 低温时储存模量　　　　　　　　　　b) 高温时储存模量

图 2-16　不同角频率和温度下储存模量曲线

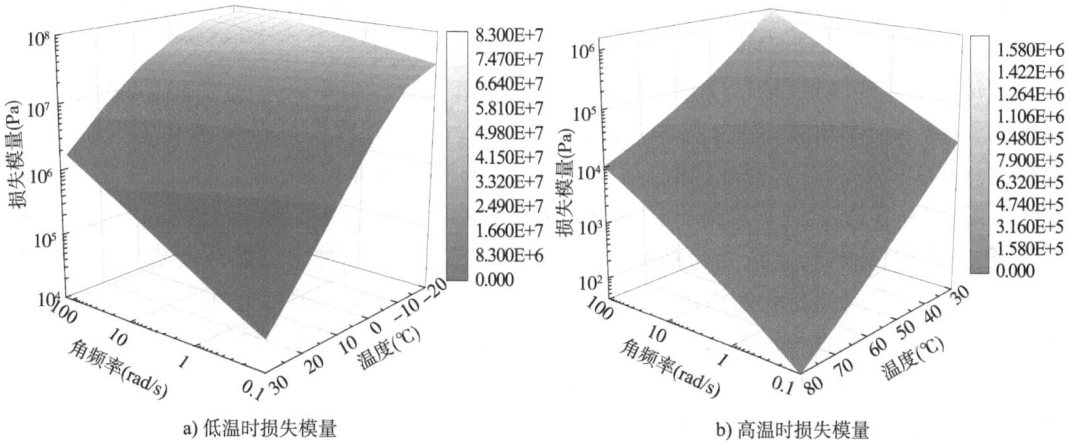

a) 低温时损失模量　　　　　　　　　　b) 高温时损失模量

图 2-17　不同角频率和温度下损失模量曲线

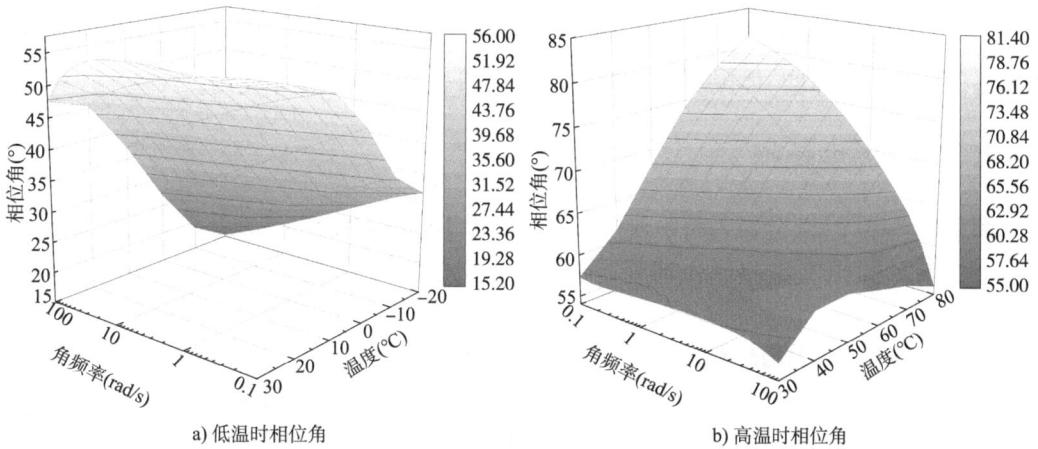

a) 低温时相位角　　　　　　　　　　　b) 高温时相位角

图 2-18　不同角频率和温度下相位角曲线

储存模量 G' 表示交变应力作用下材料储存并可以释放的能量,损失模量 G'' 反映变形过程中因内部摩擦产生的以热的形式散失的能量。沥青路面结构在行车荷载的作用下主要体现为动态加载效应,不同的荷载作用频率代表不同的车速,角频率越大,代表车速越快。从图 2-16 和图 2-17 可以看出,在同一温度下,储存模量和损失模量随角频率的增大而增大,即车速越快,单次荷载作用时沥青材料与外荷载的接触时间越短,沥青材料所产生的变形就会越小,导致模量越大。而在低频率下,荷载作用时间变长,沥青材料的变形也随之越大,导致模量越小。

图中不同深浅颜色表示模量大小不同的等值范围,同一温度时跨越的颜色越多,表示模量随频率变化的幅度越大。由此可见,温度越低时,胶粉改性沥青在不同角频率下的模量越稳定,角频率对模量的影响不大,说明低温时胶粉改性沥青分子运动的能量低,链段运动被冻结,因此结构较稳定。

在相同角频率时,随着温度的升高,沥青的模量降低,逐步转变为黏流态。在低频区,随着温度升高,模量下降迅速,这就说明相比于行车道,停车场、路口停车线处在夏季更容易产生车辙。

相位角是黏弹性材料由于黏性成分的影响,对材料输入正弦应力与产生的正弦应变响应不同步,滞后一个角度。对于纯黏性流体,δ 为 $\pi/2$;对于纯弹性材料,δ 为 $0°$;对于大多数黏弹性材料,$0 < \delta < \pi/2$。因此,相位角反映了沥青材料的黏弹比例。

由图 2-18 可见,随着温度降低,δ 减小,胶粉改性沥青的表现接近弹性性质,但随着角频率降低,弹性部分减少,这是因为角频率低,相当于车速慢,每次荷载循环所作用的时间增加,沥青材料在长时间荷载的作用下可恢复的变形部分会减少。但即使在 $-20℃$ 时,δ 也保持在 $10° \sim 20°$,说明在低温下该沥青仍具有一定的流动性,这样可以通过松弛减小因温度降低而产生的温度收缩应力,使低温柔韧性得以改善。在高温状态($30 \sim 80℃$)下,角频率越高,即车速越快,相位角随温度的变化幅度越小。当角频率在 100rad/s 时,δ 始终接近 $60°$,而当角频率为0.1rad/s时,即荷载作用时间较长,随温度升高,δ 明显升高,温度达到 80℃ 时,δ 接近 $90°$,胶粉改性沥青表现出典型的黏性性质。同时,根据等值线也可看出,温度为 $30 \sim 50℃$ 时,相位角的频率依赖性较低,也就是说,在这一温度范围里,经废胎橡胶粉改性后的沥青始终保持一定的弹性,具有较稳定的内部结构,适合北方地区夏季使用。

2.3.2 温度扫描

图 2-19 和图 2-20 分别为胶粉改性沥青对应于不同荷载频率时,在高温和低温情况下的复数剪切模量和相位角的变化曲线,荷载的作用频率分别为 0.1rad/s、1rad/s、10rad/s、100rad/s。

由图 2-19 看出,无论是在 $-20 \sim 30℃$ 范围内,还是在 $30 \sim 80℃$ 温度范围内,沥青的复数剪切模量随温度的升高而呈下降的趋势。这是因为温度的升高会使沥青的自由体积增大,沥青从低温的高弹态向高温时的黏流态转化,沥青在剪切试验中所受的最大剪应力减小,而最大剪应变却增大,所以复数剪切模量会降低;同时可以发现,在温度相同的情况下,荷载频率越高,复数剪切模量值越大,但其值随温度升高降低速度越快;由图 2-20 可知,相位角则随着温度的升高而增大。这是因为随着温度的升高,沥青材料的黏弹性质中的黏性成分增加,弹性成分减少,从而使沥青材料的相位角增大。此外,还可以发现随着荷载频率的增加,沥青的相位角减小。

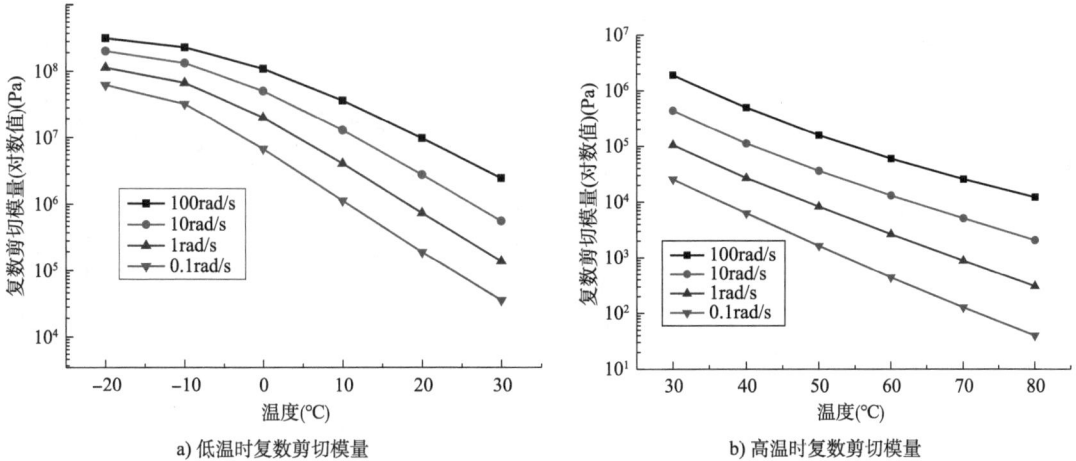

a) 低温时复数剪切模量   b) 高温时复数剪切模量

图 2-19   温度对复数剪切模量 $\left|G^*\right|$ 的影响

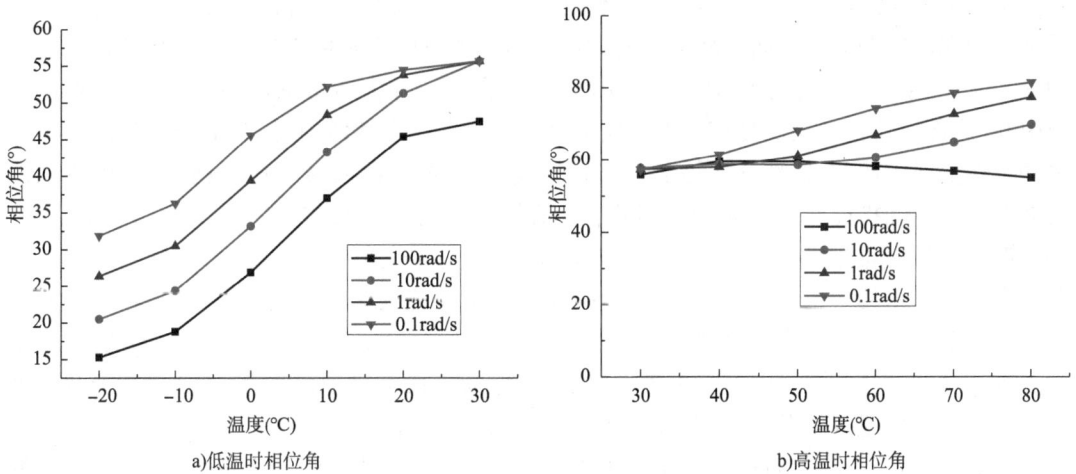

a)低温时相位角   b)高温时相位角

图 2-20   温度对相位角 δ 的影响

在沥青中添加胶粉改性剂后,一方面增强了沥青分子链段在低温下的活动能力,使沥青分子链的柔性在玻璃化转变区的初始区域有较大改善,降低了玻璃化温度,增大了玻璃化转变区域;另一方面又使沥青分子链的刚性在玻璃化转变区的末端区域有所增加,使抵抗低温变形的能力增强。

2.3.3   胶粉改性沥青胶浆抗疲劳特性

按照 SHRP 计划的研究结果,复数剪切模量和相位角正弦的乘积($G^*\sin\delta$)可用来表征沥青胶结料的疲劳性能,此方法主要基于限制总耗散能而减少疲劳开裂。$G^*\sin\delta$ 称为损失剪切模量。在 10rad/s 荷载频率下,损失剪切模量达到 5000kPa 时的温度表征疲劳抗力,此温度称为疲劳极限温度,用 FTT 表示。FTT 越低,表明沥青胶结料在每次循环荷载的作用下损耗的模量越少,材料的抗疲劳性能越好[24]。图 2-21 为胶粉改性沥青在高温和低温区域损失剪切模量($G^* \sin\delta$)与角频率双对数坐标关系曲线。

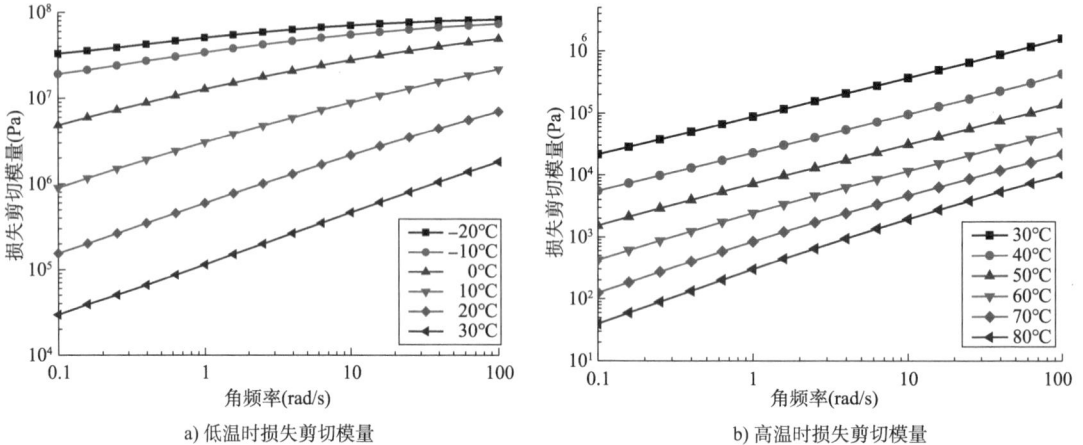

a) 低温时损失剪切模量　　　　　　　　　　b) 高温时损失剪切模量

图 2-21　胶粉改性沥青抗疲劳性能

由图 2-21 可以看出,$G^* \sin\delta$ 的对数值与角频率的对数值呈良好的线性关系。这是因为通常认为在薄层的沥青路面中疲劳裂缝的产生是一个由应变来控制的现象。在黏弹性材料中,G^* 越大,为克服材料变形所需做的功越大,而在这一外力所做的功中,一部分由弹性变形引起,这部分功在车轮反复作用下的应力循环中储存在弹性体内;另一部分功是由不可恢复的黏性变形引起的,这部分功耗散在车轮反复加载的循环中,转变成热耗散、塑性流动以及裂缝的产生和扩展所需的能量。因此,G^* 值越大,外力所做的功越大,如果相位角不变,则耗散在黏性变形中的功越大。同时,如果 G^* 不变则相位角越大,在外力所做的总功中耗散在黏性变形中的功也越大。由此可见,$G^* \sin\delta$ 代表了应变为常值条件下,在车轮荷载的一个循环周期中耗散在黏弹性材料中的诱发产生疲劳裂缝的能量。所以,$G^* \sin\delta$ 越低,则表示越不容易诱发疲劳开裂。由试验可得出,胶粉改性沥青疲劳极限温度为 16℃。对于疲劳破坏一般发生在中温区的沥青而言,其抗疲劳破坏能力有所提高。

图 2-22 为胶粉改性沥青损失模量和储存模量随温度变化曲线。由图可见,随着温度的升高,损失模量和储存模量都迅速降低,说明随温度升高胶粉改性沥青的黏性和弹性都在降低。这是因为随温度升高,沥青的流动性增大,复数剪切模量降低,使得黏滞性和弹性都降低。同时,可以明显看到,在低温区域,储存模量大于损失模量,说明这时弹性性质占主导;而在高温区域,损失模量大于储存模量,说明这时黏性性质占主导。两者在中温区(0 ~ 10℃)处相交,说明胶粉改性沥青在 10℃ 以前弹性性质占主导,之后黏性性质越来越明显。

2.3.4　复数模量主曲线的拟合

(1)时间-温度换算原理

在路面通常的使用温度下,沥青是典型的黏弹性体,而黏性流动变形依赖于时间和温度。线性黏弹性材料在不同的作用时间(或频率)下,或在不同温度下都可显示出一样的力学状态,也就是说,时间和温度对黏弹性材料的力学松弛过程的影响具有某种等效的作用。在交变应力作用时,作用力时间相当于作用频率的倒数,那么降低频率相当于增加了作用力时间,可见延长时间(或降低频率)与升高温度对黏弹性材料的力学行为是等效的;同一力学现象,可以在较高温度下,较短的时间内观察到,也可以在较低的温度下,较长的时间内观察到,这个等效性可借助转换因子来实现,即借助转换因子将在某一温度下测定的力学数据变成另一温度下的力学数据,这一原理被称为时-温等效原理[25-28]。

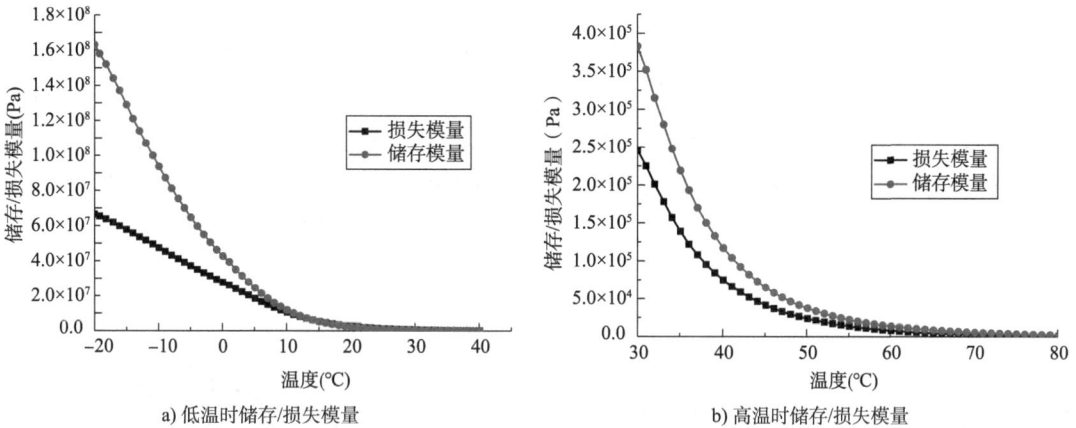

a) 低温时储存/损失模量   b) 高温时储存/损失模量

图2-22 胶粉改性沥青储存/损失模量随温度变化曲线

沥青路面材料经历的温度变化范围极大,施工过程中的温度可以从其拌和时的180℃变化到终碾时的100℃,使用过程中的温度会经历从夏季的60℃以上高温,一直到冬季的严寒。另外,沥青路面不仅承受10^2s量级的瞬时车轮荷载,在道路陡坡处也可能承受数年之久的自重蠕变荷载。在车辙问题和温度应力问题研究中,必须考虑长时间的荷载作用。对于这样广泛的温度变化范围和时间变化范围,即使采用最现代的试验设备和研究手段,也很难完成在各种条件下沥青及其混合料力学行为的测定。时间-温度换算法则为解决这类问题提供了极大的方便。

移位因子是温度的函数,为了对移位因子进行描述,目前常采用WLF(Williams-Landel-Ferry)公式进行计算。

$$\lg\alpha_T = \frac{-C_1(T - T_g)}{C_2 + T - T_g} \tag{2-5}$$

式中:T_g——材料玻璃态转移点的温度值。

在有关无定形结构的固有常数中,通常认为玻璃态转移点T_g是这类材料唯一的温度常数。但玻璃态转移点的物理测定结果依赖于降温速度,降温速度不同,材料自由体积的热膨胀规律也不同。缓慢间断地改变温度,得到的T_g与快速连续降温时的T_g不同。试验表明,对于大多数无定形结构材料,温度梯度相差10倍时,测定的T_g温度相差3℃左右[29]。

由于玻璃态转移点的数值依赖于测定方法和试验时间尺度,因此需要对时间-温度换算法则进行经验处理。在使用WLF公式时,不测定T_g,而首先假定$C_1 = 8.86$,$C_2 = 101.6$。在此假定下反算出依赖试验结果的温度T_s作为基准温度,并将公式记为:

$$\lg \alpha_{\mathrm{T}} = \frac{-8.86(T - T_{\mathrm{s}})}{101.6 + (T - T_{\mathrm{s}})} \qquad (2\text{-}6)$$

对于沥青胶结料,不同的沥青其基准温度 T_{s} 不同,在实现的测定温度条件中可能未包括这一基准温度 T_{s}。为此,可以在测定温度条件中选择某个温度 T_0 作为参考温度,由其他温度 T 对于参考温度 T_0 的移位因子 $\lg \alpha_{\mathrm{T}}$,根据式(2-6)推导求出 T_{s}。

(2)模量主曲线

本研究在线黏弹性范围内,对胶粉改性沥青进行了低温($-20^{\circ}\mathrm{C}$、$-10^{\circ}\mathrm{C}$、$0^{\circ}\mathrm{C}$、$10^{\circ}\mathrm{C}$、$20^{\circ}\mathrm{C}$、$30^{\circ}\mathrm{C}$)及高温($30^{\circ}\mathrm{C}$、$40^{\circ}\mathrm{C}$、$50^{\circ}\mathrm{C}$、$60^{\circ}\mathrm{C}$、$70^{\circ}\mathrm{C}$、$80^{\circ}\mathrm{C}$)的频率扫描试验,根据以上试验结果,利用 WLF 方程计算水平移位因子 α_{T}。通过水平移位叠加合成参考温度为 $-20^{\circ}\mathrm{C}$、$0^{\circ}\mathrm{C}$、$20^{\circ}\mathrm{C}$、$30^{\circ}\mathrm{C}$、$50^{\circ}\mathrm{C}$ 和 $80^{\circ}\mathrm{C}$ 宽频率范围内的主曲线,可以得到胶粉改性沥青的角频率与复数模量、相位角的关系曲线,胶粉改性沥青复数模量与角频率的关系曲线如图2-23所示。

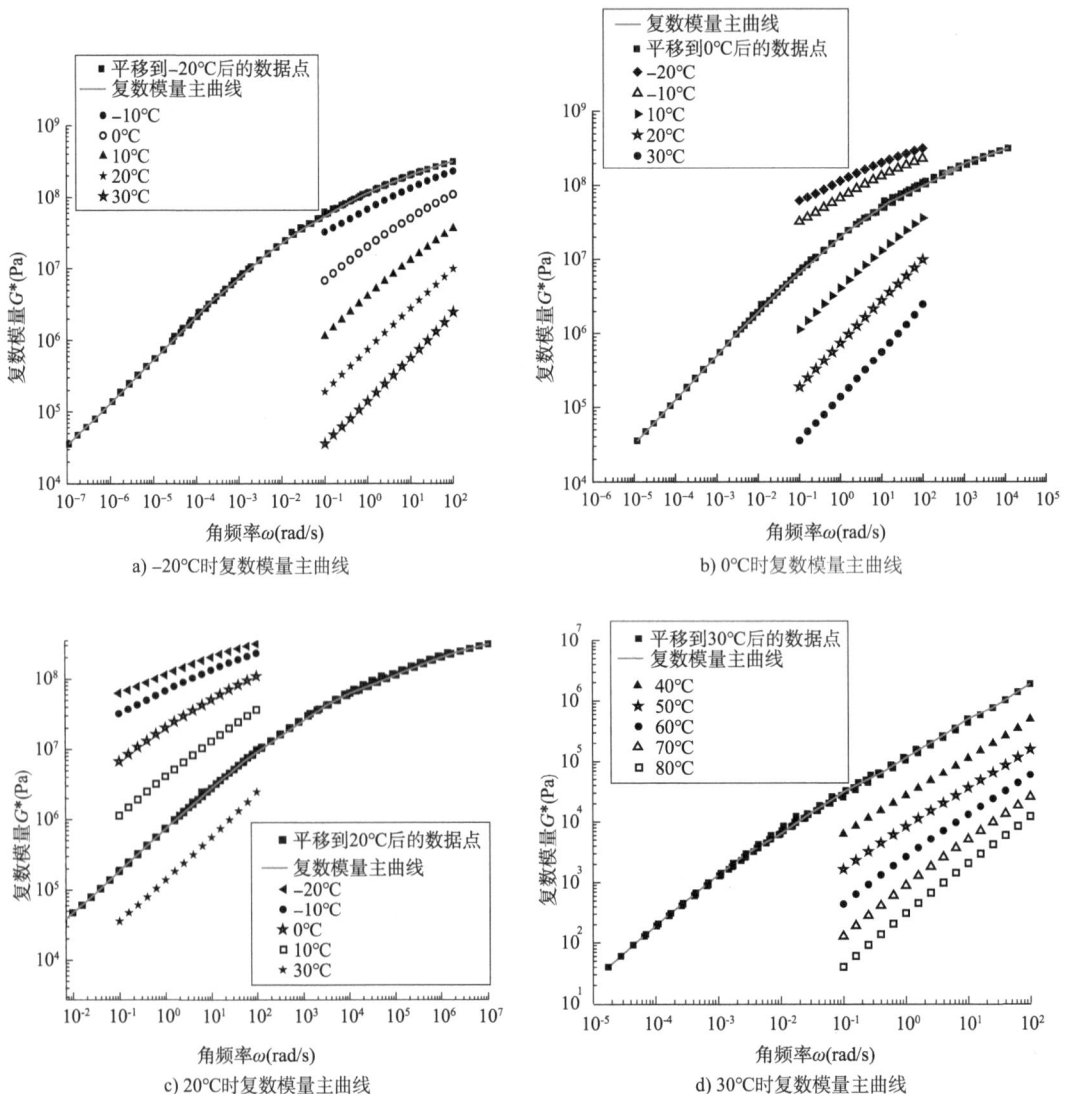

a) $-20^{\circ}\mathrm{C}$时复数模量主曲线

b) $0^{\circ}\mathrm{C}$时复数模量主曲线

c) $20^{\circ}\mathrm{C}$时复数模量主曲线

d) $30^{\circ}\mathrm{C}$时复数模量主曲线

图 2-23

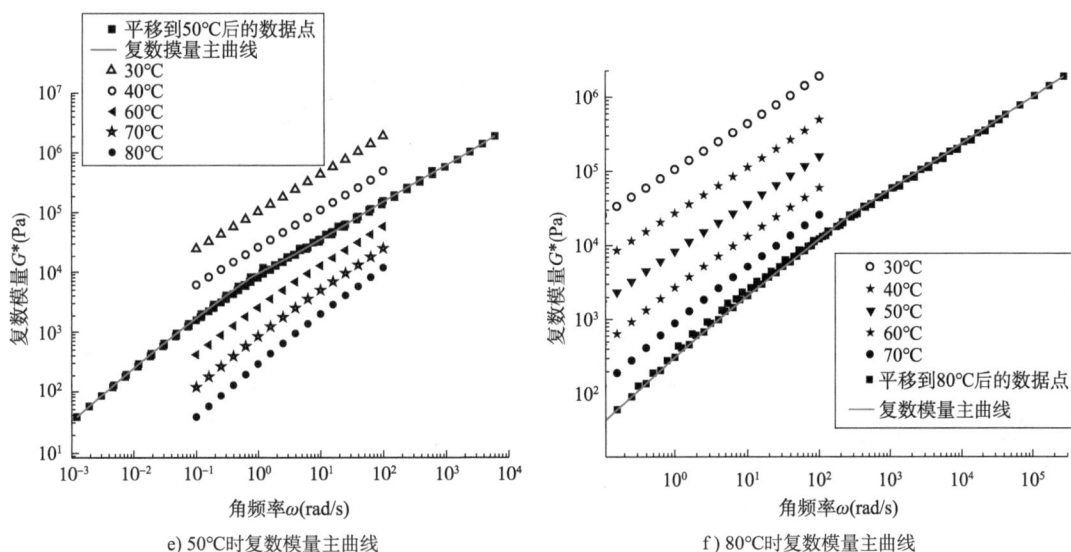

e) 50℃时复数模量主曲线   f) 80℃时复数模量主曲线

图2-23　复数模量角频率扫描主曲线

从图2-23看出,不同温度下胶粉改性沥青复数模量随角频率的增加具有相似的变化曲线;通过主曲线可以把低温和高温时的频率范围拓展到10^{-7}及10^{4}量级,这样就能进一步了解胶粉改性沥青在温度作用下长期的松弛、蠕变特性以及高速重载时的黏弹性能。

（3）相位角主曲线

图2-24为胶粉改性沥青相位角角频率扫描主曲线图。由图可以看出,对于胶粉改性沥青,在低温区（-20℃、0℃、20℃）,相位角在角频率较低时接近55°,在高频率处接近15°。也就是说,在低温情况下,在较宽的角频率范围内,胶粉改性沥青仍能保持一定的流变性。在温度较高（30℃、50℃、80℃）时,相位角在角频率较低时接近85°,表明胶粉改性沥青在此频率和温度下接近黏性体,在高温时沥青的相位角的角频率依赖性较强,角频率增加,相位角变化较快,但到一定频率以后相位角变化趋于稳定,大约在55°,也就是说,即便在高温下,较宽的频率范围内胶粉改性沥青仍能保持一定的弹性。

（4）移位因子的规律

沥青是典型的黏弹性体,时间和温度对沥青黏弹性具有某种等效作用,这个等效性可以通过一个等效因子来实现。如果试验是在交变应力场作用下进行的,则降低频率与延长观察时间是等效的,因而可以将两个温度下动态力学测得的模量与角频率的曲线,借助移位因子叠合起来。利用时间-温度的这种等效关系,我们可以对不同温度和不同频率下测得的沥青的力学性质和黏弹性进行比较或换算,从而得到一些实际上无法直接从试验测得的试验结果。沥青的移位因子对温度具有较强的依赖性。本书对不同温度下移位因子与温度的关系进行了分析。

从移位因子曲线（图2-25）及表2-3中可以看出,当温度在30~80℃时,WLF方程的拟合效果较好,相关系数接近1,表明在此温度范围内可以采用WLF方程来拟合沥青的移位因子,描述沥青的温度依赖性。当温度范围为-20~30℃时,WLF方程的拟合效果稍差,而且随着温度降低,相关系数降低,表明WLF方程对沥青移位因子的拟合有一定的适用性,当温度较低时,采用二次多项式拟合能达到更好的拟合效果。

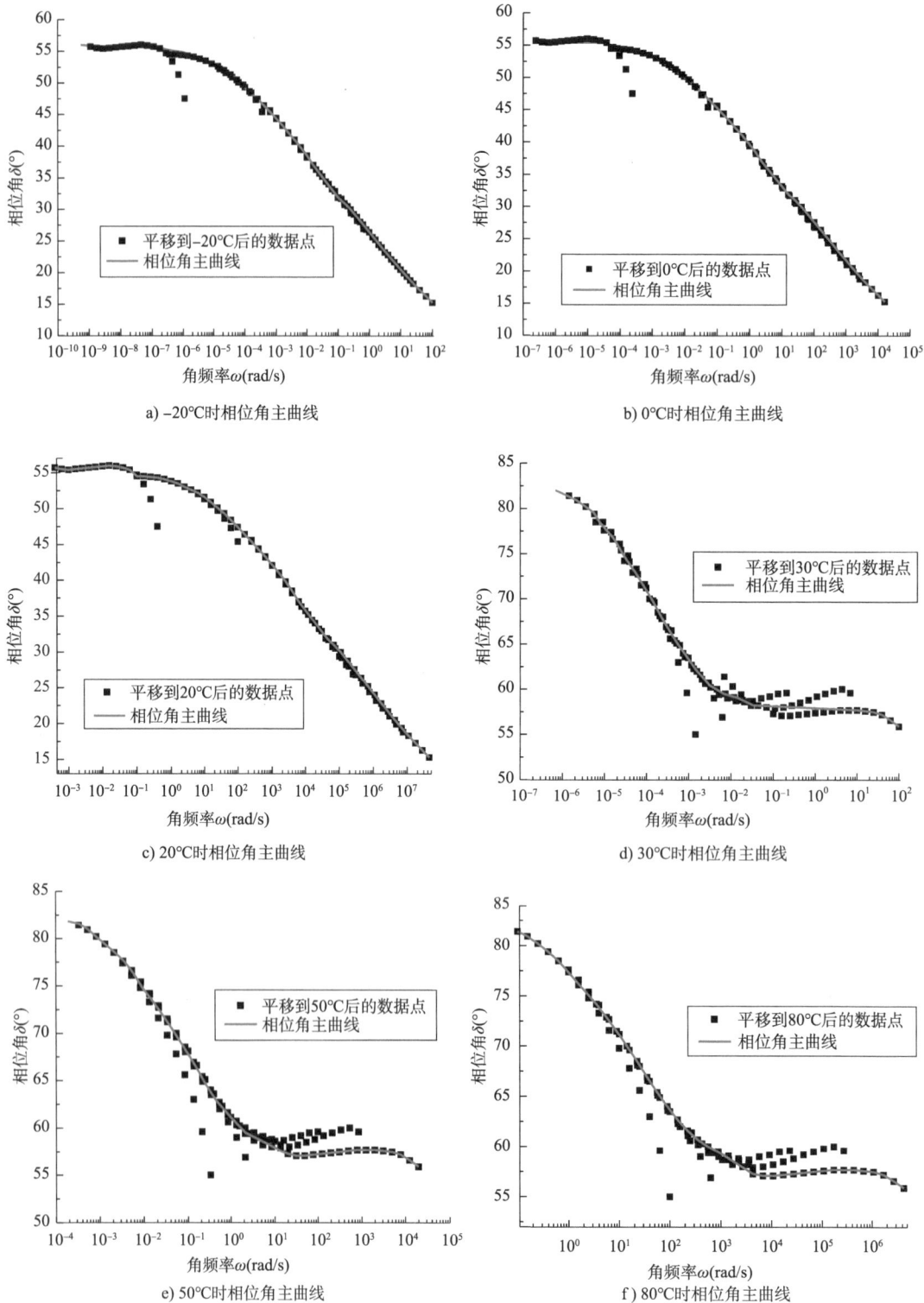

a) –20℃时相位角主曲线

b) 0℃时相位角主曲线

c) 20℃时相位角主曲线

d) 30℃时相位角主曲线

e) 50℃时相位角主曲线

f) 80℃时相位角主曲线

图 2-24　相位角角频率扫描主曲线

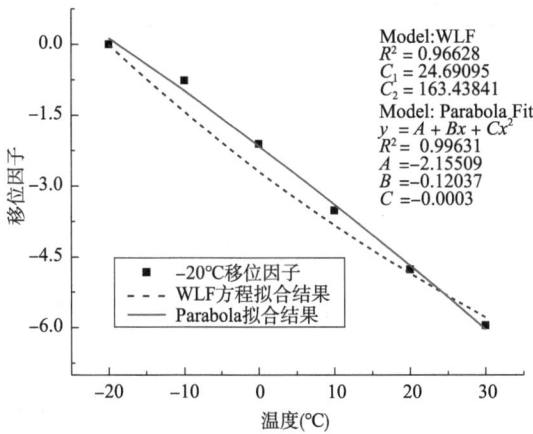

a) –20℃时移位因子

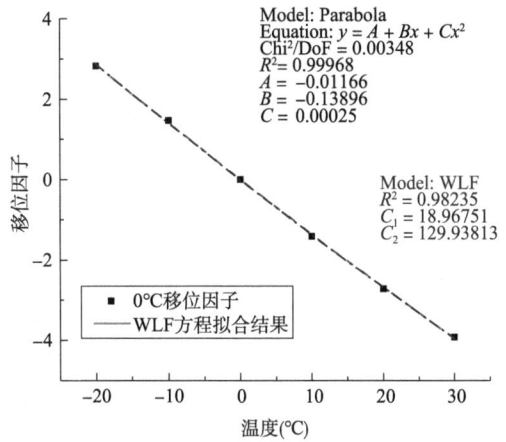

b) 0℃时移位因子

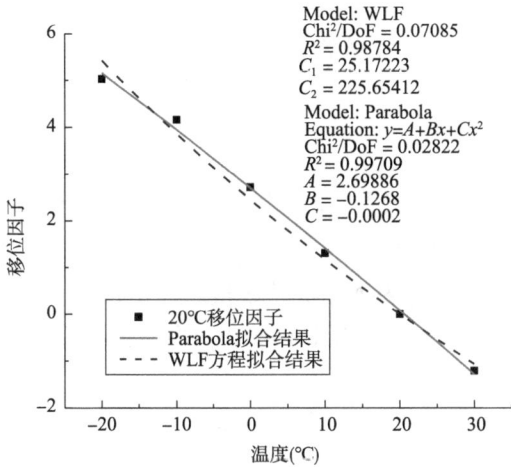

c) 20℃时移位因子

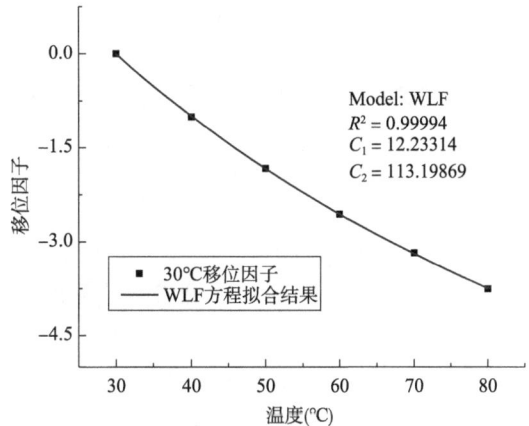

d) 30℃时移位因子

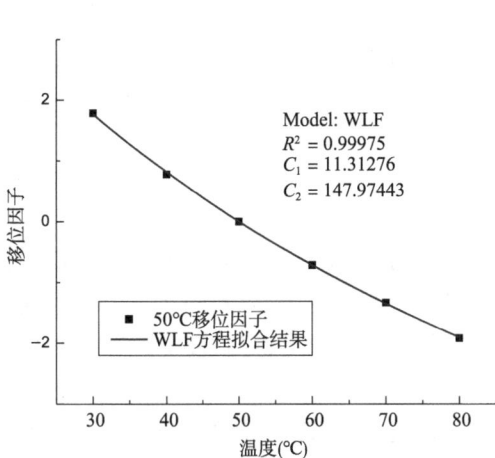

e) 50℃时移位因子

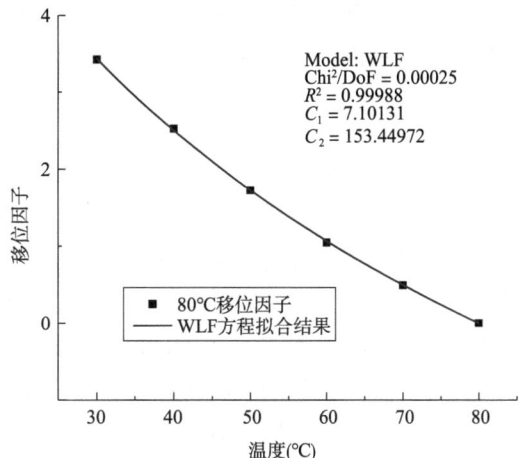

f) 80℃时移位因子

图 2-25 移位因子曲线

移位因子   表 2-3a

温度	−20℃	−10℃	0℃	10℃	20℃	30℃	C_1	C_2	相关系数
移至−20℃	0	−0.764	−2.111	−3.520	−4.772	−5.952	24.691	163.438	0.96628
移至0℃	2.826	1.475	0	−1.413	−2.723	−3.923	18.968	129.938	0.98235
移至20℃	5.032	4.160	2.716	1.307	0	−1.208	25.172	225.654	0.98784

表 2-3b

温度	30℃	40℃	50℃	60℃	70℃	80℃	C_1	C_2	相关系数
移至30℃	0	−1.010	−1.832	−2.560	−3.181	−3.759	12.233	113.199	0.99994
移至50℃	1.784	0.778	0	−0.716	−1.333	−1.920	11.313	147.977	0.99975
移至80℃	3.422	2.526	1.726	1.045	0.492	0	7.101	153.450	0.99988

2.3.5 黏弹性模型

通过动态剪切流变试验结果来拟合 Burgers 模型的参数,采用目标函数法来进行拟合。

通过试验得到的复数模量,可以建立目标函数 R:

$$R = \sum_{j=1}^{m} \left\{ \left[\frac{G'(\omega_j)}{G'_0} - 1 \right]^2 + \left[\frac{G''(\omega_j)}{G''_0} - 1 \right]^2 \right\} \tag{2-7}$$

式中:G_0——试验求得的不同频率下的复数模量,G'_0 和 G''_0 为其一阶导数和二阶导数;

$G(\omega_j)$——根据 Burgers 模型参数计算得到的不同频率下的复数模量值,$G'(\omega_j)$ 和 $G''(\omega_j)$ 为其一阶导数和二阶导数;

m——试验中测得的频率点的个数。通过目标函数优化求解为最小值时,即可得到 Burgers 模型的 4 个参数的值。

通过建立模型参数的初值,迭代求解得到参数的最优解。

由黏弹性理论及拟合过程可以知道,4 个参数中 E_2、η_2 与频率有关,通过动态试验拟合时,它们随着频率的变化而变化。根据现有数据及理论,我们认为 E_2、η_2 与频率呈乘幂关系,即

$$E_2 = af^b \tag{2-8}$$
$$\eta_2 = cf^d \tag{2-9}$$

式中: f——频率;

a、b、c、d——拟合曲线参数。

目标函数法是采用优化求解的方法来拟合参数,目标函数的设定中采用了各测量弹性模量和黏性模量的误差和,这就很大地提高了优化求解的准确性,使得到的参数值有很高的精度。目标函数法存在一定的问题,就是优化求解中共有 6 个变量,这就使得优化过程中可能会产生多个不同解,因此必须合理设置初始值。

为了考虑温度对 Burgers 模型参数的影响,对低温(−20℃、−10℃、0℃、10℃、20℃、30℃)和高温(30℃、40℃、50℃、60℃、70℃、80℃)两组温度下胶粉改性沥青的黏弹性参数分别进行拟合(表 2-4、表 2-5)。

动态力学分析方法拟合 Burgers 模型参数（一） 表 2-4

参数	低温（℃）					
	−20	−10	0	10	20	30
a	1254059.97884	394067.56940	97499.42796	20244.72973	7104.82851	569.44483
b	2.11414	2.33551	2.45477	2.58462	2.70643	2.77995
c	317065.05957	119948.85451	25551.29408	5868.16113	724.72113	211.38354
d	−1.23121	−0.97058	−0.73805	−0.41195	−0.21936	−0.19758
参数	高温（℃）					
	30	40	50	60	70	80
a	1108.80803	213.75941	46.76001	7.97247	3.05125	0.52515
b	1.94854	2.28492	2.54438	2.59740	2.62919	2.69232
c	99.6602 1	27.45261	9.00670	2.99680	1.01692	0.37642
d	−0.68992	−0.64853	−0.47685	−0.28655	−0.16742	−0.11878

动态力学分析方法拟合 Burgers 模型参数（二） 表 2-5

参数	低温（℃）					
	−20	−10	0	10	20	30
E_1（kPa）	242993.4521	165679.4725	68025.6333	19134.2566	4461.9911	989.0628
η_1（kPa·s）	12962.0182	10319.6685	6464.9720	2089.4449	471.0944	84.5276
E_2（kPa）	1103520.0124	475677.9687	69589.1921	9121.3115	1292.2429	246.2247
η_2（kPa·s）	843077.7295	402804.3542	76069.9487	12436.7466	2098.1389	399.5798
参数	高温（℃）					
	30	40	50	60	70	80
E_1（kPa）	769.1709	199.3341	66.3493	25.2581	11.2447	6.6144
η_1（kPa·s）	77.0133	20.5540	9.5823	6.5987	7.4310	3.2702
E_2（kPa）	160.3317	41.8536	10.2910	2.2767	0.5679	0.2290
η_2（kPa·s）	282.8934	68.1514	17.2736	4.5650	1.3107	0.4040

对 Burgers 模型 4 个参数随温度的变化规律（图 2-26、图 2-27）进行拟合分析后，可以发现模型 4 个参数与温度符合指数函数关系[28]，表达式如式（2-10）所示：

$$Y = Ae^{BT} \tag{2-10}$$

式中：Y——Burgers 模型的 4 个参数；

$\quad\quad T$——试验温度；

$\quad\quad A$、B——曲线拟合参数。

当 $T=0$ 时，$Y=A$，即拟合参数 A 为 0℃时 Burgers 模型参数值，根据式（2-10）进行拟合，得到拟合参数和相关系数结果，如表 2-6、表 2-7 所示。

a) E_1 随温度的变化

b) E_2 随温度的变化

c) η_1 随温度的变化

d) η_2 随温度的变化

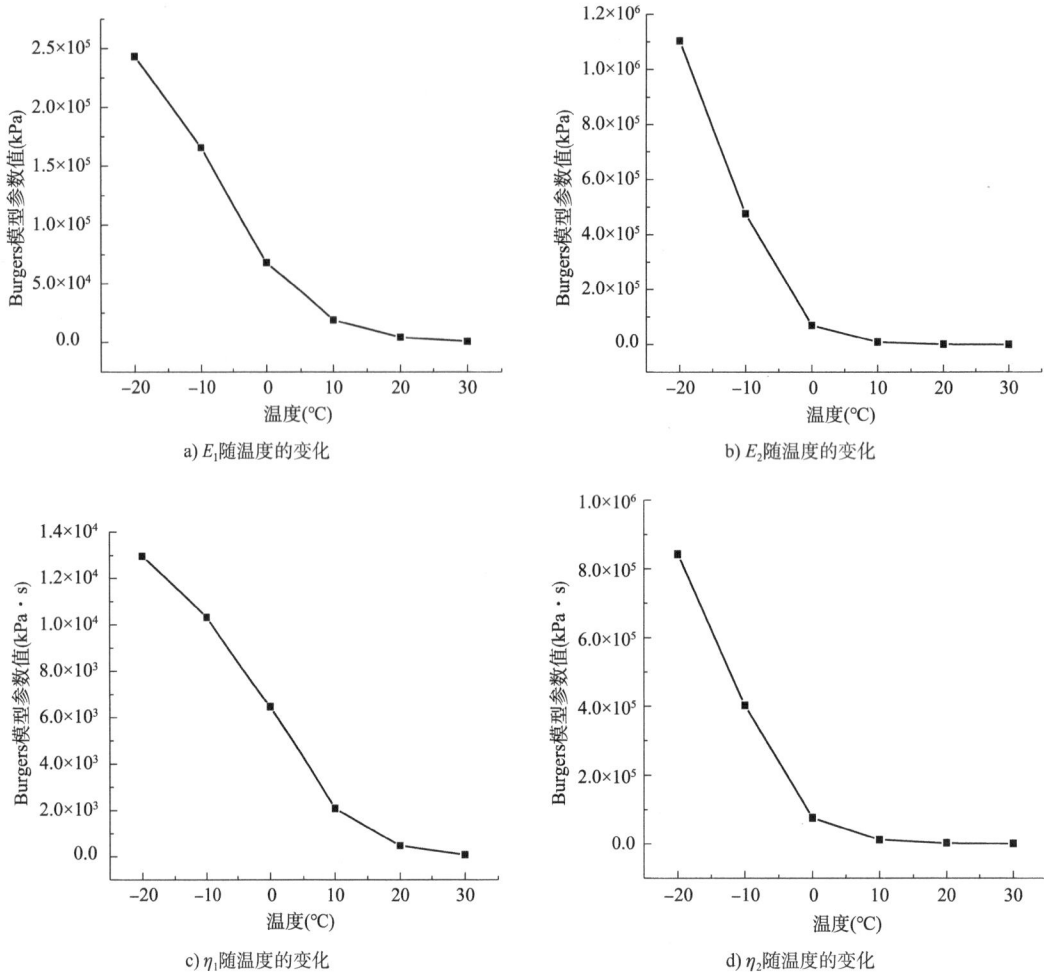

图 2-26 低温 Burgers 模型参数随温度变化规律图

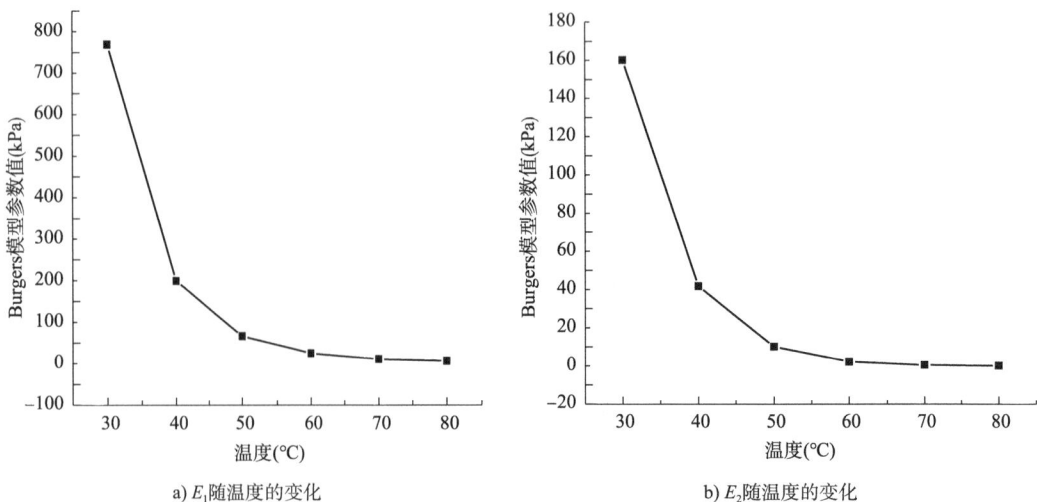

a) E_1 随温度的变化

b) E_2 随温度的变化

图 2-27

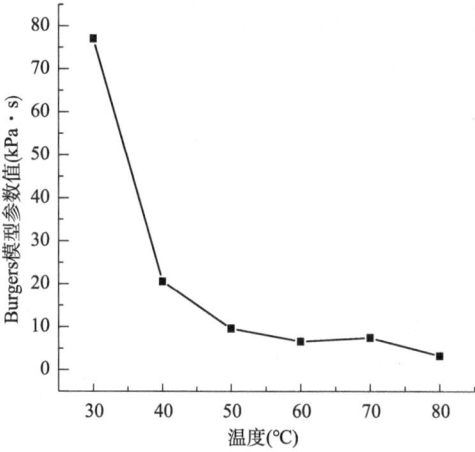

c) η_1随温度的变化

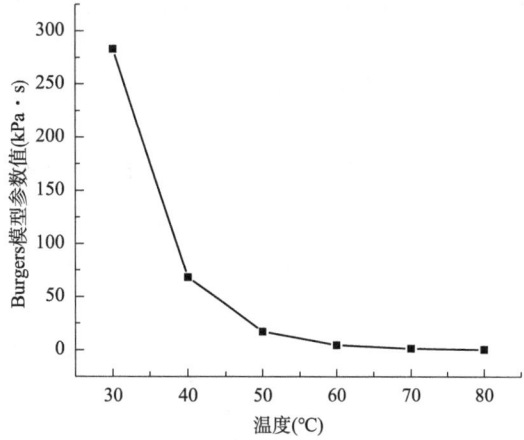

d) η_2随温度的变化

图 2-27 高温 Burgers 模型参数随温度变化规律图

低温 Burgers 模型参数拟合结果和相关系数 表 2-6

E_1	A	71002.54317	η_1	A	5208.71949
	B	− 0.06381		B	− 0.04935
	R^2	0.96412		R^2	0.92903
E_2	A	144310.5956	η_2	A	131627.8565
	B	− 0.10237		B	− 0.09372
	R^2	0.98643		R^2	0.98335

高温 Burgers 模型参数拟合结果和相关系数 表 2-7

E_1	A	38779.29560	η_1	A	2436.75372
	B	− 0.13073		B	− 0.11545
	R^2	0.99919		R^2	0.97779
E_2	A	9251.95891	η_2	A	19838.84569
	B	− 0.13517		B	− 0.14168
	R^2	0.99997		R^2	0.99998

　　由以上分析结果可以看出,Burgers 模型 4 个参数随着温度升高呈负指数递减。表 2-6、表 2-7 中的相关系数 R^2 均在 0.92 以上,表明式(2-10)能够较好地拟合模型 4 个参数随温度的变化规律。

2.4 胶粉改性沥青微观结构特性

　　将废胎橡胶粉掺入沥青中,沥青技术性能可得到不同程度的改善,沥青路面的路用性能得到提高。本节从沥青及废胎橡胶粉的组成和结构入手分析胶粉改性沥青的机理。

目前,国内外常采用红外光谱图对沥青的分子结构和官能团变化进行分析,采用DSC差热分析研究沥青聚集态变化,利用热重分析仪对沥青的热稳定性进行研究,采用电子或荧光显微镜研究改性剂在沥青中的分布情况。本研究采用扫描电子显微镜、原子力显微镜、红外光谱、热重分析仪研究基质沥青、改性剂、改性沥青的微观结构、官能团结构、热稳定性、相态结构及流变学等特性,分析沥青改性机理以及材料特性。

试验所用胶粉改性沥青为70#基质沥青,加入18%的30目(0.60mm)废轮胎胶粉,经湿法加工制成。胶粉改性沥青主要技术性质及废胎橡胶粉各种成分含量分别见表2-8、表2-9。

胶粉改性沥青主要技术性质 表2-8

试验项目		技术要求	试验结果
针入度(25℃,100g,5s)(0.1mm)		50~65	59
延度(5cm/min,5℃)(cm)		≥30	32.7
软化点(环球法)(℃)		≥60	69.5
闪点(℃)		≥230	277
密度(15℃)(g/cm³)		实测	1.032
运动黏度(175℃)(Pa·s)		1~4	1.28
离析(℃)		<2.5	1.8
溶解度(三氯乙烯)(%)		>99.0	99.7
弹性恢复(25℃)(%)		≥75	85
旋转薄膜加热试验	质量损失(%)	≤1.0	-0.15
	针入度比(%)	≥60	86.5
	延度(5℃)(cm)	≥10	15.2

废胎橡胶粉各种成分含量 表2-9

成分含量	技术指标	检测结果
纤维含量(%)	≤0.5	0.2
钢丝含量(%)	≤0.03	0.01
过筛率(%)	≥94	99.4
灰分(%)	≤7.6	1.4
水分(%)	≤0.47	0.27

2.4.1 扫描电镜观测

采用日本紫台Hitachi S-3400N Ⅱ型扫描电子显微镜(图2-28),观测胶粉颗粒,SBS改性剂,老化前后基质沥青、胶粉改性沥青、SBS改性沥青,并进行对比分析。

(1)胶粉颗粒细观结构

如图2-29所示,胶粉颗粒形状不规则,表面不均匀,随着放大倍数的增加,可以清楚地看到胶粉颗粒表面充满了微小褶皱和孔隙,呈网状结构,该结构使得胶粉颗粒可以容易地吸附沥青中的轻质组分,从而使胶粉颗粒和基质沥青较好地融合。

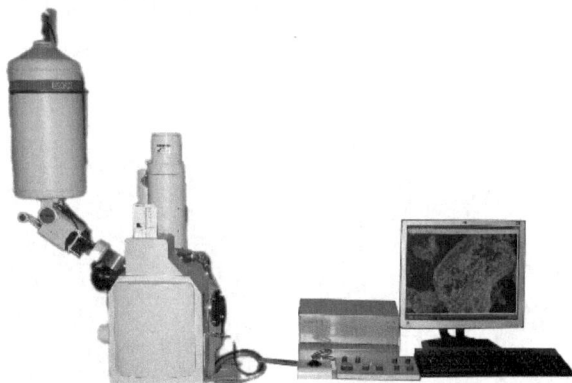

图 2-28   Hitachi S-3400N Ⅱ型扫描电子显微镜

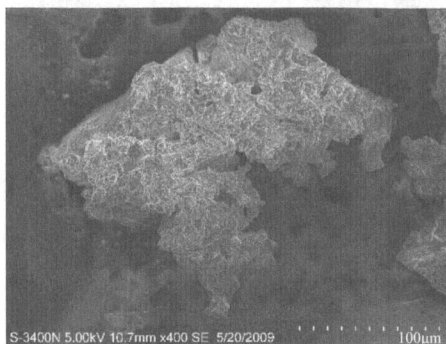

a) 放大倍数为400倍

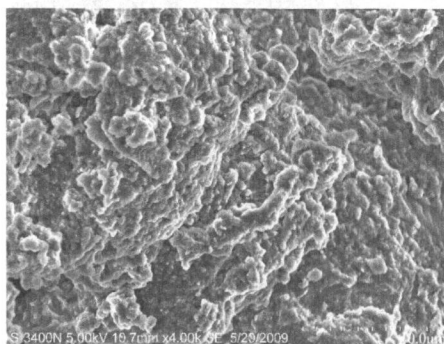

b) 放大倍数为4000倍

图 2-29   胶粉颗粒在不同放大倍数下的扫描图像

如图 2-30 所示,经过有机溶剂(三氯乙烯)的浸泡,肉眼观察胶粉颗粒没有太大变化,而在扫描电镜下可以看出颗粒表面的突起变得蓬松张开,呈絮状结构,说明废胎橡胶粉颗粒在有机物质中容易发生溶胀,因而可以推断胶粉和沥青共混后,有可能吸收沥青中的油分,使沥青更黏稠,弹性增强,产生良好的共混效果。

a) 放大倍数为500倍

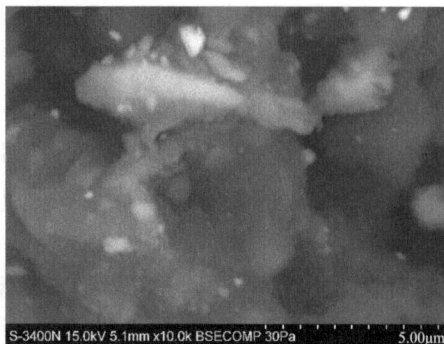

b) 放大倍数为10000倍

图 2-30   有机溶剂浸泡后的胶粉颗粒扫描图像

（2）SBS改性剂细观结构

如图2-31所示，经扫描电镜放大可以看到，SBS改性剂表面呈现明显的网状结构，该结构使得SBS改性剂同样可以很容易地吸附沥青中的轻质组分，从而使SBS改性剂和基质沥青较好地融合，达到共混的目的。

a) 放大倍数为1000倍　　　　　　　　　　　　　b) 放大倍数为3000倍

图2-31　SBS改性剂在不同放大倍数下的扫描图像

（3）基质沥青细观结构

如图2-32所示，基质沥青在扫描电镜下观察呈现出均质的表面形态，部分位置稍有杂质。这说明基质沥青属于均相结构。

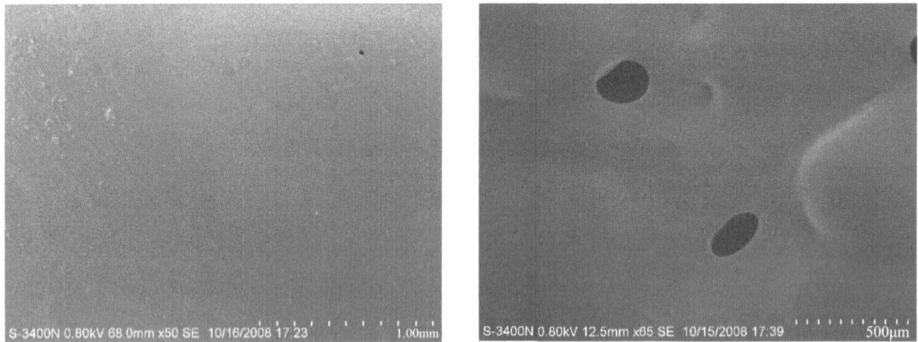

a) 放大倍数为50倍　　　　　　　　　　　　　　b) 放大倍数为65倍

图2-32　基质沥青在不同放大倍数下的扫描图像

（4）胶粉改性沥青细观结构

由于胶粉颗粒体积比较大，因此改性后的沥青表观看起来不再均质，但是在高放大倍数下可以看到制备良好的胶粉改性沥青中，橡胶颗粒在沥青中分散得比较均匀，如图2-33所示，胶粉颗粒不能溶解于沥青，而是像弹性微粒填充在沥青中，沥青可完全包裹胶粉颗粒，胶粉颗粒与沥青两相界面处相当模糊，结合紧密，两相界面间具有良好的黏结性。因此，胶粉改性沥青在本质上为非均相，是一种不均匀体系。

为研究低温下沥青微观结构的变化情况，将胶粉改性沥青在−20℃的冰箱里冷冻6个月后进行扫描电镜观测，如图2-34所示。

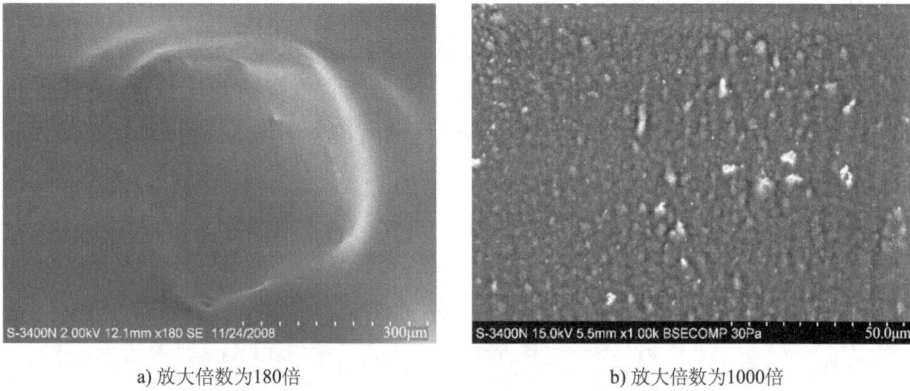

a) 放大倍数为180倍

b) 放大倍数为1000倍

图 2-33　不同放大倍数下胶粉改性沥青扫描图像

a) 放大倍数为1000倍

b) 放大倍数为10000倍

图 2-34　－20℃冷冻 6 个月的胶粉改性沥青扫描图像

经过长时间冷冻后,橡胶颗粒会有收缩聚团现象,但微观形态基本与未经过冷冻的胶粉改性沥青相近,变化很小,说明胶粉改性沥青在低温下能保持原有的结构特性。

(5)SBS 改性沥青细观结构

SBS 改性剂自身的网状结构,使得其能很好地吸附沥青中的轻质组分,与沥青达到很好的共融效果,沥青与 SBS 改性剂间界面模糊,如图 2-35 所示。

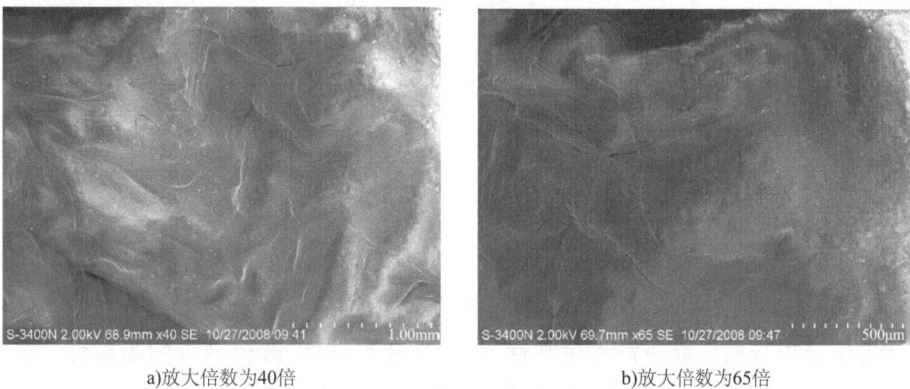

a)放大倍数为40倍

b)放大倍数为65倍

图 2-35　不同放大倍数下 SBS 改性沥青扫描图像

(6)老化后基质沥青细观结构

沥青老化主要表现为沥青组分中轻质组分的挥发,饱和分和芳香分不断聚合成胶质并进一步转化为沥青质,从而使沥青中重质组分增加。基质沥青本身的均质特点,使其在老化后从表面形态来看,其均质相不会发生明显变化,仍然呈现出较为均匀的特性,如图2-36所示。

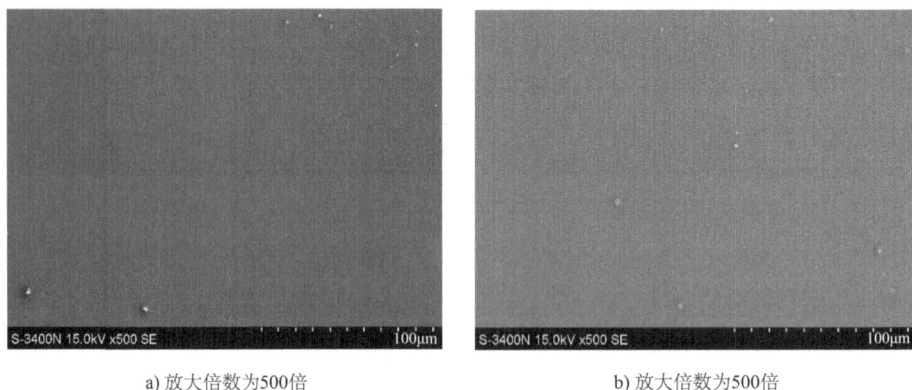

a) 放大倍数为500倍   b) 放大倍数为500倍

图2-36　老化后基质沥青扫描图像

(7)老化后胶粉改性沥青细观结构

胶粉改性沥青老化后,除沥青中轻质组分挥发,重质组分增加外,老化对胶粉改性剂产生降解作用,破坏其结构。图2-37为不同放大倍数下老化后胶粉改性沥青的电镜扫描图片。可以看出,老化后沥青在胶粉颗粒表面的包裹情况差于老化前,共混程度下降,结合情况劣化。胶粉颗粒与沥青能共混一方面是因为废胎橡胶粉的分子受到沥青轻质组分的作用发生溶胀和溶解;另一方面是因为胶粉颗粒表面呈网状结构,具有很大的比表面积,可以很好地吸附沥青。沥青老化使其化学组分发生变化,结合处轻质油分挥发,沥青组分中芳香分和饱和分不断聚合成胶质并进一步转化为沥青质,使轻质组分减少;老化对胶粉的影响表现为胶粉颗粒发生降解以及交联键的断裂导致网状结构破坏,从而使沥青与胶粉颗粒的共混程度下降。

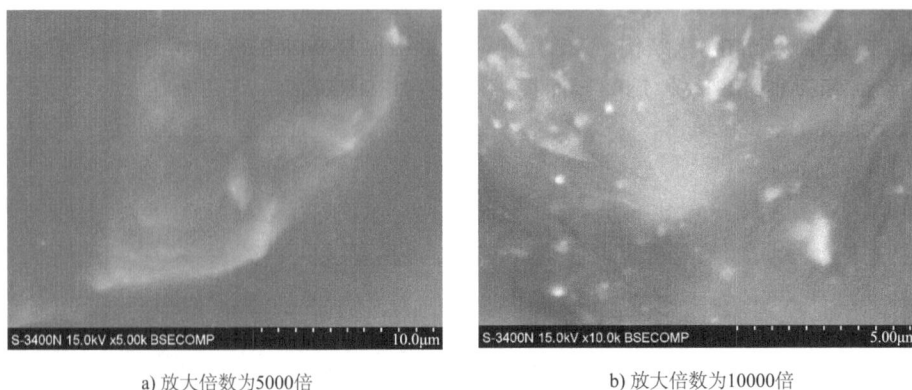

a) 放大倍数为5000倍   b) 放大倍数为10000倍

图2-37　不同放大倍数下老化后胶粉改性沥青扫描图像

在沥青组分中胶质可赋予沥青可塑性、流动性和黏结性,改善沥青的脆裂性。老化后胶质含量降低、沥青质含量提高,使沥青变硬。胶质与沥青质的比例也在一定程度上反映了沥青的胶体结构,该比例越小,越接近凝胶型结构,凝胶型结构与其他结构相比弹性较好。老化对胶粉颗粒结构的改变使胶粉颗粒呈现表面硬化,因而使胶粉改性沥青变得更硬。

(8)老化后 SBS 改性沥青细观结构

老化作用使沥青中轻质组分减少,SBS 颗粒不能在轻质组分作用下发生充分溶胀而使得 SBS 颗粒与沥青间结合情况变差(图 2-38),SBS 改性剂由于老化造成的降解作用较胶粉颗粒更为严重,使得其与沥青界面的结合状态相对更为劣化,说明沥青与 SBS 改性剂形成的网状结构只是物理填充,而没有达到分子水平的相容,老化对 SBS 改性剂结构的破坏,使得 SBS 更容易分离析出。由此可知,老化对 SBS 改性剂的影响要大于对胶粉颗粒的影响。老化使沥青中轻质组分减少,沥青质等重质组分增加,使沥青结构由溶胶-凝胶型趋向于凝胶型,加之老化作用改变改性剂颗粒的表面结构使颗粒表面硬化,同样使 SBS 改性沥青变得更硬。

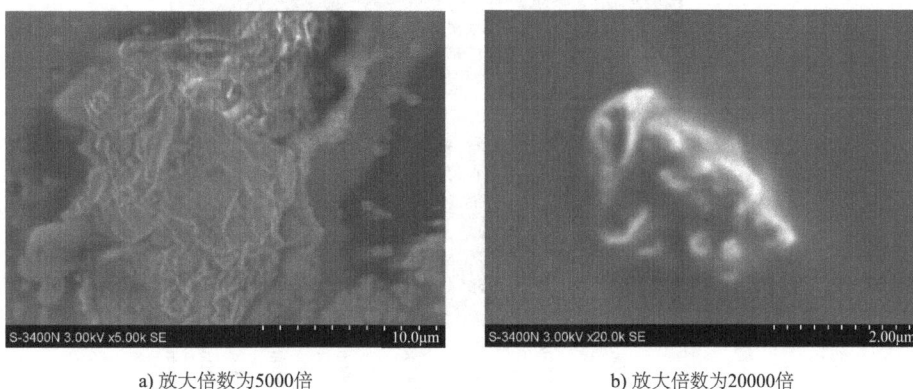

a) 放大倍数为5000倍   b) 放大倍数为20000倍

图 2-38 不同放大倍数下老化后 SBS 改性沥青扫描图像

2.4.2 原子力显微镜观测

采用原子力显微镜观测胶粉改性沥青、70#基质沥青、SBS 改性沥青的微观形貌,并分别对老化前后各沥青的微观结构进行对比分析。

原子力显微镜的工作原理是用一个外加的振荡信号驱动探针在样品表面上方振动。当探针还未逼近样品时,探针在共振频率附近自由振动;当探针在样品表面扫描时,由于样品表面的原子与微悬臂探针尖端的原子间产生相互作用力,探针的振幅减小。反馈系统测量到振幅的变化量,通过改变加在扫描器 Z(竖直) 方向上的电压,保持探针振幅的恒定,用计算机记录这个电压,测量结果即反映了样品的表面形貌。

采用本原公司 CSPM4000 扫描探针显微镜,成像模式为轻敲式。制样过程为:①将沥青胶浆加热至液态;②将少量沥青滴在干净的载玻片上并置于烘箱内约 10min,使沥青分散成均匀的薄膜;③取出样品,冷却后对沥青样品进行原子力显微镜观测。

由图 2-39 可以看出,基质沥青出现了黑白相间的条纹,俗称"蜂型结构"。在 AFM 图中颜色表示微观表面的起伏程度,颜色越浅的区域表示比周围区域更凸出一些,颜色越深的区域表示比周围区域更凹陷一些。初期科研工作者认为,"蜂型结构"是受沥青质含量影响形成的[30-31]。但后期研究发现,"蜂型结构"是受沥青中固态石蜡结晶和沥青质的含量共同影响形成的[32]。杨军等[33-34]认为,强极性的沥青质和高分子微晶蜡缔合了部分胶质以及少许油分分散在油相中,最终形成"蜂型结构"。沥青冷却或搅拌时优先析出的蜡和胶质将形成晶核,其他分子将不断地覆盖在晶核各点上逐渐生长为薄片结构。当晶核沉积在蜡晶表面而引发多层薄片生长时,会形成金字塔结构的蜡晶;若晶核在某一层的生长过程中产生缺陷,形成新边缘,其他蜡分子将在此连接而呈螺旋状生长,最终形成螺旋位错或错形晶[35]。

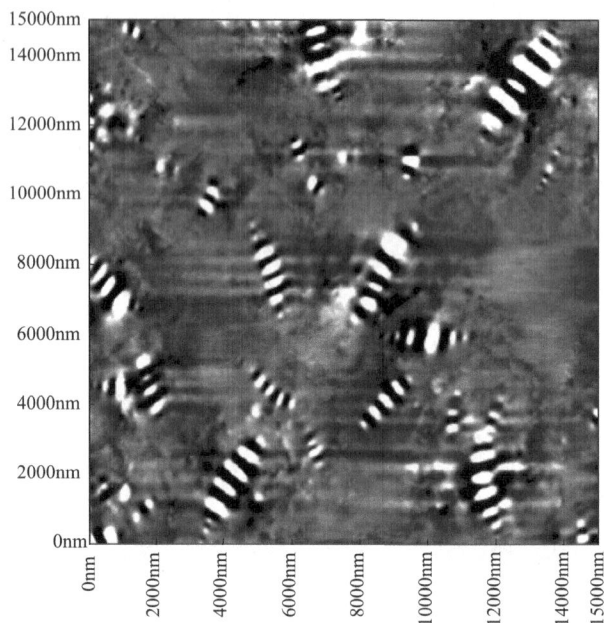

a) 原样

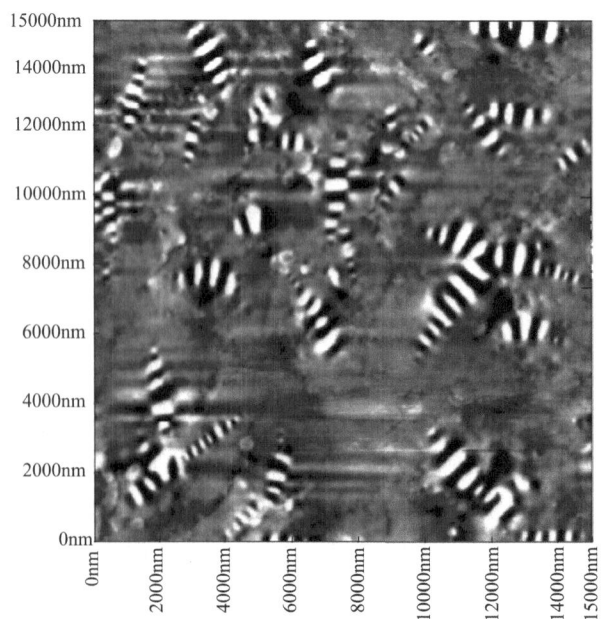

b) 短期老化

图 2-39

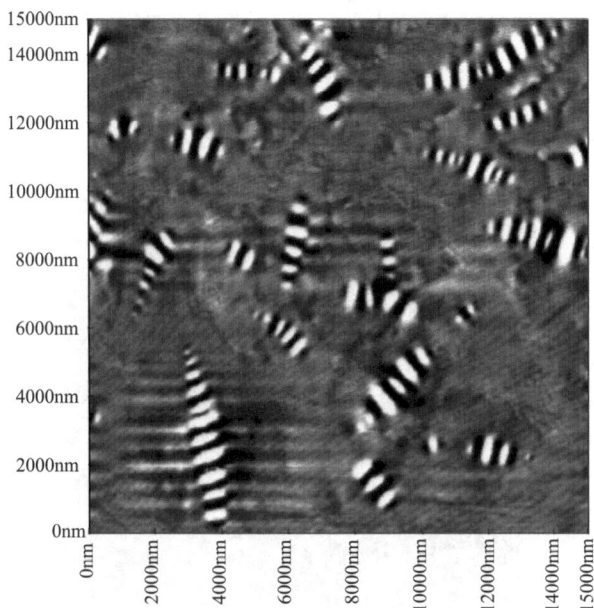

c) 长期老化

图 2-39　基质沥青微观结构

在 Nazzal 等的研究中[36]，将 AFM 沥青样品微观表面形貌的相位影像图分成了四个部分，分别描述为蜂型柔软区域("蜂型结构"峰谷部分)、蜂型坚硬区域("蜂型结构"峰顶部分)、基质柔软区域、基质坚硬区域。研究发现"蜂型结构"整体刚度大一些，且峰顶部分相对峰谷部分刚度要大一些，这是因为蜂型结构峰顶部分中有大量的沥青质和蜡晶，所以刚度会更大。而基体相区域有和"蜂型结构"类似的属性，但其含有的芳香烃类和饱和烃类相对多一些，所以整体刚度会更小一些。评价"蜂型结构"的三个常用指标为：①微观表面形貌高度差(对于基质沥青，用"蜂型结构"峰顶与峰谷的高度差表示)；②"蜂型结构"两个峰顶间的距离；③"蜂型结构"的峰顶个数。

利用 Image 软件将平面二维图像(x,y)划分为多个微小单元，用 $0,1,2\cdots k\cdots M$ 和 $0,1,2\cdots l\cdots N$ 对每个单元 x 和 y 方向进行编号，可以认为每个像素(即代表高程)即为一个单元(x_k, y_l)，每个单元的高度记为 $Z(x_k,y_l)$。二维图像中的粗糙度 μ 表示高程偏离平均值的平均程度，其标准偏差为 S_a，计算公式如下：

$$\mu = \frac{1}{MN}\sum_{k=0}^{M-1}\sum_{l=0}^{N-1} Z(x_k,y_l) \tag{2-11}$$

$$S_a = \frac{1}{MN}\sum_{k=0}^{M-1}\sum_{l=0}^{N-1} |Z(x_k,y_l) - \mu| \tag{2-12}$$

但是带有"蜂型结构"的沥青，利用粗糙度难以说明有峰谷、峰顶的凹凸特点。为进一步评价微观结构的变化，引进峰密度的概念，峰密度是指在单位面积内峰的数量。峰值在 AFM 系统中定义为高于临近 8 个点的值。此外，峰仅被用于定义高度大于平均平面最大高度 5% 的点。在图 2-40 所示的图像中，软件会自动寻找微小区域高程的最大值和最小值，而峰密度即为区域内峰密度。峰密度可以定量表征微观结构在扫描区域内的数量与分布,可被定义为单位区域内高程最大值的总数,单位:$1/\mu m^2$。公式如下:

$$S_{ds} = \frac{高程最大值总数}{(M-1)(N-1)\delta x \delta y}$$ (2-13)

式中:$\delta x \delta y$——单元的面积。

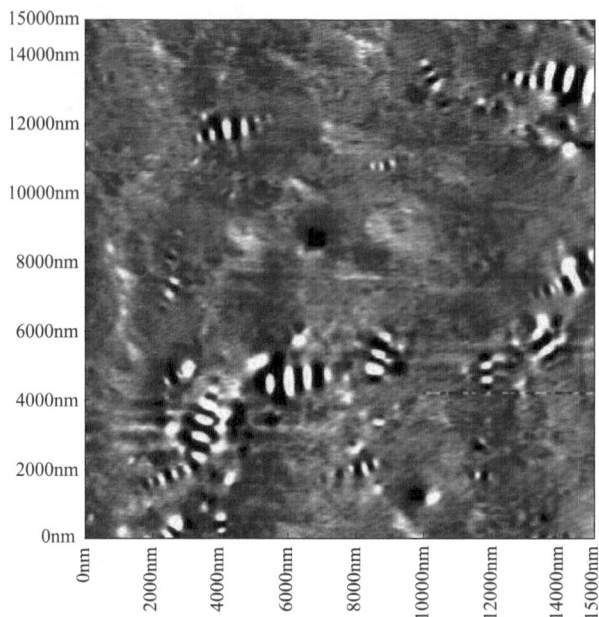

a) 原样

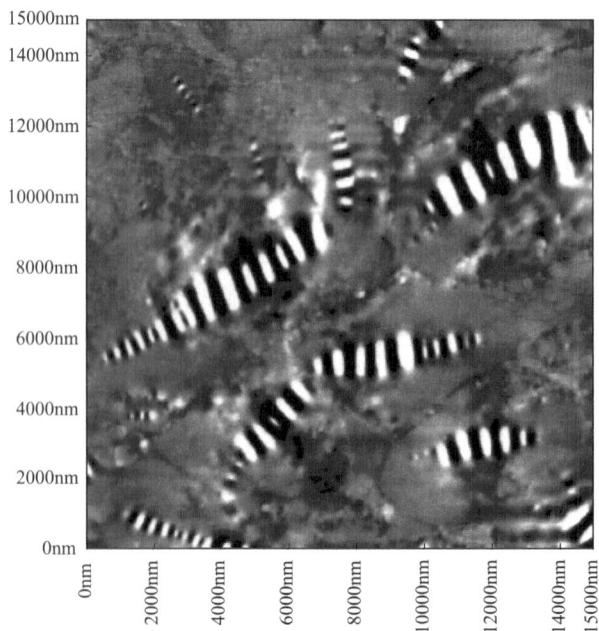

b) 短期老化

图 2-40

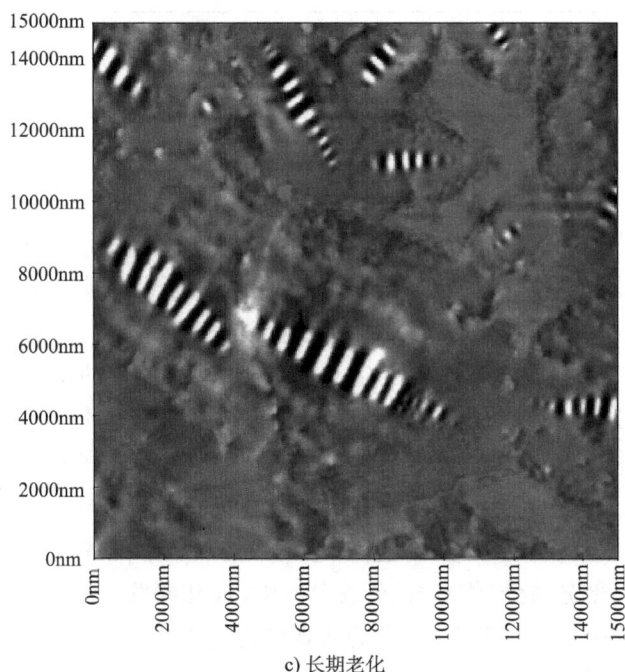

c) 长期老化

图 2-40　SBS 改性沥青微观结构

由图 2-39 可以看出,短期老化后,"蜂型结构"数量有所增加,长期老化后的"蜂型结构"数量反而减少,但是"蜂型结构"的长度有所增加。由于试验条件限制,现将峰密度测试值和"蜂型结构"两个峰顶间的距离(峰间距离)的测试值列于表 2-10 中。

基质沥青峰密度和峰间距离　　　　　　　　　　　　　　　　　表 2-10

类型	Matrix asphalt	Matrix RTFO	Matrix PAV
峰密度$(1/\mu m^2)$	15.2	18	25.2
峰间距离(nm)	382	290	265

由图 2-40a)可以看到,加入 SBS 改性剂并不能消除基质沥青的"蜂型结构",但是相对基质沥青,其"蜂型结构"的数量少很多,说明 SBS 改性剂对"蜂型结构"的形成有一定影响。此外,还注意到 SBS 改性沥青老化后"蜂型结构"比未老化的排列得更为规则,单个"蜂型结构"中所含有的峰顶部分明显比未老化的多,这主要是由沥青变硬、蜡的析出在一定区域所致。沥青表面有"蜂型结构"的部分要比没有的部分硬度稍高些,这就造成沥青表面坚硬程度分布不均。

对老化前后 SBS 改性沥青分别进行峰密度测试和峰间距离分析,如表 2-11 所示。可以看出,老化作用对 SBS 改性沥青的影响与对基质沥青的影响相似,随着老化程度的加深,沥青峰密度增加,但峰间距离却有增大的趋势。

SBS 改性沥青峰密度和峰间距离 表 2-11

类型	SBS asphalt	SBS RTFO	SBS PAV
峰密度($1/\mu m^2$)	15.9	16.2	20.2
峰间距离(nm)	427	462	484

　　胶粉改性沥青是在基质沥青中掺入胶粉颗粒后,在高温状态下通过共混共融作用形成的沥青。胶粉颗粒进入沥青后会吸收分子量较小的饱和分、芳香分而发生溶胀,从而有效地降低沥青中的游离蜡含量,胶粉颗粒溶胀后会释放由大分子沥青质组成的胶粉分子碎片,随着时间的增长,胶粉颗粒在脱硫或降解的反应中会消耗沥青质[37]。这一系列反应会导致沥青中沥青质和高分子微晶蜡含量发生变化,影响了"蜂型结构"的形成过程,最终无法形成"蜂型结构"。由图 2-41 可以看出,原样胶粉改性沥青中有少量的凸起,推测胶粉改性沥青的凸起是降温过程中适量的胶质、沥青质被吸附在蜡晶表面形成的沥青质-蜡结构。短期老化过程温度较高,沥青质与高分子蜡等大分子物质能够较好地均匀分散在沥青中,不易出现聚集,沥青表面比较平滑,短期老化后沥青的微观结构出现了一些沟壑纵横的条纹,沟壑的出现是因为沥青表面部分油分(饱和分、芳香分)的反应和挥发。经过长期老化后,沥青表面的轻质组分进一步充分反应和挥发,沥青的微观结构会出现少量沥青质与高分子蜡聚集的现象,沥青表面变得粗糙。

　　由于胶粉沥青没有"蜂型结构",因此只能测出峰密度,结果见表 2-12。如表 2-12 所示,老化作用可以使胶粉改性沥青的突出物增加。随着老化程度加深,突出物越多,侧面说明胶粉改性沥青的表面越来越粗糙。

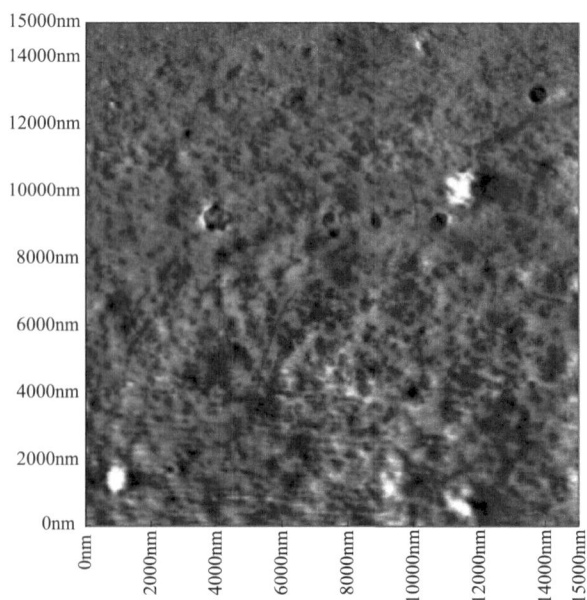

a) 原样

图　2-41

b) 短期老化

c) 长期老化

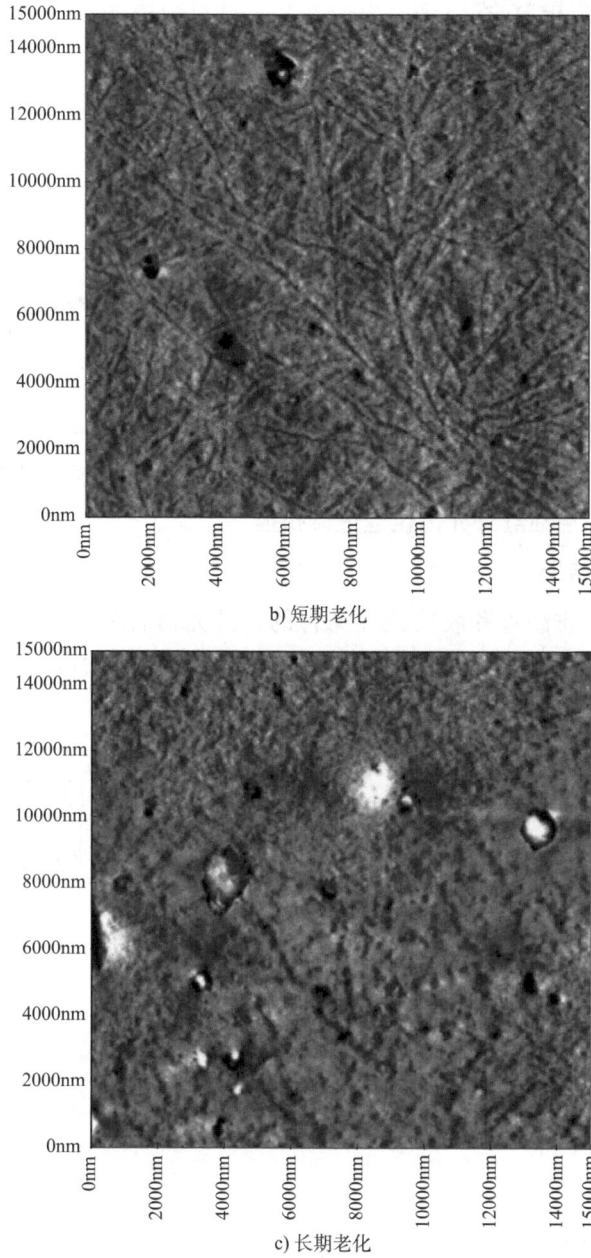

图 2-41　胶粉改性沥青微观结构

胶粉改性沥青峰密度　　　　　　　　　　　　　　　　　表 2-12

类型	Rubber asphalt	Rubber RTFO	Rubber PAV
峰密度($1/\mu m^2$)	20	32	33.9

2.4.3 红外光谱试验

2.4.3.1 试验设备及方法

红外光谱由美国 Nicolet(尼高力)公司 FT-IR Nexus 670 型傅立叶变换红外光谱仪检测,分辨率为 $4cm^{-1}$,扫描 32 次,测试范围为 $400 \sim 4000cm^{-1}$。

沥青的制样方法采用了"空白 KBr 压片浸渍法":

①自制数个合格的空白 KBr 压片,放入干燥器中备用;

②用溶剂三氯乙烯将沥青制成 5% 的溶液(质量比:5% 的沥青,95% 的溶剂);

③将待用的 KBr 片在溶液中浸渍一下,取出,固定在样品架上,在红外灯下除去溶剂,放入样品室在红外光谱仪上进行扫描。

为对比,对基质沥青、胶粉改性沥青、SBS 改性沥青进行 IR 试验。同时,对胶粉改性剂也进行 IR 测试,制样方法为"压片法":将胶粉与 KBr 混合研磨,采用专用的压片设备,压制成透明度好的薄片,然后在红外光谱仪上进行扫描。

2.4.3.2 试验结果

为对比分析,将基质沥青和胶粉改性沥青的红外光谱合在一张图上,如图 2-42 所示。其中,图线 a 为基质沥青,图线 b 为废胎橡胶粉,图线 c 为胶粉改性沥青。

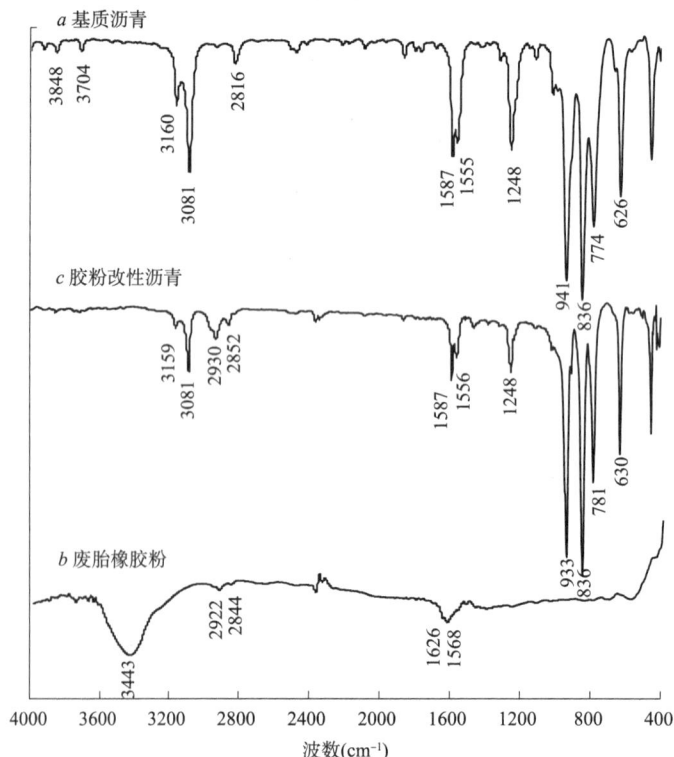

图 2-42 沥青及胶粉红外光谱图

由图线 a 可见,基质沥青在波数 $2800 \sim 3000 \ cm^{-1}$ 红外光谱出现较强的吸收峰,这些吸收峰是环烷烃和烷烃的—C—H 伸缩振动的结果。其中,以—CH$_2$—的吸收最强,2816cm^{-1}的吸收峰可以认为是—CH$_2$—伸缩振动的结果。1450~1600cm^{-1}的吸收峰一部分是由共轭双键 C═C(苯环骨架振动)引起的,另一部分是由 C═O 的吸收引起的。1587cm^{-1}和1555cm^{-1}两个强的吸收峰是芳烃的 C═C 伸缩振动的结果。

图线 b 为废胎橡胶粉的 IR 图谱,波数在 3000~3500cm^{-1}红外光谱出现很强的吸收峰,3443cm^{-1}的吸收峰是—OH 伸缩振动的结果。1626cm^{-1}的吸收峰一部分是由共轭双键C═C(苯环骨架振动)引起的,另一部分是由 C═O 的吸收引起的。

胶粉改性沥青(图线 c)与基质沥青(图线 a)对比,可以看到在官能团区 3081cm^{-1}和3159cm^{-1}的峰的位置基本没变,但2930cm^{-1}和2852cm^{-1}两个峰是因混入废胎橡胶粉而出现的,而废胎橡胶粉 3443cm^{-1}和 1626cm^{-1}处的吸收峰在改性沥青中消失。废胎橡胶粉的3443cm^{-1}吸收峰是因吸湿而带入的羟基,在高温混炼中已排除而消失,废胎橡胶粉的1626cm^{-1}处的吸收峰是橡胶中残留的碳碳双键,在改性沥青中经剪切分散的作用打开,与沥青形成了新的交联结构,所以 1626cm^{-1}处的吸收峰在改性沥青中消失。由此推测经高速剪切后,废胎橡胶粉和沥青既发生物理共混又发生化学反应[38]。

同时加入胶粉后,沥青的几个吸收峰有所减弱,这是因为加入胶粉以后,沥青的分子结构发生变化,在改性沥青中形成更加稳定的结构,这样就不易与其他物质发生反应,所以改性后沥青抗老化性能得到一定程度的提高。

为对比分析,把基质沥青、SBS 改性沥青和胶粉改性沥青的红外光谱合在一张图上,如图 2-43 所示。由图可见,由于加入的改性剂不同,两种改性沥青官能团明显不同,吸收峰的位置和个数明显不同。

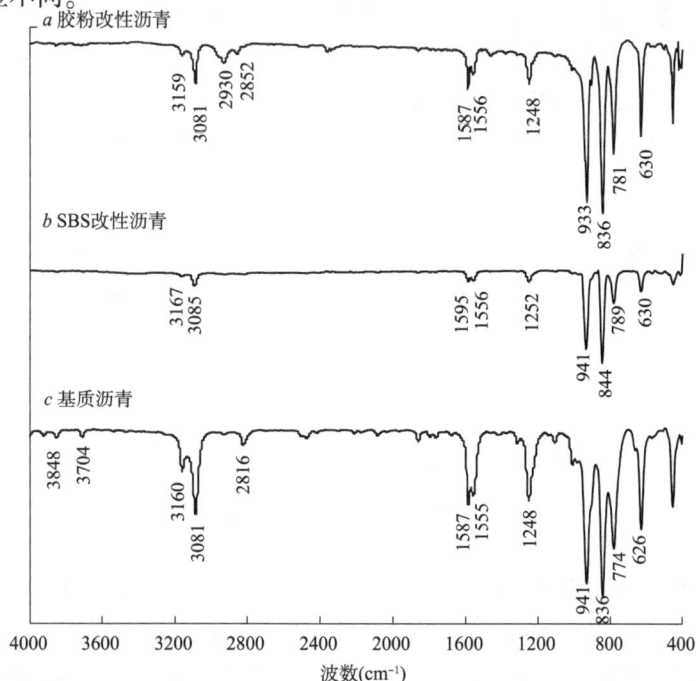

图 2-43 三种沥青的红外光谱图

在 SBS 改性沥青整个官能团区没有发现新的吸收峰,与基质沥青十分类似。在指纹区,SBS 改性沥青由于苯乙烯段和聚丁二烯中双键的混入出现新的特征峰。因为对于两种物质的共混物,如果两者有良好的相容性或两者之间发生了化学反应,那么它们存在强烈的相互作用,混合物的谱图相对两个组分的谱图会产生较大的偏差,如吸收峰位置的偏移、出现新的吸收峰以及吸收峰的不对称加宽等。

2.4.4　热重试验

2.4.4.1　试验设备及方法

试验设备:SⅡ TG/DTA6300 型热重分析仪(图2-44)。

试验方法:取 2～5mg 样品放入试样皿中,气氛为氮气气氛,试验温度范围为 25～650℃,升温速率为 10℃/min。

2.4.4.2　试验结果

如果参比物和被测物质的热容大致相同,而被测物质又无热效应,两者的温度基本相同,此时测到的是一条平滑的直线,该直线称为基线。一旦被测物质发生变化,就会产生热效应,在差热分析曲线上就会有峰出现。热效应越大,峰的面积也就越大。在差热分析中通常还规定,峰顶向上的峰为放热峰,表

图2-44　热重分析仪

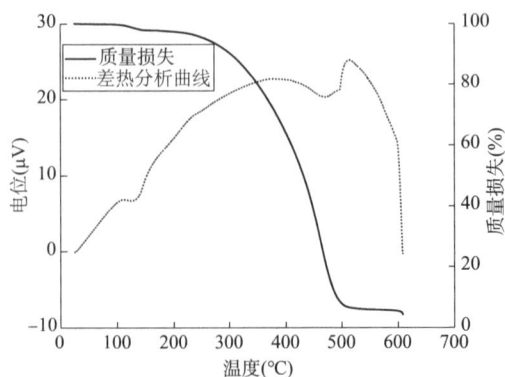

示被测物质的焓变小于零,其温度将高于参比物。相反,峰顶向下的峰为吸收峰,则表示被测物质的温度低于参比物。一般来说,物质的脱水、脱气、蒸发、升华、分解、还原、相的转变等表现为吸热,而物质的氧化、聚合、结晶和化学吸附等表现为放热。

差热曲线的峰形、出峰位置、峰面积等受被测物质的质量、热传导率、比热、粒度、填充的程度、周围气氛和升温速率等因素的影响。

图 2-45～图 2-47 为不同试样的 DTA(差热分析)曲线和质量损失曲线。

图2-45　基质沥青的热重曲线

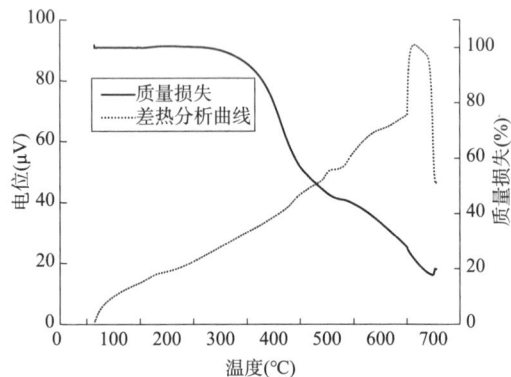

图2-46　废胎橡胶粉的热重曲线

沥青在热解过程中,前期以热分解反应为主,发生烷基侧链断裂,形成自由基,放出轻组分气体;后期以脱氢缩合反应为主,随着反应的进行,逐渐形成更大分子的稠环芳烃[21,39]。

轻质组分的蒸发是沥青变硬的原因,蒸发是不可逆的过程,沥青中易挥发的组分损失

后,其化学组成及性质会发生变化[40]。

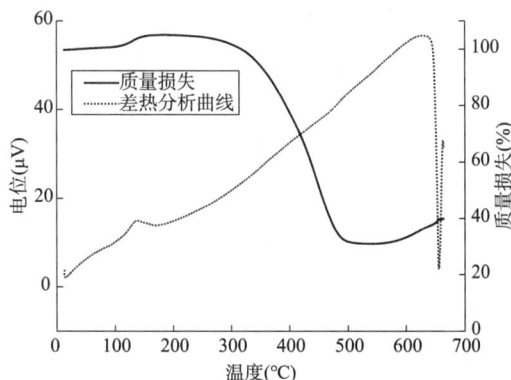

图 2-47 胶粉改性沥青的热重曲线

表 2-13 为各试样热失重参数。基质沥青起始分解温度较低,而废胎橡胶粉和胶粉改性沥青的起始分解温度较高,同时失重 5%、10% 时的温度也明显高于基质沥青,温度升高到 600℃时基质沥青残重只有 5.4%,而胶粉改性沥青的残重达到 33.2%,所以可以推断废胎橡胶粉改性后的沥青的热稳定性得到较大改善。

不同试样热失重参数   表 2-13

材料	起始分解 温度(℃)	失重5%时的 温度(℃)	失重10%时的 温度(℃)	失重50%时的 温度(℃)	600℃时的 残重
基质沥青	124	257	303	431	5.4%
废胎橡胶粉	251	294	322	434	27.8%
胶粉改性沥青	325	347	366	452	33.2%

从 DTA 曲线上可以观察到,改性后的沥青放热峰的出现晚于基质沥青,说明在升温过程中发生分解的过程推迟了。

2.5 胶粉改性沥青改性机理

胶粉改性的一般解释为:废胎橡胶粉与沥青在高温条件下混溶,一方面,废胎橡胶粉吸收沥青中的轻质组分体积溶胀,废胎橡胶粉的力学特性得到改善(弹性性能降低,但仍高于沥青),可塑性得到部分恢复;另一方面,沥青中轻质组分含量减少,沥青黏度增加,温度敏感性得到改善。同时,在溶胀过程中废胎橡胶粉与沥青中活性官能团发生化学反应,废胎橡胶粉部分氧化解聚,胶粉中的抗老化剂、炭黑、锌化合物活性成分进入沥青胶体体系,使沥青温度稳定性、老化性能得到改善和提高。在常温或常温以下时,胶粉改性沥青中胶粉颗粒在沥青中起到加劲作用,提高沥青的弹性及低温抗裂性。

国外对胶粉也做过类似的研究,Navarro 等将胶粉改性沥青和胶粉分别溶于四氢呋喃,结果发现,所得的不溶物为含炭黑的硫化链状物[23]。废胎橡胶粉有89%的不溶物,而胶粉改性沥青有85%的不溶物,说明不溶物的减少是因为在与有机溶剂混合过程中,胶粉颗粒发生脱硫、解聚反应,大的立体网状结构被打破,变成小的立体网状结构和链状物,易于和沥青互溶[41-42]。

由红外光谱试验推测,废胎橡胶粉和沥青高速搅拌后,既发生物理共混又发生化学反应[41]。同时,加入胶粉后,沥青的几个吸收峰有所减弱,这是因为加入胶粉以后,沥青的分子结构发生变化,在改性沥青中形成更加稳定的结构,这样就不易与其他物质发生反应,所以形成热稳定性更好的结构。

由热重分析可知,胶粉改性沥青的热稳定性得到较大改善,这是因为在橡胶轮胎配方中,加入了大量的抗老化剂,包括抗氧化剂、热稳定剂、变价金属抑制剂、紫外线吸收剂和光屏蔽剂等,这些都能有效地提高废胎橡胶粉的高温性能。当废胎橡胶粉加入沥青后,在高温混炼过程中,这些抗老化剂能有效地释放到沥青中,同时胶粉的某些化学键与沥青可能产生新的交联,形成热稳定性更好的结构。

沥青中的轻质组分(主要是油蜡)经过渗透、扩散进入橡胶网络,使橡胶溶胀,从而有效地降低游离蜡含量[43],组分的变化使得高蜡含量的沥青从溶胶结构转变为溶胶-凝胶型结构,感温性显著下降。

胶粉粒子在胶粉改性沥青体系中起着增强作用。胶粉粒子体积小、数量多,在低温时模量大于沥青基体,可产生高度的应力集中,诱发大量银纹和剪切带,银纹和剪切带的产生和发展消耗大量的能量,因此可提高玻璃化温度对应的低温模量,增强抗冲击强度和可塑性;而较大的胶粉粒子能防止单个银纹的生长和断裂,使其不至于很快发展为破坏性裂纹,因而可以提高沥青的延度,改善沥青的低温柔韧性[44]。

本章参考文献

[1] 周持兴.聚合物流变试验与应用[M].上海:上海交通大学出版社,2003.

[2] 黄文元,张隐西.路面工程用橡胶沥青的反应机理与进程控制[J].公路交通科技,2006,23(11):5-9.

[3] GEORGE J,SREEKALA M S, THOMAS S. A review on interface modification and characterization of natural fiber reinforced plastic composites[J]. Polymer Engineering and Science, 2001, 41(9):1471-1485.

[4] KHONAKDAR H A,WAGENKNECHT U,JAFARI S H,et al. Dynamic mechanical properties and morphology of polyethylene/ethylene vinyl acetate copolymer blends[J]. Advances in Polymer Technology, 2004,23(4):307-315.

[5] ZHANG H H,ZHANG Y P,SHAO H L,et al. Prediction of molecular weight distribution of cellulose by using the rheological method[J]. Journal of Applied Polymer Science,2004,94(2):598-603.

[6] 郑强,赵铁军.多相/多组分聚合物动态流变行为与相分离的关系[J].材料研究学报,1998,11(3):225-232.

[7] 张明强. 高性能热塑性复合材料高低温力学性能研究[D]. 哈尔滨:哈尔滨工业大学,2006.

[8] LU X H,ISACSSON U,EKBLAD J. Phase separation of SBS polymer modified Bitumens [J]. Journal of Materials in Civil Engineering,1999,11(1):51-57.

[9] ZAMAN M, HOSSAIN Z. Rheological properties of performance grade binders using a dynamic mechanical analyzer[J]. Pavements and Materials,2009,184:140-149.

[10] BAHIA H U,HANSON D L,ZENG M,et al. Characterization of modified asphalt binders in superpave mix design[R]. Washington D. C:NCHRP Report 459, National Cooperative Highway Research Program, National Academy Press,2001.

[11] DONGRÉ R, D'ANGELO J, REINKE G, et al. New criterion for superpave high-temperature binder specification[J]. Transportation Research Record, 2004, 1875(1): 22-32.

[12] ANDERSON D A, LE HIR Y M, PLANCHE J P, et al. Zero shear viscosity of asphalt binders[J]. Transportation Research Record, 2002, 1810(1): 54-62.

[13] DESMAZES C, LECOMTE M, LESUEUR D, et al. A protocol for reliable measurement of zero-shear-viscosity in order to evaluate the anti-rutting performance of binders[C] // Proceedings of the Papers Submitted for Review at 2nd Eurasphalt and Eurobitume Congress, Barcelona,Spain,2000.

[14] 邹桂莲,袁燕,张肖宁. 填料对沥青胶浆路用性能的影响[J].华南理工大学学报(自然科学版),2005,33(1):52-56.

[15] 李晓民,张肖宁,王绍怀.基于动态粘弹力学的沥青胶浆高温性能试验研究[J].公路交通科技,2007,24(4):11-15.

[16] 冯浩.基于粘弹性理论的沥青胶浆试验特性研究[D].长沙:长沙理工大学,2008.

[17] 詹小丽.基于DMA方法对沥青粘弹性能的研究[D].哈尔滨:哈尔滨工业大学,2007.

[18] HAN C D, YANG H H. Rheological behavior of compatible polymer blends . i. Blends of poly(styrene-co-acrylonitrile) and poly(ε-caprolactone)[J]. Journal of Applied Polymer Science,1987,33(4):1199-1220.

[19] HAN C D, BAEK D M, KIM J K, et al. Effect of volume fraction on the order-disorder transition in low molecular weight polystyrene-block-polyisoprene copolymers. 1. Order-disorder transition temperature determined by rheological measurements[J]. Macromolecules, 1995, 28(14): 5043-5062.

[20] HAN C D, KIM J K. Molecular theory for the viscoelasticity of compatible polymer mixtures. 2. Tube model with reptation and constraint release contributions[J]. Macromolecules, 1989, 22(11): 4292-4302.

[21] 张德勤,范耀华,师洪俊.石油沥青的生产与应用[M].北京:中国石化出版社,2001.

[22] LETICIAS D S,MARIAMD C F, LENARDOD A V. Study of rheological properties of pure and polymer-modified Brazilian asphalt binders[J]. Journal of Materials Science,2004,39(2):539-546.

［23］NAVARRO F J，PARTAL P，MARTINEZ-BOZA F，et al. Rheological characteristics of ground tire rubber-modified bitumens［J］. Chemical Engineering Journal，2002，89(1-3)：53-61.

［24］刘薇. 高分子材料时间-温度-应力等效性的研究［D］. 北京：北京化工学院，1993.

［25］何曼君，陈维孝，董西侠. 高分子物理［M］. 上海：复旦大学出版社，1990.

［26］AIREY G D，RAHIMZADEH B，COLLOP A C. Linear rheological behavior of bituminous paving materials［J］. Journal of Materials in Civil Engineering，2004，16(3)：212-220.

［27］MARASTEANU M，ANDERSON D. Time-temperature dependency of asphalt binders—An improved model，asphalt paving technology［J］. Journal of the Association of Asphalt paving Technologists，1996，65：408-448.

［28］PELLINEN T K，WITCZAK M W，MARASTEANU M，et al. Stress dependent master curve construction for dynamic(complex)modulus［J］. Journal of the Association of Asphalt Paving Technologists，2002，71(1)：321-345.

［29］赵延庆，杨建新，叶勤. 温度和频率对沥青模量的综合影响［J］. 石油沥青，2006，20(4)：14-16.

［30］LOEBER L，MULLER J，SUTTON O，et al. Bitumen in colloid science：a chemical，structural and rheological approach［J］. Fuel，1998，77(13)：1443-1450.

［31］JÄGER A，LACKNER R，EISENMENGER-SITTNER C，et al. Identification of four material phases in bitumen by atomic force microscopy［J］. Road Materials and Pavement Design，2004，5(1)：9-24.

［32］PAULI A T，GRIMES R W，BEEMER A G，et al. Morphology of asphalts，asphalt fractions and model wax-doped asphalts studied by atomic force microscopy［J］. International Journal of Pavement Engineering，2011，12(4)：291-309.

［33］杨军，龚明辉，PAULI T，等. 基于原子力显微镜的沥青微观结构研究［J］. 石油学报(石油加工)，2015，31(4)：959-965.

［34］杨军，王潇婷，龚明辉，等. 沥青原子力显微镜微观图像的特征分析［J］. 石油学报(石油加工)，2015，31(5)：1110-1115.

［35］王媞. 南阳原油石蜡结晶微观特性研究［D］. 青岛：中国石油大学(华东)，2009.

［36］NAZZAL M D，ABU-QTAISH L A，KAYA S，et al. Using atomic force microscopy to evaluate the nanostructure and nanomechanics of warm mix asphalt［J］. Journal of Materials in Civil Engineering，2015，27(10)：4015005.

［37］ZHANG X Y，XU C J. The mechanism of asphalt modification by crumb rubber［J］. China Petroleum Processing & Petrochemical Technology，2012(3)：39-43.

［38］崔亚楠，邢永明，王岚，等. 废胎橡胶粉改性沥青改性机理［J］. 建筑材料学报，2011，14(5)：634-638.

［39］刘春法，杜勇，单长春，等. 馏程不同的两种煤沥青的缩聚沥青的热解行为研究［J］. 炭素，2006(2)：35-39，13.

[40] 赵仕林,万芳,陈赞,等.反应性助剂对 SBS 改性沥青的化学改性研究[J].公路交通科技,2007,24（7）:20-24,43.

[41] 张春生.废胎橡胶粉沥青的试验研究及其工程应用[D].长春:吉林大学,2004.

[42] 赵静.胶粉与胶粉复合改性沥青的性能研究[D].长沙:长沙理工大学,2008.

[43] 张登良.改性沥青机理及应用[J].石油沥青,2003,17(2):36-38.

[44] 林贤福,吴起,吕德水,等.橡胶改性道路沥青及其微观结构[J].合成橡胶工业,2000,23(3):196-199.

第3章
环境影响下胶粉改性沥青的蠕变

沥青路面材料经历的温度变化范围极大,在施工过程中的温度可以从其拌和时的180℃变化到终碾时的100℃,在使用过程中的温度会经历从夏季的60℃以上高温,一直到冬季的严寒。此外,沥青路面不仅承受10^2s量级的瞬时车轮荷载,在道路陡坡处也可能承受数年之久的自重蠕变荷载。因此,准确评价沥青材料在温度和荷载作用下的流变特性至关重要。沥青重复蠕变恢复试验由美国NCHRP 9-10提出,它弥补了动态剪切流变试验中只考虑沥青弹性和黏性而未考虑沥青延迟弹性变形的不足。延迟弹性性能可以充分反映沥青的变形以及恢复的能力,因此用来表征沥青的变形恢复特性,同时利用Burgers黏弹性流变模型对试验结果进行拟合,将得到的蠕变劲度的黏性成分G_v作为评价沥青的高温性能的指标[1-3]。

3.1 胶粉改性沥青的感温性

在高温环境下,沥青路面的大部分沥青混合料转化为黏性体,劲度模量急剧降低,变形恢复能力不断下降,在行车荷载作用下最终导致车辙、壅包等永久变形而影响路面的正常使用,因此沥青材料的高温稳定性是沥青路面最基本的路用性能之一。同时,沥青材料在低温环境条件下的抗裂性能也是保证沥青路面正常使用的基本性能。沥青温度敏感性是流变性质的研究内容之一[4],其温度敏感性直接关系到沥青路面的高温抗车辙能力、低温抗裂性能和耐久性。目前,用来评价沥青温度敏感性的指标有针入度指数PI、当量软化点、等效黏度以及针入度黏度指数PVN和黏温指数VTS等。

本节对胶粉改性沥青的高温、低温性能进行研究,同时以复合胶粉改性沥青(胶粉10% + SBS2%)、SBS改性沥青作为对比,进行胶粉改性沥青的温度稳定性分析。

3.1.1 胶粉改性沥青温度感应性指标

(1)针入度指数PI

针入度指数PI是沥青结合料的温度感应性指标,反映针入度随温度变化的程度。对于道路沥青来说,一般规定PI为 – 1.0 ~ 1.0[5]。随着现代交通的发展,要求沥青具有更高的PI值,相应的温度敏感性则更低,从而改善沥青的性能。《公路工程沥青及沥青混合料试验规程》(JTG E20—2011)规定针入度指数PI值计算方法为沥青材料试样在3个或3个以上不同温度条件下(一般为5℃、25℃、30℃)测试的针入度值,按式(3-1)进行直线回归,直线回归的斜率就是沥青的感温性系数 A。由 A 可得到针入度指数 PI,如式(3-2)所示。

$$\lg P = AT + K \tag{3-1}$$

式中:T——试验温度,℃;

$\quad P$——针入度,0.1mm;

$\quad A$——感温性系数,即针入度-温度关系直线的斜率;

$\quad K$——回归参数。

针入度指数 PI:

$$PI = \frac{20 \times (1 - 25A)}{1 + 50A} = \frac{30}{1 + 50A} - 10 \tag{3-2}$$

感温性系数 A:

$$A = \frac{\lg P_{T_1} - \lg P_{T_2}}{T_1 - T_2} \tag{3-3}$$

选取胶粉改性沥青、复合胶粉改性沥青、SBS 改性沥青进行试验,测定三种沥青在 5 个温度(5℃、15℃、25℃、30℃、35℃)下的针入度,见表 3-1。

沥青不同温度下的针入度(0.1mm) 表 3-1

材料	$P_{5℃}$	$P_{15℃}$	$P_{25℃}$	$P_{30℃}$	$P_{35℃}$
胶粉改性沥青	9.43	30.77	83.97	128.4	211.2
复合胶粉改性沥青	10.87	33.67	90.3	140.43	230
SBS 改性沥青	13	37.1	99.17	159.13	250.07

根据表 3-1 回归得到 A,再由式(3-2)计算得到针入度指数 PI。同时对五个温度进行六种组合分析:第一组是 5℃、15℃、25℃;第二组是 15℃、25℃、30℃;第三组是 25℃、30℃、35℃;第四组是 5℃、15℃、25℃、30℃;第五组是 15℃、25℃、30℃、35℃;第六组是 5℃、15℃、25℃、30℃、35℃。分别计算这六组温度组合的感温性系数 A、回归参数 K、针入度指数 PI 和相关系数 R。

由表 3-2~表 3-4 各种沥青感温性参数的计算结果可见,各温度区间的针入度对数值与温度的线性方程的相关系数都满足规范要求,但是对于不同温度区间的针入度指数 PI 的偏差较大,针入度与温度关系的斜率 A 在各个温度区间不是定值,说明在 5~35℃ 这一温度区间 A 是在不断变化的,这导致在整个温度区间内各温度的针入度的线性相关性很差,从而引起针入度指数 PI 的发散。根据上述分析可知,针入度指数是在较窄的温度区间内的沥青黏稠度的变化。不同温度区间内 PI 值的发散,将导致试验结果外延时会出现错误的结果,对沥青高、低温性能的推断会出现偏差。因此,使用针入度指数 PI 值作为沥青及改性沥青温度敏感性指标,有待进一步研究。

(2)当量软化点

高温稳定性是指沥青抵抗高温变形的能力。在持续高温的条件下,作为黏弹性材料的沥青由弹性体向塑性体转化,劲度模量大幅度降低,高温抗变形能力急剧下降,因此高温稳定性始终是沥青路面最基本的路用性能。目前,表征沥青高温性能的指标主要有实测软化

点 $T_{R\&B}$、当量软化点 T_{800} 和 60℃黏度等。

胶粉改性沥青感温性参数计算结果 表 3-2

胶粉改性沥青感温性参数	5℃、15℃、25℃	15℃、25℃、30℃	25℃、30℃、35℃	5℃、15℃、25℃、30℃	15℃、25℃、30℃、35℃	5℃、15℃、25℃、30℃、35℃	指标偏差绝对值
A	0.0475	0.0417	0.0401	0.0455	0.0416	0.0446	0.0074
K	0.7502	0.8676	0.9174	0.7714	0.8691	0.7825	0.1672
PI	−1.1111	−0.2755	−0.01664	−0.8397	−0.2597	−0.7121	1.0944
R	0.9978	0.9984	0.9979	0.9964	0.9991	0.997	—

复合胶粉改性沥青感温性参数计算结果 表 3-3

复合胶粉改性沥青感温性参数	5℃、15℃、25℃	15℃、25℃、30℃	25℃、30℃、35℃	5℃、15℃、25℃、30℃	15℃、25℃、30℃、35℃	5℃、15℃、25℃、30℃、35℃	指标偏差绝对值
A	0.046	0.0416	0.0406	0.0445	0.0416	0.0439	0.0054
K	0.8166	0.9069	0.8516	0.8323	0.9069	0.8405	0.0903
PI	−0.9091	−0.2597	−0.09901	−0.6977	−0.2597	−0.6103	0.8101
R	0.9985	0.9993	0.999	0.9978	0.9996	0.9982	—

SBS 改性沥青感温性参数计算结果 表 3-4

SBS 改性沥青感温性参数	5℃、15℃、25℃	15℃、25℃、30℃	25℃、30℃、35℃	5℃、15℃、25℃、30℃	15℃、25℃、30℃、35℃	5℃、15℃、25℃、30℃、35℃	指标偏差绝对值
A	0.0441	0.0422	0.0402	0.0435	0.0415	0.0429	0.0039
K	0.8981	0.937	0.9937	0.9045	0.9507	0.9131	0.0956
PI	−0.6396	−0.3537	−0.0332	−0.5512	−0.2439	−0.4611	0.6064
R	0.9997	0.9999	0.9998	0.9996	0.9996	0.9993	—

我国在"八五"期间确立了国家重点科技攻关项目"道路沥青及沥青混合料路用性能的研究"专题,规定沥青除了满足针入度指数 PI 的要求外,还需要满足高温性能评价指标当量软化点 T_{800} 的要求。

通过上文的针入度试验结果回归得到的回归系数 A 和 K,直接由式(3-4)计算 T_{800},将各种改性沥青软化点及当量软化点结果列于表 3-5。

$$T_{800} = \frac{\lg 800 - K}{A} = \frac{2.9031 - K}{A} \tag{3-4}$$

试验结果表明,改性沥青的 T_{800} 都远小于软化点,这一现象不能简单地认为是由于蜡含量高低的影响,而是说明对于改性沥青用 T_{800} 评价高温稳定性的合理性。T_{800} 的计算依赖于回归系数 A 和 K,由于在研究针入度指数时发现,不同的温度区间沥青的 PI 差异较大,因此外延所得到的 T_{800} 就会出现误差。

不同改性沥青的软化点与当量软化点   表 3-5

沥青类型	软化点	T_{800}			
		5℃、15℃、25℃	15℃、25℃、30℃	15℃、25℃、30℃、35℃	5℃、15℃、25℃、30℃、35℃
胶粉改性沥青	69.75	45.46	48.81	48.89	47.55
复合胶粉改性沥青	59.8	45.36	47.99	47.99	46.98
SBS 改性沥青	55.6	45.32	46.59	47.05	46.39

（3）等效黏度

本节应用 SHRP 计划开发的动态剪切流变仪（DSR）测试在不同温度条件下反映沥青材料黏弹性中黏性成分和弹性成分比例的指标——复数剪切弹性模量 G^* 和相位角 δ，见表 3-6。利用式（3-5）换算成相应温度下的等效黏度值，见表 3-7。黏度是沥青材料流动特性的直接表现，而沥青 60℃ 动力黏度与沥青混合料的抗车辙性能直接相关。陈华鑫等[6-7]研究发现，改性沥青等效黏度 η' 可以有效地预估 60℃ 动力黏度，且与实测值相近。亚利桑那大学研究报告[8]指出等效黏度 η' 与车辙动稳定度对改性沥青的高温性能评价结果一致。因此，利用等效黏度 η' 计算针入度黏度指数 PVN、黏温指数 VTS 来评价沥青的感温性。

$$\eta' = \frac{G^*}{\omega}\left(\frac{1}{\sin\delta}\right)^{4.8628} \tag{3-5}$$

式中：G^*——复数剪切弹性模量；

δ——相位角；

ω——角速度，$\omega = 10\,\text{rad/s}$。

不同温度下的 DSR 试验结果   表 3-6

温度（℃）	胶粉改性沥青		复合胶粉改性沥青		SBS 改性沥青	
	G^*（kPa）	δ（°）	G^*（Pa）	δ（°）	G^*（Pa）	δ（°）
20	1773	39.62	1943	44.28	1708	51.85
30	554.4	47.63	560.5	55.25	430.4	64.9
40	176.4	51.25	141	56.84	98.59	67.7
50	63.59	50.53	46.3	54.47	25.58	67.41
60	28.08	48.93	19.03	53.1	8.518	69.04
70	14.22	47.99	9.074	55.73	3.278	72.76
80	7.832	48.8	4.453	30.23	1.262	77.15

不同温度下的等效黏度值 表 3-7

温度(℃)	等效黏度 η'(kPa·s)		
	胶粉改性沥青	复合胶粉改性沥青	SBS 改性沥青
20	1580.678	1114.993	549.4937
30	241.6167	145.6949	69.71956
40	59.09269	33.46728	14.38799
50	22.38719	12.60916	3.771233
60	11.09111	5.6432	1.188279
70	6.028032	2.293523	0.409911
80	3.123458	0.886251	0.142766

（4）针入度黏度指数 PVN

考虑蜡对沥青针入度和黏度的影响，Mcleod[9]利用 25℃针入度与 60℃或 135℃黏度求得针入度黏度指数。根据式(3-6)计算 PVN_{25-60} 作为温度敏感性指标来评价沥青的感温性能，PVN 越大，表示沥青感温性越小，计算结果见表 3-8。

$$PVN_{25-60} = \frac{6.489 - 1.5\lg P_{25℃} - \lg\eta_{60℃}}{1.050 - 0.2234\lg P_{25℃}} \quad (3-6)$$

式中：$P_{25℃}$——25℃针入度值，0.1mm；

$\eta_{60℃}$——60℃时的黏度，kPa·s。

不同沥青的 PVN_{25-60} 值 表 3-8

沥青类型	胶粉改性沥青	复合胶粉改性沥青	SBS 改性沥青
PVN_{25-60}	-6.187	-6.861	-8.492

由表 3-8 可见，三种改性沥青中胶粉改性沥青的 PVN_{25-60} 最大，SBS 改性沥青最小，复合胶粉改性沥青居中，说明胶粉类改性沥青的感温性最小，具有较好的高温稳定性和抵抗高温变形能力。因此，可以用 PVN_{25-60} 进行沥青感温性能的评价，但是 PVN_{25-60} 的计算只采用两个温度下的指标，其评价的温度区间在 25~60℃范围内，不能体现全温度区间的性质，在其温度区间之外是否适用还有待进一步研究。

（5）针入度黏温指数 VTS

沥青的黏温关系是流变学的基本内容之一，沥青黏度随温度而变化的程度直接反映了沥青的感温性能。研究表明，感温性、黏结力、抗车辙能力等与黏度之间存在一定的联系。目前广泛使用也是公认最好的沥青黏温关系表达式是 Saal 公式[10]，见式(3-7)。其回归系数 m 即黏温曲线的斜率，表示试验温度域范围内的感温性。进一步采用式(3-8)计算黏温指数 VTS 表示沥青的感温性能。黏温指数越大，表示沥青的感温性越小，回归结果见图 3-1，VTS 结果见表 3-9。

$$\lg\lg(\eta \times 10^3) = n - m\lg(T + 273.13) \quad (3-7)$$

$$VTS = \frac{\lg\lg(\eta_1 \times 10^3) - \lg\lg(\eta_2 \times 10^3)}{\lg(T_1 + 273.13) - \lg(T_2 + 273.13)} \tag{3-8}$$

式中：η_1、η_2——各温度时的等效黏度；

$\quad\quad T_1$、T_2——不同时刻的温度。

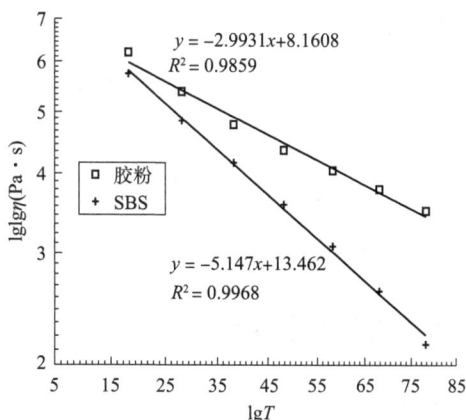

图 3-1 不同改性沥青黏温回归结果

不同沥青的 VTS 值 表 3-9

沥青种类	胶粉改性沥青	SBS 改性沥青
VTS	−2.9931	−5.147

由表 3-9 可知,胶粉改性沥青的感温性相对 SBS 改性沥青较小。同时,由图 3-1 可见, $\lg\eta$-$\lg T$ 具有较好的线性关系,说明在这一温度区间改性沥青的感温性较稳定,所以用 VTS 评价改性沥青的感温性效果较好,且适用于较宽的温度范围。

3.1.2 胶粉改性沥青高温抗车辙能力

对于沥青胶结料,以复数剪切模量除以相位角正切值($G^*/\tan\delta$)来评价高温抗车辙性能,并规定 10rad/s 频率下,老化后沥青以 $G^*/\tan\delta$ 值为 2.2kPa 的温度作为表征抗车辙能力的参数,非老化沥青以 $G^*/\tan\delta$ 为 1kPa 的温度作为表征抗车辙能力的参数,称为车辙极限温度,用 RTT 表示。与 SHRP 参数($G^*/\sin\delta$)相比,此方法可更准确地反映相位角改变对实际抗车辙能力的影响。

图 3-2 为不同温度下胶粉改性沥青 $G^*/\tan\delta$ 对数值与角频率对数值关系曲线。可以看出,两者呈良好的线性关系。这是因为 G^* 越大,材料的总变形量越小,材料就越硬;G^* 越小,材料的总变形量就越大,材料就越软。同时,由前面的结论可知,荷载作用频率越大,相位角 δ 越小,则 $\tan\delta$ 越小,而 $1/\tan\delta$ 越大。这样 $G^*/\tan\delta$ 也就越大。所以说 $G^*/\tan\delta$ 越大,材料的抗车辙能力越强。由试验结果可得,胶粉改性沥青抗车辙极限温度为 78℃, 较其他改性沥青的抗车辙极限温度范围 50 ～ 65℃有较大提高,说明其具有更好的抗车辙能力。

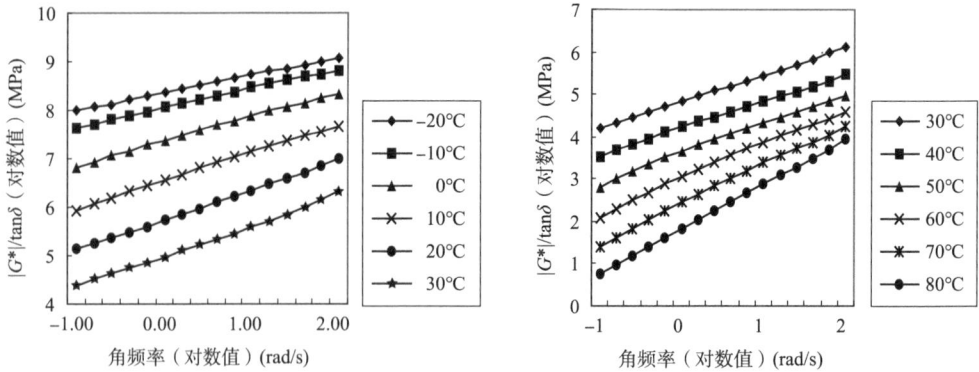

图 3-2　不同温度下胶粉改性沥青 $G^*/\tan\delta$ 对数值与角频率对数值关系曲线

3.1.3　胶粉改性沥青的低温性能

弯曲梁流变试验利用弯曲梁流变仪(Bending Beam Rheology,BBR)(图3-3)通过测定沥青的蠕变劲度模量 S 和蠕变速率 m 值来表征沥青的低温抗裂性能。蠕变劲度模量 S 是沥青抵抗恒定荷载的度量,它反映的是沥青抵抗永久变形的能力;蠕变速率 m 是荷载作用后沥青劲度变化的度量(劲度的对数与时间对数曲线的斜率的绝对值),它反映的是沥青劲度的时间敏感性及应力松弛性能。弯曲梁流变试验是通过在恒温下,对沥青小梁试件跨中施加弯曲蠕变荷载,使沥青小梁发生蠕变,其工作原理如图3-4所示。

图 3-3　弯曲梁流变仪

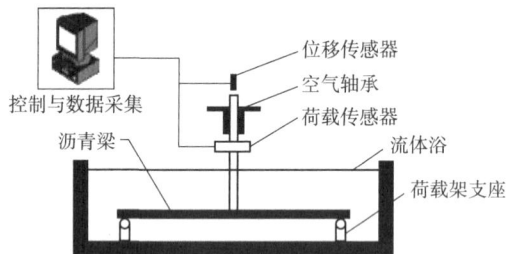

图 3-4　弯曲梁流变试验工作原理图

弯曲梁流变试验参照《公路工程沥青及沥青混合料试验规程》(JTG E20—2011)[11]中沥青弯曲蠕变劲度模量试验(弯曲梁流变仪法)的方法。恒温浴液体采用无水乙醇,温度控制在(试验温度±0.1℃)范围内。试验前,将沥青小梁放入恒温浴液中保持(60±5)min。试验时先手动施加一个(35±10)mN 的接触荷载,然后激活自动试验系统,在1s内施加(980±50)mN 的初始荷载,计算机将从0.5s开始,以0.5s的时间间隔自动记录并计算荷载及形变值,最终给出在8.0s、15.0s、30.0s、60.0s、120.0s 和240.0s 的荷载和形变值。选取60.0s时的荷载和形变值作为试验结果。

试验采用美国 CANNON 公司的低温弯曲梁流变仪对冻融循环前后的基质沥青、胶粉改性沥青及 SBS 改性沥青进行弯曲梁流变试验。考虑内蒙古等西北部地区的气候温度特点,试验温度采用 –12℃、–18℃ 和 –24℃。

不同试验温度下三种沥青的 S 和 m 值见图 3-5。由此可以看出：①三种沥青的蠕变劲度模量 S 随着温度的降低而增大，蠕变速率 m 随着温度的降低而降低，说明随着温度的降低，沥青的抗低温性能降低。这是因为低温条件下沥青呈玻璃态，沥青分子链几乎被冻结，不能迅速地重新移动或取向。②SHRP 规范规定以 60 s 时满足蠕变劲度模量 $S < 300$ MPa，蠕变速率 $m > 0.30$ 的试验温度为基准，测试沥青材料在冬季路面最低温度不低于该试验温度以下 6℃ 的地区是适用的。由图 3-5 可知，以上三种沥青低温等级可达到 -24℃。同一温度下蠕变劲度模量 S 值呈现基质沥青 > SBS 改性沥青 > 胶粉改性沥青的规律；-12℃ 时蠕变速率 m 值呈现 SBS 改性沥青 > 基质沥青 > 胶粉改性沥青的规律，-18℃ 和 -24℃ 时蠕变速率 m 值呈现胶粉改性沥青 > 基质沥青 > SBS 改性沥青的规律。这说明改性沥青的低温性能总体上比基质沥青好，改性剂与沥青发生反应可形成更具有弹性的结构，提高了沥青的低温柔性和应力松弛能力，抗变形能力和抗裂性能变好，明显改善了沥青的低温性能。③从蠕变劲度模量 S 值看，胶粉改性沥青的低温性能最好，SBS 改性沥青次之，基质沥青最差；从蠕变速率 m 值看，SBS 改性沥青和胶粉改性沥青在不同温度区段表现出低温性能比基质沥青好。这说明不同种类的改性沥青适应的低温区范围不同，它们在各自的温度范围内表现出低温性能的优势。④三种沥青的蠕变劲度模量 S 和蠕变速率 m 随温度的变化量和变化率而不同。以蠕变劲度模量 S 为例，-12℃ 到 -18℃ 与 -18℃ 到 -24℃ 相比，-12℃ 到 -18℃ 时三种沥青的蠕变劲度模量 S 的变化率明显大于 -18℃ 到 -24℃，但变化量呈现相反的规律。这说明随着温度降低，蠕变劲度模量 S 的变化量虽然大，但是变化率是趋于缓和的。这是因为随着温度降低，沥青中分子运动的能量变低，分子结构运动被禁锢，因此其结构相对稳定。

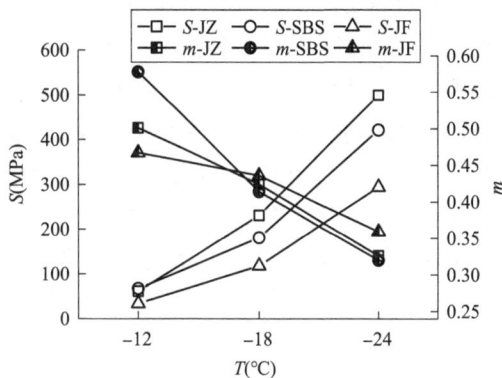

图 3-5　不同试验温度下三种沥青的 S 和 m 值

3.1.4　胶粉改性沥青的 PG 分级

对以上胶粉改性沥青（胶粉含量为 18%）的各项路用性能测试结果进行分析，其动态剪切流变试验和低温弯曲蠕变试验结果如表 3-10 所示。根据 SHRP 路用性能等级的标准，其路用性能等级为 PG76-18。可以看出，胶粉改性沥青具有很好的抗车辙、抗疲劳开裂和抗低温开裂特性。这说明掺入胶粉颗粒后，由于改性剂溶胀作用充分，沥青和改性剂具有良好的相容性，因而胶粉改性沥青能更好地改善沥青的技术性能。

胶粉改性沥青 PG 测试结果　　　　表 3-10

试验项目	结果	要求
动态剪切流变试验		
原样沥青车辙因子 $G^*/\sin\delta$（76℃）（kPa）	2.23	>1.0
RTFOT 残留沥青车辙因子 $G^*/\sin\delta$（76℃）（kPa）	3.29	>2.2
PAV 残留沥青疲劳开裂因子 $G^*\sin\delta$（28℃）（MPa）	0.7	<5

试验项目	结果	要求
低温弯曲蠕变试验		
PAV 残留沥青蠕变劲度模量 $S(-18℃)$（MPa）	117.1	<300
PAV 残留沥青蠕变应变速率 $m(-18℃)$	0.317	>0.3
135℃旋转黏度（Pa·s）	7.225	—

3.2 胶粉改性沥青重复蠕变恢复特性

3.2.1 试验方法与原理

重复蠕变恢复试验的原理为通过加载 1s 保持蠕变变形,卸载 9s 进行蠕变恢复,完成一次蠕变恢复过程,不断重复进行 100 次蠕变恢复过程的循环,如图 3-6 所示。为了得到蠕变劲度的黏性部分,利用 Burgers 四单元模型分别对第 50 次和第 51 次的试验结果进行拟合,取平均值得到蠕变柔量的黏性成分 J_v,取倒数得到蠕变劲度的黏性部分 $G_v = 1/J_v$ 来评价改性沥青的高温流变性能。该试验方法克服了动态剪切流变试验过程中存在的缺陷,较好地模拟了在行车荷载作用下实际的路面荷载-变形响应过程[12],见图 3-7。Bahia 等人[1]认为恢复时间接近蠕变时间的 10 倍已经足够能使延迟弹性得到完全恢复,且在重复荷载作用之后得到的永久变形发展曲线基本接近直线。

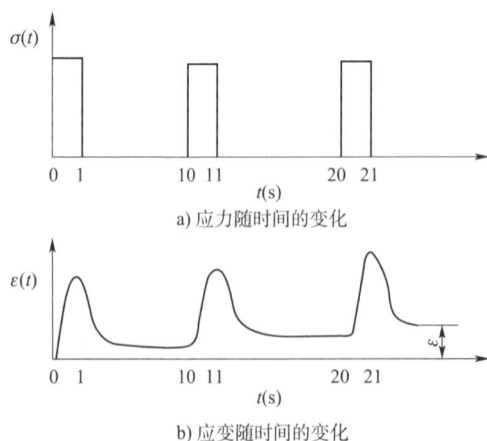

a) 应力随时间的变化

b) 应变随时间的变化

图 3-6 重复蠕变恢复试验原理

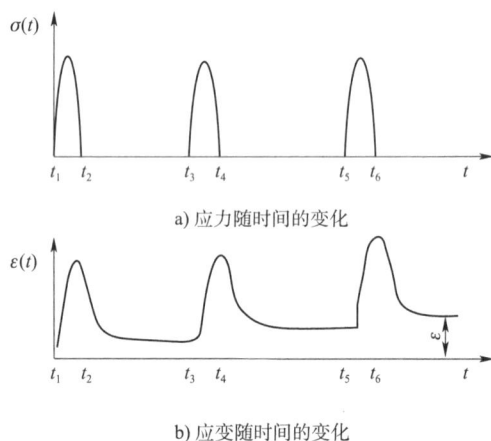

a) 应力随时间的变化

b) 应变随时间的变化

图 3-7 路面荷载-变形响应模型

据统计,我国北方地区夏季时沥青路面的最高温度可达到 60℃左右,因此在进行重复蠕变恢复试验时采用 55℃ 和 65℃ 两个温度进行试验,同时根据 SHRP 规范采用 150Pa 和 300Pa 两个应力水平,分别对胶粉改性沥青、复合胶粉改性沥青和 SBS 改性沥青在不同试验条件的因素组合下进行重复蠕变恢复试验,分析不同温度和应力、沥青高温流变指标 G_v 和累积应变对沥青流变性能的影响。

3.2.2 Burgers 流变模型

沥青作为典型的黏弹性材料,在荷载作用下能较好地表现出一定的黏弹性特性,如图 3-8 所示。从图中可以清楚地看到,在荷载作用下,随着时间的增加,首先出现瞬时弹性应变 γ_e,在卸去荷载后,全部瞬时弹性应变立即得到恢复。出现瞬时弹性应变之后,随着时间的增加,应变呈曲线增长,卸载后部分得到恢复,这部分应变称为延迟弹性应变 γ_{de},最后产生一定的残余应变 γ_v。因此,从图中分析可知,瞬时弹性应变 γ_e 能较好地反映沥青材料的弹性性能,而延迟弹性应变 γ_{de} 及残余应变 γ_v 则能较好地反映沥青的黏性性能,由此可知材料的黏性部分包含延迟弹性变形和黏性流动变形[3]。

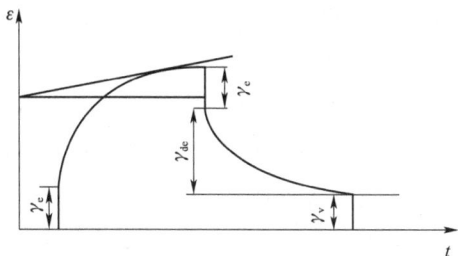

图 3-8　沥青蠕变恢复过程中应变-时间关系曲线

Burgers 模型是目前使用最广泛的黏弹力学模型,由一组 Maxwell 模型和一组 Kelvin 模型组成,该模型能同时描述瞬时弹性性能、延迟弹性性能和黏性流动性能,与 Maxwell 模型、Kelvin 模型和三元件模型相比,Burgers 模型可以更加完整地描述材料的黏弹特性,故选择四单元 Burgers 模型来描述沥青材料在重复蠕变下的黏弹性力学特性[13]。

基于上述理论,Burgers 模型的本构方程如下:

$$\gamma = \gamma_e + \gamma_{de} + \gamma_v = \frac{\tau_0}{E_1} + \frac{\tau_0}{E_2}(1 - e^{-tE_2/\eta_2}) + \frac{\tau_0}{\eta_1}t \tag{3-9}$$

式中:γ——剪切应变;

　　γ_e——瞬时弹性应变;

　　γ_{de}——延迟弹性应变;

　　γ_v——黏性流动应变;

　　τ_0——剪应力,Pa;

　　E_1——Maxwell 模型弹性模量,Pa;

　　η_1——Maxwell 模型黏性系数,Pa·s;

　　E_2——Kelvin 模型弹性模量,Pa;

　　η_2——Kelvin 模型黏性系数,Pa·s;

　　t——蠕变时间,s。

为了求解蠕变柔量 J_v,将式(3-9)两边同除以 τ_0 得:

$$\frac{\gamma}{\tau_0} = \frac{1}{E_1} + \frac{1}{E_2}(1 - e^{-tE_2/\eta_2}) + \frac{t}{\eta_1} \tag{3-10}$$

即:

$$J(t) = J_1 + J_2\left[1 - e^{-t/(J_2\eta_2)}\right] + J_v \tag{3-11}$$

式中:J_1、J_2——弹性柔量;

　　J_v——蠕变柔量的黏性成分。

通过变换后的方程利用 Origin 软件进行拟合得到各参数和 J_v,取倒数求得蠕变劲度的黏性成分 $G_v = 1/J_v$ 来评价改性沥青的高温流变性能。

3.2.3 应力水平对重复蠕变恢复试验的影响

以第一个加载 1s 阶段的蠕变响应分析为例,分析改性沥青在不同应力水平时的试验结果,如图 3-9、图 3-10 所示,分别代表不同应力水平和时间的应变和蠕变柔量。由图可见,在相同温度条件下,不同应力水平时各改性沥青的应变和蠕变柔量随时间的增加而增加。同时可见,虽然在不同应力水平时,同一种改性沥青的蠕变柔量都在增加,但是不同应力水平下的蠕变柔量变化相对较小,因此,可以认为应力水平对蠕变柔量的影响很小。沥青作为典型的黏弹性材料,在温度和荷载作用下满足线黏弹性的基本条件,故可将改性沥青视为线黏弹性材料。

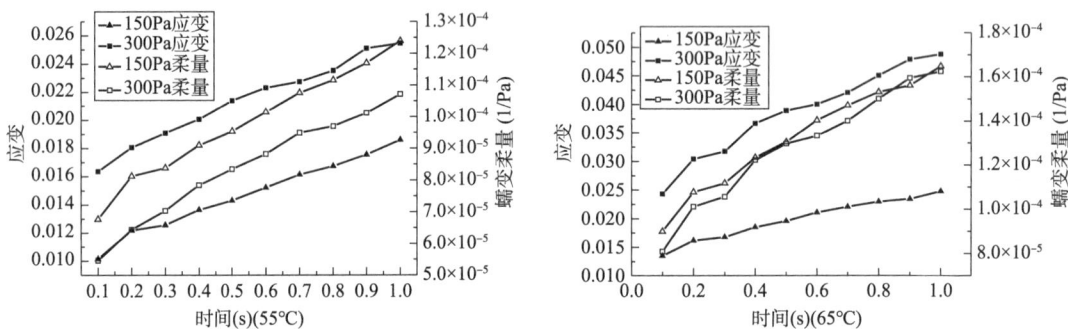

图 3-9　胶粉改性沥青的应变和蠕变柔量(55℃、65℃)

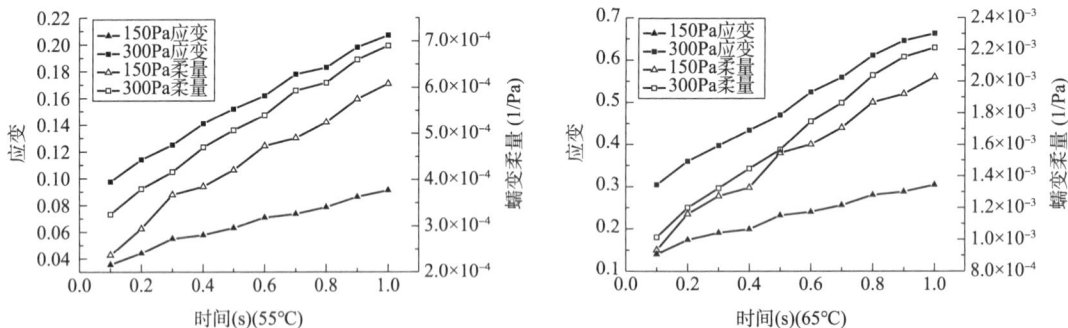

图 3-10　SBS 改性沥青的应变和蠕变柔量(55℃、65℃)

由图 3-9、图 3-10 可以看见,在不同的应力水平下各改性沥青的应变差别较大,应力的增加使应变增加。为了进一步分析不同应力水平对改性沥青的线黏弹性性能的影响,分别统计了不同改性沥青在第 1 次、第 20 次、第 40 次、第 60 次、第 80 次和第 100 次蠕变恢复后的累积应变,列于表 3-11。

从表 3-11 可见,随着应力水平和荷载作用次数的增加,累积应变明显增加。以 65℃时三种改性沥青在不同应力水平时累积应变随荷载作用次数变化情况为例,见图 3-11。

从图 3-11 看出,改性沥青的累积应变随着荷载作用次数的增加而增大,不同应力水平下改性沥青的累积应变排序为:SBS 改性沥青 > 胶粉改性沥青。因此,可知 SBS 改性沥青与胶粉改性沥青相比具有较差的变形恢复能力。同时,也可以看出,应力水平对累积应变的影响较大,说明高温重载交通是造成车辙的直接原因之一。因此,选择接近实际交通荷载时的应力水平进行试验,有助于准确地评价改性沥青高温变形能力。

不同温度及应力水平下的蠕变恢复后累积应变 表 3-11

沥青 试样	温度 (℃)	应力 (Pa)	累积应变					
			1 次	20 次	40 次	60 次	80 次	100 次
胶粉改 性沥青	55	150	0.00467	0.038443	0.063652	0.086762	0.108237	0.128243
		300	0.00694	0.065011	0.106489	0.141881	0.177186	0.211669
	65	150	0.004831	0.044593	0.073214	0.101503	0.128434	0.156379
		300	0.01192	0.11592	0.197157	0.275248	0.384926	0.432007
SBS 改性 沥青	55	150	0.07152	1.2492	2.33726	3.35211	4.33299	5.33036
		300	0.155	2.22437	4.43097	6.76997	8.9175	10.99947
	65	150	0.243	4.023	8.22	12.674	16.849	21.417
		300	0.579	9.675	19.042	28.556	37.869	47.339

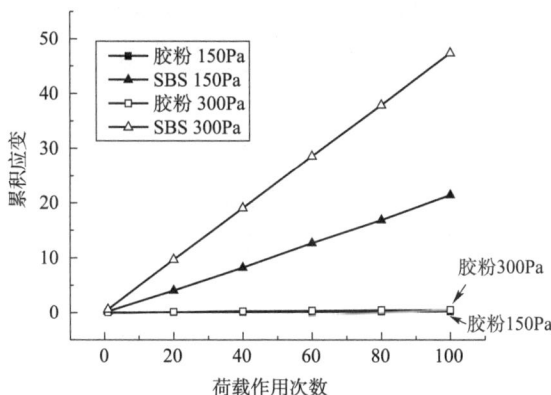

图 3-11 65℃时累积应变随荷载作用次数的变化

3.2.4 温度对重复蠕变恢复试验的影响

重复蠕变恢复试验结果显示,在同一应力水平状态下温度的变化影响改性沥青蠕变性质。对 55℃、65℃时改性沥青的蠕变恢复试验进行比较发现,温度的升高使改性沥青的累积应变增加,胶粉改性沥青的变化较小,而 SBS 改性沥青的变化较大,如图 3-12 所示。这说明胶粉改性沥青对温度的敏感性较小,具有较好的高温抗变形能力。

对首次加载 1s 阶段的蠕变柔量进行分析,探讨改性沥青的蠕变特性随不同温度和不同应力水平的变化规律,分析两种改性沥青 65℃ 与 55℃ 蠕变柔量的比值随时间的变化规律,如图 3-13 所示。由图 3-13 可以看出,在不同应力水平时,SBS 改性沥青的 65℃ 与 55℃ 蠕变柔量比均大于胶粉改性沥青,且随着时间的变化,蠕变柔量比存在波动,说明温度的变化对

SBS 改性沥青有较大的影响。从图 3-13 看出,胶粉改性沥青的 65℃ 与 55℃ 蠕变柔量比较小,且在不同应力下的差值也较小,说明胶粉改性沥青具有较好的温度稳定性。

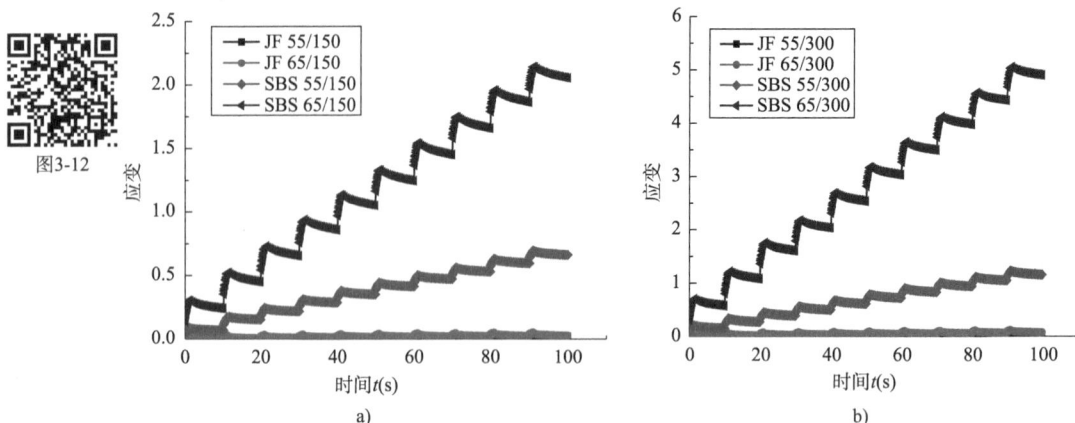

图 3-12　不同温度下重复蠕变恢复试验比较(150Pa、300Pa)

JF-胶粉改性沥青;SBS-SBS 改性沥青

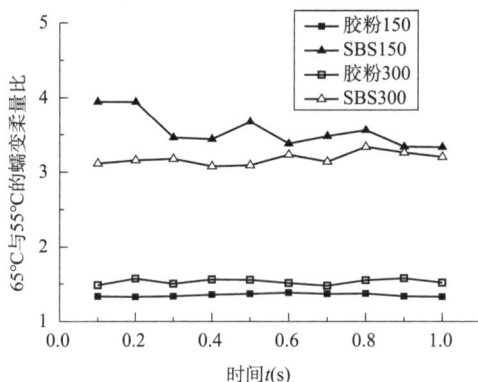

图 3-13　不同应力水平和温度对改性沥青的蠕变柔量比的影响

3.2.5　胶粉改性沥青的延迟弹性

改性沥青作为典型的黏弹性材料,具有一定的延迟弹性性能,在重复蠕变恢复试验的卸载阶段,它的变形恢复会呈下凹的指数型曲线,即随着恢复时间的增加,变形的弹性部分不断得到恢复,如图 3-14 所示。从图 3-14 可以看出,胶粉改性沥青较 SBS 改性沥青具有更好的变形恢复能力。在改性沥青变形恢复研究中,黏度不再是唯一的重要指标,它不能完全决定改性沥青的变形发展,延迟弹性对改性沥青变形发展的影响也至关重要。通过蠕变恢复试验可以将延迟弹性变形从永久变形中分离出来,

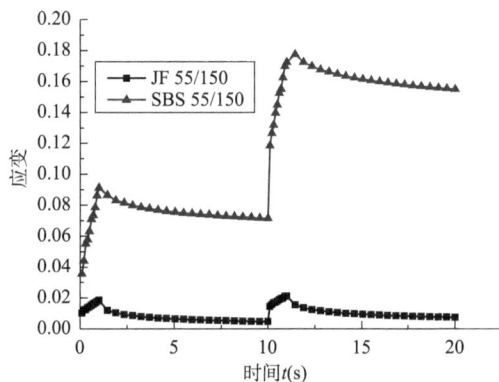

图 3-14　改性沥青的蠕变恢复能力比较

JF-胶粉改性沥青;SBS-SBS 改性沥青

从而使延迟弹性变形的研究成为可能。

为了进一步分析两种改性沥青的变形恢复能力,将恢复阶段的初始应变即卸载瞬时应变用 ε_L 表示,恢复阶段末未能恢复的残余应变用 ε_P 表示,则用 $\varepsilon_P/\varepsilon_L$ 表示永久变形占总变形的比例,即变形中黏性部分的比例,以 55℃、150Pa 的蠕变恢复试验为例,将第一个卸载 9s 的 $\varepsilon_P/\varepsilon_L$ 值列于表 3-12。

改性沥青的 $\varepsilon_P/\varepsilon_L$ 比较

表 3-12

沥青样品	ε_L	ε_P	$\varepsilon_P/\varepsilon_L$
胶粉改性沥青	0.01859	0.00467	0.25
SBS 改性沥青	0.09117	0.07152	0.78

由表 3-12 可知,经过 9s 的恢复以后,胶粉改性沥青、SBS 改性沥青的永久变形比例分别为 0.25、0.78,说明在经过恢复阶段后胶粉改性沥青有 25% 的变形为残余变形,而 SBS 改性沥青的残余变形较大,占总变形的 78%。由此说明,胶粉改性沥青具有较好的延迟弹性变形性能,能够较好地恢复变形。

3.2.6 蠕变劲度的黏性部分影响参数 G_v 分析

由四单元 Burgers 模型本构方程可知,沥青的蠕变柔量 $J(t)$ 由弹性部分 J_e、延迟弹性部分 $J_{de}(t)$ 和黏性部分 $J_v(t)$ 组成,即:

$$J(t) = J_e + J_{de}(t) + J_v(t) \tag{3-12}$$

使用沥青高温性能评价指标 $G^*/\sin\delta$ 评价改性沥青高温性能时,只是仅仅将沥青的弹性部分和黏性部分分开,由于黏性部分存在延迟弹性部分,它会使沥青变形随着荷载作用的消失而逐渐恢复。尤其是聚合物改性沥青,由于改性剂的添加提高了沥青的弹性部分和延迟弹性部分的性能,因此采用 $G^*/\sin\delta$ 指标评价改性沥青高温性能需做进一步研究。

NCHRP-10[14] 报告中提出采用蠕变劲度的黏性成分 G_v 对改性沥青的高温性能进行评价可得到较满意的结果,因为黏性变形是产生永久变形的主要原因。根据 Burgers 流变模型的本构关系可知,G_v 是通过时间 t 与 Maxwell 黏性系数的关系拟合得到的,它反映了改性沥青的黏性变形能力,将改性沥青的延迟弹性从黏性部分中分离出来。因此,通过对改性沥青黏性性能的研究来评价改性沥青高温变形能力是行之有效的,且有研究表明,G_v 与沥青混合料抗车辙变形性能具有较好的联系。

3.2.7 荷载作用次数的影响

本节将改性沥青在不同应力水平、温度条件下重复蠕变恢复试验结果中的应变进行统计,列出了加载 1 次、10 次、25 次、50 次、75 次、90 次、100 次时的 $\varepsilon_P/\varepsilon_L$,如图 3-15 所示。

由图 3-15 可见,在不同温度和应力水平下改性沥青的 $\varepsilon_P/\varepsilon_L$ 值变化随着加载次数的增加而趋于平缓,SBS 改性沥青在加载 25 次之后 $\varepsilon_P/\varepsilon_L$ 值变化基本趋于平缓且较一致,在 50 次之后则更加明显,然而胶粉改性沥青在加载 50 次之后 $\varepsilon_P/\varepsilon_L$ 的增加也趋于相对平缓,说明延迟弹性变形随荷载作用次数的增加而累积,变形发展趋势和永久变形的发展速率也逐渐趋于稳定,这样拟合得到的 G_v 就能减少模型变异所带来的不利影响。

针对改性沥青在 55℃、150Pa 条件下的试验结果,利用 Burgers 模型的本构方程式(3-9)拟合得到 G_v 值,G_v 与荷载作用次数之间的关系如图 3-16 所示。

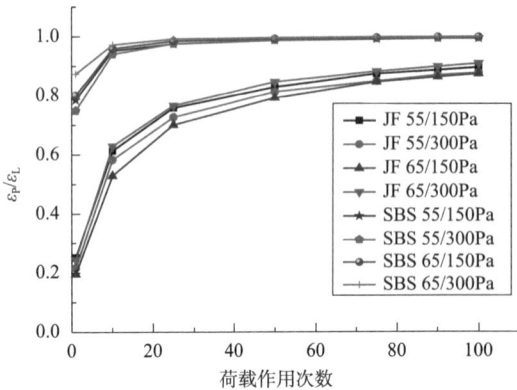

图 3-15　改性沥青 $\varepsilon_P/\varepsilon_L$ 随荷载作用次数的变化
JF-胶粉改性沥青;SBS-SBS 改性沥青

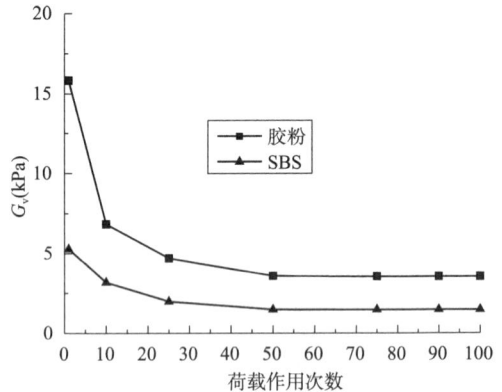

图 3-16　改性沥青 G_v 随荷载作用次数的变化
(55℃、150Pa)

由图 3-16 可知,沥青在重复蠕变恢复试验初期时延迟弹性未达到稳定而导致 G_v 值较大,在 40~50 次之后逐渐趋于稳定。因此,采用第 50 次和第 51 次蠕变恢复试验的数据进行拟合得到的 G_v 能有效地反映改性沥青的黏性性能。同时,从图中可明显看出,胶粉改性沥青的 G_v 值比 SBS 改性沥青要大,这反映胶粉改性沥青具有较好的抗车辙能力。

3.2.8　胶粉改性沥青的黏性部分 G_v 分析

为了分析不同温度、不同应力水平条件下,两种改性沥青黏性性能的变化情况,可通过拟合得到蠕变劲度的黏性部分 G_v 来评价,因此采用 Origin 软件分别对两种改性沥青在重复蠕变恢复试验第 50 次和第 51 次进行拟合得到 G_v,并对其取平均值,见表 3-13。

不同改性沥青不同温度和应力水平时的 G_v 值　　　　表 3-13

沥青样品	不同温度和应力水平时的 G_v 值(Pa)			
	55℃、150Pa	55℃、300Pa	65℃、150Pa	65℃、300Pa
胶粉改性沥青	3547.443	3508.913	1872.926	1871.339
SBS 改性沥青	1459.503	1473.362	746.3102	716.8551

由表 3-13 可知,随着温度增加,改性沥青 G_v 有较大幅度的减小,说明改性沥青抵抗变形的能力下降,这与实际沥青路面的高温性能变化规律相一致。不同应力水平下各改性沥青的 G_v 均没有较大的变化,由前文分析可知,在不同的应力水平下改性沥青的蠕变柔量几乎没有变化,所以拟合得到的 G_v 变化较小。这也说明应力水平的变化不至于影响改性沥青的黏性性能。

如图 3-17 所示,对比分析改性沥青在不同温度、不同应力水平条件下的 G_v 值发现:胶粉改性沥青要明显大于 SBS 改性沥青,这也反映胶粉改性沥青的高温抗变形能力要强于 SBS 改性沥青。

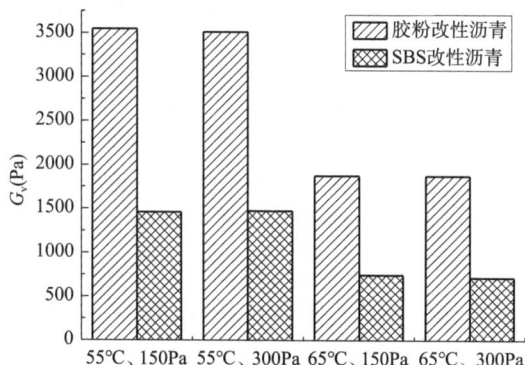

图 3-17　改性沥青在不同条件下的 G_v 值

3.3　老化作用下胶粉改性沥青的重复蠕变特性

沥青混合料在施工和使用过程中会产生老化作用,进而影响沥青的流变性能,因此研究老化作用对沥青流变性能的影响对改善路面使用性能具有一定的意义。现阶段国内外学者多以沥青三大指标及传统路用指标的变化规律对老化进行分析[2],也有部分学者从微观角度分析老化作用机理[15]及微观结构的变化对沥青流变性能的影响[15-20]。本节通过动态剪切流变试验和重复蠕变恢复试验研究短期和长期老化作用对复合胶粉改性沥青(SBS/CR 复合改性沥青)、胶粉改性沥青和 SBS 改性沥青相应流变指标在不同温度时的敏感程度及老化作用对沥青流变性能的影响规律。

3.3.1　储存模量 G' 和损失模量 G'' 随温度的变化规律

储存模量 G' 是复数剪切模量 G^* 的可恢复部分,表征材料变形后回弹的指标,是材料储存弹性变形能量的能力;损失模量 G'' 是复数剪切模量 G^* 的不可恢复部分,反映了沥青变形过程中所损失的能量。在高温环境下,当沥青具有较大的储存模量时,荷载作用后才能更好地恢复变形。而在低温下,损失模量越高,改性沥青用于低温流动的能量越大,低温流动性越好。

图 3-18 是三种不同改性沥青老化前后 G'/G^*、G''/G^* 随温度的变化规律,由图可以看出,在较低温度下,三种改性沥青老化前 G' 占 G^* 的比例高于 G'' 占 G^* 的比例,说明在较低温度下储存模量 G' 占主导地位,沥青主要表现出弹性。随着温度的升高,逐渐变成由损失模量 G'' 起主导作用,这时沥青表现出黏性。这与实际工程中低温下沥青处于弹性状态,随着温度升高逐渐转为黏流态是相符的。如图 3-18 所示,复合胶粉改性沥青由 G' 占主导地位转变为

由 G'' 占主导地位的高低温交界点为 21.42℃,胶粉改性沥青为 21.39℃,SBS 改性沥青为 20.4℃,三种沥青老化前的交界温度相差不多,说明在老化前其性能较为接近。经过短期老化之后,三种改性沥青的高低温交界点有所变化,复合胶粉改性沥青变为 25.06℃,胶粉改性沥青为 24.78℃,SBS 改性沥青为 22℃。而长期老化后的高低温交界点变得更高,复合胶粉改性沥青为 30℃,胶粉改性沥青为 28.49℃,SBS 改性沥青为 25.46℃。由此可见,老化作用使高低温交界点升高,这对沥青抵抗高温变形是有利的。因为随着温度的升高,如果其弹性性能占主导的温度较高,沥青就会表现出更好的抵抗高温变形的性能。由于老化后轻质组分减少、沥青质增加,沥青变硬,因而具有更好的抵抗高温变形的性能。三种改性沥青相比,短期老化和长期老化后,复合胶粉改性沥青和胶粉改性沥青的交界点温度都高于 SBS 改性沥青,这是因为 SBS 改性沥青的空间网状结构随温度的升高而具有一定的流动性,使其整体性下降,而复合胶粉改性沥青和胶粉改性沥青中的胶粉颗粒由于吸收了沥青中的轻质组分而溶胀,流动过程中摩阻力更大,变形较小。

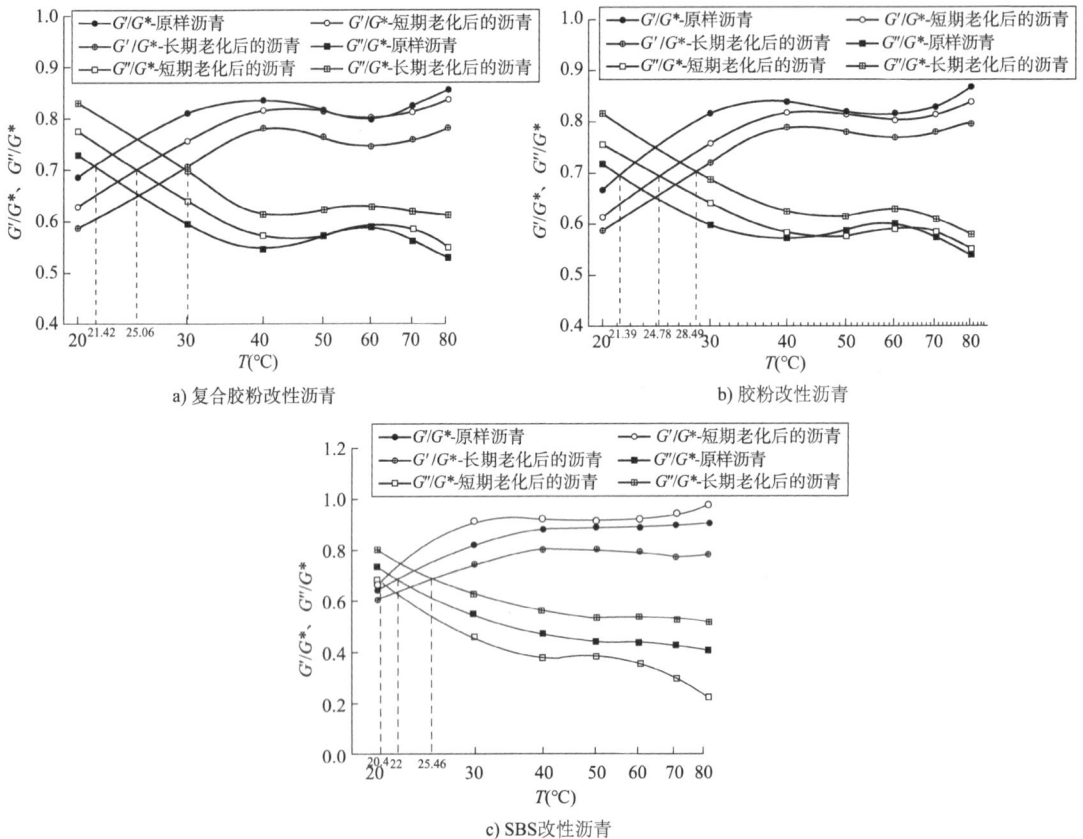

a) 复合胶粉改性沥青

b) 胶粉改性沥青

c) SBS改性沥青

图 3-18　三种不同改性沥青 G'/G^*、G''/G^* 随温度的变化

3.3.2　储存模量 G' 和损失模量 G'' 随频率的变化规律

图 3-19 是三种聚合物改性沥青 G'、G'' 随频率的变化规律。由图可以看出,G'、G'' 都随着

频率的增大而增大,并且在高温(80℃和40℃)时,始终是 G'' 大于 G',即损失模量大于储存模量,沥青主要表现出黏性;而在较低温度(10℃)条件下,则为 G' 大于 G'',三种聚合物改性沥青均表现出弹性特性。图 3-19a)、b)、c)分别是三种原样改性沥青在 10℃、40℃、80℃条件下 G'、G'' 随频率的变化规律。在三种温度条件下,G'、G'' 表现出同样的规律,都是随着频率的增大而增大。所不同的是,高温(80℃和40℃)时,低频情况下的三种聚合物改性沥青 G' 及 G'' 数值有明显的差别,复合胶粉改性沥青的 G' 及 G'' 值最大,胶粉改性沥青其次,SBS 改性沥青的值最小。随着频率的增加,三种聚合物改性沥青的 G' 及 G'' 的数值差距在逐渐缩小。而在低温低频时,三种聚合物改性沥青 G' 及 G'' 的差值较小。随着频率的增加,不同改性沥青间 G' 及 G'' 的差值却在增大。这主要是因为三种聚合物改性沥青在高温高频时表现出相同的黏弹性特征,而且在低温低频时也出现同样的规律,几种聚合物改性沥青高低温性能的不同主要表现在高温低频阶段以及低温高频阶段。高温时沥青主要体现黏性特征,当低频荷载发生时,对路面的作用时间较长,具有较高储存弹性模量的沥青就会表现出更好的刚性,因而更不易产生高温变形。而低温高频时,由于低温下改性沥青变得比较脆硬,高频荷载的作用时间短,具有更高损失弹性模量的改性沥青相比较而言会具有更高的黏性,有利于抑制低温裂缝。图 3-19 中的 d)、e)、f)以及 g)、h)、i)是三种经过短期老化和长期老化的聚合物改性沥青在不同温度下 G'、G'' 随频率变化的规律。由图可以看出,经过短期老化以及长期老化后,三种聚合物改性沥青也呈现出同样的趋势,即都是在高温低频阶段以及低温高频阶段区分出不同改性沥青间的性能差别。

图 3-20 是不同老化程度下三种聚合物改性沥青 G'、G'' 随频率的变化规律。由图可以看出,各温度下三种聚合物改性沥青的 G' 和 G'' 都是随着频率的增加而增大,并且高温(80℃和40℃)时是 G'' 大于 G',低温(10℃)时为 G' 大于 G''。在同一温度下不同老化程度的聚合物改性沥青,相对而言,G' 和 G'' 均是原样沥青的最小,经过短期老化后的居中,长期老化后的数值最大。这是因为随着老化程度的不断加深,改性沥青中的轻质组分减少,沥青质含量逐渐增加,使改性沥青脆硬程度不断加深,从而其抗变形能力较老化前有所增强。

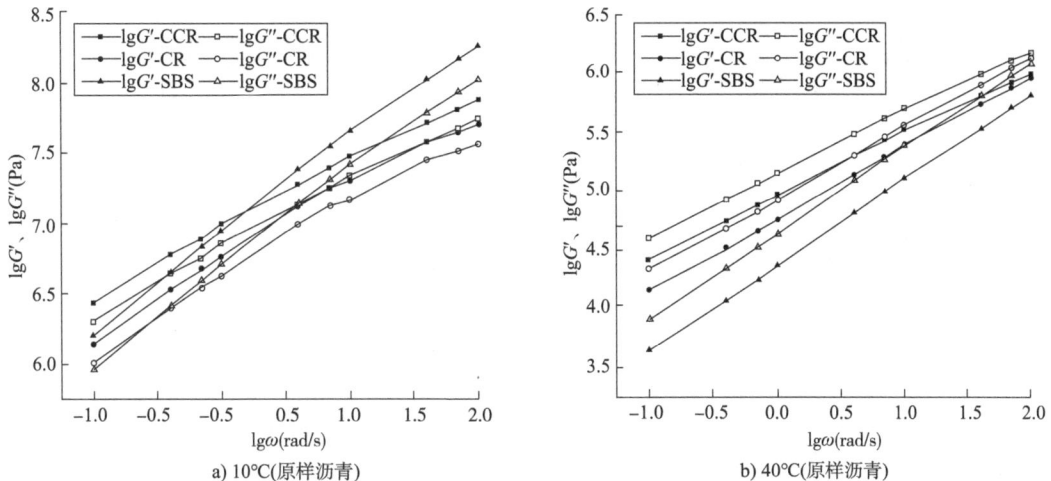

a) 10℃(原样沥青)　　　b) 40℃(原样沥青)

图 3-19

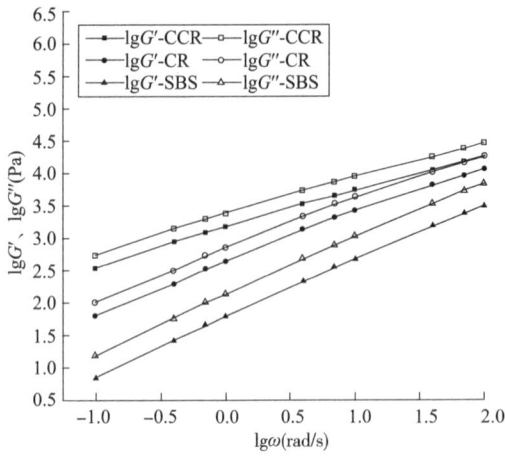

c)80℃(原样沥青)

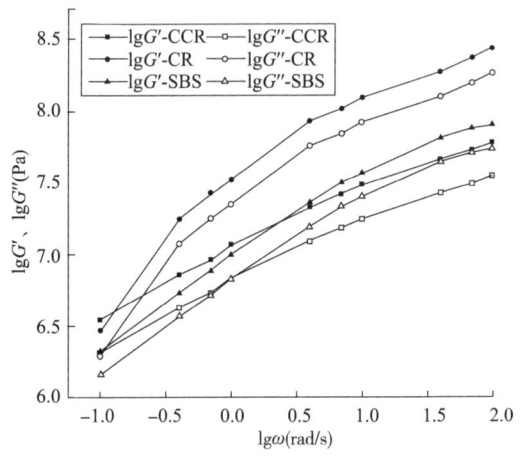

d)10℃(短期老化后的沥青)

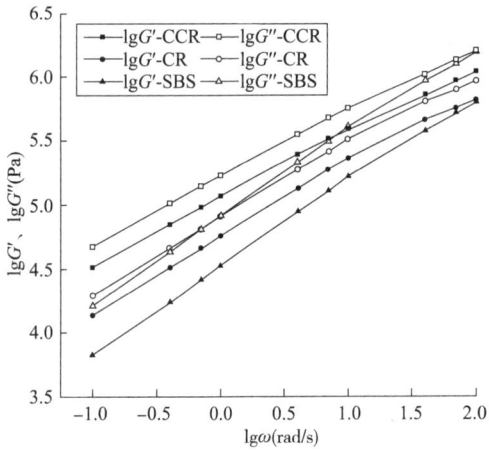

e)40℃(短期老化后的沥青)

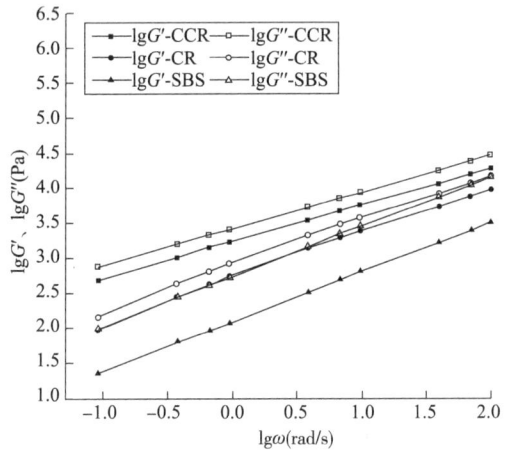

f)80℃(短期老化后的沥青)

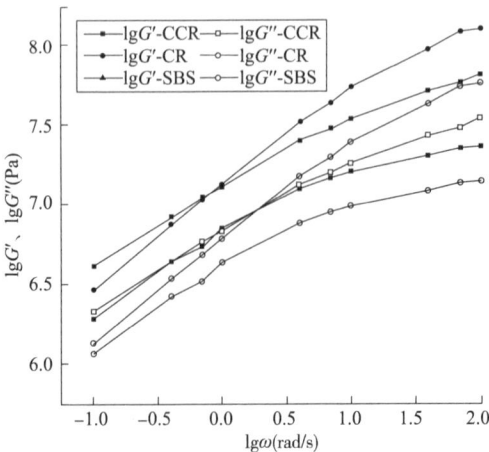

g)10℃(长期老化后的沥青)

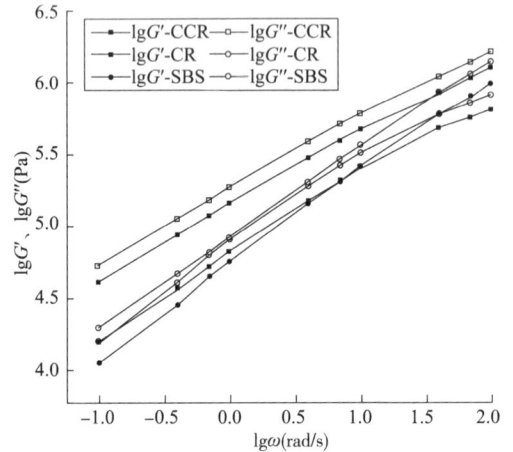

h) 40℃(长期老化后的沥青)

图 3-19

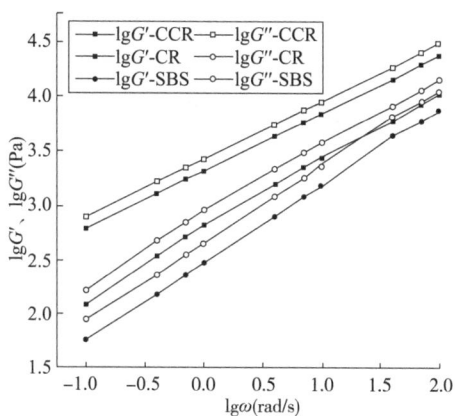

i)80℃(长期老化后的沥青)

图 3-19　不同聚合物改性沥青 lgG'、lgG''随频率的变化

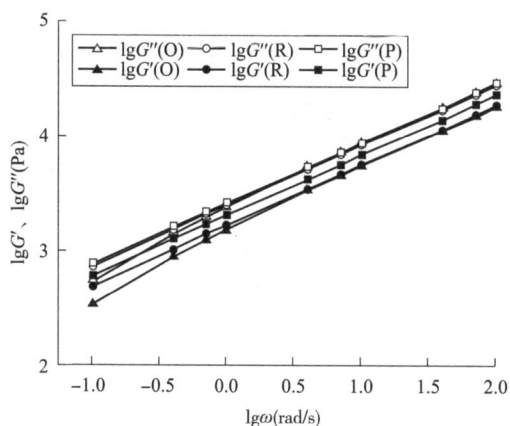

a) 80℃(CCR)

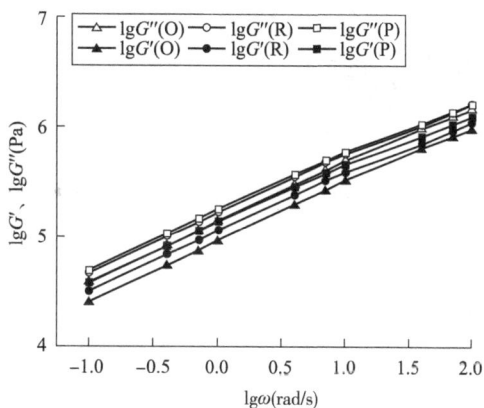

b) 40℃(CCR)

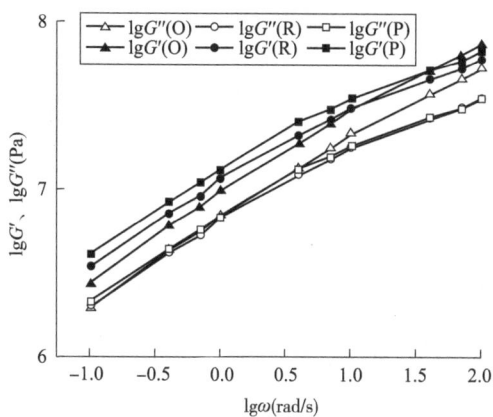

c) 10℃(CCR)

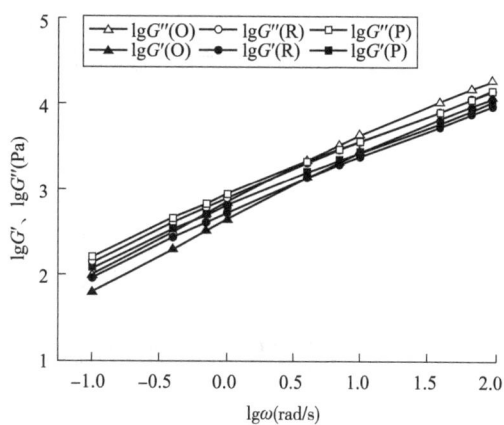

d) 80℃(CR)

图　3-20

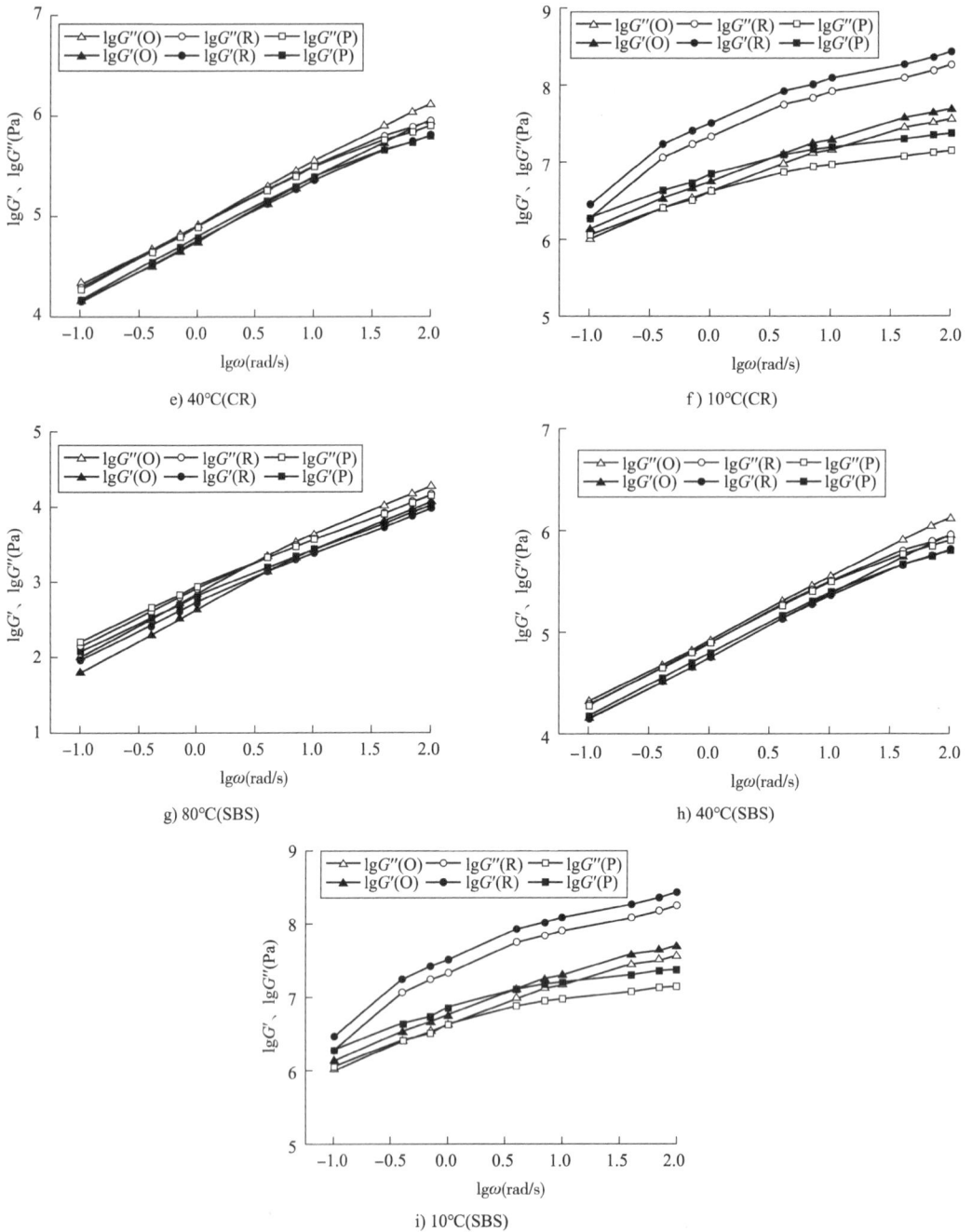

e) 40℃(CR)

f) 10℃(CR)

g) 80℃(SBS)

h) 40℃(SBS)

i) 10℃(SBS)

图 3-20 不同老化程度下三种聚合物改性沥青 lgG'、lgG''随频率的变化

3.3.3 温度和荷载作用频率对相位角 δ 的影响

相位角 δ 是沥青弹性和黏性变形程度的相对指标,其表达式为 $\tan\delta = \dfrac{G'}{G''}$,$\delta$ 越小,$\tan\delta$ 越小,沥青受到荷载作用后越容易恢复。对改性沥青进行频率扫描,扫描温度为 10℃、20℃、

30℃、40℃、50℃、60℃、70℃、80℃,每个温度下从 0.1rad/s 到 100rad/s,这个荷载作用频率几乎涵盖车辆正常行驶的速度范围。

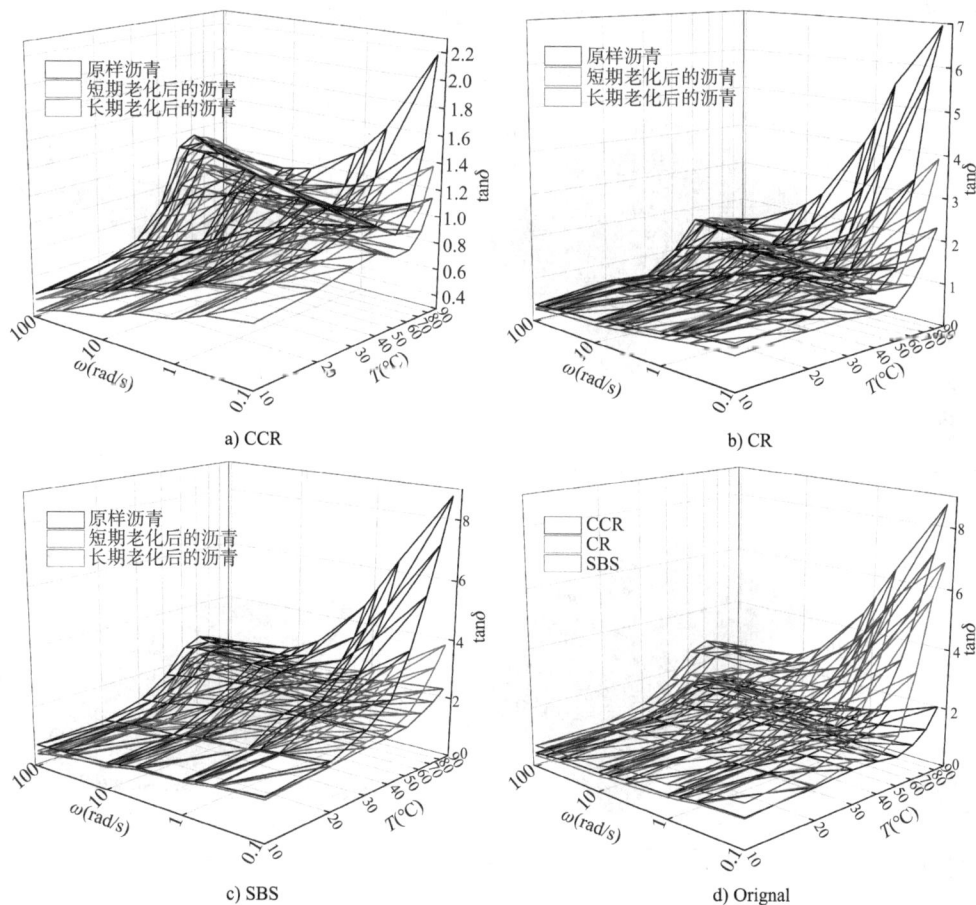

图 3-21 是三种改性沥青老化前后 tanδ 随温度和荷载作用频率变化的曲线。由图可以看出,三种改性沥青老化后的 tanδ 值较老化前有所降低,说明老化作用对沥青材料的弹性恢复是有利的。老化前,随着温度的增加,三种改性沥青的 tanδ 值均呈上升趋势,这时沥青逐渐由弹性状态转变成黏性状态。其中,SBS 改性沥青较其他两种改性沥青 tanδ 值增大得更多,说明温度的升高对 SBS 改性沥青相位角的影响较其他两种改性沥青更大。老化后,SBS 改性沥青的 tanδ 明显降低,尤其是在高温低频时,而其他两种改性沥青与老化前的差值比 SBS 改性沥青的小,说明 SBS 改性沥青较其他两种改性沥青对温度更敏感。老化后,SBS 改性剂降解成小分子物质以及轻质组分挥发,在整体上增加了沥青质含量的比例,使 SBS 改性沥青较老化前表现出较好的弹性性能。从整体来看,无论是老化前还是老化后,复合胶粉改性沥青的 tanδ 值最小,老化前后其变化量也最小。这主要是因为复合胶粉改性沥青在两种改性剂的共同作用下展现出更强的抵抗外力的能力。老化后的胶粉改性沥青和 SBS 改性沥青 tanδ 值相差不大,说明在老化后二者高温抗变形能力相差不大,而在老化前胶粉改性沥青高温性能较 SBS 改性沥青要好。

图 3-21

a) CCR

b) CR

c) SBS

d) Orignal

图 3-21 三种改性沥青老化前后 tanδ 随温度和频率变化的曲线

3.3.4 不同温度及频率下车辙因子 $G^*/\sin\delta$ 的变化规律

车辙因子 $G^*/\sin\delta$ 是用来评价沥青材料抗车辙变形性能的指标。$G^*/\sin\delta$ 越大,表明沥青的流动变形越小,越有利于抵抗车辙的产生。图 3-22 ~ 图 3-24 反映了三种沥青老化前后 $G^*/\sin\delta$ 与温度和频率的三维关系。

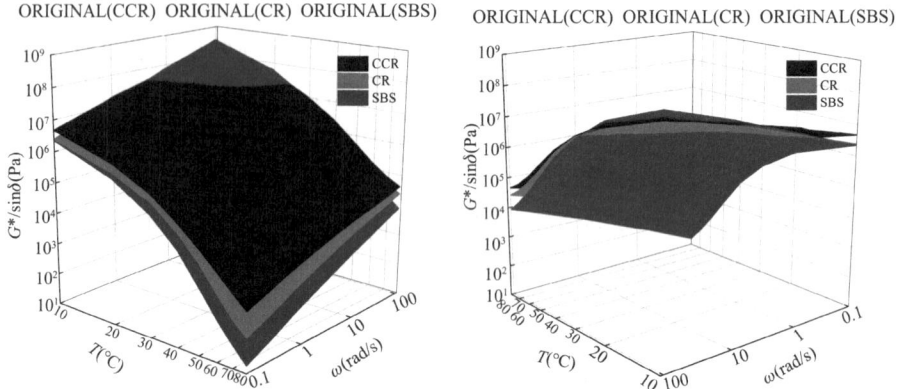

图 3-22 三种改性沥青老化前 $G^*/\sin\delta$ 值随温度和频率的变化

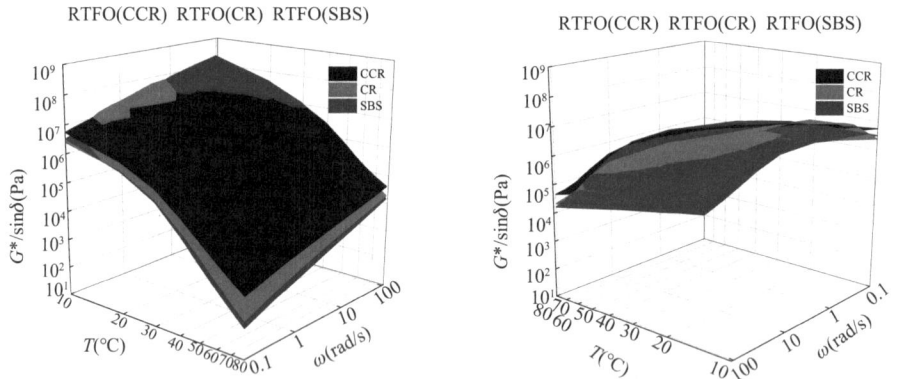

图 3-23 三种改性沥青短期老化后的 $G^*/\sin\delta$ 值随温度和频率的变化

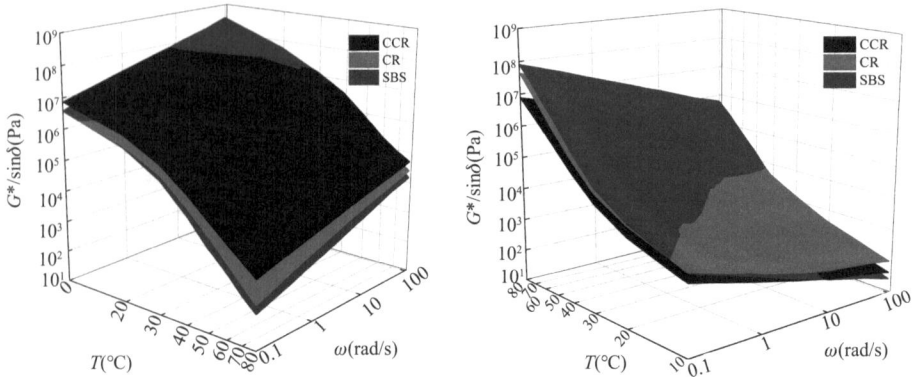

图 3-24 三种改性沥青长期老化后的 $G^*/\sin\delta$ 值随温度和频率的变化

图 3-22 是三种改性沥青老化前 $G^*/\sin\delta$ 值随温度和频率的变化图,由图可以看出,三种改性沥青老化前的 $G^*/\sin\delta$ 值随着温度的升高而降低,这是因为温度的升高使沥青分子间的相互作用能力降低,分子所受到的移动约束减弱,同时沥青抵抗车辙变形的能力变差,这与实际中的较高温度下沥青较多表现出黏性是一致的。随着荷载作用频率的增大,各改性沥青的 $G^*/\sin\delta$ 值呈增大趋势,由于荷载作用频率大即为行车速度较快,从而荷载对路面的作用时间较短,荷载产生的变形滞后于荷载作用,不易产生车辙,因此相对较低荷载作用频率时,在较高荷载作用频率情况下沥青路面产生的车辙有所减轻。三种改性沥青相比,在低频荷载作用下,复合胶粉改性沥青的 $G^*/\sin\delta$ 值较其他两种改性沥青都要大,说明复合胶粉改性沥青的抗车辙能力更强。当低温高频荷载作用时,SBS 改性沥青超过了复合胶粉改性沥青和胶粉改性沥青,说明在低温高频荷载作用时,SBS 改性沥青较其他两种改性沥青抗车辙能力更强。图 3-23 和图 3-24 分别是三种改性沥青短期老化和长期老化后的 $G^*/\sin\delta$ 变化规律,可以看出,短期老化和长期老化后三种改性沥青的 $G^*/\sin\delta$ 与老化前呈现同样的规律,随着频率的增加,车辙因子 $G^*/\sin\delta$ 逐渐增大,不同的是,老化后 SBS 改性沥青的车辙因子较其他两种改性沥青的增幅要大,说明老化后高温作用对 SBS 改性沥青的影响比对复合胶粉改性沥青和胶粉改性沥青要大,复合胶粉改性沥青和胶粉改性沥青抗老化性能优于 SBS 改性沥青。

图 3-25a) ~ c)分别是复合胶粉改性沥青、胶粉改性沥青和 SBS 改性沥青老化前后 $G^*/\sin\delta$ 的对比图,三种改性沥青老化前后 $G^*/\sin\delta$ 都有所变化。对于复合胶粉改性沥青,老化后与老化前的 $G^*/\sin\delta$ 差值很小,说明经过老化作用以后,其性能与老化前的性能相差不大,基本保持老化前的状态。对于胶粉改性沥青,老化后的车辙因子较老化前有所提高,这是因为老化作用使沥青重质组分增加,弹性增强,所以其抵抗车辙变形的能力也就有所提高。SBS 改性沥青老化后 $G^*/\sin\delta$ 增加得最多,老化作用对其影响最大。由图 3-25 整体还可以看出,无论老化前还是老化后,复合胶粉改性沥青高温下的 $G^*/\sin\delta$ 都是最大的,胶粉改性沥青与它相差不多,说明复合胶粉改性沥青和胶粉改性沥青抗高温变形的能力相当,都能够较好地抵抗高温变形。

图 3-25

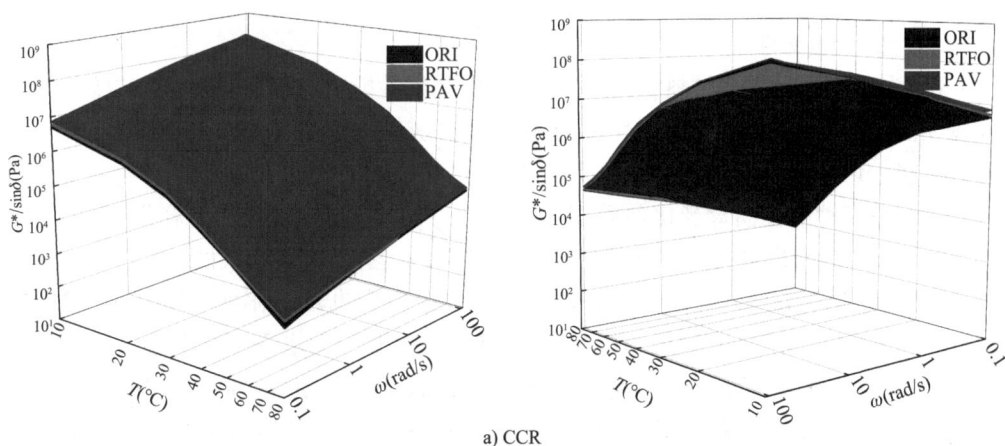

a) CCR

图 3-25

b) CR

c) SBS

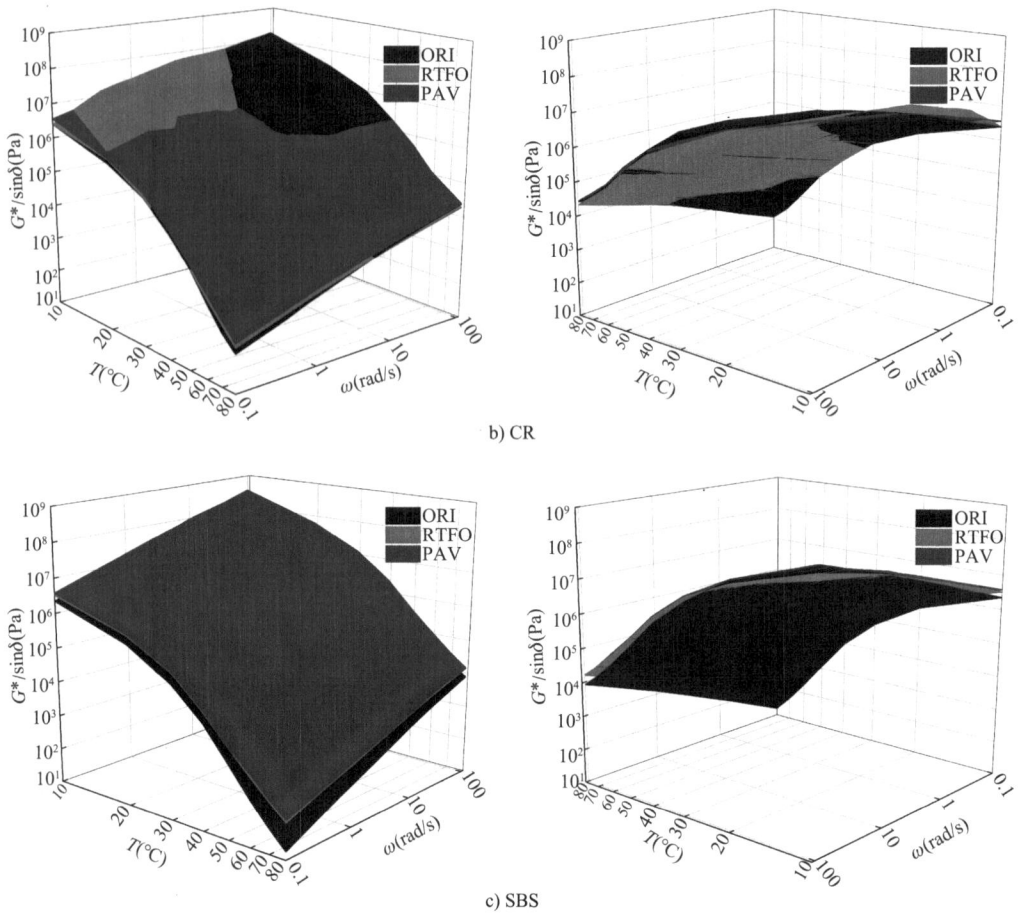

图 3-25　三种改性沥青老化前后 $G^*/\sin\delta$ 对比
ORI-原样沥青;RTFO-短期老化后的沥青;PAV-长期老化后的沥青

3.3.5　老化作用下胶粉改性沥青的重复蠕变特性分析

(1)沥青的延迟弹性

沥青作为典型的黏弹性材料,具有一定的延迟弹性性能,在重复蠕变恢复试验的卸载阶段,随着恢复时间的增加,变形的弹性部分不断得到恢复。以 55℃、150Pa 的重复蠕变恢复试验为例,将前两个蠕变循环的应变进行对比。

图 3-26 是三种改性沥青老化前后蠕变恢复能力的比较,图中 O 为原样沥青;R 为短期老化后的沥青,P 为长期老化后的沥青。由图可以看出,老化后三种改性沥青在 1s 加载阶段产生的应变较老化前有所降低,经过 9s 恢复期后残余应变也较老化前有所减小,说明沥青在老化以后表现出硬化,抗变形能力提高,在相同的温度和应力水平下高温性能更优。三种改性沥青老化前的重复蠕变变形恢复曲线呈下凹的指数形式,随着时间的增加,变形不断得到恢复。老化后的改性沥青,尤其是压力老化后,只有在蠕变恢复阶段初期有极少的弹性变形恢复,之后变形恢复随卸载时间的增加基本不再发生变化。这说明沥青在老化前加载阶

段的蠕变变形主要是黏弹性流动变形,卸载后延迟弹性变形部分得以恢复,而且如果卸载时间增加,恢复仍会继续。老化后,由于沥青轻质组分减少而变得脆硬,因此在加载阶段产生的变形很小,在卸载时变形恢复也较小。三种改性沥青相比较,老化前,复合胶粉改性沥青和胶粉改性沥青的变形都较 SBS 改性沥青小,而老化后这两种改性沥青的变形却大于 SBS 改性沥青的变形,这是因为老化作用对 SBS 改性沥青的影响较大,使其性能变化明显。而复合胶粉改性沥青和胶粉改性沥青对老化的影响反应缓慢,也说明了复合胶粉改性沥青和胶粉改性沥青具有较好的稳定性。

图 3-26

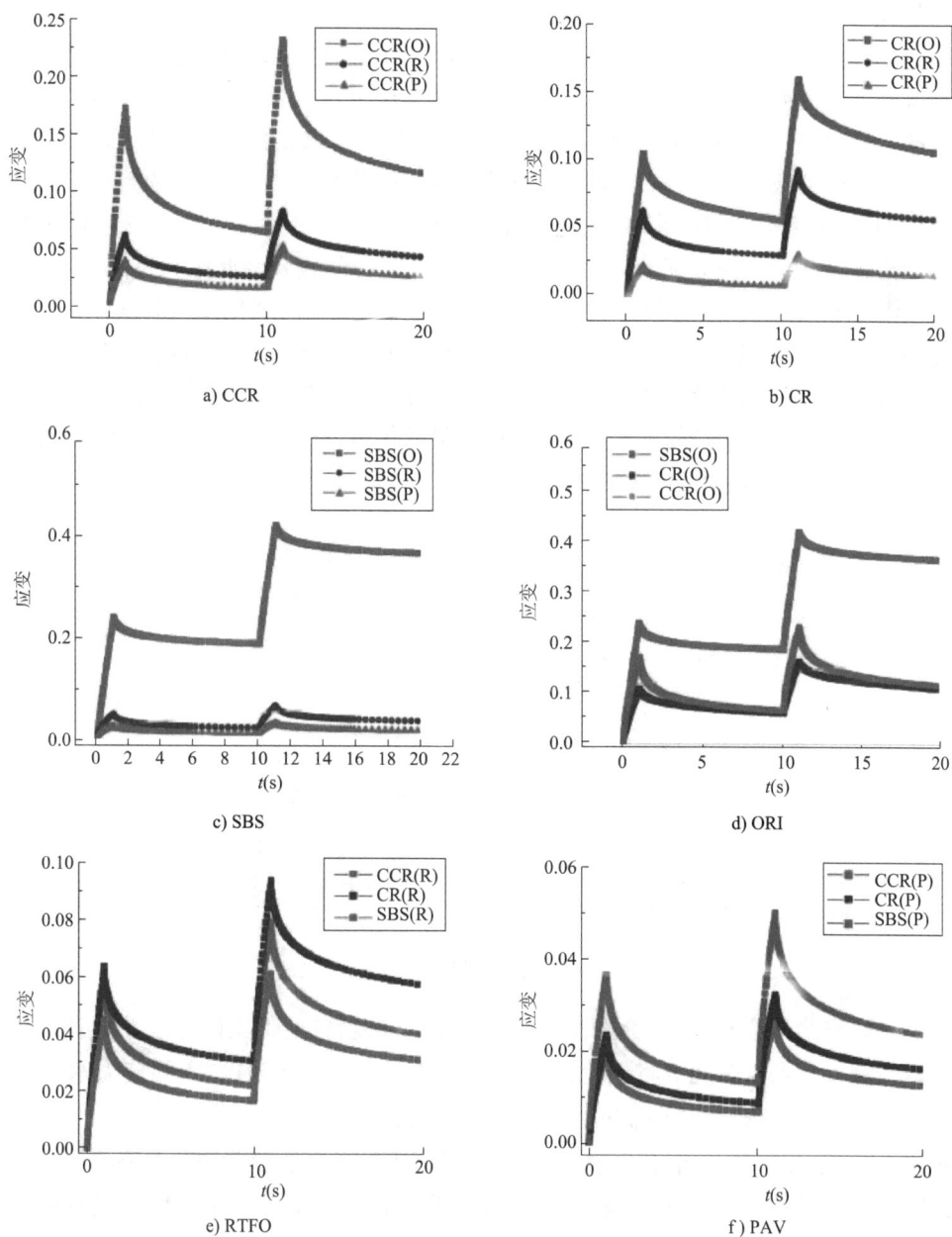

图 3-26 三种改性老化前后沥青蠕变恢复能力比较

在改性沥青变形恢复特性研究中,影响改性沥青变形发展的至关重要的因素不仅有黏度,还有延迟弹性性能,而黏度不能完全决定改性沥青的变形发展,它不能作为最重要的指标,这使得延迟弹性性能变得举足轻重。通过蠕变恢复试验,可以从永久变形中把延迟弹性部分拆分出来,使对延迟弹性变形的研究更加深入。

为了将三种改性沥青老化前后的蠕变恢复能力进行更详细的对比,将恢复阶段的初始应变即卸载瞬时应变用 ε_L 表示,恢复阶段末未能恢复的残余变形用 ε_P 表示,则 $\varepsilon_P/\varepsilon_L$ 表示永久变形占总变形的比例,用来评价改性沥青的变形恢复能力。$\varepsilon_P/\varepsilon_L$ 越小,沥青的变形恢复能力越强。

图 3-27 是三种改性沥青老化前后的 $\varepsilon_P/\varepsilon_L$ 对比图,由图可以看出,经过 9s 的恢复,老化前三种改性沥青的残余变形比例分别为 0.39(CCR)、0.56(CR)、0.81(SBS),即 SBS 改性沥青在荷载作用下经过恢复期以后仍然有 81% 的变形是不可恢复的永久变形,而对于复合胶粉改性沥青和胶粉改性沥青,恢复期末的残余变形分别占了 39%、56%。而且如果卸载恢复的时间增加,恢复变形还将继续增大,也就是说,39%、56%、81% 的残余变形中仍然有尚未恢复的延迟弹性变形。而短期老化后,复合胶粉改性沥青的残余变形比例为 36%,长期老化后为 37%,老化前后的残余变形比例变化很小,说明在卸载期内老化作用对复合胶粉改性沥青延迟弹性变形恢复的影响很小。胶粉改性沥青短期和长期老化后的 $\varepsilon_P/\varepsilon_L$ 值分别为 50%、39%,大于 SBS 改性沥青短期和长期老化后的 39%、35%,即 SBS 改性沥青老化后残余应变占瞬时应变的比例较胶粉改性沥青小,说明老化后,SBS 改性沥青抗变形性能大幅提升,较老化前具有更好的变形恢复能力。

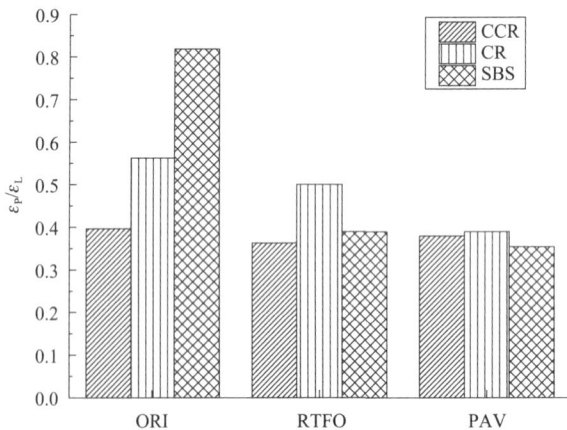

图 3-27　三种改性沥青老化前后的 $\varepsilon_P/\varepsilon_L$ 比较

以上是研究第一个卸载 9s 阶段改性沥青的变形恢复特征,但实际上改性沥青的延迟弹性变形恢复需要无限长时间。将老化前后三种改性沥青在不同温度、不同应力水平下不同作用次数时的变形和恢复指数 $\varepsilon_P/\varepsilon_L$ 的测定值列于表 3-14 中。

由表 3-14 可以看出,无论老化前后,三种改性沥青的 $\varepsilon_P/\varepsilon_L$ 随着加载循环次数的增加而减小,这表明延迟弹性变形会逐渐累积,并且前期累积的变形会对后期的恢复量有影响。通过观察第 1 次、第 50 次和第 100 次的 $\varepsilon_P/\varepsilon_L$ 值可以发现,在相同的温度和应力水平下,前期的第1次到第50次的加载中 $\varepsilon_P/\varepsilon_L$ 随着加载循环次数的增加而不断减小,其差值较大,说明这时沥青的延迟弹性不稳定,随着加载次数的变化而变化。而到了后期,第50次和第100次的差值小了很多,永久变形的发展速率逐渐稳定,这时沥青的延迟弹性变形可以看作一个常量,加载次数的影响逐渐减小,所以通过稳定阶段的 $\varepsilon_P/\varepsilon_L$ 值预测永久变形的发展是可行的。老化后,$\varepsilon_P/\varepsilon_L$ 值的变化趋势与老化前相似,都随着荷载作用次数的增加而减小,说明老化后,改性沥青的延迟弹性依然会随着时间的增加而累积,前期的延迟弹性变形也会对后期产生影响,但是对不同老化深度的改性沥青影响程度有所不同。观察表3-14可以发现,三种改性沥青经过短期老化后,其 $\varepsilon_P/\varepsilon_L$ 值逐渐减小,长期老化(PAV)后的数值相较短期老化(RTFO)有增大的趋势,说明对于长期老化和短期老化,改性沥青在重复蠕变恢复试验中的延迟弹性变形累积有所不同,表现为残余变形减小的程度不同。当考虑改性沥青的变形恢复能力时,要充分考虑老化的影响因素。

改性沥青不同温度、不同应力水平下 $\varepsilon_P/\varepsilon_L$ 比较　　　　　表3-14

沥青种类	温度	应力(Pa)	ORI			RTFO			PAV		
			1次	50次	100次	1次	50次	100次	1次	50次	100次
CCR	55℃	150	0.303	0.115	0.097	0.266	0.102	0.081	0.279	0.180	0.163
		300	0.356	0.121	0.102	0.296	0.117	0.093	0.376	0.190	0.166
CCR	65℃	150	0.405	0.135	0.119	0.399	0.112	0.108	0.416	0.294	0.291
		300	0.455	0.165	0.128	0.411	0.124	0.112	0.424	0.364	0.372
CR	55℃	150	0.564	0.393	0.409	0.469	0.306	0.294	0.491	0.325	0.319
		300	0.647	0.498	0.478	0.505	0.313	0.304	0.539	0.454	0.451
CR	65℃	150	0.759	0.606	0.586	0.580	0.399	0.402	0.692	0.608	0.600
		300	0.727	0.675	0.668	0.552	0.471	0.466	0.817	0.643	0.623
SBS	55℃	150	0.810	0.754	0.720	0.349	0.177	0.163	0.354	0.214	0.206
		300	0.815	0.746	0.743	0.385	0.174	0.166	0.362	0.350	0.281
SBS	65℃	150	0.890	0.838	0.833	0.414	0.235	0.218	0.465	0.450	0.418
		300	0.914	0.872	0.865	0.432	0.258	0.260	0.583	0.598	0.608

(2)蠕变劲度的黏性部分影响参数 G_v 分析

Burgers 模型能同时描述瞬时弹性性能、延迟弹性性能和黏性性能。利用 Burgers 模型对试验结果进行拟合计算,由 Burgers 模型本构方程[式(3-9)]可得 $J_v = \tau_0/\eta_1$,而蠕变劲度的黏性部分 $G_v = 1/J_v$ 可作为沥青高温性能评价指标。基于重复蠕变恢复试验,对 Burgers 模型的拟合原理进行分析,通过对延迟弹性的研究,探讨 G_v 对改性沥青高温性能的评价效果,对沥青高温黏弹性能进行更有效的评价。

采用第50次和第51次的蠕变恢复结果,利用 Burgers 模型的本构方程[式(3-9)]拟合取平均值得到 G_v,G_v 能有效地反映聚合物改性沥青的黏性性能。在不同应力水平及不同温度作用下,不同改性沥青老化前后的 G_v 有不同的变化趋势,将 G_v 用柱状图来表示,可以清楚地看到其在不同条件下的区别。

图 3-28 为三种改性沥青在不同条件下的 G_v 值,由图可以看出,在相同的应力水平下,老化前三种改性沥青的 G_v 随着温度的增加呈现明显下降的趋势,这与实际沥青路面的高温性能变化规律相一致,在短期老化和长期老化后也呈现同样的趋势,仅仅是下降的幅度随着老化程度的加深而有所不同,说明无论老化前后,G_v 都能显著地反映温度对沥青性能的影响,从而区分不同温度下的沥青路用性能。而在相同温度下,无论老化前后,随着应力水平的增大,G_v 值基本保持不变,这是因为 G_v 作为一个评价高温性能的指标,具有很好的稳定性,也说明对 G_v 的变化起主要作用的因素是温度。在相同温度和相同应力水平作用下,随着老化程度的加深,复合胶粉改性沥青和胶粉改性沥青 G_v 值逐渐增大,增大的幅度基本相同,而 SBS 改性沥青在经过短期老化后,G_v 值较老化前有较大提高,这与前文所提未老化的 SBS 改性沥青的 $\varepsilon_p/\varepsilon_L$ 值较大是一致的,说明 SBS 改性沥青在老化前抗变形能力较弱,经过老化后沥青变硬,其抗变形性能有所提高。

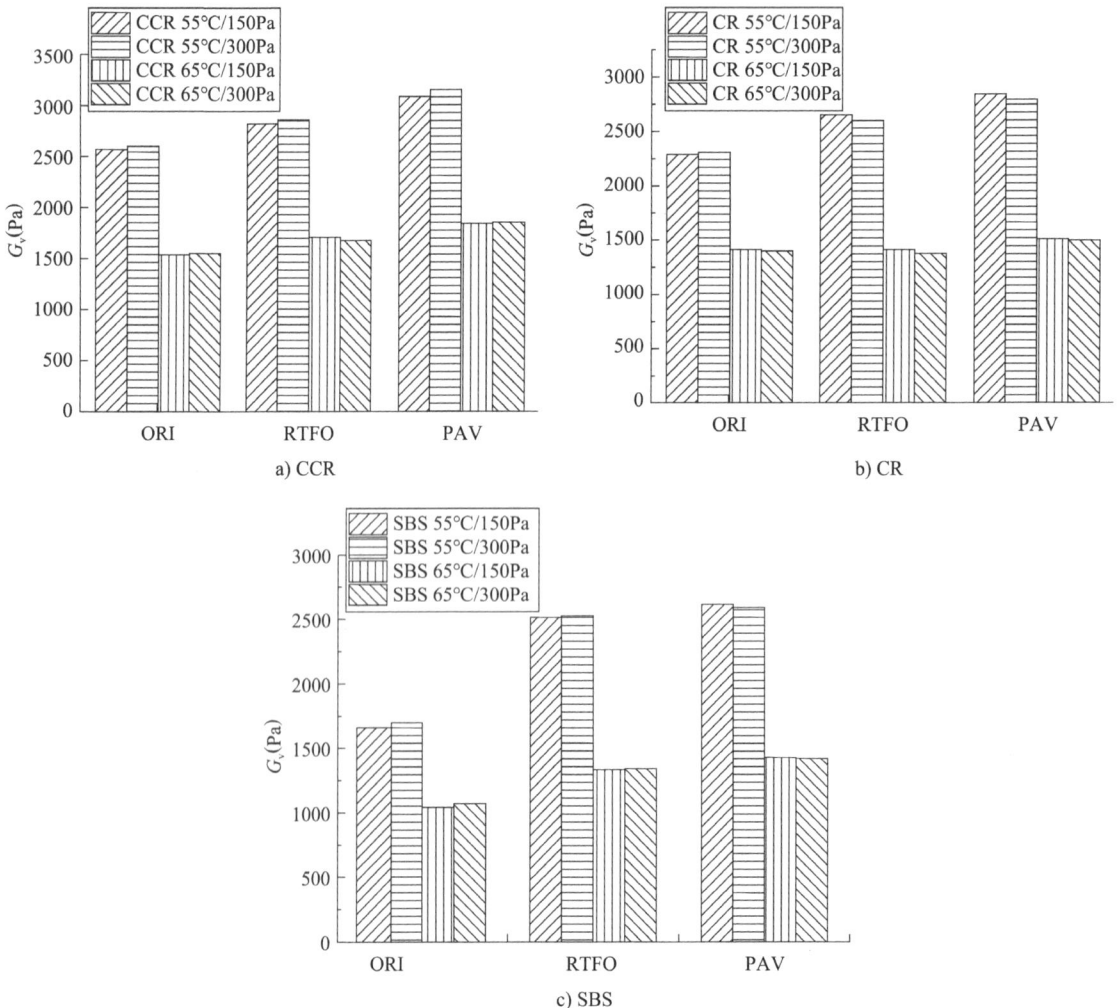

a) CCR

b) CR

c) SBS

图 3-28　三种改性沥青在不同条件下的 G_v 值

3.4 冻融作用下胶粉改性沥青的重复蠕变特性

采用美国 TA 公司的 Discovery HR-1 型动态剪切流变仪对盐冻前后的三种沥青进行重复蠕变恢复试验。考虑西北部地区夏季路面温度的实际情况,试验温度采用 50℃和 60℃,加载应力采用 150Pa 和 300Pa,加载方式为加载 1s(进行蠕变试验),卸载 9s(变形恢复阶段),模式为一次蠕变恢复循环,共计进行 100 次循环。

本节以①原样胶粉改性沥青;②冰冻温度为 – 20℃,盐溶液浓度为 0(清水),循环 15 次盐冻条件下的胶粉改性沥青;③冰冻温度为 – 20℃,盐溶液浓度为 4%,循环 15 次盐冻条件下的胶粉改性沥青为例进行分析,以同样条件下的 SBS 改性沥青对比分析。

3.4.1 累积应变

为了分析不同应力水平对改性沥青冻融循环前后的线黏弹性性能的影响,以 60℃ SBS改性沥青重复蠕变恢复试验和 50℃胶粉改性沥青重复蠕变恢复试验为例,分别统计了不同改性沥青在第 1 次、第 10 次、第 20 次、第 30 次、第 40 次、第 50 次、第 60 次、第 70 次、第 80次、第 90 次和第 100 次蠕变恢复后的累积应变,如图 3-29 所示。

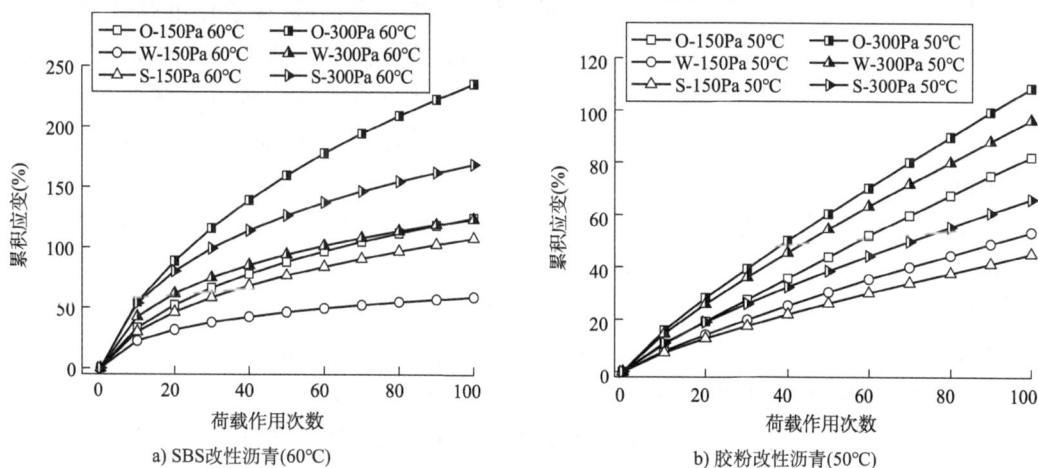

图 3-29 两种改性沥青累积应变与荷载作用次数关系曲线
O-原样沥青;W-水冻循环;S-盐冻循环

由图 3-29 可以看出,同种沥青的累积应变随温度、应力和荷载作用次数的增加显著增加。应力和温度对沥青的累积应变影响较大,这与道路实际情况中高温重载交通易导致车辙破坏现象相符,所以选择接近路面实际情况的交通荷载进行试验更有利于合理、有效地评价改性沥青的高温性能。相同温度、应力和荷载作用次数下,SBS 改性沥青的累积应变明显大于胶粉改性沥青,且 SBS 改性沥青增幅越大,说明胶粉改性沥青在高温下具有更好的抗变形能力,这是因为胶粉颗粒在沥青中起到了增强作用,使其模量增加。

由图 3-29a)可以看出,相同温度、应力、荷载作用次数下 SBS 改性沥青的累积应变呈现原样沥青＞盐冻循环＞水冻循环的趋势,说明冻融循环后 SBS 改性沥青高温抗变形能力得到提升,这是因为冻融循环后 SBS 改性沥青发生了水老化,沥青中轻质组分减少而变得脆硬。盐冻循环的累积应变大于水冻循环,说明水冻循环对 SBS 改性沥青的影响大于盐冻循环。由图 3-29b)可以看出,相同温度、应力、荷载作用次数下胶粉改性沥青的累积应变呈现原样沥青＞水冻循环＞盐冻循环的趋势,说明冻融循环后胶粉改性沥青的高温性能得到提升,且盐冻循环对胶粉改性沥青的影响大于水冻循环。

3.4.2　延迟弹性性能

改性沥青具有一定的延迟弹性性能,在重复蠕变恢复试验的变形恢复阶段,随着恢复时间的增加,变形中的弹性部分逐渐得到恢复。沥青的延迟弹性性能在沥青蠕变的研究中非常重要,利用沥青重复蠕变恢复试验可以有效地将延迟弹性变形从永久变形中分离出来。

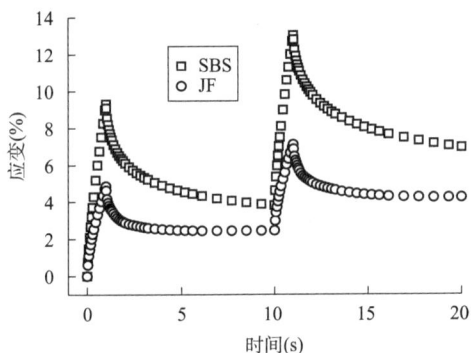

图 3-30　两种改性沥青蠕变恢复比较

以温度为 50℃,应力为 300Pa 时原样 SBS 改性沥青和胶粉改性沥青为例,比较两种沥青的蠕变恢复情况,如图 3-30 所示。

由图 3-30 可以看出,两种改性沥青在蠕变试验 1s 阶段和变形恢复阶段的应变规律类似,仅应变大小存在差异。在试验变形恢复阶段,变形恢复呈下凹的指数型曲线,变形中的弹性部分随着时间的增长不断恢复。这说明两种改性沥青在蠕变加载过程中的变形为黏弹性流体变形,并且从恢复曲线发展趋势来看,随着恢复时间的增加,变形将继续恢复。

为了对比两种改性沥青的变形恢复能力,规定恢复阶段的初始应变即卸载瞬时应变为 ε_L,恢复阶段末未能恢复的残余应变即永久应变为 ε_P,则 $\varepsilon_P/\varepsilon_L$ 为永久变形占总变形的比例,也就是变形中黏性部分所占的比例。$\varepsilon_P/\varepsilon_L$ 值越小,则沥青变形恢复能力越强。

图 3-30 中两种改性沥青第一次蠕变试验变形恢复 9s 后的永久变形比例分别为 41% 和 50%,如果恢复时间增加,变形会继续恢复,即恢复 9s 后的 41% 和 50% 永久变形中依旧存留尚未得到恢复的延迟弹性变形。由此可见,改性沥青在蠕变变形中以延迟弹性变形为主,黏性变形并非主导,所以在评价改性沥青高温性能时,黏度并不是最重要的指标,需对改性沥青的延迟弹性性能进行重点研究。以 60℃ SBS 改性沥青重复蠕变恢复试验和 50℃胶粉改性沥青重复蠕变恢复试验为例,两种改性沥青 $\varepsilon_P/\varepsilon_L$ 与荷载作用次数关系曲线如图 3-31 所示。

由图 3-31 可以看出,在不同应力作用下冻融循环前后两种沥青的 $\varepsilon_P/\varepsilon_L$ 在加载初期均随着加载次数的增加而增加,说明沥青的永久变形随着加载次数不断积累。在相同条件下,前 50 次 $\varepsilon_P/\varepsilon_L$ 值增幅明显高于后 50 次,说明加载初期两种沥青的延迟弹性性能不稳定。SBS 改性沥青在加载 30 次之后 $\varepsilon_P/\varepsilon_L$ 值基本趋于平缓状态,胶粉改性沥青在加载 20 次之后 $\varepsilon_P/\varepsilon_L$ 值基本趋于平缓状态,说明加载到 50 次时材料变形发展稳定,所以采用此时的试验结果可以更可靠、准确地评价改性沥青的高温性能。

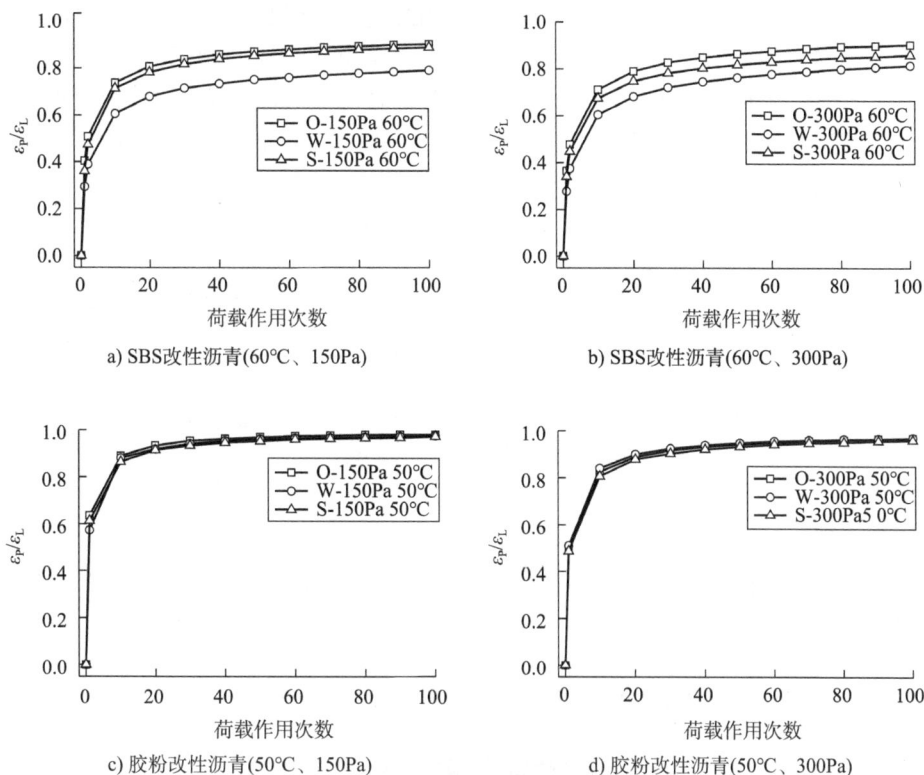

a) SBS改性沥青(60℃、150Pa)

b) SBS改性沥青(60℃、300Pa)

c) 胶粉改性沥青(50℃、150Pa)

d) 胶粉改性沥青(50℃、300Pa)

图 3-31　两种改性沥青 $\varepsilon_p/\varepsilon_L$ 与荷载作用次数关系

O-原样沥青;W-水冻循环;S-盐冻循环

　　由图 3-31a)、b)可以看出,冻融循环前后 SBS 改性沥青 $\varepsilon_p/\varepsilon_L$ 值:原样沥青 > 盐冻循环 > 水冻循环,说明 SBS 改性沥青冻融循环后变形恢复能力得到提升,且水冻循环后的 SBS 改性沥青变形恢复能力最好。这是因为 SBS 改性沥青在水冻循环过程中发生水老化,致使轻质组分减少而变硬。由图 3-31c)、d)可以看出,冻融循环前后胶粉改性沥青 $\varepsilon_p/\varepsilon_L$ 值基本接近,说明冻融循环对胶粉改性沥青的变形恢复能力影响较小。

3.4.3　蠕变劲度的黏性部分 G_v 分析

　　针对 SBS 改性沥青和胶粉改性沥青重复蠕变恢复试验的结果,通过 Origin 利用 Burgers 模型本构方程[式(3-9)]对第 50 次以及第 51 次的试验结果进行拟合得到蠕变劲度的黏性成分 G_v,对其取平均值,结果如图 3-32 所示。

　　由图 3-32 可知:①在应力相同时,冻融循环前后的 SBS 改性沥青和胶粉改性沥青的 G_v 值随温度的升高而减小,说明改性沥青的抗变形能力随温度的升高而降低,这与实际道路沥青路面的高温性能变化规律是一致的。②在温度相同时,冻融循环前后的 SBS 改性沥青和胶粉改性沥青的 G_v 值随应力变化趋势基本相同,说明加载应力对 G_v 值几乎没有影响。③综合①和②,说明影响 G_v 值的主要因素为温度,且 G_v 对温度表现出良好的敏感性,因此

G_v 可以作为评价高温性能的指标。④相同条件下,胶粉改性沥青 G_v 值明显大于 SBS 改性沥青,说明胶粉改性沥青具有更好的高温抗变形能力。⑤冻融循环后,SBS 改性沥青 G_v 值小于原样 SBS 改性沥青,胶粉改性沥青 G_v 值大于原样胶粉改性沥青,且水冻循环与盐冻循环 G_v 值差别不大,说明冻融循环后 SBS 改性沥青高温抗变形能力变弱,胶粉改性沥青高温抗变形能力变强。这是因为冻融循环过程中破坏了 SBS 改性沥青的网状结构。而胶粉以颗粒状态均匀分散于沥青中,冻融循环过程中产生高度的集中应力,产生大量的剪切带和银纹,释放大量的能量,具有一定的韧性,因此高温抗变形能力变好。

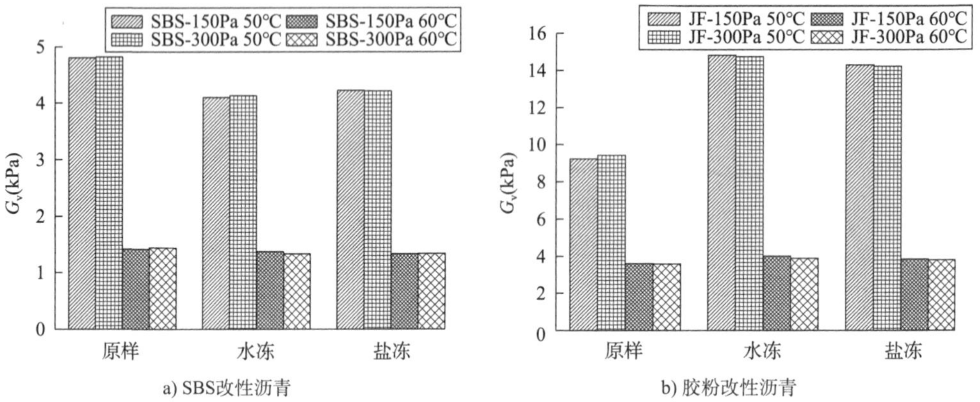

图 3-32 两种改性沥青在不同条件下的 G_v 值

本章参考文献

[1] BAHIA H U,HANSON D L,ZENG M, et al. Characterization of modified asphalt binders in superpave mix design[R]. Washington D. C. :NCHRP Report 459, National Academy Press, 2001.

[2] SHENOY A. Refinement of the superpave specification parameter for performance grading of asphalt[J]. Journal of Transportation Engineering,2001,127(5):357-362.

[3] 张肖宁,孟勇军,邹桂莲.基于重复蠕变的改性沥青高温指标[J].华南理工大学学报(自然科学版), 2008, 36(2): 23-28.

[4] 沈金安.沥青材料流变学(五)[J].石油沥青,1990(1):1-13.

[5] 陈华鑫.SBS 改性沥青路用性能与机理研究[D].西安:长安大学,2006.

[6] 陈华鑫,李宁利,张争奇,等.沥青材料的感温性分析[J].长安大学学报(自然科学版), 2006,26(1):8-11.

[7] 陈华鑫,陈拴发,王秉纲.SBS 改性沥青低温粘度的动态剪切流变测试方法[J].同济大学学报(自然科学版),2009,37(4):505-509.

[8] WITCZAK M W,BARI J. Development of a master curve(E^*) database for lime modified asphaltic mixtures[R]. Tempe:Arizona State University Research Project,2004:98-102.

[9] MCLEOD N W. A 4-year survey of low temperature transverse pavement cracking on three ontario test roads [J]. AAPT,1972,41(1):424-493.

[10] 沈金安.沥青及沥青混合料路用性能[M].北京:人民交通出版社,2001.

[11] 中华人民共和国交通运输部. 公路工程沥青及沥青混合料试验规程:JTG E20—2011 [S].北京:人民交通出版社,2011.

[12] 冯中良,王瑞强,曹荣吉.重复蠕变试验评价沥青高温性能的研究[J].中外公路,2007, 27(1):181-183.

[13] 崔亚楠,于庆年,韩吉伟,等.盐冻循环条件下改性沥青的微观结构及重复蠕变特性 [J].复合材料学报,2017,34(5):1137-1145.

[14] 季节,孙立军,徐世法.沥青两次老化规律的对比分析[J].同济大学学报(自然科学版), 2009,37(5):623-626.

[15] 王岚,陈刚,邢永明,等.老化对胶粉和 SBS 改性沥青流变性能的影响[J].建筑材料学报,2015,18(3):499-504.

[16] JAMSHIDI A, HAMZAH M O, ZAHED M A. Rheological evaluation and modeling of Saso-bit®-modified asphalt binder at high temperatures[J]. Construction and Building Materials, 2013,31(15):1574-1584.

[17] FENG Z G,YU J Y,XUE L H, et al. Rheological and aging properties of ultraviolet absorber/styrene-butadiene-styrene-modified bitumens[J]. Journal of Applied Polymer Science, 2013,128(4):2571-2577.

[18] SUN C J,TANG N,PAN P, et,al. Rheological properties of conductive asphalt binders containing graphite and carbon fiber before and after ageing[J]. Journal of Wuhan University of Technology-Materials Science Edition, 2013,28(3):557-559.

[19] 王岚,王子豪,李超.多聚磷酸改性沥青老化前后高温流变性能[J].复合材料学报, 2017,34(7):1610-1616.

[20] HUANG SHIN-CHE, GRIMES W. Influence of aging temperature on rheological and chemical properties of asphalt binders[J]. Transportation Research Record,2018, 2179(1):39-48.

第4章
胶粉改性沥青混合料黏弹性力学行为

沥青混合料的路用性能十分复杂,但其力学行为最主要的表现为黏弹性。作为一种黏弹性材料,沥青混合料具有十分明显的蠕变和松弛特性。蠕变和松弛是在恒载作用下应变与应力随时间变化的现象,是研究材料黏弹性行为的最基本方法。随着以美国 SHRP 计划为代表的沥青路面技术研究不断深入发展,沥青混合料黏弹性力学行为的研究已经成为这一领域的主流。

对于道路建筑材料而言,蠕变性能是评价沥青混合料抗变形能力的重要指标之一,国内外开展了大量的关于沥青混合料蠕变性能的试验研究,并取得了一定的成果。马里兰大学的 Uzan 等[1] 在 1992 年采用蠕变试验进行传统沥青混合料和改性沥青混合料抗变形性能试验研究,通过试验结果对比得出传统沥青混合料和改性沥青混合料在抗变形性能方面的差异。Kaloush 等[2] 在 2001 年的研究中选择了单轴蠕变、三轴蠕变以及重复加载蠕变三种试验方法和 16 个试验参数,并结合美国联邦公路局的西部环道试验路以及明尼苏达试验路的试验数据进行了沥青混合料变形特性研究。

我国在沥青混合料变形特性研究方面起步较晚,2003 年魏密、周进川[3] 进行了沥青混合料的单轴静载蠕变试验,试验采用先进的 MTS 压力试验机,对沥青混合料试件进行单轴静载蠕变试验,得出了沥青混合料蠕变变形随时间变化曲线关系图。2004 年周晓青等[4] 利用 MTS 液压伺服系统对沥青混合料进行五级单轴压缩蠕变试验,用来模拟沥青混合料在重载作用下的稳定效应。2005 年伍国富等[5] 通过单轴蠕变试验得出劲度模量并通过车辙试验得出混合料的动稳定度,经过对蠕变试验劲度模量和车辙试验动稳定度的研究分析,得出二者之间的关系,并发现车辙试验中的动稳定度指标不能很好地反映沥青混合料的抗变形能力,而采用蠕变试验中的蠕变劲度模量来评价混合料的抗变形能力比动稳定度指标更加优越。2006 年,王随原、周进川[6] 研究了 SBS 改性沥青混合料蠕变性能,试验以基质沥青混合料和 SBS 改性沥青混合料为研究对象,分别在不同温度、不同荷载应力下进行单轴蠕变试验,分析了温度和荷载应力对混合料蠕变性能的影响,最后应用 Burgers 模型进行模拟。该试验结论指出,Burgers 模型可较好地模拟蠕变试验的蠕变柔量曲线,并使用黏弹性理论分析了 SBS 改性沥青混合料具有较好热稳定性的原因。2008 年,樊统江、何兆益[7] 采用静态和动态加载进行沥青混合料的蠕变试验,分别采用不同的改性沥青、级配、油石比、温度和荷载应力进行试验,通过试验数据得出蠕变劲度模量的静、动态响应随试验条件的变化规律。2009 年,祁峰[8] 从蠕变现象入手,详细介绍了蠕变的概念及变形阶段,并采用单轴静载蠕变试验来获得蠕变曲线及沥青混合料的劲度模量进而探讨沥青混合料的黏弹特性,详细介绍了单轴静载蠕变试验的过程,并且讨论了影响试验结果的各种因素。

蠕变试验一般可分为三个阶段,依次为蠕变迁移、蠕变稳定和蠕变加速破坏阶段,如图 4-1 所示。蠕变试验的关键因素有两个:一是温度控制精度。因为沥青混合料蠕变性能与温度有很大关系,根据时间-温度等效原理,温度变化对蠕变的影响较大,对试验起到至关重要的作用,所以必须控制温度精度。二是在蠕变试验中必须要保证应力 σ_0 的恒定,即要长时间保持初始应力 σ_0。

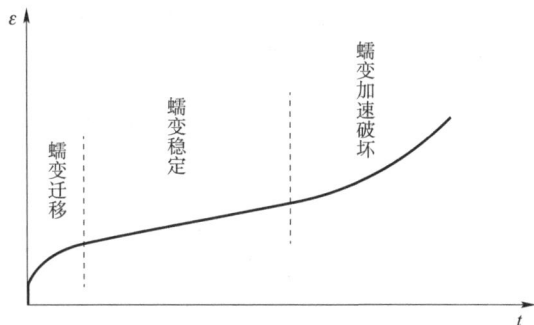

图 4-1　典型的蠕变试验曲线

4.1 小梁弯曲蠕变试验研究

沥青混合料的弯曲蠕变试验可以用来评价沥青混合料的变形性能,特别是评价其低温抗裂性能。采用 MTS 651 材料试验机,如图 4-2 所示,分别对级配相同的密级配胶粉改性沥青混合料和 SBS 改性沥青混合料试件进行弯曲蠕变对比试验。胶粉改性沥青中胶粉粒径为 30 目,含量为 18% 。试验温度选择 −15℃、0℃、15℃、30℃、45℃五种,试件由轮碾成型后切制成 250mm × 30mm × 35mm 的小梁(误差 ±2mm),跨径 200mm。两种混合料每种温度下 6 根试件,故 5 种温度下两种混合料各 30 根试件。在不同温度下,各取 2 根试件按照《公路工程沥青及沥青混合料试验规程》(JTG E20—2011)的方法进行弯曲试验,加载速率为 50mm/min。测定试件的破坏荷载 P,求取平均值。按照《公路工程沥青及沥青混合料试验规程》(JTG E20—2011)要求,采用弯曲试验破坏荷载的 10% 作为弯曲蠕变试验荷载。

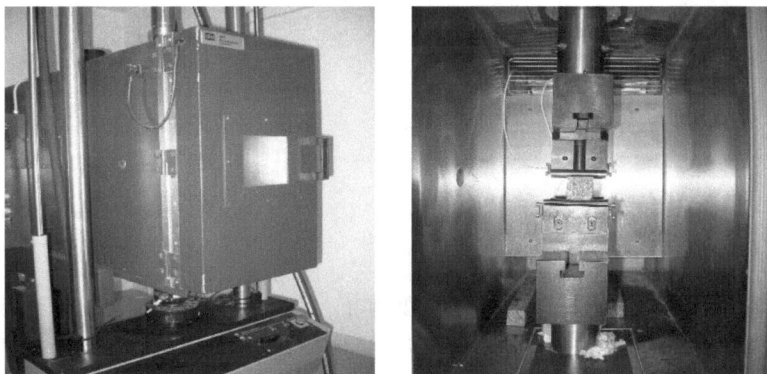

图 4-2　MTS 651 材料试验机

4.1.1　小梁弯曲破坏试验

两种改性沥青混合料的试验结果如表 4-1 所示。

胶粉改性沥青混合料与 SBS 改性沥青混合料弯曲破坏试验数据对比   表 4-1

试验温度 (℃)	破坏荷载（N）		弯拉破坏强度（MPa）		弯拉破坏应变（με）		弯曲劲度模量（MPa）	
	胶粉改性沥青混合料	SBS 改性沥青混合料	胶粉改性沥青混合料	SBS 改性沥青混合料	胶粉改性沥青混合料	SBS 改性沥青混合料	胶粉改性沥青混合料	SBS 改性沥青混合料
-15	1178	1361	9.6	11.1	1154	1069	8410	10494
0	1369	1461	11.1	11.9	2131	2033	5213	5913
15	683	650	5.6	5.3	10301	9633	545	562
30	186	120	1.5	1.0	26338	26428	61	38
45	55	31	0.4	0.3	32525	37285	14	7

（1）弯拉破坏强度、弯拉应力

图 4-3 和图 4-4 分别为对应于不同温度时,两种改性沥青混合料小梁弯曲试验的弯拉破坏强度对比曲线和蠕变弯拉应力对比曲线。可以发现,在 0℃ 前,两种沥青混合料的弯拉破坏强度随着温度的升高而升高,之后随温度的升高,弯拉破坏强度逐渐降低,在 0~30℃ 时降低速度较快,在 30℃ 后降低速度减慢。这是因为温度过低时构件脆性增加使得构件的承载力受到限制,而温度较高时材料的黏性更加明显,出现高温软化现象,承载力将会降低。与胶粉改性沥青混合料相比,在低温时 SBS 改性沥青混合料可以承受更大的荷载,而在高温时胶粉改性沥青混合料的抗弯拉承载能力高于 SBS 改性沥青混合料。

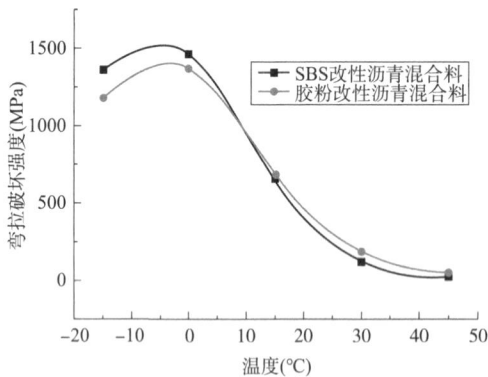

图 4-3   弯拉破坏强度对比曲线

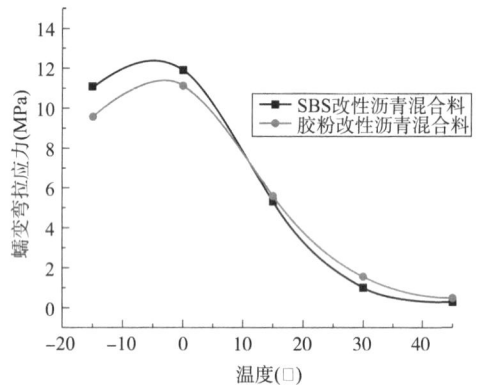

图 4-4   蠕变弯拉应力对比曲线

（2）弯拉破坏应变

图 4-5 为对应于不同温度时,两种改性沥青混合料的弯拉破坏应变对比曲线。可以发现,在低温时弯拉破坏应变增长速率较小,高温时增长速率增大。这是因为在低温时构件具有更大的弯曲劲度模量,随着温度的升高弯曲劲度模量降低速度加快,致使弯拉破坏应变增加速率增大,在高温时弯曲劲度模量很小。同时,在低温时与 SBS 改性沥青混合料相比,胶粉改性沥青混合料产生的弯拉破坏应变更大,说明其具有更好的低温变形能力,可以更好地抵抗低温开裂。而在高温时,胶粉改性沥青混合料在承受更大荷载时产生较小的应变,说明其具有更好的高温抗变形能力和抗车辙能力。

（3）破坏挠度

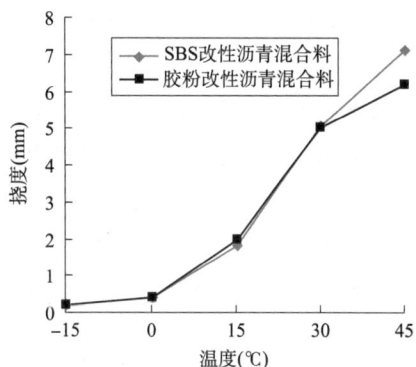

图 4-6 为两种混合料破坏时平均挠度对比曲线。表 4-2 为不同温度下，胶粉改性沥青混合料及 SBS 改性沥青混合料弯曲蠕变变形试验数据对比。由图 4-6 和表 4-2 可以看出，在低温、中温（ -15℃、0℃、15℃ ）时胶粉改性沥青混合料的破坏挠度大于 SBS 改性沥青混合料之值，而高温（30℃、45℃）时胶粉改性沥青混合料的破坏挠度小于 SBS 改性沥青混合料之值，说明胶粉改性沥青混合料具有比 SBS 改性沥青混合料更好的高、低温性能，可以适用于低温地区。

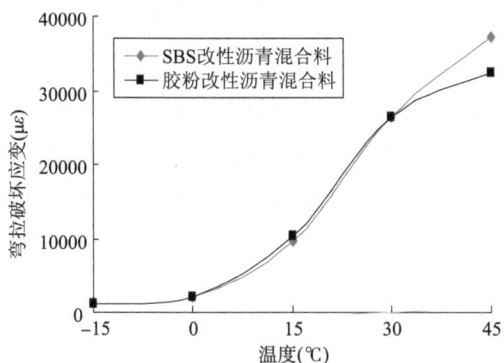

图 4-5 弯拉破坏应变对比曲线 　　　　图 4-6 两种混合料破坏时平均挠度对比曲线

SBS 改性沥青混合料与胶粉改性沥青混合料弯曲蠕变变形试验数据对比　　表 4-2

试验温度(℃)	SBS 改性沥青混合料编号	SBS 改性沥青混合料破坏挠度 d(mm)	胶粉改性沥青混合料编号	胶粉改性沥青混合料破坏挠度 d(mm)
-15	1-1	0.170	1-1	0.197
	1-2	0.206	1-2	0.246
	1-3	0.235	1-3	0.216
	平均值	0.204	平均值	0.220
0	2-1	0.403	2-1	0.362
	2-2	0.324	2-2	0.448
	2-3	0.436	2-3	0.407
	平均值	0.388	平均值	0.406
15	3-1	1.945	3-1	1.751
	3-2	1.372	3-2	2.055
	3-3	2.178	3-3	2.092
	平均值	1.832	平均值	1.966
30	4-1	5.894	4-1	4.466
	4-2	4.197	4-2	6.931
	4-3	5.025	4-3	3.686
	平均值	5.039	平均值	5.028

续上表

试验温度(℃)	SBS 改性沥青混合料编号	SBS 改性沥青混合料破坏挠度 d(mm)	胶粉改性沥青混合料编号	胶粉改性沥青混合料破坏挠度 d(mm)
45	5-1	5.934	5-1	6.574
	5-2	7.366	5-2	6.142
	5-3	7.985	5-3	5.853
	平均值	7.095	平均值	6.190

(4)弯曲劲度模量

图 4-7 为对应于不同温度时,两种沥青混合料的弯曲劲度模量对比曲线。可以发现,在 0～15℃ 范围内两种沥青混合料的弯曲劲度模量降低很快,当温度超过15℃之后弯曲劲度模量值很小,说明沥青混合料随温度升高出现软化现象。同时可以看到,胶粉改性沥青混合料在低温时具有比 SBS 改性沥青混合料更小的弯曲劲度模量,说明其具有更好的低温变形性能。而在高温时,胶粉改性沥青混合料的弯曲劲度模量略大于 SBS 改性沥青混合料,故其具有更好的高温抗变形能力。

(5)应变-时间速率

图 4-8 为对应于不同温度时,两种沥青混合料的应变-时间速率对比曲线。可以发现,胶粉改性沥青混合料的应变-时间速率要大于 SBS 改性沥青混合料,也就是说,胶粉改性沥青混合料具有更好的抗开裂能力。

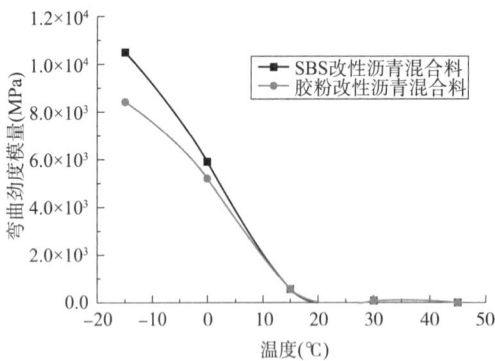

图 4-7 不同温度时两种沥青混合料的
弯曲劲度模量对比曲线

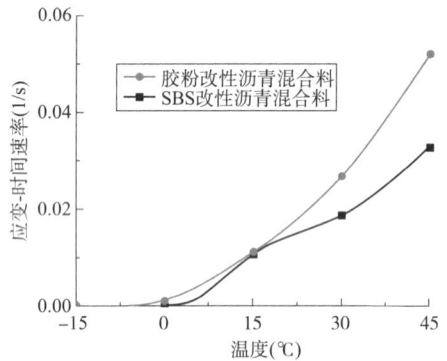

图 4-8 不同温度时两种沥青混合料
应变-时间速率对比曲线

4.1.2 小梁弯曲蠕变试验结果

(1)试验条件

分别采用 5 种温度下小梁弯曲破坏荷载的 10% 进行小梁弯曲蠕变试验。每个试验温度下,一组平行试验的试件为 3 个,并取其平均值作为试验结果。试验前,需将试件置于环境箱中保温 4h 以上,以使试件内部的温度均匀。试验时,先对试件进行预加载,预压应力为加载应力的 1%,时间定为 3min;然后进行加载和卸载,试件所产生的变形由应变传感器测试,每隔 20s 采集一次数据。

（2）蠕变曲线

图 4-9 和图 4-10 分别为胶粉改性沥青混合料和 SBS 改性沥青混合料在不同温度下的弯曲蠕变变形曲线。由图可见,两种沥青混合料的蠕变变形规律相同,即在加载初期,试件首先会产生瞬时弹性变形,然后随时间的增加,变形不断增大,最后变形增量逐渐趋于稳定;在同一温度下,随着时间的增加,蠕变变形逐渐增加,且温度越高,蠕变变形增长的速率越快;随着温度的升高,沥青混合料的蠕变变形量也增大。

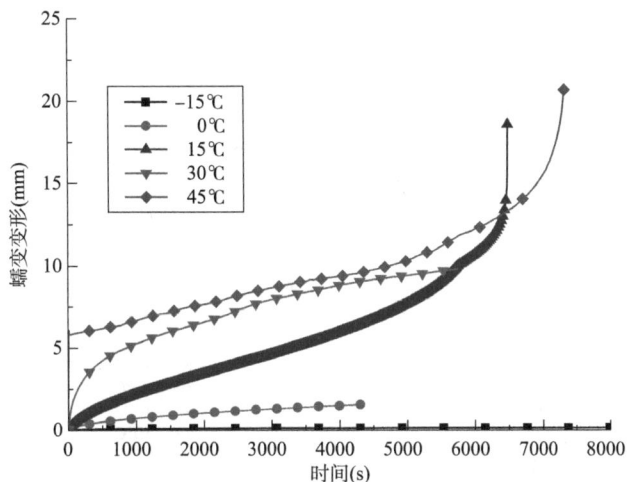

图 4-9 胶粉改性沥青混合料弯曲蠕变变形曲线

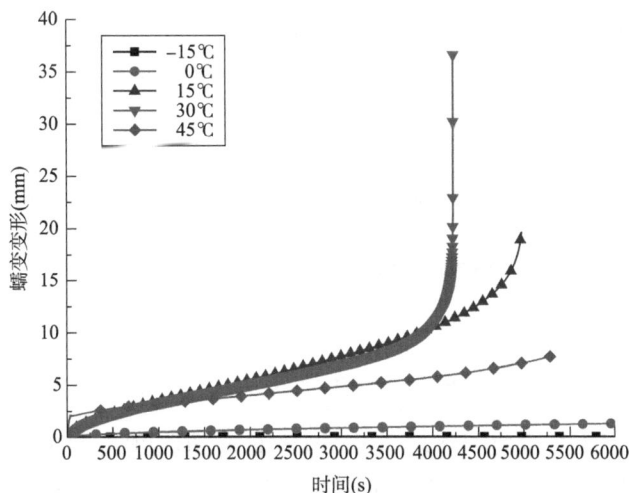

图 4-10 SBS 改性沥青混合料弯曲蠕变变形曲线

（3）蠕变劲度模量

图 4-11 和图 4-12 分别为胶粉改性沥青混合料和 SBS 改性沥青混合料在不同温度下蠕变劲度模量随时间的变化规律。由图可以看到,两种沥青混合料的蠕变劲度模量变化趋势相同,即在加载初期蠕变劲度模量迅速降低,随后变化速率变缓。同时,温度越低,加载初期

的蠕变劲度模量越大,随时间延长蠕变劲度模量仍保持一定数值,这些正是低温时黏弹性材料的特点。

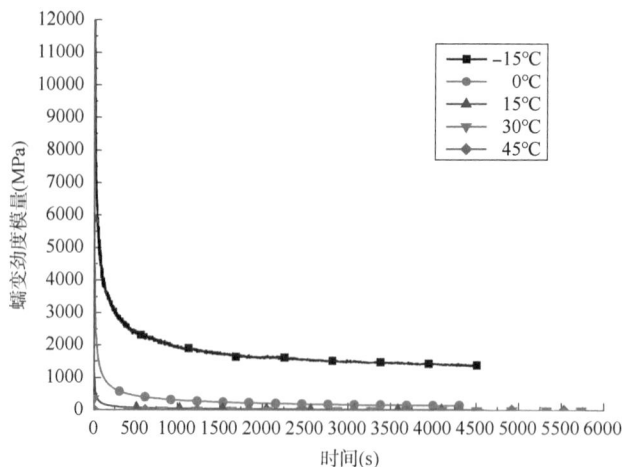

图 4-11　胶粉改性沥青混合料蠕变劲度模量随时间变化规律

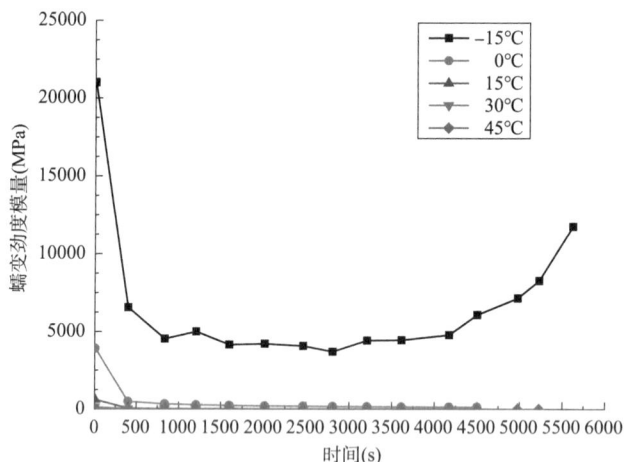

图 4-12　SBS 改性沥青混合料蠕变劲度模量随时间变化规律

（4）蠕变速率

蠕变速率 $\varepsilon_s = \dfrac{\varepsilon_2 - \varepsilon_1}{(t_2 - t_1)/\sigma_0}$ 是单位应力条件下,小梁试件在单位时间内应变的变化值。在同等的低温试验条件下,沥青混合料的蠕变速率越大,说明其变形能力越强,韧性越好,也就是抗低温开裂能力越好。在弯曲蠕变曲线直线阶段进行拟合得出各温度下不同沥青混合料弯曲蠕变速率。

表 4-3 和图 4-13 分别为两种沥青混合料弯曲蠕变速率对比表和对比图。由表 4-3 和图 4-13 可知,在各温度下胶粉改性沥青混合料的弯曲蠕变速率大于 SBS 改性沥青混合料,说明与 SBS 改性沥青混合料相比,胶粉改性沥青混合料在同等条件下具有较好的应力松弛能力,具有更好的低温抗裂性能,更加适用于寒冷地区。

两种沥青混合料弯曲蠕变速率 表4-3

试验温度(℃)	SBS 改性沥青混合料弯曲蠕变速率[1/(s·MPa)]	胶粉改性沥青混合料弯曲蠕变速率[1/(s·MPa)]
−15	2.231×10^{-5}	2.413×10^{-5}
0	4.832×10^{-4}	8.886×10^{-4}
15	1.929×10^{-2}	2.101×10^{-2}
30	1.260×10^{-1}	2.772×10^{-1}
45	7.399×10^{-1}	2.145×10^{0}

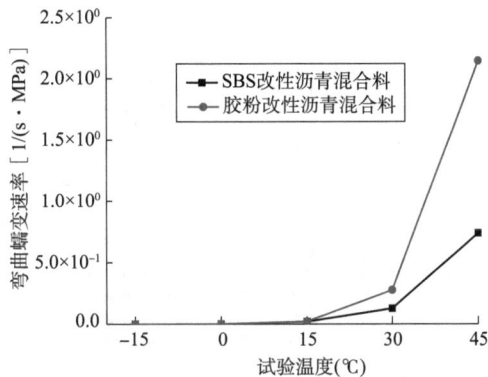

图 4-13 两种沥青混合料弯曲蠕变速率对比图

4.2 单轴压缩蠕变试验研究

试验仪器采用澳大利亚 IPC 公司开发研制的 UTM-25 伺服式材料动态测试系统。试验试件采用胶粉改性沥青混合料 OGFC-13。试验温度为 −15℃、0℃、15℃、30℃和45℃。蠕变试验采用旋转压实仪成型的试件,试件尺寸直径为 100mm,高度为 100mm,每种温度下平行试验 3 个试件,并通过钻芯和端部打磨制备符合试验尺寸要求的试件。试验前,需将试件置于环境箱中保温4h 以上,以使试件内部的温度均匀。对试件进行预压,预压应力为加载应力的 1%,时间为 10min,然后采用逐级加载、卸载的方法测定试件的瞬时变形;试验时,对试件施加一个初始应力 σ_0 后立即开始进行蠕变试验,每隔 10s 采集一次数据,蠕变试验时间为加载 60min,卸载 90min。选取试验应力时考虑沥青混合料流变特性的温度敏感性,在 −15℃、0℃时取 0.5MPa,在 15℃、30℃和45℃时取 0.1MPa。

4.2.1 蠕变变形

图 4-14 为胶粉改性沥青混合料在 −15℃、0℃、15℃、30℃和45℃下的蠕变试验曲线。由图可以看出,在加载阶段的初期,试件首先会产生瞬时弹性变形,随着恒定荷载的持续作用,试件的变形不断增加,最后变形增量逐渐趋于稳定。在卸载阶段开始后,胶粉改性沥青

混合料的弹性变形会立即恢复,而黏弹性变形随时间逐渐恢复,最后剩下不能恢复的黏塑性变形则成为永久变形。可以看到,在不同温度下,胶粉改性沥青混合料的蠕变变形响应规律基本是相同的,但是不同温度时,胶粉改性沥青混合料的蠕变变形总量和变形产生、恢复的快慢程度不同。温度越高,产生的蠕变变形越大,卸载后的永久变形也越大。同时由蠕变试验数据分析可得,在加载时间为 60min 时,45℃下蠕变应变为 0.025,为各温度下的最大值,根据文献[9],当蠕变应变小于 0.1 时,路面具有较好的抗车辙性能,故各温度下沥青混合料的抗车辙性均较好。

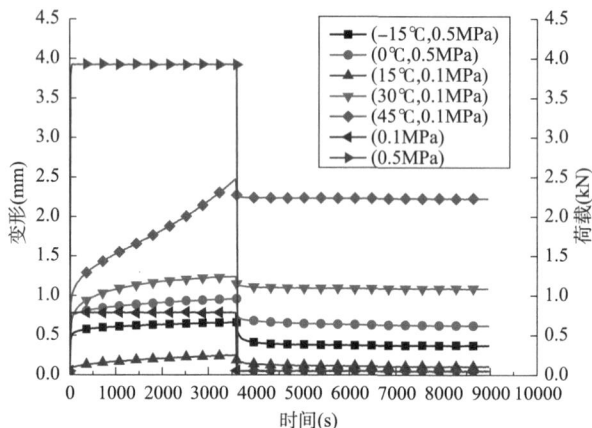

图 4-14　胶粉改性沥青混合料蠕变试验曲线

4.2.2　蠕变劲度模量

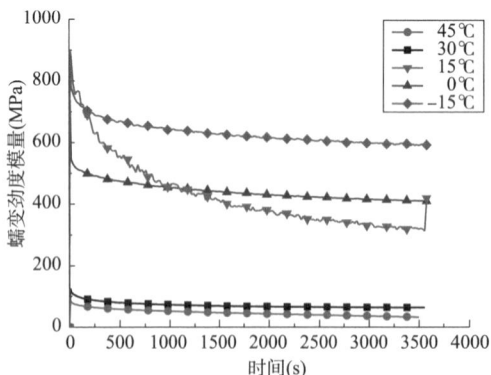

图 4-15　胶粉改性沥青混合料蠕变劲度模量随时间变化曲线

蠕变劲度模量是蠕变试验中取得的重要参数,蠕变劲度模量可以表示为时间的函数 $S(t) = \sigma_0 / \varepsilon(t)$。图 4-15 为胶粉改性沥青混合料在 $-15℃$、$0℃$、$15℃$、$30℃$ 和 $45℃$ 加载阶段蠕变劲度模量随时间变化曲线。可以看到,不同温度下胶粉改性沥青混合料的蠕变劲度模量随时间的变化规律基本相同,即蠕变劲度模量在加载初期迅速降低,随后变化速率变缓并逐步趋于稳定。低温下蠕变劲度模量较高温时的大。

图 4-16 为胶粉改性沥青混合料加载阶段蠕变劲度模量与时间的双对数关系曲线,可以看出,蠕变劲度模量与时间接近线性关系。蠕变劲度模量随时间变化的曲线,其加载部分可用幂函数形式进行拟合,函数的表达式仍为:

$$S(t) = Bt^{-m} \tag{4-1}$$

加载阶段进行幂函数回归,结果见表 4-4。B 和 m 与温度的关系见图 4-17。把 B 和 m 与温度关系式代入式(4-1),得到计入温度的蠕变劲度模量表达式,通过该式,可以分析各种温度下胶粉改性沥青混合料在不同时间下的蠕变劲度模量。

$$S(t,T) = B(T)t^{-m(T)} \tag{4-2}$$

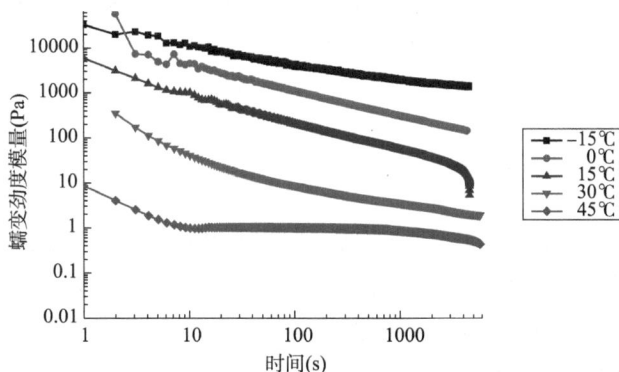

图 4-16 胶粉改性沥青混合料蠕变劲度模量随时间变化曲线(双对数)

幂函数参数拟合结果　　　　　　　　　　　　　　　　　表 4-4

温度(℃)	−15	0	15	30	45
B	957.84	724.72	402.42	166.41	189.53
m	0.0583	0.0691	0.0844	0.1195	0.1997

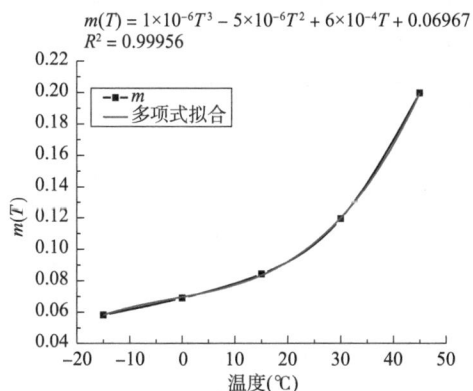

a) m 值的拟合结果　　　　　　　　　　b) B 值的拟合结果

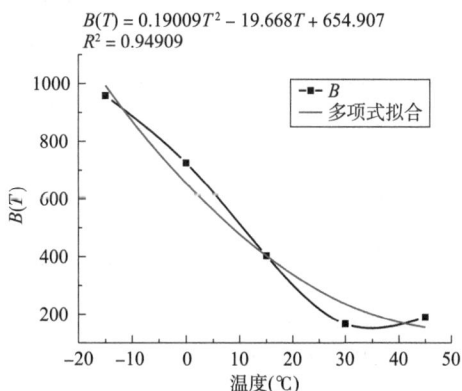

图 4-17　m 和 B 的拟合曲线

4.3　三轴压缩蠕变试验研究

　　单轴静载蠕变试验是一种相对简单的试验方法,这种方法无法体现沥青混合料的侧向压力限制,因此单轴静载蠕变试验所得出的结论与路面工程实际不相符。为了弥补单轴静载蠕变试验缺乏的侧向压力限制条件,进行三轴压缩蠕变试验,在有侧向约束的条件下,室内蠕变试验较能接近真实路面受力情况。三轴压缩蠕变试验所采用的仪器为美国 GCTS STX-100 双向振动三轴测试系统,三轴压缩蠕变试验温度分别采用15℃、30℃、45℃,轴向压力分别为 0.7MPa、1.0MPa 和 1.3MPa,围压限值参照国外试验做法采用 138kPa。路面结构除了表面以外,其余部位均处于三维受力状态,因此,采用三轴压缩蠕变试验方法将更加符合路面结构的实际受力状态[10-12]。

4.3.1 试验材料及性能

三轴压缩蠕变试验采用胶粉改性沥青混合料以及 SBS 改性沥青混合料制备试件。胶粉改性沥青中掺入的胶粉粒径为 30 目,掺量为 18%;SBS 改性沥青混合料中 SBS 改性剂掺量为 4%。混合料中集料采用玄武岩,级配采用 AC-13、AC-16 型密级配。改性沥青的基本物理指标见表 4-5,级配组成见表 4-6。

改性沥青的基本物理指标   表 4-5

沥青种类	针入度 (0.1mm)	软化点 (℃)	延度(5℃) (cm)	闪点 (℃)	弹性恢复 (25℃)(%)	TFOT 后残留物		
						质量损失 (%)	针入度比 (%)	延度(5℃) (cm)
胶粉改性沥青混合料	55	61.0	15	290	70	-0.38	72	14
SBS 改性沥青混合料	77	62.0	34	245	70	0.7	69	48

集料级配组成   表 4-6

级配类型	通过下筛孔(mm)的质量百分率(%)											
	26.5	19	16	13.2	9.5	4.75	2.36	1.18	0.6	0.3	0.15	0.075
AC-13	100	100	100	96.0	76.8	50.7	34.4	25.2	18.3	13.5	10.6	9.2
AC-16	100	99.8	93.5	86.7	75.6	62.9	42.1	32.8	20.9	11.7	9.3	6.6

最佳油石比的确定采用马歇尔法,当材料和级配确定后,依据《公路工程沥青及沥青混合料试验规程》(JTG E20—2011),对沥青混合料进行马歇尔击实成型。其中,胶粉改性沥青混合料的拌和温度为 185℃,成型温度为 170～180℃;SBS 改性沥青混合料的拌和温度为 165℃,成型温度为 150～160℃,控制方式均采用极限平衡状态。最终,改性沥青混合料的配合比参数如表 4-7 所示。

改性沥青混合料配合比参数   表 4-7

改性沥青混合料种类	油石比 (%)	最大理论相对密度	表干法毛体积相对密度	空隙率 (%)	稳定度 (kN)	流值 (0.1mm)
胶粉 AC-13	5.6	2.683	2.647	4.0	14.2	29
胶粉 AC-16	5.0	2.707	2.628	4.1	18.6	23
SBS AC-16	5.3	2.695	2.636	4.0	16.4	27

4.3.2　试件尺寸

三轴压缩蠕变试验采用的圆柱体试件尺寸为直径 $d = (38 \pm 1)$ mm,高度 $h = (60 \pm 2)$ mm,该试件是在马歇尔击实成型的标准试件上钻芯取得的。

为了减小试验误差,保证所取试件的均匀性,每组试验所用的试件均来源于同一批成型的标准马歇尔试件,而且在成型马歇尔试件时采用一次成型一批的方法,一般情况下每批成型的试件数量为6,在标准马歇尔试件中选择表面平整度较好的试件进行取芯。标准马歇尔试件尺寸为直径 $d = (101.6 \pm 0.2)$ mm,高度 $h = (63.5 \pm 1.3)$ mm。

在试件制备过程中,为了消除试件端部不平整对试验精度造成的影响,需要对取芯所得的试件进行打磨处理。一般情况下,由取芯机得到的试件由于在取芯过程中,钻头下沉不平稳,会导致钻头与混合料接触瞬间产生一个角度,使得取芯得到的试件不平整,因此在处理试件时,需要按照尺寸要求进行切割处理,切割时需严格控制其高度和平整度,还需对切割好的试件的两端进行打磨处理,以保证其断面尽量平整,进而减小端部不平整对试验造成的影响。还需注意间歇打磨,不能长时间让试件与砂轮片接触,避免在打磨过程中试件产生高温,破坏沥青混合料的内部结构,进而对试验产生不可逆的影响。为减小摩擦、提高试验精度,在试验前,对磨光后的试件还需涂抹凡士林以减小试件与控制室底座之间的摩阻力。

4.3.3　试验结果

(1)蠕变变形

图4-18~图4-20为三种改性沥青混合料分别在15℃、30℃和45℃下的三轴压缩蠕变试验曲线,从曲线可以得出如下结论:

①在有侧向约束(围压138kPa)的作用下,三轴压缩蠕变试验曲线中沥青混合料的蠕变变形同样随着荷载作用时间的延长而增加,其蠕变劲度模量会随荷载作用时间的延长而降低。从蠕变变形曲线可以看出,沥青混合料的蠕变变形均会经历蠕变迁移和蠕变稳定阶段,当所处试验条件为45℃时,沥青混合料还会出现典型的蠕变破坏阶段。由图还可以发现,沥青混合料的变形随着荷载作用时间的增加而增加,当温度为15℃时,沥青混合料的弹性性能比较显著,变形增长速度较缓慢;而当温度为45℃时,沥青混合料的变形增长较快,这和沥青混合料在不同温度条件下黏性性能密切相关。

②三轴压缩蠕变试验中沥青混合料的变形同样由瞬时弹性变形、延迟弹性变形、黏性流动变形等部分组成,并且随着应力的增加,应变逐渐增大。在加载阶段初期,试件首先会产生瞬时弹性变形,当荷载稳定后,随着时间的持续,试件的变形不断增大,最后变形增量逐渐趋于稳定,直到试件发生破坏。在加载前期,试件发生瞬时弹性变形,试件在较短的时间内被压密,此过程变形量很大,变形速率也很快,曲线斜率接近1;当荷载进入稳定阶段时,试件的变形速率逐渐减小并随时间的增加而趋于稳定,试件应变增量很小(当试件发生破坏除外),这与沥青路面车辙前期增长较快而后期较慢的情况相吻合。

③图 4-18 为 15℃时三种沥青混合料在有侧向约束条件下的三轴压缩蠕变曲线,由图可以看出,当试验温度为 15℃时,沥青混合料主要经历两个阶段,分别为沥青混合料压密阶段和蠕变稳定阶段,三种沥青混合料表现的弹性性能较为显著,黏性性能不明显,并且沥青混合料的蠕变变形随着荷载应力的增大而增大。在 15℃时,三种沥青混合料到加载末期的蠕变应变均小于试件高度的 1.6%,在 700kPa 下,SBS AC-16 在加载到 3600s 时的蠕变应变为 0.6127%,胶粉 AC-16 的蠕变应变为 0.50%,胶粉 AC-13 的蠕变应变为 0.596%,呈现的规律为 SBS AC-16 > 胶粉 AC-13 > 胶粉 AC-16;同时 SBS 改性沥青混合料对荷载应力的变化最为敏感,当荷载应力从胎压 700kPa 增加到 1300kPa 时,SBS 改性沥青混合料的蠕变变形增加了 1 倍多,说明 SBS 改性沥青混合料在温度为 15℃时,超载、重载交通荷载下的抗变形能力较差,而胶粉改性沥青混合料在该温度下的抗变形能力较好,能够承受超载、重载交通荷载。对于胶粉改性沥青混合料不同级配而言,在三种荷载应力下,胶粉 AC-16 在各个时间点的蠕变变形要小于胶粉 AC-13 的蠕变变形,说明在温度为 15℃时,粒径大的沥青混合料具有更优良的抗变形能力,这与混合料内集料之间的咬合作用密切相关。

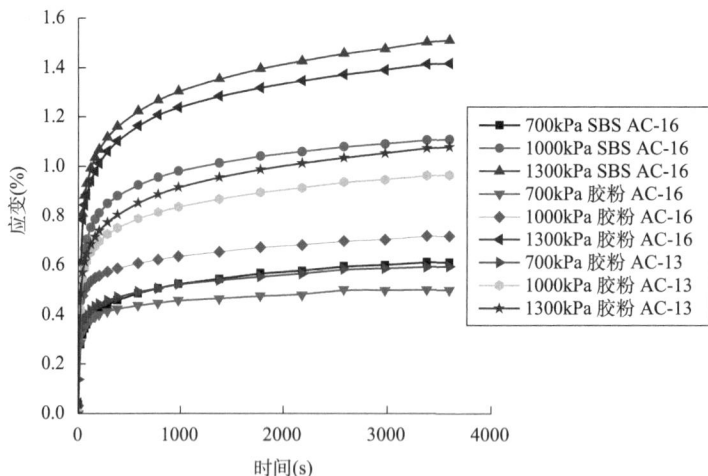

图 4-18 15℃下三轴压缩蠕变曲线

④图 4-19 为 30℃下三种沥青混合料在有侧向约束条件下的三轴压缩蠕变曲线,由图可以看出,当试验温度为 30℃时,三种沥青混合料在各个时间点的蠕变变形要明显大于试验温度为 15℃时的蠕变变形,说明在温度为 30℃时,沥青混合料的黏性性能开始发挥作用。同样,在不同的荷载应力作用下,SBS AC-16 对荷载应力的变化最为敏感,在荷载应力达到 1300kPa 时,其蠕变变形相对另外两种沥青混合料最大,说明 SBS 改性沥青混合料在该温度下的抗变形能力同样最差。对于不同的级配而言,在温度为 30℃时,胶粉 AC-16 在加载时间末对应的蠕变应变小于胶粉 AC-13 在加载时间末的蠕变应变,说明在该温度下,大粒径沥青混凝土具有更好的抗变形能力。

⑤图 4-20 为 45℃下三种沥青混合料在有侧向约束条件下的三轴压缩蠕变曲线,由图可以看出,当试验温度为 45℃时,沥青混合料会表现出明显的黏性性能,三种沥青混合料在

1300kPa 作用下,就会发生典型的蠕变破坏,说明沥青混合料受温度影响较大,在夏季高温环境作用下,路面更易产生车辙、壅包、推移等变形导致的破坏现象。

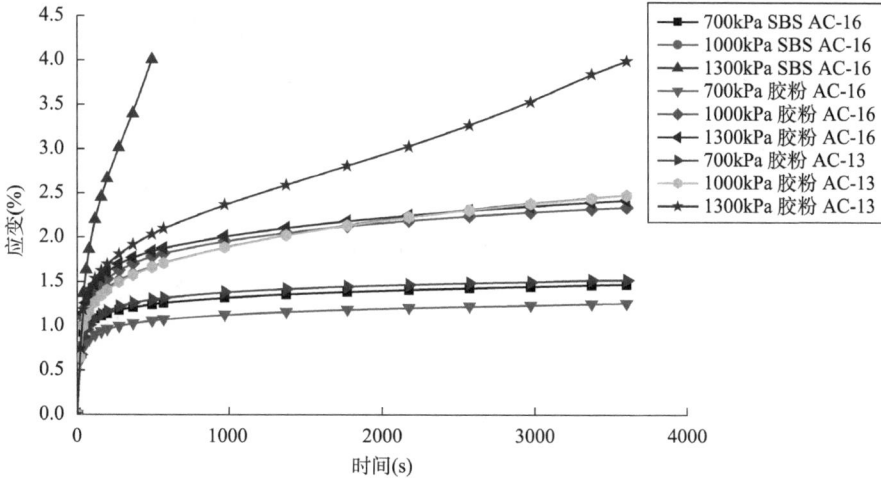

图 4-19　30℃下三轴压缩蠕变曲线

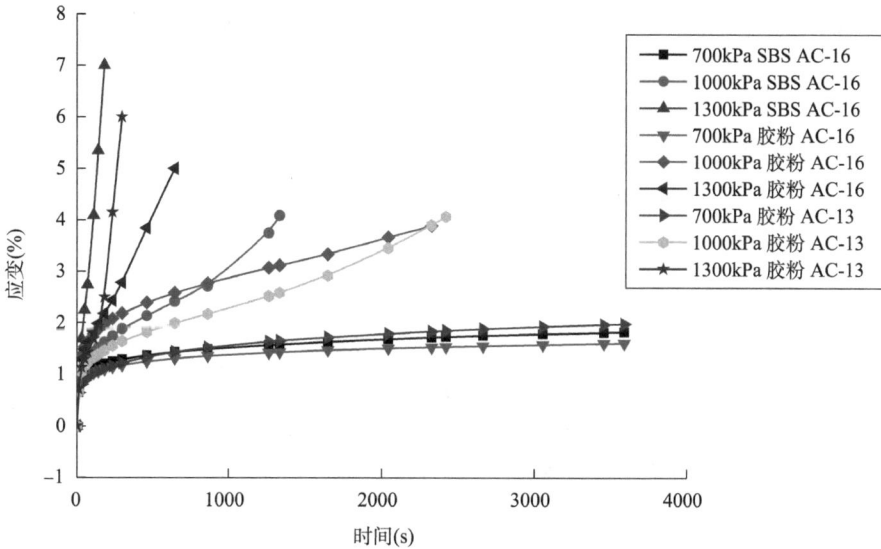

图 4-20　45℃下三轴压缩蠕变曲线

(2)稳定期蠕变斜率

图 4-21 为三种沥青混合料稳定期蠕变斜率随荷载应力变化曲线,结论如下:

①温度一定时,稳定期蠕变斜率会随着荷载应力的增大而增大,15℃下荷载应力由标准应力 700kPa 增加至 1300kPa 时,斜率基本呈线性增长,这是因为温度为 15℃时,沥青混合料弹性性能表现突出,黏性性能表现不明显,随着荷载应力的增加,斜率基本呈线性增长;当温度为 30℃和 45℃时,当荷载应力由 700kPa 增长到 1300kPa 时,沥青混合料在稳定阶段的斜率增长迅速,有时以数倍甚至是数十倍的速度增长。因此,可以发现,高温和重载是造成路

面破坏的重要因素。

②三轴压缩蠕变试验中,在同种级配不同改性剂的条件下,各温度下胶粉改性沥青混合料稳定期的斜率要明显小于 SBS 改性沥青混合料,这种现象尤其发生在荷载应力为 1300kPa时,由此说明,胶粉改性沥青混合料具有更好的抗超载、重载交通的能力。

③由图还可发现,同种改性剂不同级配条件下,胶粉 AC-16 在稳定期的斜率大于胶粉AC-13,这是因为 AC-16 混合料粒径要大于 AC-13,集料之间的咬合作用明显大于粒径小的混合料,所以在蠕变稳定期其斜率增长速率较缓慢。

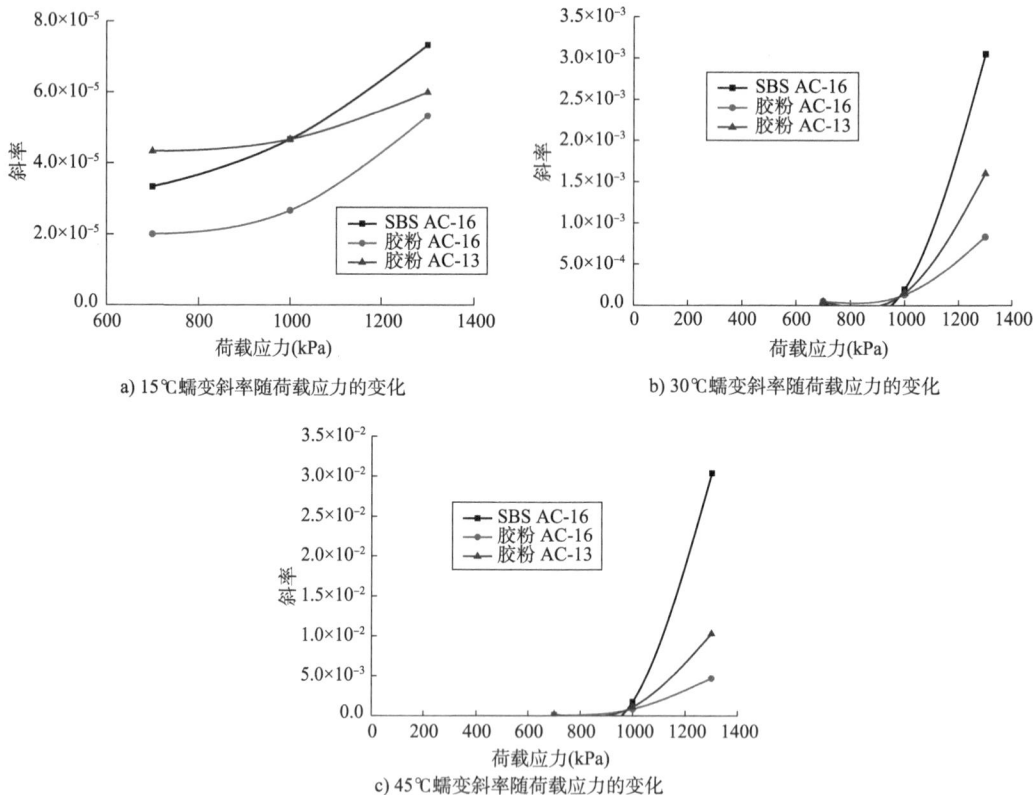

a) 15℃蠕变斜率随荷载应力的变化

b) 30℃蠕变斜率随荷载应力的变化

c) 45℃蠕变斜率随荷载应力的变化

图 4-21　三种温度下蠕变斜率随荷载应力变化的曲线

（3）蠕变劲度模量

①蠕变劲度模量在不同应力下随荷载作用时间的变化关系。

图 4-22 为三种改性沥青混合料在温度为 15℃时,荷载应力分别为 700kPa、1000kPa、1300kPa 下蠕变劲度模量随时间变化曲线,由图可以看到,三种改性沥青混合料在不同的荷载应力作用下,蠕变劲度模量随时间的变化规律基本相同,即蠕变劲度模量在加载初期迅速降低,随后变化速率变缓并逐步趋于稳定。在加载 500s 之前,沥青混合料蠕变劲度模量下降较快,这是因为荷载作用初期为沥青混合料被压密时期,该时期沥青混合料会产生较大的蠕变变形。从图中我们还可以发现,蠕变劲度模量在各个时间段的大小关系为 SBS AC-16 <胶粉 AC-13 <胶粉 AC-16,由此可以看出,在 15℃时,胶粉改性沥青混合料在抗变形能力方面要明显优于 SBS 改性沥青混合料。

a) 700kPa下蠕变劲度模量随时间变化曲线

b) 1000kPa下蠕变劲度模量随时间变化曲线

c) 1300kPa下蠕变劲度模量随时间变化曲线

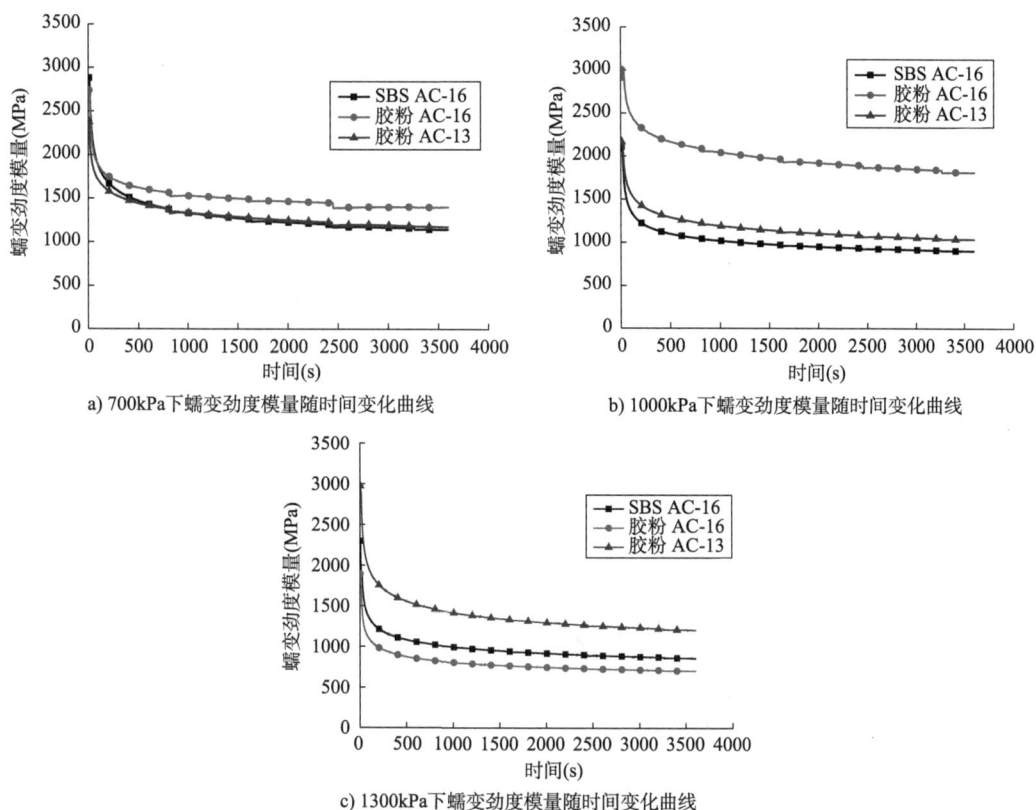

图4-22 三种荷载应力下蠕变劲度模量随时间变化曲线

②蠕变劲度模量在不同温度下随荷载作用时间的变化关系。

以荷载应力为700kPa为例,图4-23为三种沥青混合料在不同温度下蠕变劲度模量随时间变化曲线,由图得出如下结论:

三种改性沥青混合料在不同温度下,蠕变劲度模量随时间的变化规律基本相同,即蠕变劲度模量在加载初期迅速降低,随后变化速率变缓并逐步趋于稳定。在15℃时,三种沥青混合料蠕变劲度模量趋于稳定时的值大约为1200MPa;而当温度增长到45℃时,三种沥青混合料蠕变劲度模量趋于稳定时的值大约为400MPa。由此可见,随着温度的升高,沥青混合料蠕变劲度模量变化加快。从图中还可以发现,荷载应力为700kPa,试验温度为15℃、30℃、45℃下,蠕变劲度模量在各个时间段上的变化规律基本相同,即胶粉AC-16的蠕变劲度模量值最大,由此可以得出结论:在抗变形能力方面,胶粉AC-16要明显优于SBS AC-16和胶粉AC-13。

③蠕变劲度模量随荷载作用时间的对数关系。

以700kPa为例,在不同温度下,三种改性沥青混合料的蠕变劲度模量与时间在双对数坐标中基本上呈直线关系,故蠕变试验加载过程中蠕变劲度模量随时间的变化关系可以用线性形式来表征,所用线性形式如下:

$$S(t) = -At + B \qquad (4-3)$$

式中:A——蠕变劲度模量线性拟合斜率参数;

B——蠕变劲度模量线性拟合截距参数。

a) 15℃蠕变劲度模量随时间变化曲线

b) 30℃蠕变劲度模量随时间变化曲线

c) 45℃蠕变劲度模量随时间变化曲线

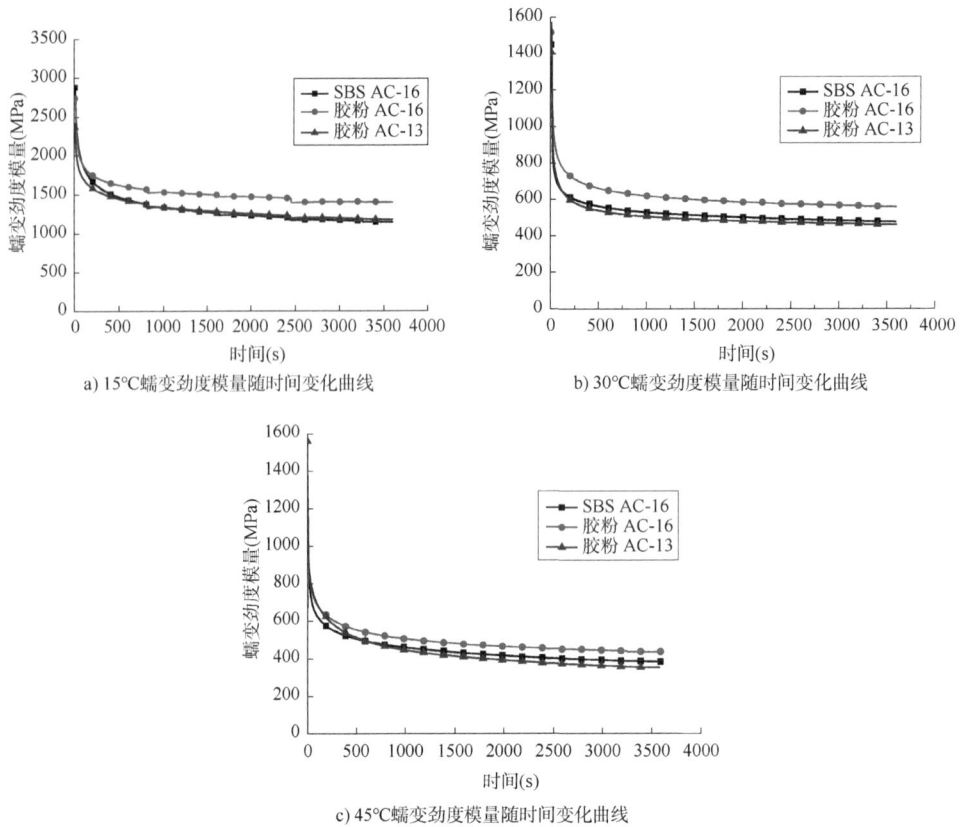

图 4-23　三种温度下蠕变劲度模量随时间变化曲线

图 4-24 为三种改性沥青混合料加载阶段蠕变劲度模量与时间的双对数关系曲线,由图可以看出,蠕变劲度模量与时间的双对数关系接近线性关系。对双对数曲线进行线性拟合得到回归参数 A、B,结果见表 4-8。A 和 B 与温度的关系分别见图 4-25 和图 4-26。把 A 和 B 与温度关系式代入式(4-3),得到计入温度的蠕变劲度模量表达式,通过该式可以分析各温度下改性沥青混合料在不同时间下的蠕变劲度模量。

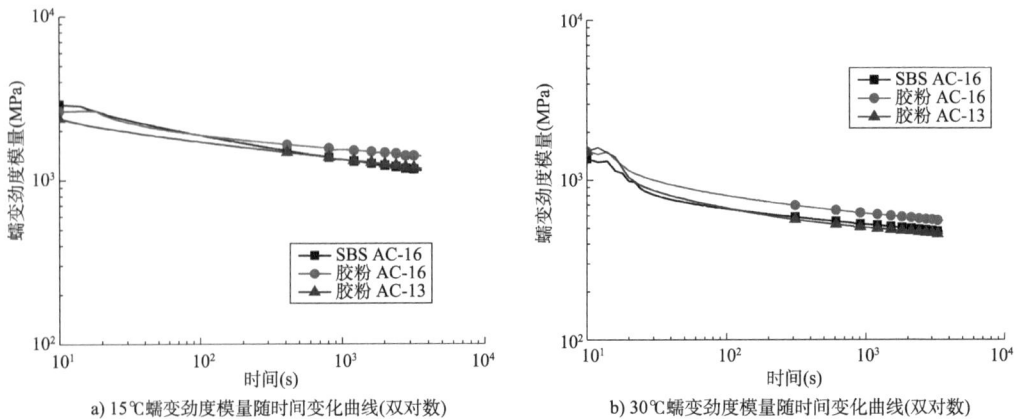

a) 15℃蠕变劲度模量随时间变化曲线(双对数)

b) 30℃蠕变劲度模量随时间变化曲线(双对数)

图　4-24

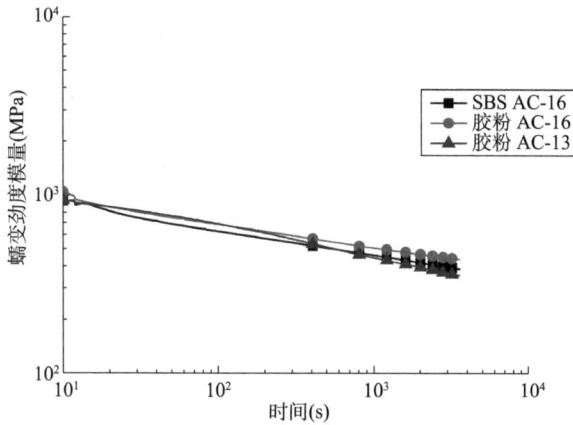

c) 45℃蠕变劲度模量随时间变化曲线(双对数)

图 4-24　三种温度下蠕变劲度模量随时间变化曲线(双对数)

蠕变劲度模量与时间双对数曲线线性拟合回归参数　　　　表 4-8

沥青种类	不同温度下三种改性沥青回归参数					
	15℃		30℃		45℃	
	A	B	A	B	A	B
SBS AC-16	0.1099	3.1071	0.128	3.1204	0.1721	3.549
胶粉 AC-16	0.0881	3.0336	0.0946	3.0887	0.1331	3.45
胶粉 AC-13	0.1064	3.0503	0.1124	3.1048	0.165	3.4464

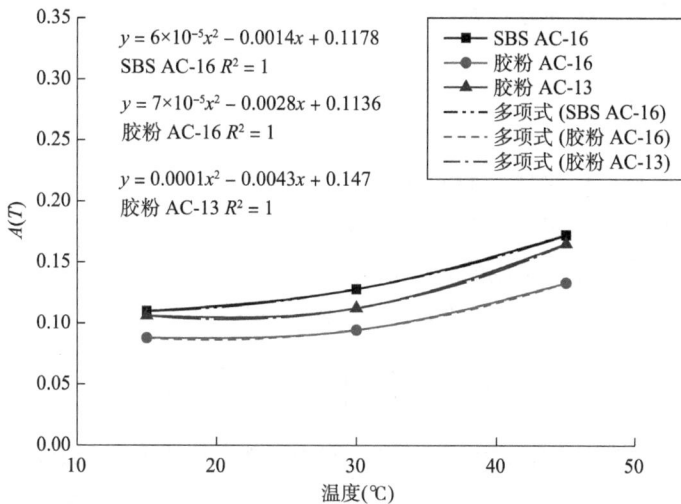

图 4-25　700kPa 下线性参数 A 拟合曲线

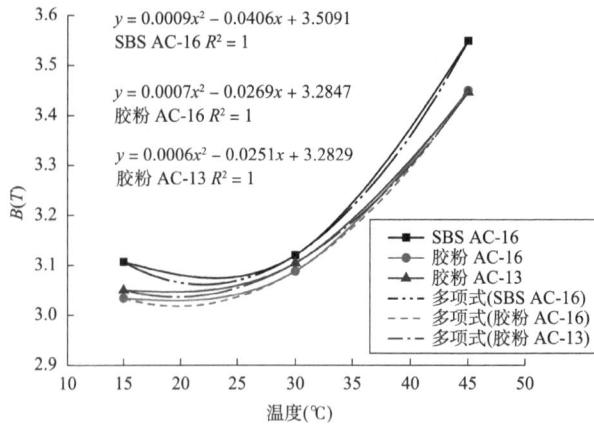

图 4-26 700kPa 下线性参数 B 拟合曲线

4.4 胶粉改性沥青混合料黏弹力学模型

根据第 4.3 节三轴压缩蠕变试验结果,以 Drucker-Prager 屈服条件和 Burgers 模型两种本构关系对胶粉改性沥青混合料 AC-16 和普通 SBS 改性沥青混合料 AC-16 进行有限元模拟,以此说明在不同的本构关系下两种混合料的抗变形能力。

4.4.1 Drucker-Prager 本构模型

(1)Drucker-Prager 强度准则介绍

实际路面在行车荷载作用下会产生永久变形,这种变形是由沥青混合料黏塑性性能造成的,Drucker-Prager 强度准则[13-14]可以很好地反映材料的弹性、塑性、黏弹性及黏塑性的力学性能,假定应变率可以线性分解为:

$$d\varepsilon = d\varepsilon_{el} + d\varepsilon_{pl} + d\varepsilon_{cr} \qquad (4-4)$$

式中:$d\varepsilon$——总应变率;

$d\varepsilon_{el}$——弹性应变率;

$d\varepsilon_{pl}$——非弹性(塑性)的不随时间变化的应变率;

$d\varepsilon_{cr}$——非弹性(蠕变)的随时间变化的应变率。

线性 Drucker-Prager 屈服准则的表达式为:

$$F = t - p\tan\beta - d = 0 \qquad (4-5)$$

$$t = \frac{q}{2}\left[1 + \frac{1}{K} - \left(1 - \frac{1}{K}\right)\left(\frac{r}{q}\right)^3\right] \qquad (4-6)$$

其中:β 为材料的摩擦角;d 为材料的内聚力(硬化软化参数);t 为偏应力值;且 $p = -\frac{1}{3}\text{trace}(\sigma) = -\frac{I_1}{3}$,$q = \sqrt{\frac{3}{2}(S:S)} = \sqrt{3J_2}$,$r = \left(\frac{9}{2}s \cdot s:s\right)^{\frac{1}{3}} = \left(\frac{27}{2}J_3\right)^{\frac{1}{3}}$;$I_1$ 为第一应力

不变量，J_2、J_3 分别为第二、第三偏应力不变量；S 为应力偏量；K 为三轴拉伸中屈服应力与三轴压缩中屈服应力的比值，用于控制屈服面对中间主应力值的相关性。在 ABAQUS 软件中，为确保屈服面为凸形，要求 $0.778 \leqslant K \leqslant 1.0$。

沥青混合料的性能与时间、温度和应力有关，时间硬化蠕变模型为：

$$\dot{\varepsilon} = A\sigma^n t^m \tag{4-7}$$

式中：$\dot{\varepsilon}$——等效蠕变应变率；

$\quad\quad \sigma$——等效蠕变应力，MPa；

$\quad\quad t$——总时间，s；

A、n、m——蠕变参数，可为温度和场变量的函数。

对式（4-7）中 t 进行积分，可得蠕变应变随时间硬化模型，并利用软件进行参数拟合。

（2）利用 Origin 软件进行参数拟合

以 700kPa 作用情况为例，对胶粉改性沥青混合料 AC-16 和 SBS 改性沥青混合料 AC-16 在温度 15℃ 下的蠕变曲线进行非线性拟合，拟合后的曲线如图 4-27、图 4-28 所示，并得到该条件下 Drucker-Prager 强度准则参数，如表 4-9 所示。

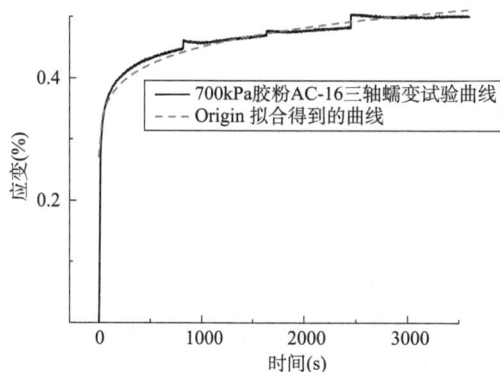

图 4-27 Origin 拟合胶粉 AC-16 蠕变曲线
（Drucker-Prager 模型）

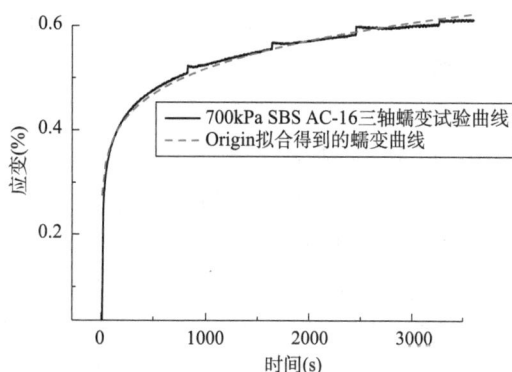

图 4-28 Origin 拟合 SBS AC-16 蠕变曲线
（Drucker-Prager 模型）

Origin 拟合沥青混合料参数（Drucker-Prager 模型）　　　　　表 4-9

试验材料	Origin 拟合所得参数			
	A	m	n	R
SBS AC-16	1.13274×10^{-4}	0.8224	-0.609	0.96822
胶粉 AC-16	8.88274×10^{-5}	0.9014	-0.609	0.97822

4.4.2 Burgers 流变模型

（1）Burgers 流变模型本构方程

Burgers 模型是目前分析沥青及沥青混合料最为普遍的模型之一，它主要由两部分构成：一部分为 Maxwell 模型，另一部分为 Kelvin 模型。

基于上述理论,Burgers 模型的本构方程如下:

$$\gamma = \gamma_e + \gamma_{de} + \gamma_v = \frac{\tau_0}{E_1} + \frac{\tau_0}{E_2}(1 - e^{-tE_2/\eta_2}) + \frac{\tau_0}{\eta_1}t \qquad (4\text{-}8)$$

式中:γ——剪切应变;

γ_e——瞬时弹性应变;

γ_{de}——延迟弹性应变;

γ_v——黏性流动应变;

τ_0——剪应力,Pa;

E_1——Maxwell 模型的弹性模量,Pa;

η_1——Maxwell 模型的黏性系数,Pa·s;

E_2——Kelvin 模型的弹性模量,Pa;

η_2——Kelvin 模型的黏性系数,Pa·s;

t——蠕变时间,即加载时间,s。

为了求解蠕变柔量 J_v,将式(4-8)两边同除以 τ_0 得:

$$\frac{\gamma}{\tau_0} = \frac{1}{E_1} + \frac{1}{E_2}(1 - e^{-tE_2/\eta_2}) + \frac{t}{\eta_1} \qquad (4\text{-}9)$$

即:

$$J(t) = J_1 + J_2\left[1 - e^{-t/(J_2\eta_2)}\right] + J_v \qquad (4\text{-}10)$$

式中:J_1、J_2——弹性柔量;

J_v——蠕变柔量的黏性成分。

(2)利用 Origin 软件进行参数拟合

对上述两种沥青混合料在同样条件下进行 Burgers 模型非线性拟合,首先将蠕变应变曲线转化为蠕变柔量随时间的变化曲线,进而对该曲线进行非线性拟合,拟合结果见图4-29、图4-30,并得到该条件下 Burgers 模型参数,如表4-10 所示。

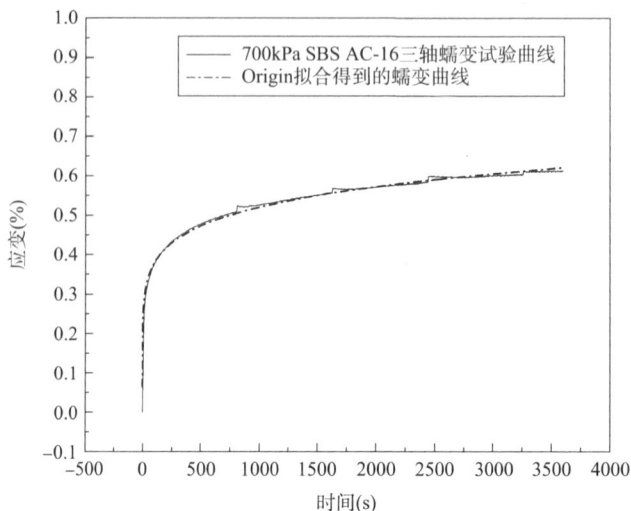

图 4-29 Origin 拟合 SBS AC-16 蠕变曲线(Burgers 模型)

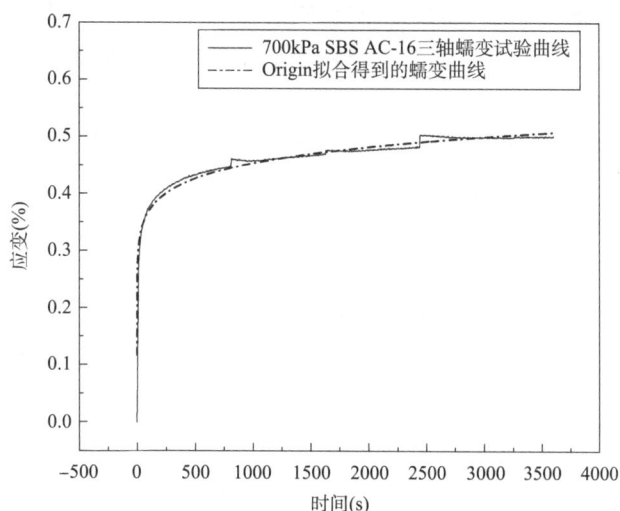

图 4-30 Origin 拟合 SBS AC-16 蠕变曲线（Burgers 模型）

Origin 拟合沥青混合料参数（Burgers 模型）   表 4-10

试验材料	Origin 拟合所得参数			
	E_1（$\times 10^3$ MPa)	E_2（$\times 10^3$ MPa)	η_1（$\times$ MPa·s)	η_2（$\times$ MPa·s)
SBS AC-16	2048	3973	2.52739×10^7	1.74042×10^6
胶粉 AC-16	2670	4117	3.1347×10^7	4.9474×10^5

本章参考文献

[1] UZAN J, WITCZAK M W, SCULLION T, et al. Development and validation of realistic pavement response models[C] // International Conference on Asphalt Pavements, 7th 1992, Nottingham, United Kingdom, 1992.

[2] KALOUSH K E, WITCZAK M W, SULLIVAN B W. Simple performance test for permanent deformation evaluation of asphalt Mixtures[M]. 6th RILEM Symposium, 2003.

[3] 魏密, 周进川. 旋转压实试件的高温蠕变特性研究[J]. 重庆交通学院学报, 2004, 10(5): 55-58.

[4] 周晓青, 李宇峙, 应荣华, 等. 基于蠕变试验分析沥青路面车辙的能量方法[J]. 公路交通科技, 2005(9): 62-65.

[5] 伍国富, 邹宏德. 沥青混合料高温稳定性评价指标的试验研究[J]. 市政技术, 2005, 23(6): 345-348.

[6] 王随原, 周进川. SBS 改性沥青混合料蠕变性能试验研究[J]. 公路交通科技, 2006(12): 10-13.

[7] 樊统江, 何兆益. 沥青混合料蠕变劲度模量的静态和动态响应[J]. 建筑材料学报, 2008, 11(6): 736-740.

[8] 祁峰. 采用蠕变试验评价沥青混合料的高温稳定性研究[D]. 西安: 长安大学, 2009.

[9] 郭乃胜.聚酯纤维沥青混凝土的静动态性能研究[D].大连：大连海事大学，2007.

[10] 张裕卿,黄晓明.高温重载下沥青混合料变形特性三轴重复荷载蠕变试验研究[J].公路,2006(12):151-156.

[11] 张久鹏,黄晓明,高英,等.沥青混合料永久变形的三轴重复荷载试验方法[J].建筑材料学报,2008(5):616-620.

[12] 何昌轩,樊英华.沥青混合料重复加载三轴永久变形试验研究[J].公路,2010(6):181-184.

[13] 周凤玺,李世荣.广义 Drucker-Prager 强度准则[J].岩土力学,2008,29(3):747-751.

[14] 刘世涛,程培峰.基于 ABAQUS 土体数值分析的本构模型[J].低温建筑技术,2010,32(2):90-92.

第5章
温拌胶粉改性沥青技术

胶粉改性沥青可以提高路面的耐热性、耐寒性,并且可以减少噪声、降低成本、延长路面使用寿命。但是胶粉改性沥青过高的黏度会造成施工中的高耗能和高排放,与目前提倡的绿色低碳理念相违背。为此,需研究合适的沥青混合料拌和技术以降低高耗能和高排放等。目前,针对沥青混合料的拌和技术有很多,热拌沥青混合料在生产过程中消耗大量能源,排放有毒、有害气体,同时因拌和温度过高而加速沥青的老化[1]。而冷拌沥青混合料虽然保护环境、节约能源,但是路用性能有待提高[2]。为了既保留热拌沥青混合料良好的路用性能,又克服污染严重、耗能高、排放大等问题,提出了温拌技术,该技术能够降低沥青混合料的拌和与压实温度,改善沥青路面的路用性能[3-5],减少有毒、有害气体的排放,节约能源,降低成本,且不降低路面质量。

温拌技术能够有效地降低沥青的老化程度,从而改善胶粉改性沥青的施工和易性,同时可以促进胶粉改性沥青技术的推广,促进废旧轮胎的有效利用,降低生产成本[6]。因此,将温拌技术和胶粉改性沥青技术相结合,可以发挥两者的优势,具有重要的实用价值。

5.1 温拌技术简介

国内外温拌技术分为三类:一是沥青降黏温拌技术;二是基于表面活性剂型的温拌技术;三是沥青发泡技术。本书主要研究沥青降黏温拌技术和基于表面活性剂型的温拌技术[3]。

5.1.1 沥青降黏温拌技术

沥青降黏温拌技术即掺入降黏剂降低沥青混合料的高温黏度,提高其低温黏度,从而降低沥青混合料的拌和与压实温度,且不影响正常的路用性能[7]。

目前,应用最广的有机降黏剂为 Sasobit(固体石蜡)。对于 Sasobit 的应用,主要有两种方法:第一是直接加入热的沥青中形成改性沥青,再与矿料拌和;第二是直接投入拌锅中与热矿料拌和,美国 NCAT(National Center for Asphalt Technology)试验环道认为采用这两种方法制备的沥青混合料性能差异不大[8]。当外界温度低于 Sasobit 熔点时,Sasobit 会在沥青中形成网状的晶体结构,增加了其弹性,即增大了低温黏度,提高了路面的高温抗车辙能力;当外界温度高于 Sasobit 熔点时,Sasobit 熔化,迅速降低了沥青的黏度,可有效降低沥青混合料的拌和与压实温度,增加施工和易性[3]。

5.1.2　基于表面活性剂型的温拌技术

基于表面活性剂型的温拌技术的基本原理是表面活性剂(0.5%～1%)、水和沥青在拌和过程中三者共同作用,借助分散力实现彼此融合,在胶结料内部形成稳定的结构水膜,当温度下降时,水膜润滑作用能抵消沥青黏度增大的影响,提高沥青混合料在较低温度时的拌和工作性,因而实现温拌,但其本身不具有降黏的效果[3]。

5.2　温拌胶粉改性沥青的制备

5.2.1　基质沥青

采用盘锦90#基质沥青,性能指标如表5-1所示。

90#基质沥青性能指标 　　　　　　　　　　　　　　　　　　表5-1

项目	实测值	技术要求	试验方法
针入度(25℃,100g,5s)(0.1mm)	91.5	80～100	T 0604
针入度指数 PI	0.968	−1.0～1.0	T 0604
5℃延度(cm)	94	≥45	T 0605
软化点(℃)	51.5	≥45	T 0606

5.2.2　废胎橡胶粉

采用的两种废胎橡胶粉分别为60目和混合目数废胎橡胶粉,其中混合目数废胎橡胶粉由40目、60目、80目废胎橡胶粉组成,其比例为3∶3∶1。其性能指标见表5-2。

废胎橡胶粉性能指标 　　　　　　　　　　　　　　　　　　表5-2

指标	60目	混合目数	技术标准
体积密度(g/cm³)	0.89	0.93	1.15±0.05
加热减量(%)	0.6	0.8	≤1
灰分(%)	6	4.0	≤8
铁含量(%)	0.021	0.028	≤0.03
纤维含量(%)	0.4	0	<1

5.2.3　表面活性剂和降黏剂

采用山东省交通科学研究院自主研发的 LP 型降黏剂和 SDYK 型表面活性剂。SDYK 型表面活性剂为一定浓度的暗黄色黏稠状液体,可以直接添加到沥青中,降低沥青混合料的工作温度,适用于不同类型的沥青混合料。LP 型降黏剂是外观呈白色的片状固体,其温拌原理是改善沥青的流变特性,降低沥青的黏度,通过添加 LP 型降黏剂降低沥青混合料拌和与压实温度。

根据美国材料与试验协会(American Society for Testing and Materials,ASTM)规范,胶粉改性沥青和温拌胶粉改性沥青是由湿法制备而成的。在制备过程中要考虑温度、剪切速率和反应时间。60 目胶粉和混合目数胶粉添加量为基质沥青的 20%,LP 型降黏剂的添加量为基质沥青的 1%、2%、3%,SDYK 型表面活性剂的添加量为基质沥青的 0.4%、0.6%、0.8%。

5.2.4 温拌胶粉改性沥青制备方法

①称取定量的脱水基质沥青加热,温度控制在 140℃左右。

②将 60 目或混合目数胶粉加入热沥青中,制成胶粉改性沥青,搅拌时间在 30min 左右,剪切速度由快到慢,直到逐渐稳定下来,搅拌温度严格控制在 180～190℃。

③将称取好的 LP 型降黏剂或 SDYK 型表面活性剂加入制备好的胶粉改性沥青中,制成温拌胶粉改性沥青,搅拌时间在 5min 左右,控制温度在 150～160℃,剪切速率控制在 700r/min内,直至温拌剂完全溶解,分散均匀。

用英文首字母和数字对温拌胶粉改性沥青进行标注,以此区分各种温拌胶粉改性沥青,如表 5-3 所示,如:HH 表示混合目数,60 表示 60 目数,L 表示 LP 型降黏剂,B 表示 SDYK 型表面活性剂,CR 表示胶粉改性沥青,温拌剂掺量用数字表示,掺量 0.6%的表面活性剂型温拌混合目数胶粉改性沥青用 CRBHH-0.6%表示,短期老化表示为 RTFO,原样表示为 ORI。

温拌胶粉改性沥青分类与编号 表 5-3

沥青种类	老化前沥青标注
60 目胶粉改性沥青	CR60
混合目数胶粉改性沥青	CRHH
降黏型温拌胶粉改性沥青	CRL
基于表面活性剂型的温拌胶粉改性沥青	CRB
掺量 1%降黏型温拌 60 目胶粉改性沥青	CRL60-1%
掺量 2%降黏型温拌 60 目胶粉改性沥青	CRL60-2%
掺量 3%降黏型温拌 60 目胶粉改性沥青	CRL60-3%
掺量 1%降黏型温拌混合目胶粉改性沥青	CRLHH-1%
掺量 2%降黏型温拌混合目胶粉改性沥青	CRLHH-2%
掺量 3%降黏型温拌混合目胶粉改性沥青	CRLHH-3%
掺量 0.4%基于表面活性剂的温拌 60 目胶粉改性沥青	CRB60-0.4%
掺量 0.6%基于表面活性剂的温拌 60 目胶粉改性沥青	CRB60-0.6%
掺量 0.8%基于表面活性剂的温拌 60 目胶粉改性沥青	CRB60-0.8%
掺量 0.4%基于表面活性剂的温拌混合目数胶粉改性沥青	CRBHH-0.4%
掺量 0.6%基于表面活性剂的温拌混合目数胶粉改性沥青	CRBHH-0.6%
掺量 0.8%基于表面活性剂的温拌混合目数胶粉改性沥青	CRBHH-0.8%

5.3 温拌胶粉改性沥青基本技术性能

5.3.1 温拌胶粉改性沥青的三大指标

5.3.1.1 针入度

对降黏型温拌胶粉改性沥青和表面活性剂型的温拌胶粉改性沥青,进行 15℃、25℃、35℃三个温度的针入度试验。由表 5-4 可以看出,随着温度的升高,沥青的针入度逐渐增大,沥青变软,抗变形能力降低。同一温度下,添加降黏剂和表面活性剂会使胶粉改性沥青的针入度降低,表明掺入温拌剂后胶粉改性沥青变硬,抗变形能力增强。且经过薄膜加热短期老化后,沥青的针入度呈下降的趋势,其抗变形能力提高,这是因为沥青短期老化后,沥青质的含量增多,而饱和分、芳香分和胶质的含量减少。此外,可以看出,在短期老化前后,掺量 0.6% 的 CRBHH 改性沥青的针入度最小,表明在短期老化前后,掺量 0.6% 的 CRBHH 改性沥青的抗变形能力最强。

各种沥青不同温度下的针入度值(0.1mm)　　　　　　　　　　　表 5-4

沥青	状态	$P_{15℃}$	$P_{25℃}$	$P_{35℃}$
CR60	ORI	23.2	57.6	90.3
	RTFO	20.8	50.7	80.6
CRL60-1%	ORI	22.7	54.3	84.3
	RTFO	19.3	47.9	69.3
CRL60-2%	ORI	21.8	53.3	80.4
	RTFO	18.1	46.1	64.2
CRL60-3%	ORI	21.5	52.8	77.8
	RTFO	17.5	44.7	60.5
CRB60-0.4%	ORI	21.9	54.1	80
	RTFO	17.1	46.1	61
CRB60-0.6%	ORI	20.5	52.2	73.2
	RTFO	16.8	45.7	58.1
CRB60-0.8%	ORI	22.1	54.5	83.3
	RTFO	18.3	47.6	66.4
CRHH	ORI	20.3	50.3	71.8
	RTFO	16.1	40.9	56.2

沥青	状态	$P_{15℃}$	$P_{25℃}$	$P_{35℃}$
CRLHH-1%	ORI	18.5	42.2	65.1
	RTFO	15.9	34.6	54.7
CRLHH-2%	ORI	14.7	29.2	50.6
	RTFO	11.2	21.9	38.5
CRLHH-3%	ORI	16.1	35.7	56.7
	RTFO	13.7	24.8	49.8
CRBHH-0.4%	ORI	15.4	32.8	54.5
	RTFO	12.6	24.5	43.9
CRBHH-0.6%	ORI	12.4	22.4	43.3
	RTFO	9	17	30.9
CRBHH-0.8%	ORI	17.3	41.9	60.7
	RTFO	14.5	31.8	49.2

5.3.1.2 实测软化点和当量软化点

图 5-1a)为各沥青实测软化点和当量软化点图,由图看出,随着 LP 型降黏剂掺量的增加,CRL60 改性沥青的软化点逐渐升高。从图 5-1b)、c)、d)可以看出,随着温拌剂掺量的增加,CRLHH、CRB60、CRBHH 实测沥青的软化点和当量软化点先增加后降低。经过短期老化后,各种沥青的实测软化点 $T_{R\&B}$ 和当量软化点 T_{800} 都升高,表明经过短期老化后沥青中的油分逐渐减少,而胶质和沥青质逐渐增加,使得各种沥青的软化点升高,高温稳定性增强。在短期老化前后,掺量 0.6% 的 CRBHH 改性沥青的 $T_{R\&B}$ 值最大,其高温稳定性最好。

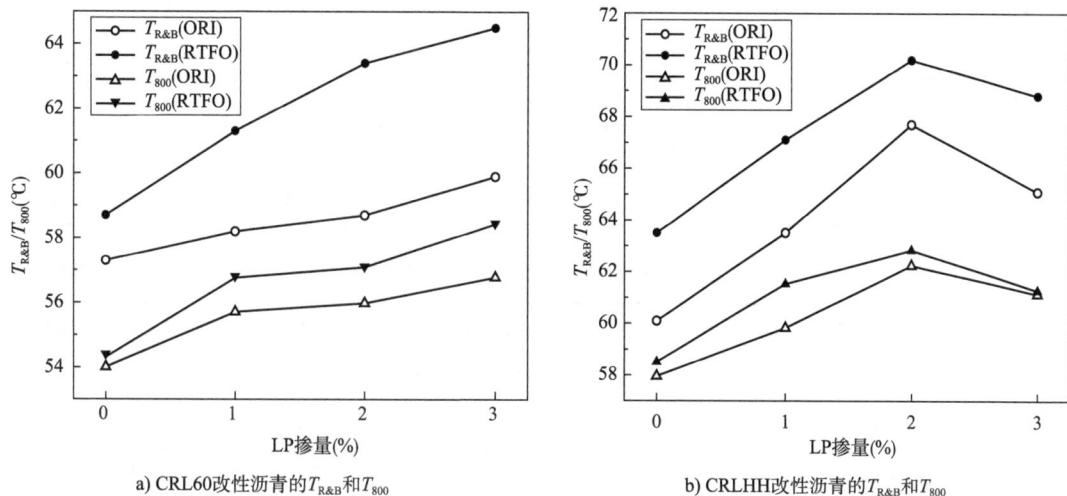

a) CRL60改性沥青的$T_{R\&B}$和T_{800}
b) CRLHH改性沥青的$T_{R\&B}$和T_{800}

图 5-1

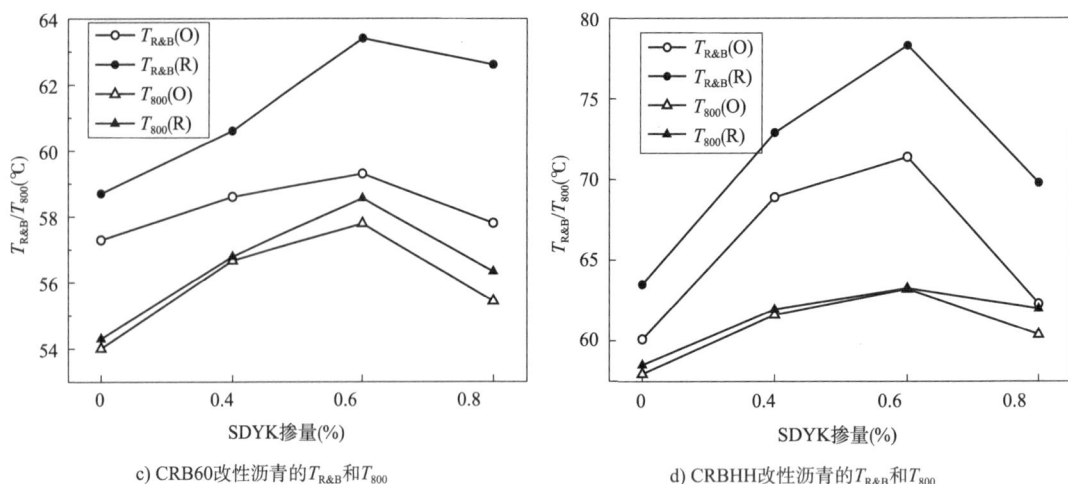

c) CRB60改性沥青的$T_{R\&B}$和T_{800}

d) CRBHH改性沥青的$T_{R\&B}$和T_{800}

图 5-1   短期老化前后各种沥青 $T_{R\&B}$ 和 T_{800} 随温拌剂掺量的变化

5.3.2   感温性能指标

5.3.2.1   针入度指数

各种沥青的感温性参数计算结果如表 5-5 ~ 表 5-8 所示。表中：1#表示 CR60 改性沥青；2#表示 CRHH 改性沥青；3#、4#、5#分别表示掺量为 1%、2%、3% 的 CRL60 改性沥青；6#、7#、8#分别表示掺量为 1%、2%、3% 的 CRLHH 改性沥青；9#、10#、11#分别表示掺量为 0.4%、0.6%、0.8%的 CRB60 改性沥青；12#、13#、14#分别表示掺量为 0.4%、0.6%、0.8%的 CRBHH 改性沥青。O 表示原样，R 表示短期老化。

CRL60 改性沥青感温性参数计算结果   表 5-5

指标	1#(O)	3#(O)	4#(O)	5#(O)	1#(R)	3#(R)	4#(R)	5#(R)
A	0.0394	0.0380	0.0379	0.0375	0.0391	0.0374	0.0372	0.0366
K	0.7753	0.7862	0.7815	0.7739	0.7798	0.7804	0.7793	0.7643
R	0.9982	0.9995	0.9987	0.9999	0.9993	0.9998	0.9990	0.9999
PI	0.1010	0.3448	0.3627	0.4348	0.1523	0.4530	0.4895	0.6007

CRLHH 改性沥青感温性参数计算结果   表 5-6

指标	2#(O)	6#(O)	7#(O)	8#(O)	2#(R)	6#(R)	7#(R)	8#(R)
A	0.0368	0.0355	0.0357	0.0348	0.037	0.0363	0.0362	0.0349
K	0.7499	0.7188	0.7164	0.7156	0.7589	0.7313	0.7309	0.6899
R	0.9992	0.9997	0.9987	0.9999	0.9999	0.9898	0.9995	0.9996
PI	0.5263	0.6572	0.6762	0.929	0.5634	0.7720	0.8108	0.9489

CRB60 改性沥青感温性参数计算结果 表 5-7

指标	1#(O)	9#(O)	10#(O)	11#(O)	1#(R)	9#(R)	10#(R)	11#(R)
A	0.0394	0.0378	0.0374	0.0385	0.0391	0.0377	0.0370	0.0379
K	0.7753	0.7608	0.7416	0.7687	0.7798	0.7617	0.7364	0.7679
R	0.9987	0.9899	0.9986	0.9999	0.9994	0.9998	0.9993	0.9899
PI	0.1010	0.3806	0.4530	0.2564	0.1523	0.3986	0.5263	0.3627

CRBHH 改性沥青感温性参数计算结果 表 5-8

指标	2#(O)	12#(O)	13#(O)	14#(O)	2#(R)	12#(R)	13#(R)	14#(R)
A	0.037	0.0361	0.0347	0.0366	0.0368	0.0351	0.0346	0.0352
K	0.7589	0.6786	0.7441	0.6929	0.7499	0.7283	0.7485	0.7208
R	0.9990	0.9999	0.9991	0.9999	0.9782	0.9997	0.9986	0.9998
PI	0.5263	0.6952	0.9689	0.6007	0.5634	0.8893	0.9890	0.8696

①从表 5-5 ~ 表 5-8 看出,短期老化前后 CRL 和 CRB 改性沥青的 PI 值均比胶粉改性沥青的 PI 值大,表明降黏剂和表面活性剂的掺入使胶粉改性沥青的温度敏感性减小。②从表 5-5、表 5-6 看出,随着降黏剂掺量的增加,CRL60 和 CRLHH 改性沥青的 PI 值均增大,表明随着降黏剂掺量的增加,CRL 改性沥青的温度敏感性减小。从表 5-7、表 5-8 看出,CRB60 和 CRBHH 改性沥青的 PI 值随温拌剂掺量的变化规律一致,CRB-0.6% > CRB-0.4% > CRB-0.8%,表明 SDYK 对 60 目和混合目数胶粉改性沥青的感温性影响一致,且掺量 0.6% 的 CRB 改性沥青的温度敏感性较小。③比较胶粉目数得到,温拌混合目数的胶粉改性沥青的 PI 值比温拌 60 目的胶粉改性沥青的大,表明温拌混合目数胶粉改性沥青的温度敏感性更小。④短期老化前后掺量 0.6% 的 CRBHH 改性沥青的 PI 值最大,表明掺量 0.6% 的 CRBHH 改性沥青的温度敏感性最小。

5.3.2.2 针入度黏度指数 PVN

Mcleod[9] 提出了用针入度黏度指数 PVN 评价沥青的感温性。温度敏感性指标 $PVN_{25\text{-}135}$ 根据式(5-1)计算,PVN 越大,表示沥青的温度敏感性越小。由表 5-9 看出:①沥青的 PVN 值变化规律与 PI 值变化规律一致,随着 LP 掺量的增加,CRL 改性沥青的温度敏感性减小;CRB 改性沥青的温度敏感性大小为 CRB-0.6% > CRB-0.4% > CRB-0.8%。②比较胶粉目数发现,温拌剂掺入混合目数胶粉改性沥青中其温度敏感性更小,SDYK 对 60 目和混合目数胶粉改性沥青的感温性影响一致。③在短期老化前后,掺量 0.6% 的 CRBHH 改性沥青的 PVN 值最大,表明掺量 0.6% 的 CRBHH 改性沥青的温度敏感性最小。

$$PVN_{25\text{-}135} = \frac{4.258 - 0.79674\lg P_{25℃} - \lg\eta_{135℃}}{0.79511 - 0.18576\lg P_{25℃}} \times (-1.5) \qquad (5\text{-}1)$$

式中:$P_{25℃}$——25℃针入度值,0.1mm;

$\eta_{135℃}$——135℃时的黏度,kPa·s。

不同沥青的 PVN 值 表 5-9

沥青种类	PVN$_{25-135}$	
	ORI	RTFO
CR60	−7.4453	−7.2881
CRL60-1%	−7.2607	−6.9716
CRL60-2%	−7.1285	−6.9191
CRL60-3%	−6.9677	−6.7906
CRB60-0.4%	−6.7764	−6.5976
CRB60-0.6%	−6.6444	−6.4664
CRB60-0.8%	−7.2044	−7.0576
CRHH	−7.2701	−7.1252
CRLHH-1%	−7.2156	−6.9680
CRLHH-2%	−7.2154	−6.9409
CRLHH-3%	−6.8414	−6.6052
CRBHH-0.4%	−6.5881	−6.502
CRBHH-0.6%	−6.5092	−6.423
CRBHH-0.8%	−6.9771	−6.8717

5.3.2.3 针入度黏温指数 VTS

沥青的黏度与温度的关系是道路沥青流变学的重要内容,黏度随温度的变化反映了沥青的感温性能。采用 Saal 黏温关系进行回归分析,Saal 黏温关系表达式[10]为:

$$\lg\lg(\eta \times 10^3) = n - m\lg(T + 273.13) \tag{5-2}$$

式中:η——黏度,Pa·s;

n、m——回归参数;

T——摄氏温度,℃。

按式(5-2)对试验温度范围内的黏度-温度关系进行线性回归,可得到黏温曲线斜率 m,表示沥青在所在温度范围内的感温性,显然 m 小于 0。因此,可以推出黏温指数 VTS,即 VTS = m,VTS 越小,表明沥青的感温性越大。计算公式如式(5-3)所示:

$$VTS = \frac{\lg\lg(\eta_1 \times 10^3) - \lg\lg(\eta_2 \times 10^3)}{\lg(T_1 + 273.13) - \lg(T_2 + 273.13)} \tag{5-3}$$

式中:η_1、η_2——T_1、T_2 对应的黏度值,Pa·s。T_1 为 135℃,T_2 为 175℃。

图 5-2 为由 Saal 公式回归得到的各沥青的黏温曲线。由图看出,各沥青的相关系数均为 0.92~0.98,$\lg\lg\eta$ 与 $\lg T$ 间具有良好的线性关系,表明采用 Saal 公式回归具有合理性,135~175℃这一温度区间各种沥青的感温性比较稳定。

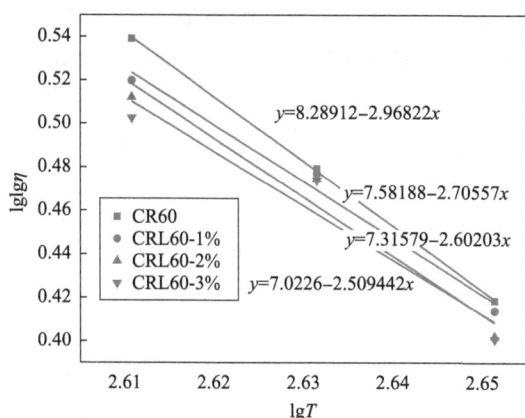

a) CRL60改性沥青黏温曲线

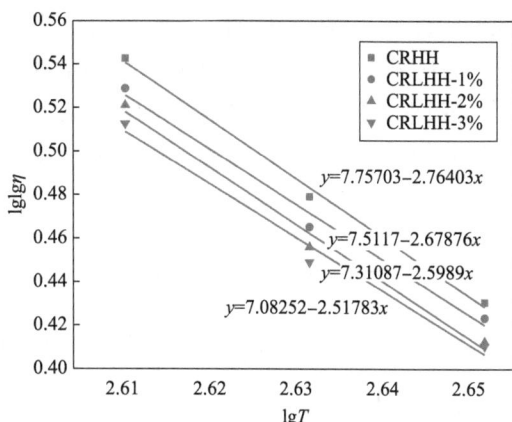

b) CRLHH改性沥青黏温曲线

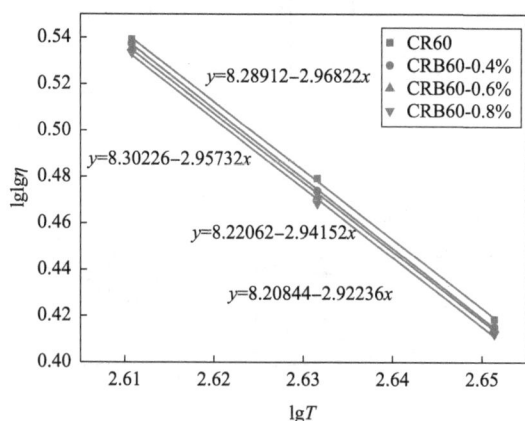

c) CRB60改性沥青黏温曲线

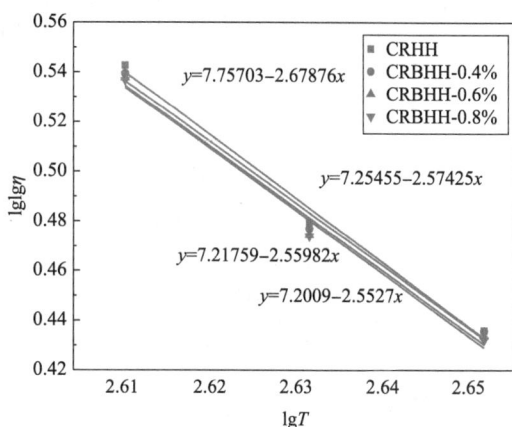

d) CRBHH改性沥青黏温曲线

图 5-2 沥青黏温曲线

图 5-3 为各种沥青的黏温指数 VTS 值的柱状图。由图 5-3a)看出,随着 LP 掺量的增加, CRL 改性沥青的 VTS 值逐渐增大,表明降黏剂掺入胶粉改性沥青中使改性沥青温度敏感性降低。此外,还可以发现,CRLHH 改性沥青的 VTS 值均比 CRL60 改性沥青的大,说明 CRLHH 改性沥青的感温性较小。由图 5-3b)看到,SDYK 掺入胶粉改性沥青中使改性沥青温度敏感性降低。此外,CRBHH 改性沥青的 VTS 值比 CRB60 改性沥青的大,且增大幅度更明显,表明 CRBHH 改性沥青的感温性更小。

5.3.3 温拌胶粉改性沥青的黏温特性

5.3.3.1 黏度

采用美国布洛克菲尔德 DV-Ⅱ+型旋转黏度仪,选用 135℃、155℃和 175℃三个温度,27 号转子和 20r/min 转速,测定各种沥青的黏度。图 5-4 为不同温度下各种沥青的黏度随温拌剂掺量的变化曲线图。由图 5-4a)看出,当温度一定时,CRL 改性沥青的黏度明显小于胶粉改性沥青的黏度,且随着 LP 掺量的增加,黏度逐渐降低。当 LP 掺量一定时,CRL60 改性沥青的黏度明显小于 CRLHH 改性沥青的黏度,表明将 LP 掺入 60 目胶粉改性沥青中降黏效果更明显。且随着温度的升高,CRL 改性沥青的黏度逐渐降低,这是因为降黏剂在高温时发生熔化作用,并吸附和溶解与其结构相似的饱和组分,进而形成稳定的溶液而不离析。这种吸附和溶解作用降低了沥青的布氏黏度,并且随着温度的升高,吸附和溶解作用增强,所以沥青黏度下降。

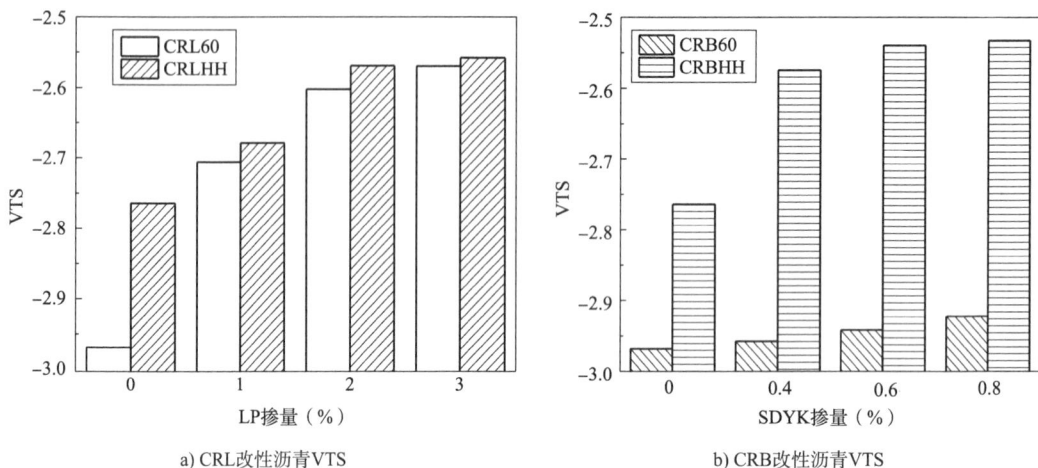

a) CRL改性沥青VTS b) CRB改性沥青VTS

图 5-3 各种沥青的黏温指数 VTS 值的柱状图

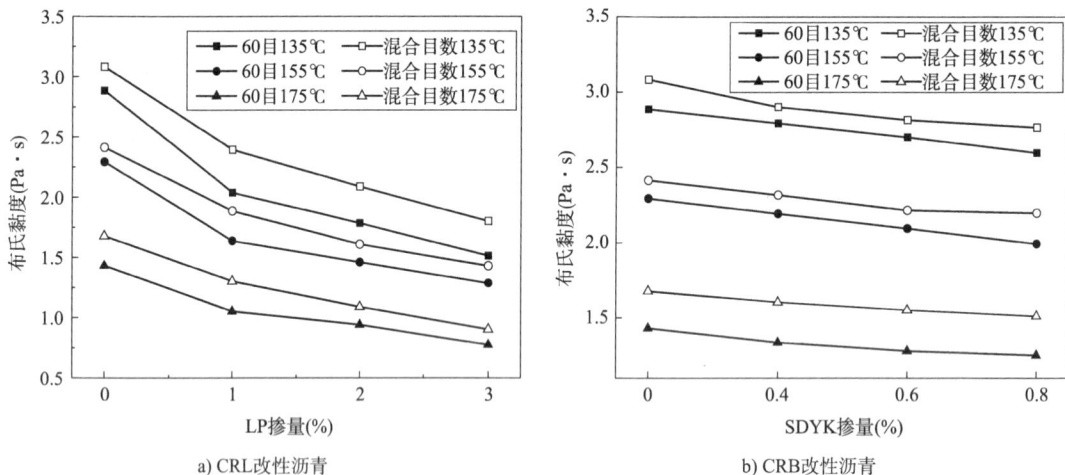

a) CRL改性沥青 b) CRB改性沥青

图 5-4 不同温度下各种沥青的黏度随温拌剂掺量的变化

由图 5-4b) 可以看出,当 SDYK 掺量一定时,CRB60 改性沥青的黏度小于 CRBHH 改性沥青。当温度一定时,随着 SDYK 掺量的增加,CRB 改性沥青黏度减小趋势较缓慢,表明 SDYK 对胶粉改性沥青的降黏效果不明显。这是因为在胶结料内部暂时形成相对稳定的结构水膜,其不受温度的影响,水膜润滑作用能明显抵消沥青黏度增大的影响,显著降低拌和与压实温度,增强施工和易性,但其本身不具有降黏的效果。

5.3.3.2 黏度老化指数 VAI

短期老化前后沥青黏度变化反映沥青的老化程度,采用黏度老化指数(VAI)评价温拌剂对沥青老化程度的影响,VAI 值越小,沥青抗老化性能越好。VAI 计算公式如下:

$$VAI = \frac{短期老化后的黏度 - 老化前的黏度}{老化前的黏度} \qquad (5-4)$$

以 135℃沥青黏度变化为例进行分析,图 5-5 为短期老化前后各沥青黏度值柱状图。由图看出,经过 RTFO 老化后,各沥青的黏度均明显增加,这是因为经过 RTFO 老化,高温使轻质组分减少,氧化使沥青质含量增多且自由沥青减少,导致沥青层间流动黏滞力增大,所以沥青的黏度增大。

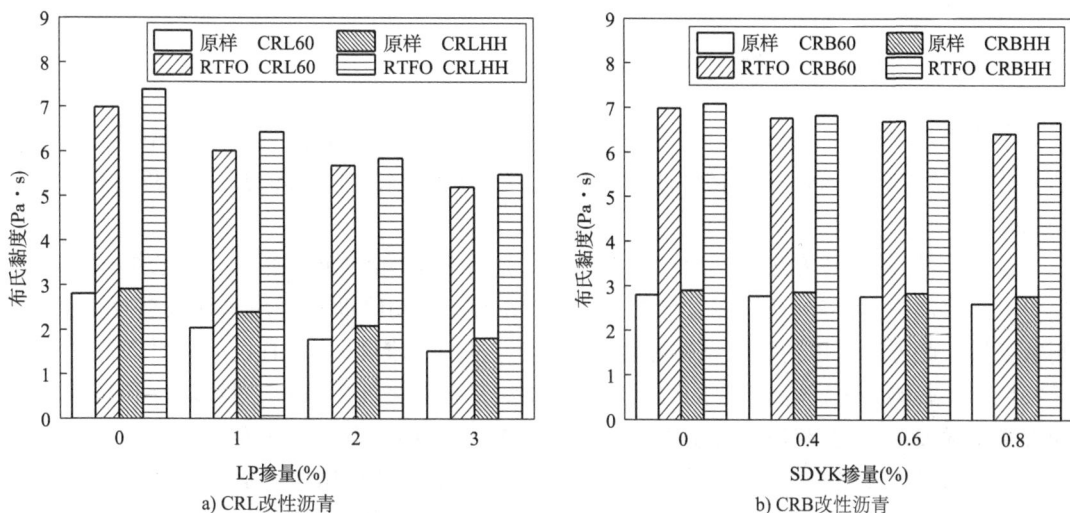

a) CRL改性沥青　　　　b) CRB改性沥青

图 5-5　短期老化前后各沥青黏度值柱状图

图 5-6 为各种沥青的黏度老化指数柱状图。由图 5-6a)可以看出,CRL 改性沥青的 VAI 值大于胶粉改性沥青的 VAI 值,且随 LP 掺量的增加,VAI 值逐渐增加,表明添加 LP 对胶粉改性沥青抗老化性能有负面影响。从图 5-6b)可以看出,CRB 改性沥青的 VAI 值略小于胶粉改性沥青的 VAI 值,但降低程度不大,表明 CRB 改性沥青的抗老化性能有所改善,但改善不明显。

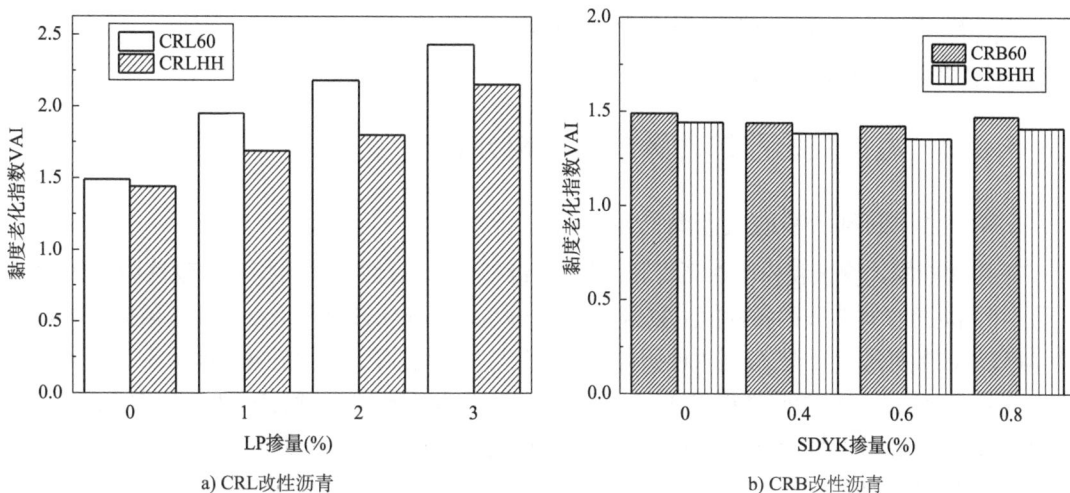

a) CRL改性沥青　　　　b) CRB改性沥青

图 5-6　各种沥青的黏度老化指数(VAI)柱状图

5.4 温拌胶粉改性沥青微观结构及微观力学特性

采用原子力显微镜对老化作用前后的温拌胶粉改性沥青微观结构及微观力学特性进行研究,揭示其微观结构与微观力学特性间的关系。

5.4.1 原子力显微镜测试方法

本研究采用 Bruker Rtespa-150 探针,选用轻敲模式测试胶粉改性沥青和温拌胶粉改性沥青的微观特性,共振频率为 150kHz,高度为 1.75μm,长度为 125μm,宽度为 35μm,K 值为 6N/m。

目前,常用的制件方法有旋涂法和溶滴法。旋涂法是先将沥青溶于三氯乙烯、甲苯、煤油等有机溶剂中,再将溶液涂在旋涂机上,旋涂机匀速转动将沥青溶液涂在载玻片上,试样制备完毕。此方法可以使沥青试样厚度较均匀,但是操作难度大,且有机溶剂对沥青微观力学特性产生影响,降低观测结果的可信度。溶滴法是提前将沥青熔化,用玻璃棒和筷子蘸取沥青滴于载玻片上,将载玻片置于烘箱中继续加热,直至沥青自然流淌至摊平。此方法的缺点是试样的厚度和平整度得不到保障,加热时间较长,容易造成试样表面污染和沥青材料的轻质组分蒸发,且在室温没有达到胶粉改性沥青的流淌温度时,沥青不会自然流淌。因此,上述两种方法均不适用于制备胶粉改性沥青试样。考虑 Dimension Icon 型原子力显微镜的特点和胶粉改性沥青与温拌胶粉改性沥青的基本性能,在溶滴法制样方法基础上进行改进,即采用热铸法制备沥青试样,首先将沥青加热至流动状态,用镊子夹取少量滴于直径为 1.5cm 的圆铁片上,之后将圆铁片置于 165℃ 的烘箱内,让沥青自由流动,直至沥青全部流平整为止,放置时间约 20min。最后将试样取出自然冷却至室温,等待观测。

采用 Dimension Icon 型原子力显微镜,在轻敲模式下对胶粉改性沥青和温拌胶粉改性沥青微观性能进行测试,扫描频率为 0.977Hz,扫描范围为 20μm × 20μm,分辨率为 256Pixel × 256Pixel(像素),试验温度为 25℃。

5.4.2 温拌胶粉改性沥青微观结构分析

5.4.2.1 温拌胶粉改性沥青微观形貌分析

采用智扫模式测试胶粉改性沥青和添加 SDYK 型表面活性剂的温拌胶粉改性沥青的微观形貌,得到沥青试样表面的各种信息数据,利用 NanoScope Analysis 和 Origin 8.5 等数据分析软件将 AFM 所测数据进行处理,得到两种沥青的形貌图与其相对应的三维结构图,如图 5-7 所示。

由图 5-7 可知,胶粉改性沥青不同于基质沥青和 SBS 改性沥青,并无明显"蜂型结构",微观形貌图中出现"黑白相间"结构。这是因为胶粉吸附沥青中轻质组分和蜡分,使得用来结晶形成"蜂型结构"的蜡分含量减少,同时胶粉中的一些大长直链分子的加入使得沥青质更加均匀地分散在沥青中,难以形成明显和体积巨大的"蜂型结构",而是形成了"黑白相间"结构[11];从温拌胶粉改性沥青微观形貌图中可以看到"圆形亮片"结构,此结构为在沥青拌和过程中,SDYK 型表面活性剂中的亲水基和亲油基作用形成的具有润滑作用的结构性水膜[12]。SDYK 型表面活性剂的添加使沥青中 C ≡ C 和 C =C 数量增加,促进沥青质更加均匀地分布在沥青中,均匀分散的沥青质析出长链分子,长链分子相互交联形成一个更加稳定而均匀的微观结构,结构越稳定,其弹性性能将会越优异,这也证明了温拌胶粉改性沥青优良的高温抗变形能力[13]。

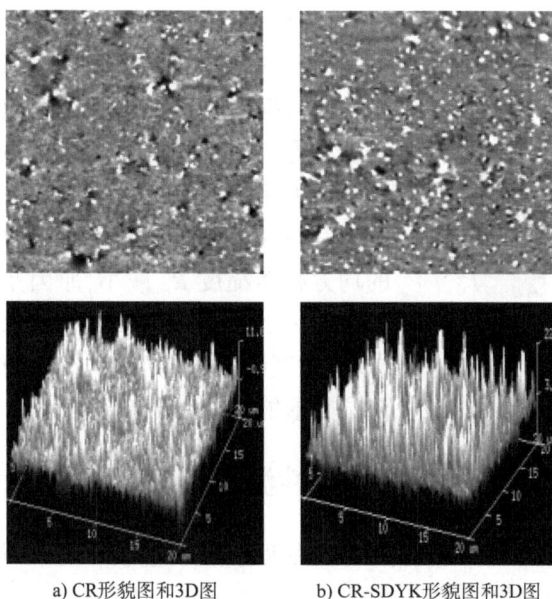

a) CR形貌图和3D图　　b) CR-SDYK形貌图和3D图

图 5-7　两种沥青的微观形貌图和 3D 图

5.4.2.2　温拌胶粉改性沥青表面粗糙度变化分析

广义表面粗糙度是指被加工材料具有较小的间距和微小峰谷的不平整度[14]。人们通常认为室温下的沥青表面是均匀、平整、光滑的,故对沥青材料表面粗糙度的研究比较少。但是 AFM 的广泛应用使人们发现,在微观尺度下,沥青材料表面存在很多峰谷交错的纳米级结构,表面并非光滑平整,如图 5-7 的 3D 图像所示。因此,利用 AFM 在微观尺度下引入表面粗糙度的概念,以此来评价 SDYK 型表面活性剂的加入对胶粉改性沥青表面微观结构的影响。

沥青表面粗糙度与峰谷交错的纳米级结构分布有很大关系,通常选用所测数据高度偏差的方差来评价试样表面的平均粗糙度,但是由于沥青表面的微观结构存在细微起伏与峰谷交错的情况,因此选用均方根粗糙度 R_q 来表征温拌胶粉改性沥青的表面粗糙度。表面粗糙度越大,微观尺度下沥青相态差异性越大,相位分离现象越显著,微观结构稳定性越差,弹性性能越弱,高温抗变形能力越低[13]。均方根粗糙度公式如下:

$$R_q = \sqrt{\dfrac{\iint [h(x,y) - h_0]^2 \mathrm{d}A}{\iint \mathrm{d}A}} \tag{5-5}$$

式中:A——扫描面积,本书中的扫描面积为 $20\mu m \times 20\mu m$;

$h(x,y)$——划分单元点 (x,y) 的形貌高度函数;

$$h_0——参考高度,h_0 = \frac{\iint h(x,y)\,\mathrm{d}A}{\iint \mathrm{d}A},\mathrm{nm}。$$

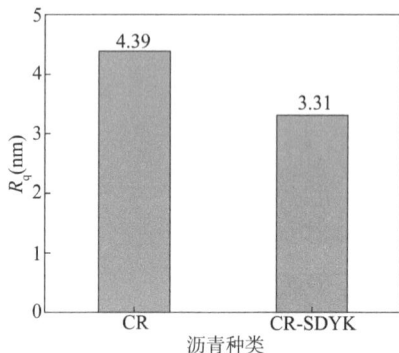

图 5-8　两种沥青均方根粗糙度对比图

AFM 试验中,测试面积为 $20\mu m \times 20\mu m$,每个试样分为 4 个小区域,每个区域取 4 个点进行扫描,用 NanoScope Analysis 软件中的"Roughness"(粗糙度)模块分析所测数据,计算得到胶粉改性沥青和温拌胶粉改性沥青的均方根粗糙度 R_q,计算结果如图 5-8 所示。由图可知,两种沥青的均方根粗糙度 R_q 关系为 CR > CR-SDYK,即 SDYK 型表面活性剂的添加使胶粉改性沥青的均方根粗糙度 R_q 减小,原因是温拌剂的掺入使稳定的饱和—CH键数量增多,相态差异减小,相位分离现象减弱,微观结构稳定性和均匀性增强,弹性性能增强,高温抗变形能力得以改善。

5.4.3　老化作用后温拌胶粉改性沥青微观结构分析

本书采用 AFM 的智扫模式测试胶粉改性沥青、温拌胶粉改性沥青经过短期老化和长期老化作用后微观结构的变化情况。

5.4.3.1　老化作用后温拌胶粉改性沥青微观形貌分析

未老化、短期老化和长期老化三种条件下胶粉改性沥青和温拌胶粉改性沥青微观形貌图和 3D 图像如图 5-9 和图 5-10 所示。

由图 5-9 对比三种状态胶粉改性沥青的微观形貌,发现胶粉改性沥青经短期和长期老化后均未出现明显的"蜂型结构"。随着老化程度加深,胶粉改性沥青的"黑白相间"结构逐渐减少,但是从 3D 图上发现"黑白相间"结构的峰、谷并未消失,而是被分散为更小的峰、谷,且分布得更加均匀。这是因为胶粉在老化过程中由表面粗糙结构转变为平滑结构,分子链段会使部分分子质量比较小的聚合物进入沥青中,促进轻质组分和蜡分的吸收[15]。同时,加快胶粉溶胀速度,便于沥青分子中脂肪族分子溶于胶粉中,胶粉分子间距离增大,减少胶粉分子交联,其中的大长直链分子更加均匀地分布在沥青中,致使"黑白相间"结构的数量减少。

图 5-10 是温拌胶粉改性沥青在三种状态时的微观形貌图和 3D 图。由图可知,随着老化程度加深,"圆形亮片"结构并未发生显著变化,原因在于表面活性剂会发生自行组装行为,即在界面和体相之间自发形成有序的聚集体结构[16],即结构水膜。此结构不受老化作用的影响,因此温拌胶粉改性沥青的微观形貌并没有随着老化程度加深发生显著变化。

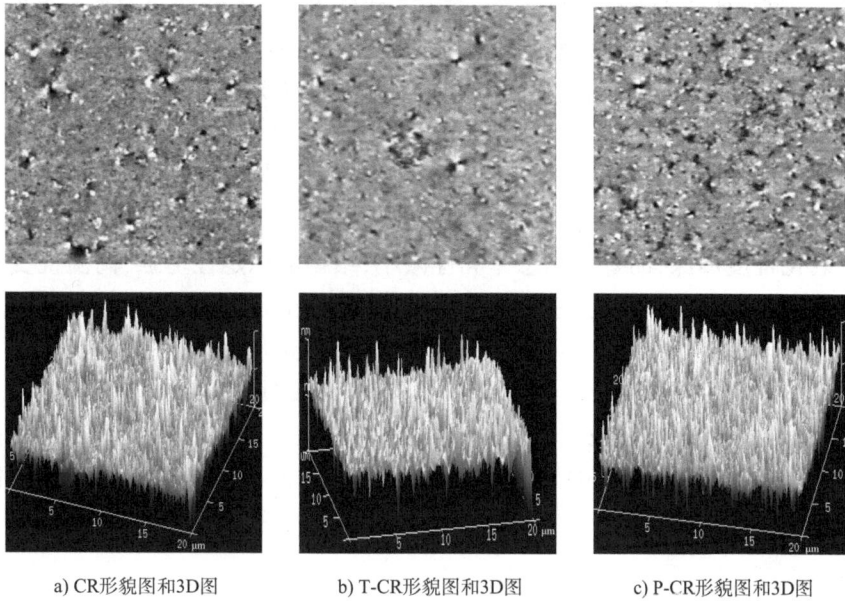

a) CR形貌图和3D图　　　　b) T-CR形貌图和3D图　　　　c) P-CR形貌图和3D图

图 5-9　胶粉改性沥青未老化、短期老化和长期老化三种条件下的微观形貌图和 3D 图
T-短期老化(薄膜烘箱老化,TFOT);P-长期老化(PAV)

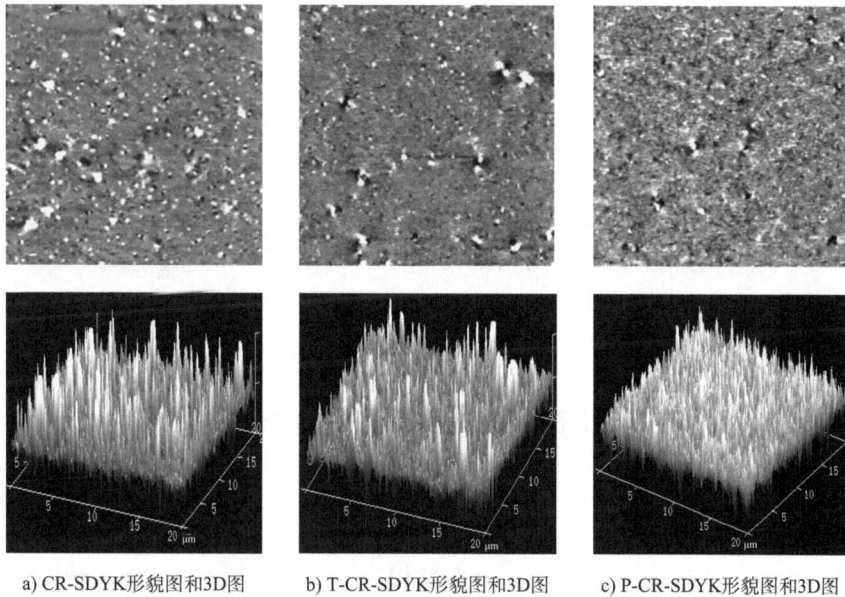

a) CR-SDYK形貌图和3D图　　b) T-CR-SDYK形貌图和3D图　　c) P-CR-SDYK形貌图和3D图

图 5-10　温拌胶粉改性沥青未老化、短期老化和长期老化三种条件下的微观形貌图和 3D 图

5.4.3.2　老化作用后温拌胶粉改性沥青表面粗糙度分析

对短期老化和长期老化作用后的胶粉改性沥青和温拌胶粉改性沥青进行表面粗糙度分析,计算结果如图 5-11 所示。由图可知:①温拌胶粉改性沥青的均方根粗糙度 R_q 的排序为 CR-SDYK > T-CR-SDYK > P-CR-SDYK。胶粉改性沥青的均方根粗糙度 R_q 的排序为 CR >

T-CR > P-CR。这说明随着老化程度加深,均方根粗糙度 R_q 逐渐减小,微观尺度下的相态差异性减小,相位聚集明显,结构稳定性增强,宏观性能表现为高温抗变形能力增强。原因是随着老化程度加深,芳环和胶质转变为沥青质,致使沥青四组分比例改变,沥青分子量分布改变,沥青质等大分子所占比重越来越大。当沥青中的大分子较多和分散度比较大时[17],分子间作用力增大,相应的运动阻力也增大,整体运动速度降低,小分子相对运动较大分子容易许多,但是也受到大分子的束缚[18],微观尺度下表现为相态差异性减小。因此,随着老化程度加深,沥青的相态差异性减小,结构的稳定性增强,高温抗变形能力更优异。②由图 5-11b)可知,无论短期老化还是长期老化,温拌胶粉改性沥青均方根粗糙度衰减速率低于胶粉改性沥青,即温拌胶粉改性沥青抗老化性能更优异。原因可能是 SDYK 型表面活性剂在体相中的自行组装行为使其形成具有特殊功能的体系,该体系不仅能降低界面张力,还能减少胶粉对脂肪族的吸附损耗[19],有效阻止氧气在沥青表面的渗透和在体系内的扩散;此外,SDYK 型表面活性剂的均匀分散也有效阻碍了沥青内部分子的运动,减缓了沥青内部分子的氧化及轻质组分的挥发,进而改善了沥青抗老化性能[20]。

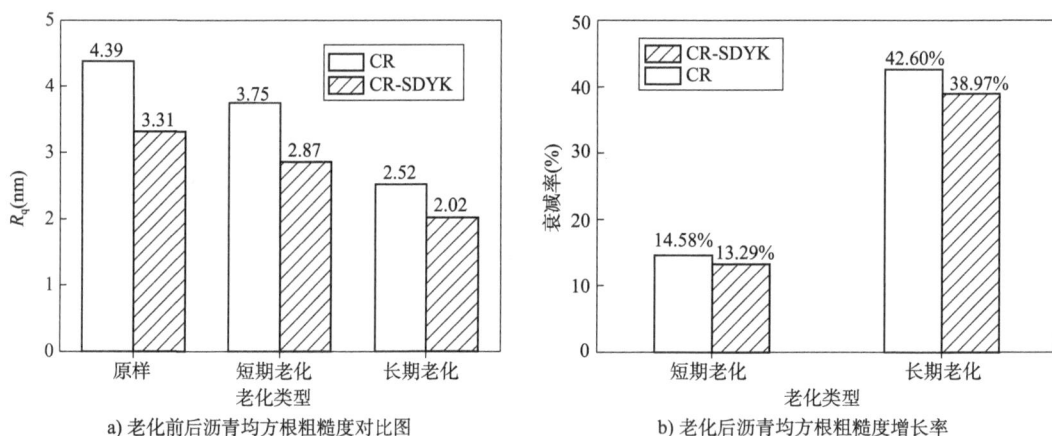

a) 老化前后沥青均方根粗糙度对比图　　　　　b) 老化后沥青均方根粗糙度增长率

图 5-11　老化后沥青均方根粗糙度及增长率

5.4.4　温拌胶粉改性沥青微观力学特性分析

根据纳米力学测试模式(AFM-QNM)原理,对沥青表面不同部位进行微观力学测试,得到黏附力、杨氏模量和耗散能量,由此分析判断微观结构中各部分的力学特性与力学变化。试验过程中,测试面积为 $20\mu m \times 20\mu m$,每个试样分为 4 个小区域,每个区域取 4 个点进行扫描,用 NanoScope Analysis 分析软件和 Origin8.5 数据处理软件处理所测数据,计算得到胶粉改性沥青和温拌胶粉改性沥青的黏附力、杨氏模量和耗散能量。

5.4.4.1　黏附力模型

原子力显微镜探针接近和撤离沥青试样表面过程中,探针针尖和试样之间会产生原子力,该力可用来表征试样表面的黏附力。如图 5-12 所示,在探针撤离沥青试样表面过程中,探针与试样之间会产生一个最大吸引力,该力就是沥青表面黏附力。

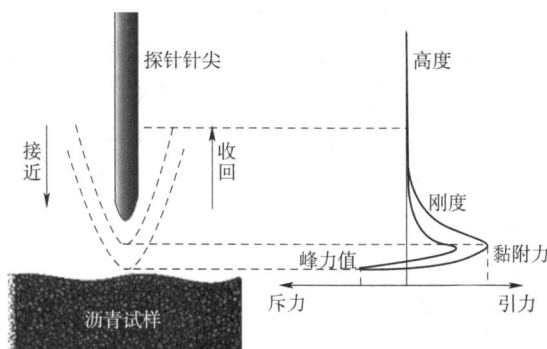

图 5-12 力-位移曲线工作过程示意图

由于力-位移曲线图反映了 AFM 微悬臂探针固定端在垂直接近、接触、离开试样表面时,探针自由端的弯曲状态,可以根据胡克定律得到黏附力计算式:

$$F_{ab} = \theta K_c \Delta X \tag{5-6}$$

式中:ΔX——探针微悬臂从不弯曲状态到完全离开试样表面过程中的位移;

K_c——探针微悬臂弯曲弹性常数;

F_{ab}——沥青(集料)与探针之间的黏附力;

θ——修正系数。

其中,修正系数 θ 根据实际情况与理论分析的差异度而定。NanoScope Analysis 分析软件通过 $F\text{-}Z$ 曲线计算探针与沥青(集料)之间的黏附力。胶粉改性沥青和温拌胶粉改性沥青的黏附力如图 5-13 和图 5-14 所示。

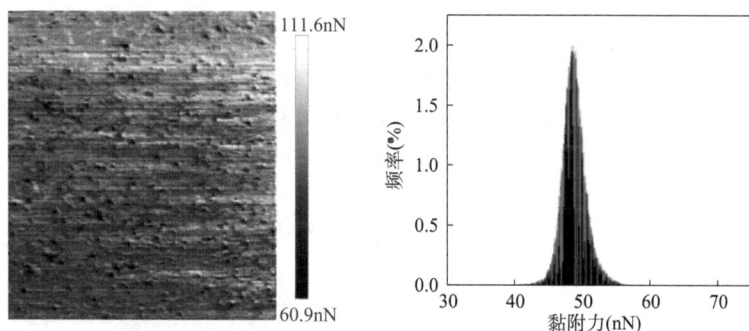

图 5-13 CR 的黏附力图像

沥青微观黏附力的大小与沥青种类和老化程度均有关系。首先讨论沥青种类对沥青微观黏附力大小的影响。沥青微观黏附力图像和微观形貌 3D 图关联性很强,沥青表面的微观形貌对其黏附力有显著影响。其原因是,沥青表面的微观结构与其化学官能团组成具有良好的相关性,不同的化学官能团组成不同的微观结构,且不同化学官能团其黏附力差异较大,致使沥青微观形貌与其黏附力分布具有明显的相关性[21]。由图 5-13 和图 5-14 可知,相比胶粉改性沥青,温拌胶粉改性沥青统计直方图上的峰结构高度降低,且朝原点方向移动。胶粉改性沥青的黏附力主要分布在 40 ~ 55nN 范围内,温拌胶粉改性沥青的黏附力主要分布在 14 ~ 21nN 范围内。由表 5-10 可知,温拌胶粉改性沥青的微观黏附力平均值为17.793nN,

胶粉改性沥青的微观黏附力平均值为 48.661nN。结合图 5-13、图 5-14 和表 5-10 可以判断出,经过 SDYK 型表面活性剂改性后的沥青微观黏附力减小。根据以往研究可知,掺入 SDYK 型表面活性剂使沥青中芳环含量增加,芳环在一定条件下转化为沥青质,使沥青质含量增加,大量油分和胶质被沥青质吸附,导致油分和胶质含量降低,微观黏附力减小,即温拌胶粉改性沥青微观黏附力统计直方图的峰高度减小,同时胶粉颗粒溶解出一部分黏附力较小的橡胶分子,使得峰结构整体朝原点方向移动。

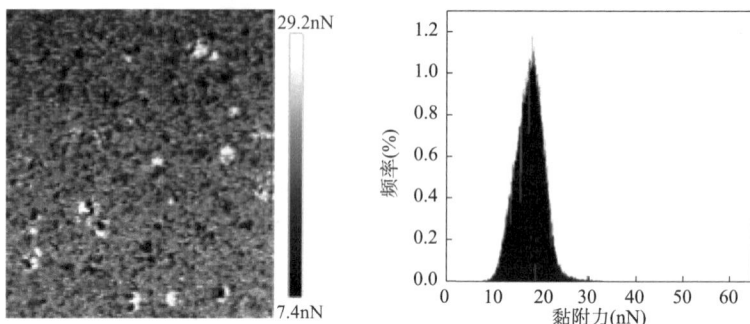

图 5-14 CR-SDYK 的黏附力图像

两种沥青的黏附力平均值   表 5-10

沥青种类	CR	CR-SDYK
平均黏附力(nN)	48.661	17.793

5.4.4.2 杨氏模量模型

AFM 试验中探针与沥青表面接触,对沥青施加一个微小作用力,保证沥青产生的形变在弹性范围内,这种接触类似于刚性小球与弹性体之间的相互作用,一般采用接触力学中的 DMT(Derjaguin-Muller-Toporov)模型来对探针回撤过程进行拟合分析,得到不同样品的微观表面杨氏模量,计算公式如式(5-7)、式(5-8)所示。

$$F_{tip} - F_{ab} = \frac{4}{3} E^* \sqrt{R} \delta^{\frac{3}{2}} \tag{5-7}$$

$$E^* = \left(\frac{1 - V_s^2}{E_s} + \frac{1 - V_{tip}^2}{E_{tip}} \right)^{-1} \tag{5-8}$$

式中:F_{tip}——探针针尖对沥青表面施加的微作用力;

F_{ab}——探针与样品之间的黏附力;

E^*——折算后沥青微观杨氏模量;

R——探针曲率半径;

δ——沥青试样变形量;

V_s、V_{tip}——沥青、探针的泊松比;

E_s、E_{tip}——沥青、探针的杨氏模量。

NanoScope Analysis 分析软件利用式(5-7)和式(5-8)计算胶粉改性沥青和温拌胶粉改性沥青的杨氏模量。之后利用 NanoScope Analysis 分析软件中的"修改颜色表"模块调节图像颜色,用"修改数据比例"模块导出沥青杨氏模量数据,运用 Origin 8.5 软件绘制其杨氏模量的统计直方图。两种沥青的杨氏模量图像和统计直方图如图 5-15 和图 5-16 所示。

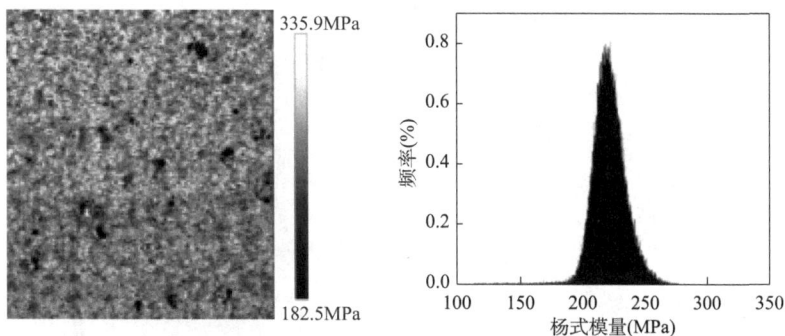

图 5-15 CR 的杨氏模量图像和统计直方图

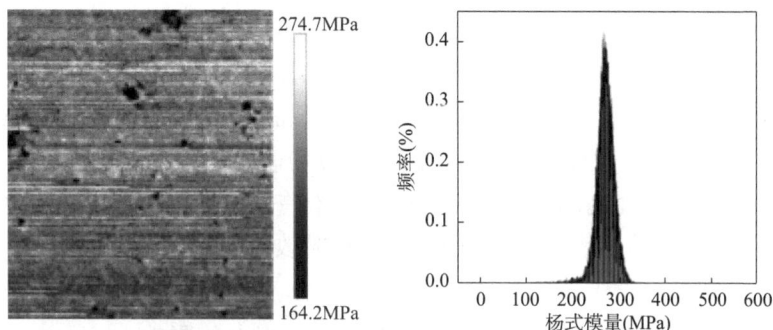

图 5-16 CR-SDYK 的杨氏模量图像和统计直方图

由图 5-15 和图 5-16 可知,两种沥青样品的不同区域微观形貌的杨氏模量明显不同,即沥青微观表面的"黑白相间"结构、"圆形亮片"结构与其周围连续相区域的杨氏模量存在明显差异,"黑白相间"结构、"圆形亮片"结构处对应的杨氏模量值最大,波谷处对应的杨氏模量值最小,连续相区域的杨氏模量值居中。胶粉改性沥青的杨氏模量主要分布在 200～250MPa 范围内,温拌胶粉改性沥青的杨氏模量主要分布在 240～280MPa 范围内。结合表 5-11 可知,胶粉改性沥青的杨氏模量平均值为 220.767MPa,温拌胶粉改性沥青的杨氏模量平均值为 268.511MPa。结果表明,掺入 SDYK 型表面活性剂使沥青的杨氏模量增大。其原因是 SDYK 型表面活性剂之间没有极性以及之间电荷的排斥作用,并且其亲水基分子很大,亲油基的碳链较长,其表面吸附的分子使整个沥青结构更紧密,相互作用增强[22],使沥青的杨氏模量增大,高温抗变形能力增强。

两种沥青杨氏模量平均值 表 5-11

沥青种类	CR	CR-SDYK
平均杨氏模量(MPa)	220.767	268.511

5.4.4.3 耗散能模型

宏观意义上的耗散能用于表征材料因荷载作用而产生黏性流动所耗散掉的能量,这部分能量不可恢复[23]。耗散能越大,黏弹性能越好,高温抗变形能力越优。用原子力显微镜测得微观上的耗散能主要是探针针尖克服沥青试样表面黏附力所需的能量[24],胶粉改性沥青和温拌胶粉改性沥青的耗散能如图5-17所示。

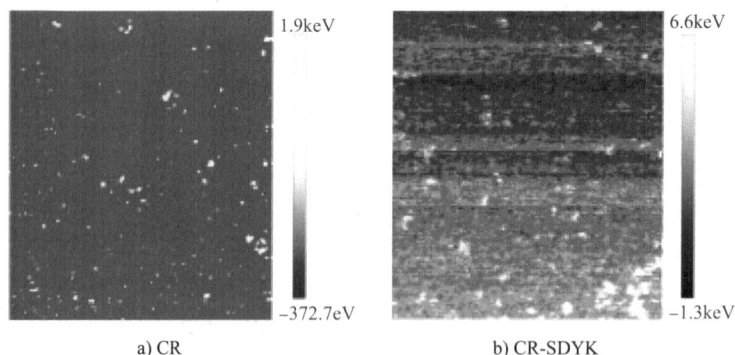

a) CR   b) CR-SDYK

图5-17　两种沥青耗散能图像

由图5-17a)、b)无法准确判断胶粉改性沥青和温拌胶粉改性沥青耗散能的大小关系,利用NanoScope Analysis分析软件中的"Modify Data Scale"(修改数据规模)模块可以计算出胶粉改性沥青的耗散能为0.163keV,温拌胶粉改性沥青的耗散能为2.011keV。由此可知,SDYK型表面活性剂的掺入使沥青的耗散能有所增加,温拌胶粉改性沥青对探针针尖的吸引力更大,说明掺表面活性剂的温拌胶粉改性沥青较胶粉改性沥青具有更优的高温抗变形能力。

5.4.4.4　老化作用对温拌胶粉改性沥青微观黏附力的影响

沥青老化主要是短链化合物加成、聚合成长链化合物的过程,沥青中的芳香分和胶质向沥青质转化,使得沥青的性能发生变化。本节研究胶粉改性沥青、添加表面活性剂的温拌胶粉改性沥青经短期和长期老化作用后微观黏附力、杨氏模量和耗散能的变化情况。

图5-18是胶粉改性沥青经短期和长期老化作用后微观黏附力图像。对比图5-18a)、b)可知,短期老化作用后,胶粉改性沥青微观黏附力统计直方图的峰形和未老化状态相比无明显变化,但峰结构整体向原点处移动。对比图5-18a)、b)、c)可知,经长期老化作用,胶粉改性沥青微观黏附力直方图上的峰变得更陡峭、宽度变小,峰结构整体继续向坐标原点移动,即胶粉改性沥青的微观黏附力随着老化程度加深而逐渐减弱。为了更加直观地分析微观黏附力变化情况,绘制短期和长期老化作用前后胶粉改性沥青微观黏附力的平均值及黏附力减小率(图5-20、图5-21),未老化、短期和长期老化状态下微观黏附力分别为17.793nN、11.230nN和8.59nN,随老化程度加深减小速率分别为36.89%和51.72%。试验结果说明老化程度越深,沥青微观黏附力越小,且长期老化时减小速率最大。

图5-19为温拌胶粉改性沥青经短期和长期老化作用后微观黏附力图像。对比图5-19a)、b)可知,短期老化作用后,微观黏附力统计直方图上的峰变得平缓、宽度变大,峰结构整体向原点移动,即温拌胶粉改性沥青的微观黏附力随着老化程度加深而逐渐减弱。结合图5-20,温拌胶粉改性沥青的微观黏附力平均值由48.661nN减小到30.223nN。对比

图 5-19a)、b)、c)可知,温拌胶粉改性沥青经长期老化作用后,其微观黏附力统计直方图上的峰形较短期老化无明显变化,峰结构继续向原点移动。结合图 5-20 发现,长期老化后其微观黏附力减小至 19.874nN。试验结果表明,伴随着老化程度加深,温拌胶粉改性沥青的微观黏附力减小,与胶粉改性沥青变化规律基本一致。究其原因,老化作用使沥青重质分子质量增加,相对分子质量的增加会显著减少沥青中的黏性组分[25],致使沥青微观黏附力减小。这说明老化程度加深,沥青的整体黏附力减小,易从集料表面剥落,在路面服役期容易形成松散、坑槽等病害,从而降低路面的使用性能。

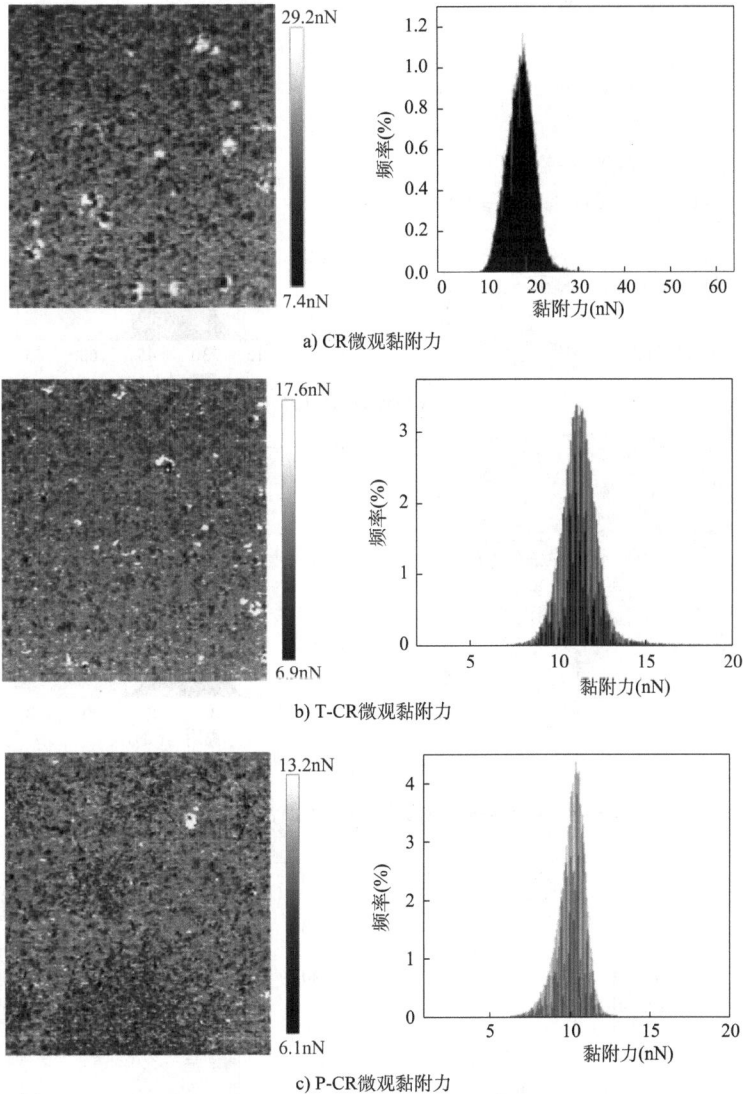

a) CR微观黏附力

b) T-CR微观黏附力

c) P-CR微观黏附力

图 5-18 老化作用前后胶粉改性沥青微观黏附力图像

由图 5-21 可知,无论哪种老化条件,温拌胶粉改性沥青微观黏附力的减小率始终低于胶粉改性沥青,说明 SDYK 型表面活性剂能减缓沥青微观黏附力的减小率,即 SDYK 型表面活性剂的添加提高了胶粉改性沥青的抗老化性能。

a) CR-SDYK微观黏附力

b) T-CR-SDYK微观黏附力

c) P-CR-SDYK微观黏附力

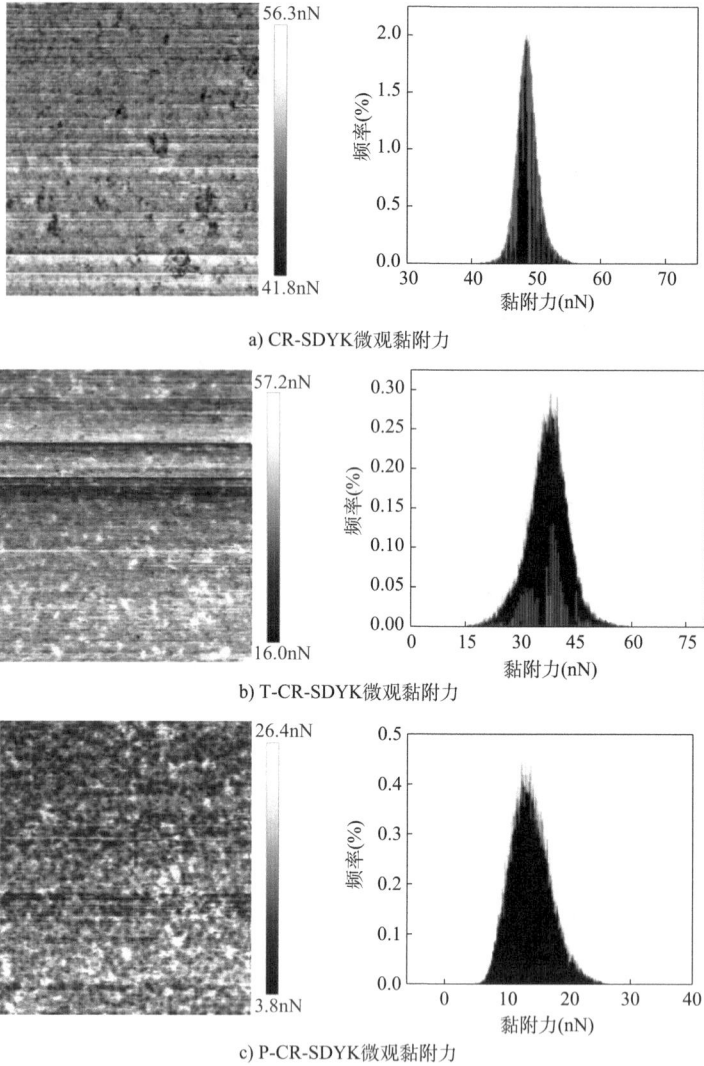

图 5-19　老化作用前后温拌胶粉改性沥青微观黏附力图像

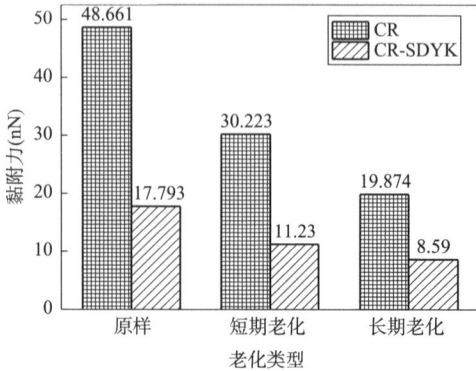

图 5-20　沥青老化前后微观黏附力图

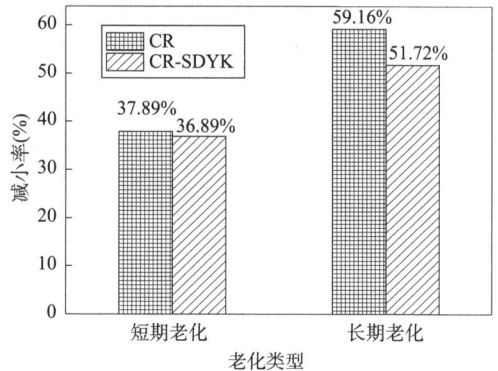

图 5-21　老化后沥青微观黏附力减小率

5.4.4.5 老化作用对温拌胶粉改性沥青杨氏模量的影响

图 5-22、图 5-23 是两种改性沥青未老化、短期老化和长期老化状态下的杨氏模量图像，对比图 5-22a)、b)可知，短期老化后，胶粉改性沥青的杨氏模量统计直方图的峰形状基本与未老化前的相同，但峰结构整体向横坐标右侧移动，说明胶粉改性沥青的杨氏模量随着老化程度的加深而逐渐增大。对比图 5-22a)、b)、c)可知，长期老化作用后，其峰形状基本无变化，峰结构整体继续向横坐标右侧移动，杨氏模量持续增大。结合图 5-24 可知，原样时胶粉改性沥青的杨氏模量的平均值为 220.767MPa，短期老化后为 397.936MPa，长期老化后为 421.091MPa，增大速率分别是 80.25%、90.74%。这说明随着老化程度的加深，杨氏模量逐渐增大，且长期老化作用时增大速率更大。

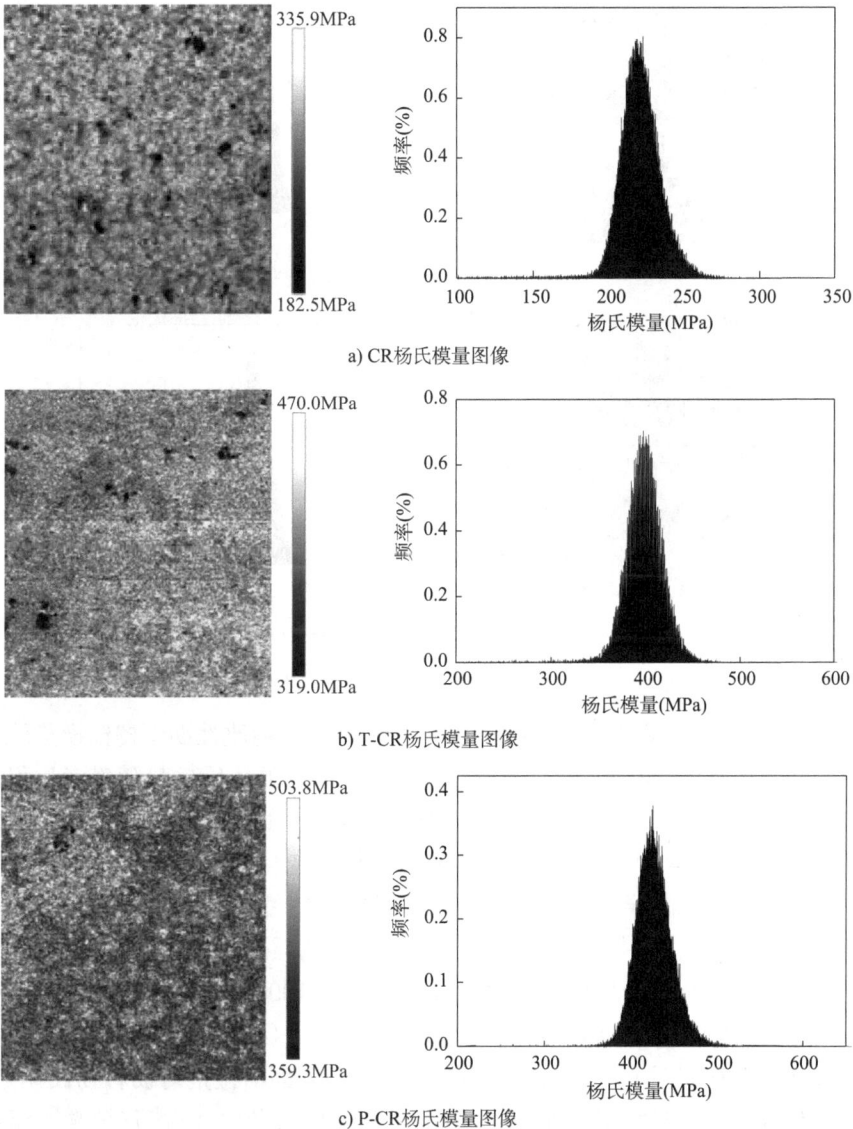

a) CR杨氏模量图像

b) T-CR杨氏模量图像

c) P-CR杨氏模量图像

图 5-22 老化作用前后胶粉改性沥青杨氏模量图像

a) CR-SDYK杨氏模量图像

b) T-CR-SDYK杨氏模量图像

c) P-CR-SDYK杨氏模量图像

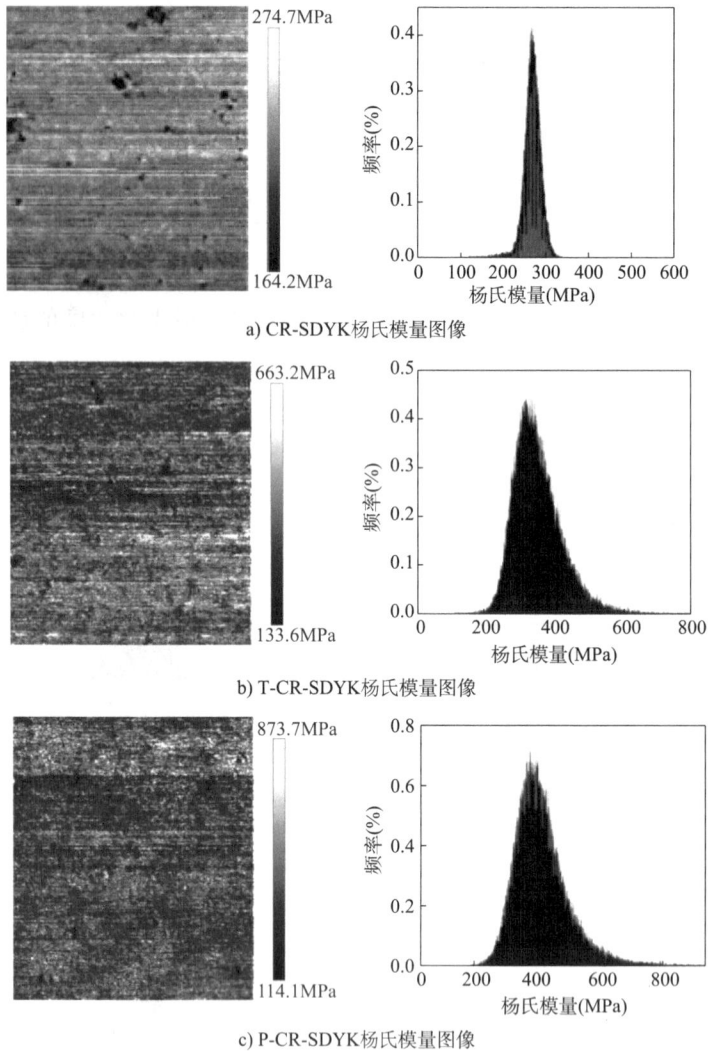

图 5-23　老化作用前后温拌胶粉改性沥青杨氏模量图像

对比图 5-23a)、b) 可以看出,短期老化作用下,温拌胶粉改性沥青杨氏模量统计直方图上的峰变宽,峰结构整体向右侧移动,即温拌胶粉改性沥青的杨氏模量随着老化程度加深而逐渐增大。对比图 5-23a)、b)、c)可知,长期老化作用下,其峰形状无明显变化,但峰结构整体向右侧移动。结合图 5-24 看出,杨氏模量经短期和长期老化作用后,分别增至 347.528MPa 和 405.889MPa。这说明温拌胶粉改性沥青的杨氏模量随着老化程度的加深逐渐增大。原因是沥青经历长期老化后其中分子质量在 1000 以下的物质(主要为芳香分与相对分子质量较小的胶质)会发生氧化聚合反应并转化为分子质量在 1000 以上的物质(主要为相对分子质量较大的胶质与沥青质)。沥青中分子质量在 1000 以上物质的增加对其杨氏模量有明显影响,能有效增强沥青高温抗变形能力。探究 SDYK 型表面活性剂对沥青杨氏模量的影响,结果如图 5-25 所示。由图可知,无论是短期老化还是长期老化,温拌胶粉改性沥青杨氏模量的增长速率始终小于胶粉改性沥青,说明 SDYK 型表面活性剂能减缓沥青的老化速度。

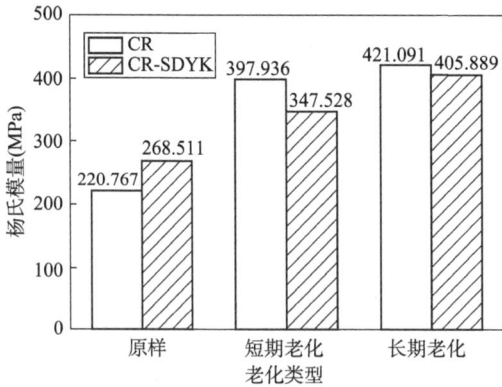

图 5-24　沥青老化前后杨氏模量图

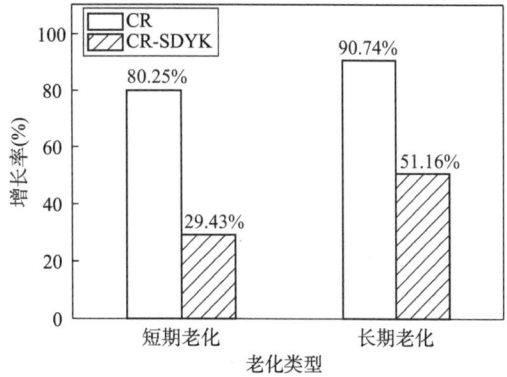

图 5-25　老化后沥青杨氏模量增长率

5.4.4.6　老化作用对温拌胶粉改性沥青耗散能的影响

图 5-26、图 5-27 分别是两种改性沥青在未老化、短期老化和长期老化下的耗散能图像，利用 NanoScope Analysis 分析软件"Modify Data Scale"模块计算 3 种情况下胶粉改性沥青的耗散能，如图 5-28 所示。由图可知，随着老化程度的加深，耗散能逐渐增大，弹性性能变优异，高温抗变形能力增强。

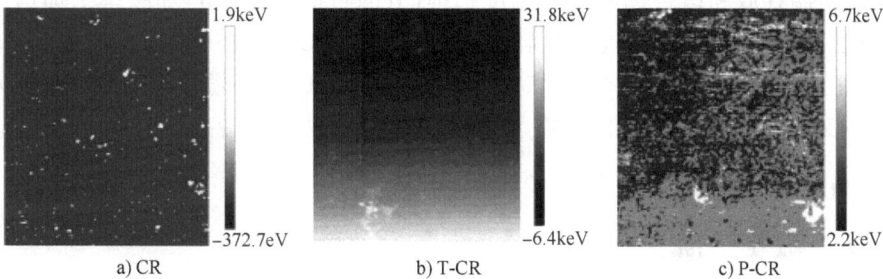

a) CR　　　　　　　　　　　b) T-CR　　　　　　　　　　　c) P-CR

图 5-26　老化作用前后胶粉改性沥青耗散能图像

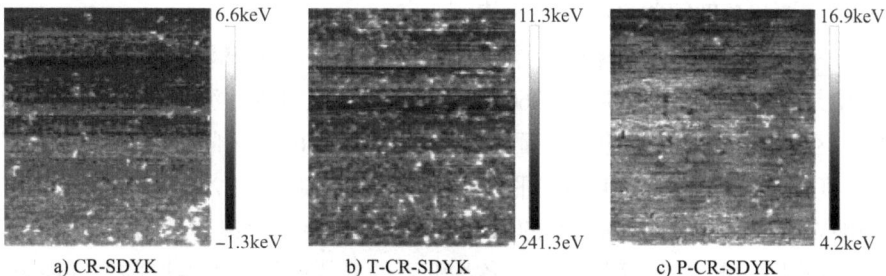

a) CR-SDYK　　　　　　　　b) T-CR-SDYK　　　　　　　c) P-CR-SDYK

图 5-27　老化作用前后温拌胶粉改性沥青耗散能图像

由图 5-27 可知，随老化程度的加深，温拌胶粉改性沥青耗散能逐渐增大，与胶粉改性沥青变化规律基本相同。由图 5-28 可知，三种状态下温拌胶粉改性沥青的耗散能均高于胶粉改性沥青。这表明 SDYK 型表面活性剂的掺入使沥青耗散能有所增加，温拌胶粉改性沥青对探针针尖的吸引力更大。由图 5-29 可知，温拌胶粉改性沥青耗散能增长速率小于胶粉改性沥青，即温拌胶粉改性沥青的抗老化性能优于胶粉改性沥青。

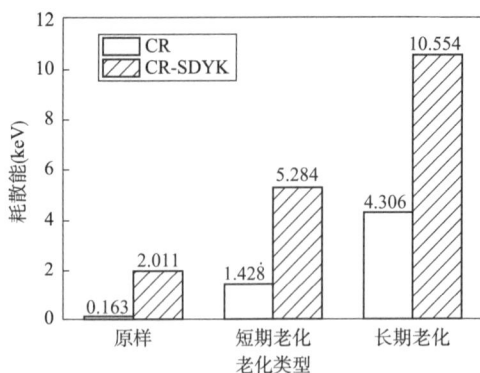

图 5-28　沥青老化前后耗散能图

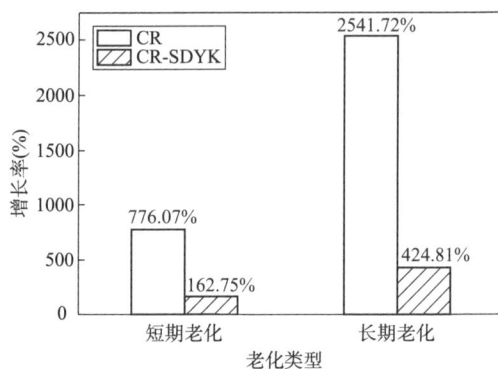

图 5-29　老化后沥青耗散能增长率

5.5　温拌胶粉改性沥青的高温流变性能

采用动态剪切流变仪,分别对短期老化前后的胶粉改性沥青、降黏型温拌胶粉改性沥青和表面活性剂型温拌胶粉改性沥青进行温度扫描(Temperature Sweep)和频率扫描(Frequency Sweep)试验。其中,温度扫描试验的温度范围为28~82℃,温度步长为6℃,荷载作用频率为10rad/s,相当于1.592Hz。频率扫描时的温度为28~82℃,任一温度下的频率范围为0.1~100rad/s,均采用直径为25mm的夹具,沥青试样厚度为1.1~2.2mm,采用应力控制法进行试验。

5.5.1　温度扫描

图 5-30、图 5-31 分别为短期老化前后添加降黏剂和表面活性剂的各种沥青在 28~82℃ 范围内的 G^* 和 δ 与温度间关系的变化规律。

图 5-30 为短期老化前后降黏型温拌胶粉改性沥青 G^* 和 δ 随温度的变化曲线图。可以看出:①无论是 60 目胶粉改性沥青 CR60 还是混合目数胶粉改性沥青 CRHH,添加降黏剂后在 28~46℃区间,G^* 值随温度的升高而迅速减小;在 46~64℃区间,随温度升高,G^* 值继续以较小的速度减小;64℃后,G^* 值趋于平稳且各种沥青接近。在 28~82℃温度区间,δ 值逐渐增大,说明在这一温度区间,随温度的升高各种沥青都逐渐由以弹性为主转变为以黏性为主的状态。②在同一温度下,短期老化后各种沥青的复数模量随着温度的升高明显增加,而相位角明显减小,这说明短期老化后各种沥青的高温性能得到提升,这是因为短期老化使沥青中轻质组分减少,沥青质含量增加,表现为沥青弹性性能增强,抗变形能力提高。③对比图 5-30a)、b)中不同掺量降黏型温拌胶粉改性沥青 CR60 的 G^* 和 δ 值可知,无论短期老化前后,在整个温度区间内胶粉改性沥青的 δ 值都更大,LP 掺量 3% CR60 改性沥青的 δ 值最小;胶粉改性沥青 G^* 值最小,LP 掺量 3% CR60 改性沥青的 G^* 值最大。由此可知,LP 掺量 3% CRL 改性沥青的高温性能最好,LP 掺量 1% 和 2% CR60 改性沥青的高温性能接近,而

CR60 改性沥青相对较差。这说明添加降黏剂可以改善 60 目胶粉改性沥青的高温性能,且随着降黏剂掺量的增加,高温抗车辙能力得到提高。④同样对比图 5-30c)、d)中不同掺量降黏型温拌胶粉改性沥青 CRHH 的 G^* 和 δ 值可知,其 G^* 和 δ 受温度和短期老化的影响变化规律与 CR60 改性沥青相似,即都随着温度升高 G^* 减小、δ 增大,而短期老化后 G^* 明显增大、δ 减小。对比短期老化前后不同掺量的降黏型温拌胶粉改性沥青 CRHH 可知,复数模量的排序为 CRLHH-2% > CRLHH-3% > CRLHH-1% > CRHH,相位角的排序为 CRLHH-2% < CRLHH-3% < CRLHH-1% < CRHH,综合 G^* 和 δ 评价指标可得,CRLHH-2% 高温性能最好,其次是 CRLHH-3%,而 CRHH 最差,说明降黏剂加入混合目数胶粉改性沥青中,可以提高其高温性能,但达到一定掺量时改善效果减弱。

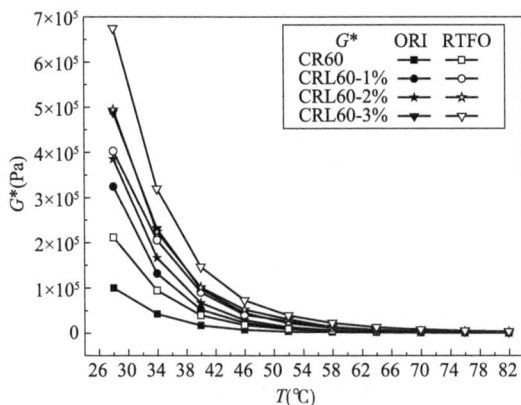

a) CR60改性沥青G^*随温度的变化

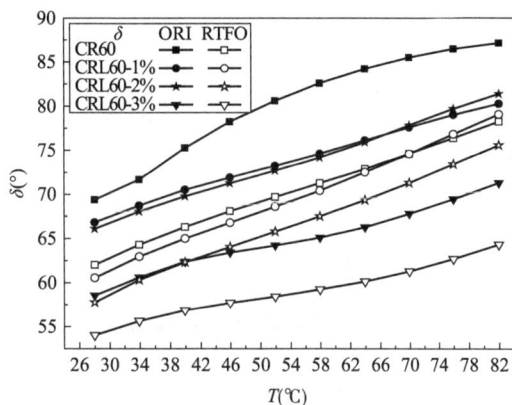

b) CR60改性沥青δ随温度的变化

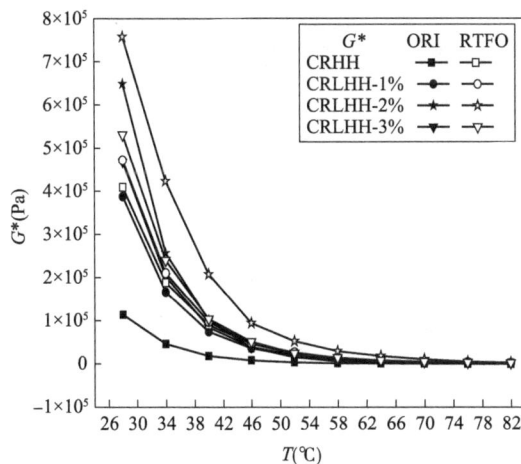

c) CRHH沥青G^*随温度的变化

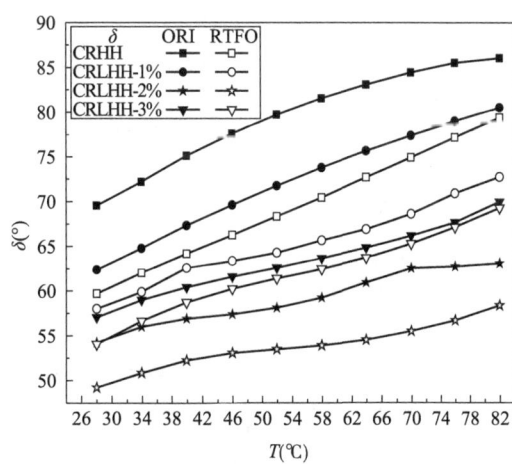

d) CRHH沥青δ随温度的变化

图 5-30 短期老化前后降黏型温拌胶粉改性沥青 G^* 和 δ 随温度的变化

由图 5-31 可以看出:①添加表面活性剂与添加降黏剂到 60 目胶粉改性沥青和混合目数胶粉改性沥青中具有相同的变化规律,在 28~82℃ G^* 均随温度的升高逐渐减小,达到一定温度后趋于平缓,而 δ 变化则相反,均随着温度的升高逐渐增大,说明温度升高,使改性沥青中的弹性部分向黏性部分转化,改性沥青中黏性部分增加,恢复变形能力减弱,高温抗变形能力变差,充分体现了沥青这种黏弹性材料与温度的关系。特别是未老化 CR60 改性沥青,在温度为 82℃时,其相位角已经接近 90°,表明此时已经形成黏流状态。②经过短期老化后,各种沥青的 G^* 呈现增大的趋势,δ 总体减小,表明短期老化使沥青逐渐呈现较强的弹性,抗变形能力增强,老化和温度对沥青的黏弹参数产生了明显的影响。③比较图 5-31a)、b)中不同掺量 CR60 改性沥青的 G^* 和 δ 值可知,相同温度下 G^* 值的大小关系为 CRB60-0.6% > CRB60-0.4% > CRB60-0.8% > CR60,而 δ 则表现出 CRB60-0.6% < CRB60-0.4% < CRB60-0.8% < CR60,表明掺量 0.6% 的 CR60 改性沥青的高温性能最好。同样比较图 5-31c)、d)中不同掺量 CRHH 改性沥青的 G^* 和 δ 值可知,CRBHH-0.6% 的高温性能最好。

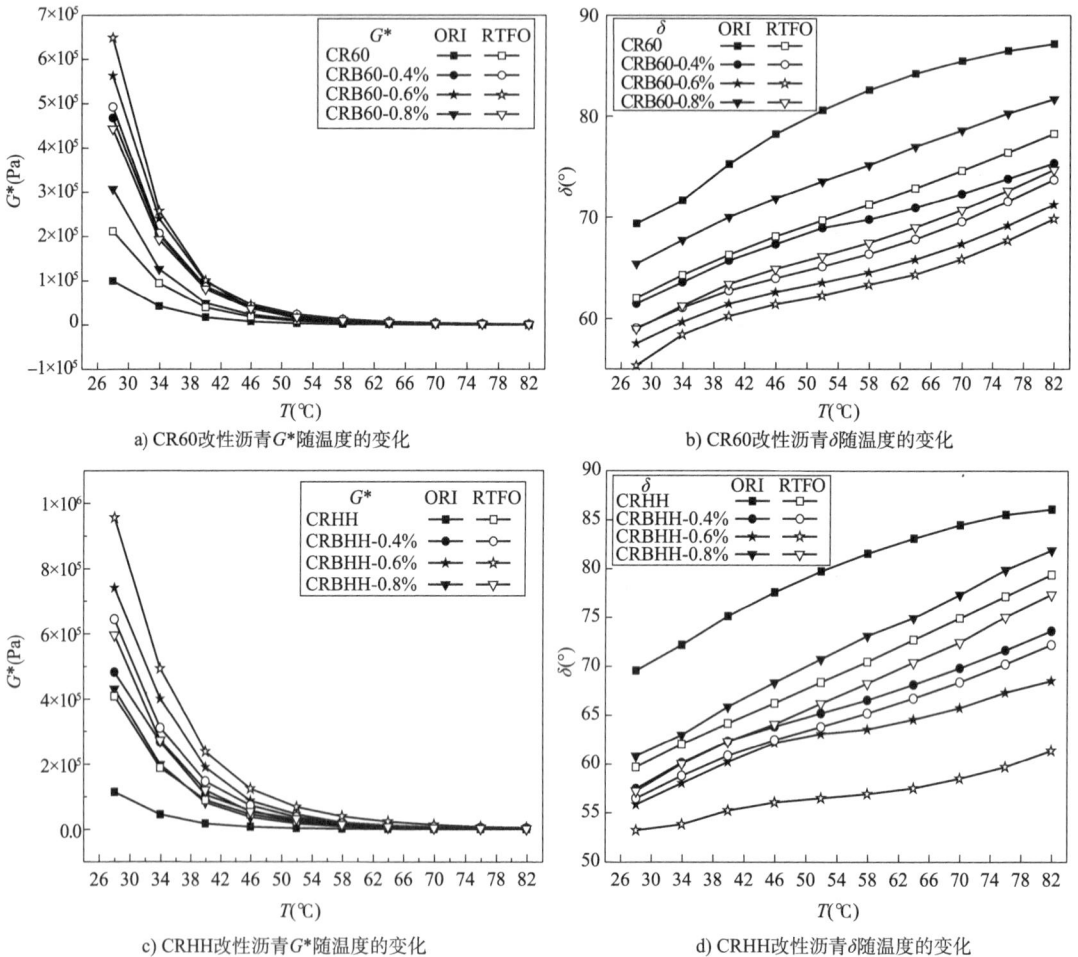

a) CR60改性沥青G^*随温度的变化　　　　　b) CR60改性沥青δ随温度的变化

c) CRHH改性沥青G^*随温度的变化　　　　　d) CRHH改性沥青δ随温度的变化

图 5-31　表面活性剂型温拌胶粉改性沥青 G^* 和 δ 随温度的变化

通过温度扫描对温拌胶粉改性沥青的高温流变性能进行研究,发现 CRL60-3%、CRLHH-2%、CRB60-0.6%、CBRHH-0.6% 改性沥青的高温性能更优。图 5-32 为短期老化前后四种改性沥青 G^* 和 δ 随温度的变化曲线图。由图可以看出:①对比不同温度下温拌剂对不同目数胶粉改性沥青 G^* 和 δ 值的影响可知,短期老化前后,在相同温度下 G^* 值排序为 CRBHH-0.6% >

CRB60-0.6%,CRLHH-2% > CRL60-3%,δ 值排序为 CRBHH-0.6% < CRB60-0.6%,CRLHH-2% < CRL60-3%,表明降黏剂和表面活性剂掺入混合目数胶粉改性沥青中高温性能更好。②比较不同温拌剂对同种胶粉改性沥青 G^* 和 δ 值的影响可知,短期老化前后,在相同温度下 G^* 值排序为 CRBHH-0.6% > CRLHH-2%,CRB60-0.6% > CRL60-3%,δ 值排序为 CRBHH-0.6% < CRLHH-2%,CRB60-0.6% < CRL60-3%,表明表面活性剂型温拌胶粉改性沥青的高温性能更好。③综合比较分析,短期老化前后 CRBHH-0.6% 的 G^* 值最大,δ 值最小,表明不同温度下 CRBHH-0.6% 高温性能最好。

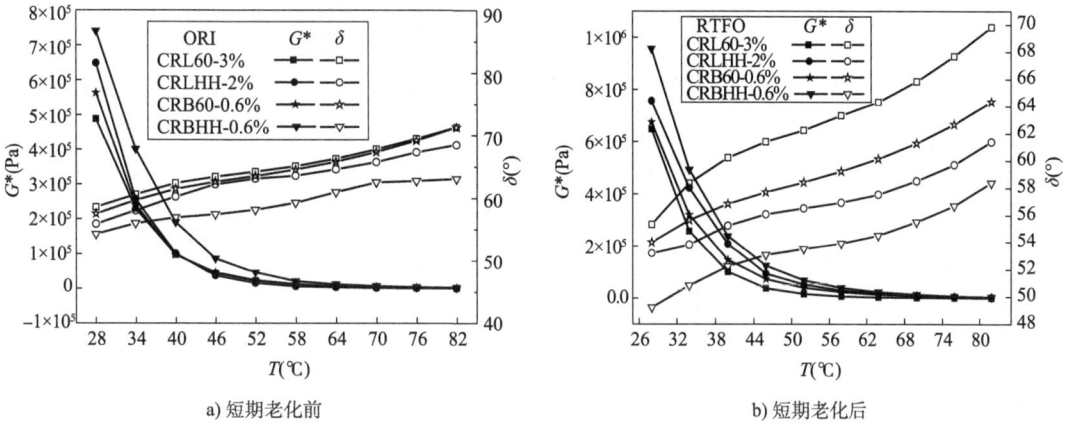

a) 短期老化前　　　　　　　　　　　　b) 短期老化后

图 5-32 　四种改性沥青 G^* 和 δ 随温度的变化

5.5.2 频率扫描

选取 64℃ 时从 0.1rad/s 到 100rad/s 频率扫描结果,分析各种沥青的高温性能受加载频率的影响,该温度下复数模量 G^* 和相位角 δ 在短期老化前后对比如图 5-33、图 5-34 所示。

图 5-33 为短期老化前后降黏型温拌胶粉改性沥青 G^*、δ 随频率的变化图,由图 5-33a) ~ d) 可以看出:①降黏型温拌胶粉改性沥青在短期老化前后有相同的变化规律,即随角频率 ω 增大 G^* 值逐渐增大,而 δ 值逐渐减小,且 G^* 值增大的速率远大于 δ 值减小的速率,说明随着频率的增大,改性沥青高温抗变形能力得到提高。②短期老化后,各沥青的 G^* 和 δ 分别明显增大和减小,说明在不同荷载频率下,降黏剂的掺入均能提高沥青的高温性能,且整个频率范围内都具有更高的复数模量和更低的相位角,表明短期老化后其高温抗车辙性能更好。③对比图 5-33a)、b) 中不同掺量降黏型 CR60 改性沥青的 G^* 和 δ 值可知,在不同频率下,CRL60-3% 改性沥青的高温性能最好;同样对比图 5-33c)、d) 中不同掺量表面活性剂型 CRHH 改性沥青的 G^* 和 δ 值可知,CRLHH-2% 的高温性能最好。

图 5-34 为短期老化前后表面活性剂型温拌胶粉改性沥青 G^*、δ 随频率的变化图,由图可以看出:①随着频率的增加,各沥青的 G^* 呈现增长的趋势,δ 呈现减少的趋势。当频率接近 0.1rad/s 时,沥青的相位角已经接近 90°,表明此时沥青已经接近黏性体。②频率从 0.1rad/s 到 100rad/s,CR 改性沥青的 G^* 值均大于 CR60 改性沥青的 G^* 值,δ 值均小于 CR60

改性沥青的 δ 值,而 CRBHH 改性沥青的 G^* 值也均大于 CRHH 改性沥青的 G^* 值,δ 值也均小于 CRHH 改性沥青的 δ 值,说明添加表面活性剂改善了各胶粉改性沥青的高温性能。③由图 5-34a)、b)可以看出,短期老化前后,CR60 改性沥青的 G^* 值排序为 CRB60-0.6% > CRB60-0.4% > CRB60-0.8% > CR60,δ 值排序为 CRB60-0.6% < CRB60-0.4% < CRB60-0.8% < CR60,表明 CRB60-0.6% 改性沥青的高温性能最优,由图 5-34c)、d)可以看出,CRBHH-0.6% 改性沥青的高温性能最好,这与温度扫描的结果相一致。

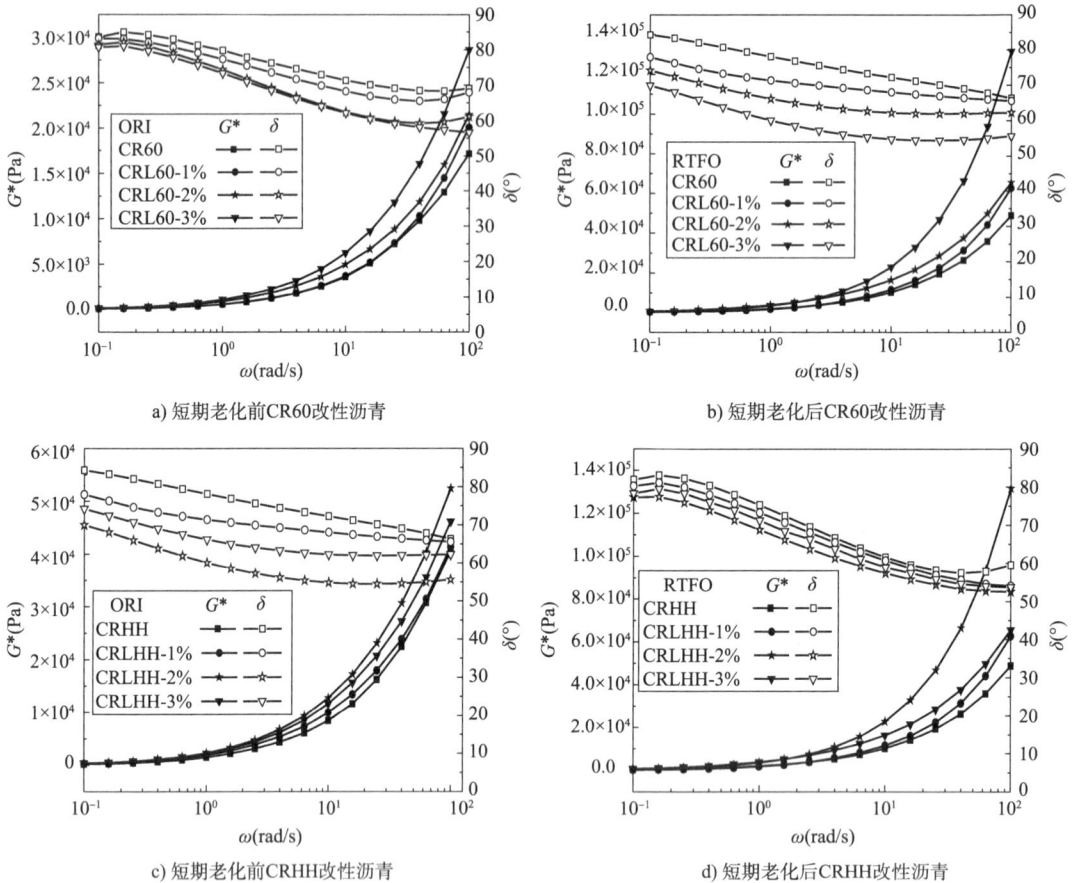

a) 短期老化前CR60改性沥青　　　　　　b) 短期老化后CR60改性沥青

c) 短期老化前CRHH改性沥青　　　　　　d) 短期老化后CRHH改性沥青

图 5-33　降黏型温拌胶粉改性沥青 G^*、δ 随频率的变化

通过以上频率对沥青高温流变性能的影响分析,可以发现 CRL60-3%、CRLHH-2%、CRB60-0.6%、CRBHH-0.6% 改性沥青的高温性能更优。图 5-35 为短期老化前后四种沥青 G^* 和 δ 随频率变化曲线图。由图可以看出:①对比不同频率下温拌剂对不同目数胶粉改性沥青 G^* 和 δ 值的影响可知,同一频率下 G^* 值排序为 CRBHH-0.6% > CRB60-0.6%,CRLHH-2% > CRL60-3%,δ 值排序为 CRBHH-0.6% < CRB60-0.6%,CRLHH-2% < CRL60-3%,表明降黏剂和表面活性剂掺入混合目数胶粉改性沥青中高温性能更好。②对比不同频率下不同温拌剂对同种胶粉改性沥青 G^* 和 δ 的影响可知,同一频率下 G^* 值排序为 CRBHH-0.6% > CRLHH-2%,CRB60-0.6% > CRL60-3%,δ 值排序为 CRBHH-0.6% < CRLHH-2%,CRB60-0.6% < CRL60-3%,表明表面活性剂型温拌胶粉改性沥青的高温性能更好。③综合

分析,短期老化前后 CRBHH-0.6% 改性沥青的 G^* 值最大、δ 值最小,表明不同频率下 CRBHH-0.6% 改性沥青的高温性能最好。

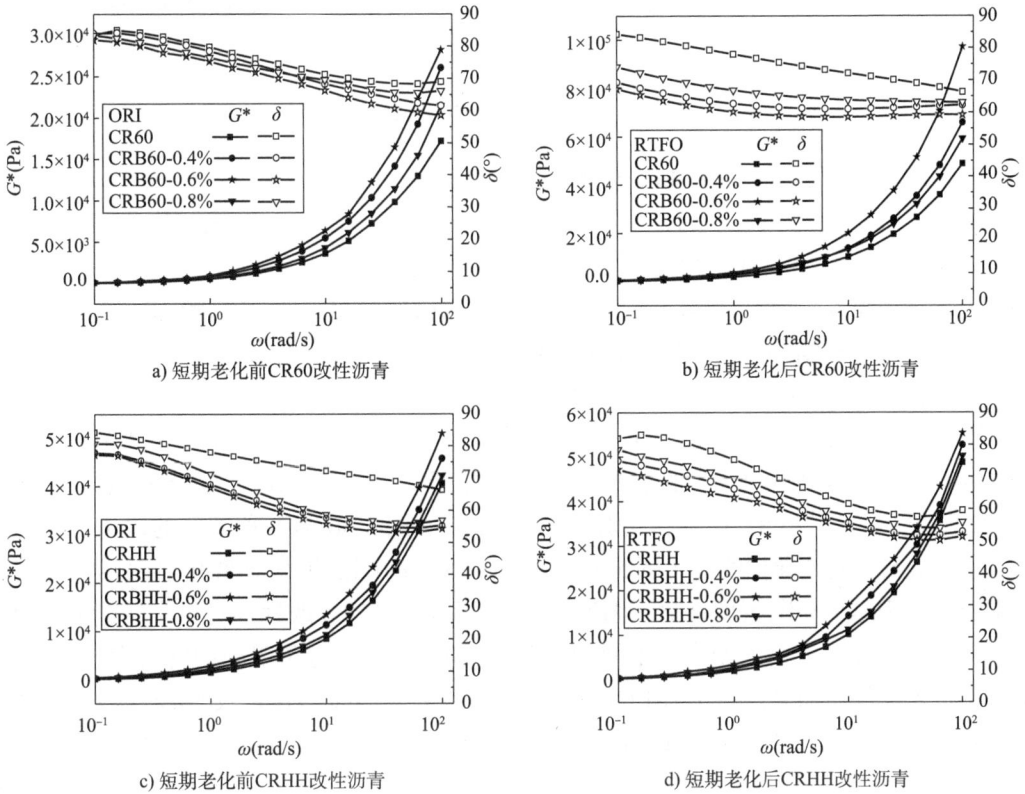

a) 短期老化前CR60改性沥青　　b) 短期老化后CR60改性沥青
c) 短期老化前CRHH改性沥青　　d) 短期老化后CRHH改性沥青

图 5-34　表面活性剂型温拌胶粉改性沥青 G^*、δ 随频率的变化

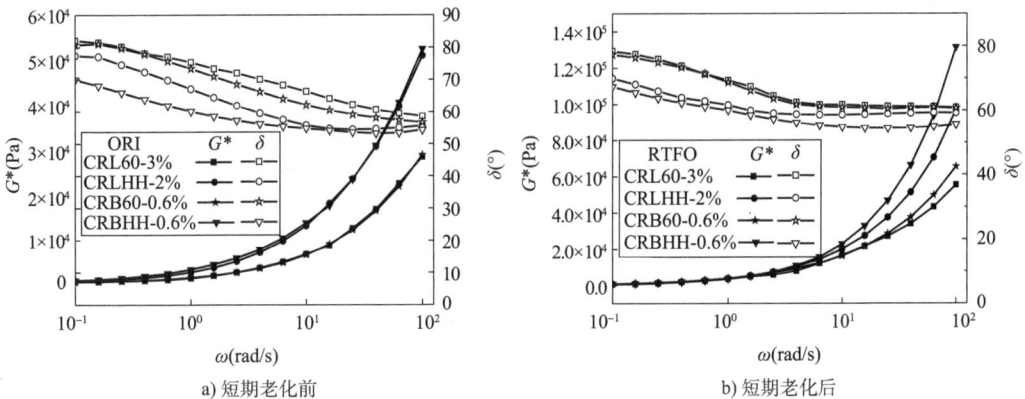

a) 短期老化前　　b) 短期老化后

图 5-35　短期老化前后四种改性沥青的 G^*、δ 随频率的变化

5.5.3　改进抗车辙因子

研究发现,利用 Superpave 规范中提出的 $G^*/\sin\delta$ 评价沥青的高温性能存在一定的局限

性,效果不明显。沥青混合料的变形主要由可恢复变形和不可恢复变形两部分组成。Shenoy[26-27]提出评价沥青的抗车辙能力用不可恢复变形部分的新指标。Shenoy 与 Plazek 利用 Burges 模型推导出沥青胶结料在给定常应力 σ_0 作用下不可恢复应变 γ_{unr} 的表达式,见式(5-9)[28]。

$$\gamma_{unr} = \frac{100\sigma_0}{G^*}\left[1 - (\sin\delta \cdot \tan\delta)^{-1}\right] \tag{5-9}$$

要使沥青材料高温性能好,则要求不可恢复应变最小,即使 $G^*/[1 - (\sin\delta \cdot \tan\delta)^{-1}]$ 最大。因为不可恢复应变 γ_{unr} 不能为 0,即需要使 $1 - (\sin\delta \cdot \tan\delta)^{-1} > 0$,则相位角需要满足的条件为 $\delta > 51.8°$。所以,针对相位角小于 $51.8°$ 的情况就不适用了。针对这一缺陷,Shenoy 发现 $G^*/\sin^9\delta$ 和 $G^*/[1 - (\sin\delta \cdot \tan\delta)^{-1}]$ 之间具有极好的相关性,且新指标 $G^*/\sin^9\delta$ 的相位角范围为 $0° \sim 90°$,故可以用 $G^*/\sin^9\delta$ 来代替 $G^*/[1 - (\sin\delta \cdot \tan\delta)^{-1}]$ 作为优化指标,能更全面地分析不同温度下改性沥青的黏弹特性。

以 DSR 试验的温度扫描试验数据为基础,分别对短期老化前后 CRL60-3%、CRLHH-2%、CRB60-0.6%、CRBHH-0.6% 改性沥青的抗车辙因子 $G^*/\sin^9\delta$ 进行比较分析,温度范围为 $28 \sim 82℃$,温度步长为 $6℃$,荷载作用频率为 $10rad/s$。图 5-36 为四种沥青的改进抗车辙因子 $G^*/\sin^9\delta$ 与温度变化曲线。由图 5-36 可知,在 $28 \sim 46℃$ 区间,短期老化前后,$G^*/\sin^9\delta$ 值随温度的升高迅速减小,说明在这一温度区间,随温度升高四种改性沥青抗车辙能力迅速降低,这是因为温度的升高使沥青分子间的相互作用能力下降,分子受到的约束力减弱,表现出 $G^*/\sin^9\delta$ 降低的趋势;在 $46 \sim 64℃$ 区间,改性沥青 $G^*/(\sin\delta)^9$ 值以较小的速度减小,说明这一温度区间,随温度升高四种改性沥青抗车辙能力趋于平缓;$64℃$ 后,四种改性沥青的 $G^*/\sin^9\delta$ 值趋于某一定值,说明 $64℃$ 后,四种改性沥青抗车辙能力差异不大。对比可以看到:短期老化前后,在 $28 \sim 82℃$ 整个温度区间 CRBHH-0.6% 沥青的 $G^*/\sin^9\delta$ 值始终最大,CRL60-3% 改性沥青的 $G^*/\sin^9\delta$ 值始终最小。对于沥青而言,在高温时具有较高的改进型抗车辙因子意味着具有较好的高温抗变形性能。因此,掺量 0.6% 的表面活性剂添加到混合目数胶粉改性沥青中,其高温抗变形性能最好。

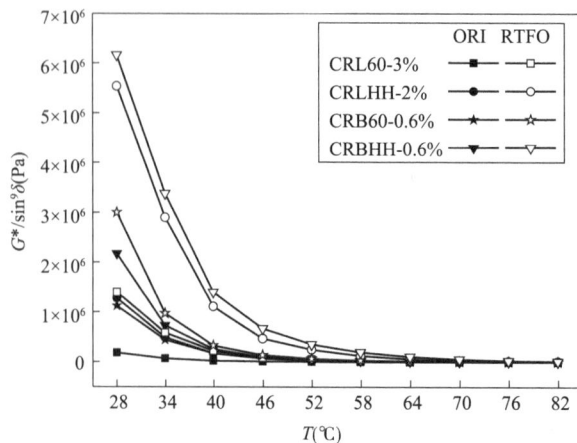

图 5-36 四种沥青的改进抗车辙因子 $G^*/\sin^9\delta$ 与温度变化曲线图

5.5.4 延迟弹性

对四种改性沥青进行重复加载试验,即采用加载 1s 进行蠕变试验,然后卸载进行 9s 的变形恢复,完成 100 次重复循环。该试验较全面地考虑了材料的变形抗高温能力,且考虑了改性沥青的延迟弹性。采用 150Pa 和 300Pa 两个应力水平,55℃和 65℃两个温度对短期老化前后四种改性沥青进行试验。

胶粉改性沥青、降黏型温拌胶粉改性沥青和表面活性剂型温拌胶粉改性沥青在蠕变阶段有着相近的变形,但经过一段卸载时间,即在恢复阶段以后,变形恢复有很大的差异,以 CRL60-3%、CRLHH-2%、CRB60-0.6%、CRBHH-0.6% 改性沥青在 55℃、150Pa 的蠕变恢复试验为例,将两个蠕变循环的应变进行对比。

图 5-37 是短期老化前后四种改性沥青蠕变恢复曲线。从图中可以看出,短期老化前后四种改性沥青的变形恢复曲线呈凹形,沥青在加载阶段的蠕变变形主要是黏弹性流动变形,卸载后延迟弹性变形部分得以恢复,随着恢复时间的增加,变形的弹性部分不断得到恢复,而且如果卸载时间继续增加,恢复仍会继续。四种改性沥青相比较,在短期老化前后,CRB-HH-0.6% 改性沥青较其他三种改性沥青具有较好的变形恢复能力。从图中还可以看出,短期老化后四种改性沥青在 1s 加载阶段产生的应变较短期老化前有所降低,经过 9s 恢复期后残余应变也较短期老化前有所降低,说明沥青在短期老化后抗变形能力提高了,在相同的温度和应力水平下高温性能更优。

图 5-37

a) 短期老化前

b) 短期老化后

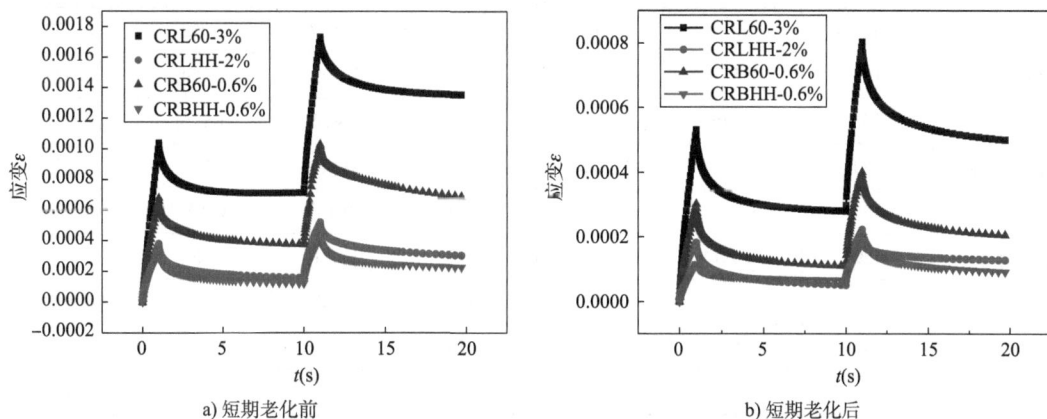

图 5-37 短期老化前后四种改性沥青的蠕变恢复能力比较

为了进一步分析四种沥青的变形恢复能力,将恢复阶段的初始应变即卸载瞬时应变用 ε_L 表示,恢复阶段末未能恢复的残余应变用 ε_P 表示,则用 $\varepsilon_P/\varepsilon_L$ 表示永久变形占总变形的比例,即变形中黏性部分的比例。$\varepsilon_P/\varepsilon_L$ 越小,沥青的变形恢复能力越强。

表 5-12 为沥青在不同温度和不同应力水平下的 $\varepsilon_P/\varepsilon_L$,可以看出:①短期老化前后,在相同温度下,应力越大,四种改性沥青的 $\varepsilon_P/\varepsilon_L$ 值越大,表明相同温度下,应力越大,四种改性沥青的变形恢复能力越差。②短期老化前后,在相同应力下,温度越高,四种改性沥青的 $\varepsilon_P/\varepsilon_L$ 值越大,表明相同应力下,温度越高,四种改性沥青的变形恢复能力越差。③短期老化

前后,在相同温度和应力条件下,四种改性沥青 $\varepsilon_P/\varepsilon_L$ 值的排序为 CRBHH-0.6% < CRLHH-2%,CRB60-0.6% < CRL60-3%,表明表面活性剂型温拌胶粉改性沥青的变形恢复能力要优于降黏型温拌胶粉改性沥青。通过对不同目数的胶粉改性沥青 $\varepsilon_P/\varepsilon_L$ 值排序可知:CRBHH-0.6% < CRB60-0.6%,CRLHH-2% < CRL60-3%,表明降黏剂和表面活性剂掺入混合目数胶粉改性沥青中变形恢复能力能更好。④在相同温度和应力条件下,短期老化前后对比,四种改性沥青经过短期老化后其 $\varepsilon_P/\varepsilon_L$ 减小,表明短期老化后改性沥青的变形恢复能力增强。⑤在相同温度和应力条件下,掺量 0.6% 的 CRBHH 改性沥青的 $\varepsilon_P/\varepsilon_L$ 值最小,表明掺量 0.6% 的 CRBHH 改性沥青的变形恢复能力最好。

沥青在不同温度和不同应力水平下 $\varepsilon_P/\varepsilon_L$ 比较 　　　　　表 5-12

温度(℃)	应力(Pa)	ORI $\varepsilon_P/\varepsilon_L$			RTFO $\varepsilon_P/\varepsilon_L$		
		第1次	第50次	第100次	第1次	第50次	第100次
CRL60-3%,55℃	150	0.603	0.971	0.952	0.502	0.960	0.934
	300	0.679	0.973	0.961	0.551	0.961	0.945
CRL60-3%,65℃	150	0.687	0.975	0.959	0.631	0.965	0.943
	300	0.79	0.976	0.963	0.637	0.967	0.948
CRLHH-2%,55℃	150	0.506	0.953	0.904	0.364	0.948	0.913
	300	0.526	0.968	0.917	0.40	0.951	0.937
CRLHH-2%,65℃	150	0.661	0.965	0.929	0.519	0.95	0.928
	300	0.7	0.969	0.931	0.527	0.952	0.933
CRB60-0.6%,55℃	150	0.531	0.968	0.940	0.401	0.954	0.924
	300	0.576	0.970	0.941	0.422	0.956	0.939
CRB60-0.6%,65℃	150	0.681	0.973	0.943	576	0.956	0.937
	300	0.718	0.975	0.952	0.6	0.96	0.939
CRBHH-0.6%,55℃	150	0.321	0.946	0.877	0.271	0.931	0.864
	300	0.384	0.961	0.898	0.285	0.937	0.892
CRBHH-0.6%,65℃	150	0.541	0.96	0.921	0.375	0.945	0.922
	300	0.584	0.962	0.925	0.4	0.948	0.925

5.5.5 蠕变劲度的黏性部分影响参数 G_v 分析

黏弹性理论中采用柔量 J 反映材料的变形性质,相当于单位应力下的应变。沥青的蠕变柔量 $J(t)$ 由弹性部分 J_e、延迟弹性部分 $J_{de}(t)$ 和黏性部分 $J_v(t)$ 组成,如式(5-10)所示:

$$J(t) = J_e + J_{de}(t) + J_v(t) \tag{5-10}$$

采用黏性部分柔量 J_v 的倒数 G_v 作为沥青高温性能的评价指标,G_v 为沥青蠕变劲度中的黏性部分,G_v 越大,沥青的高温性能越好。利用 Origin 软件对第 50 次和第 51 次的蠕变恢复结果用 Burgers 模型的本构方程式拟合得到各参数和 J_v,从而取平均值计算蠕变劲度的黏

性成分 G_v。不同沥青在不同应力水平和不同温度下的短期老化前后的 G_v 用柱状图来表示，如图 5-38 所示。

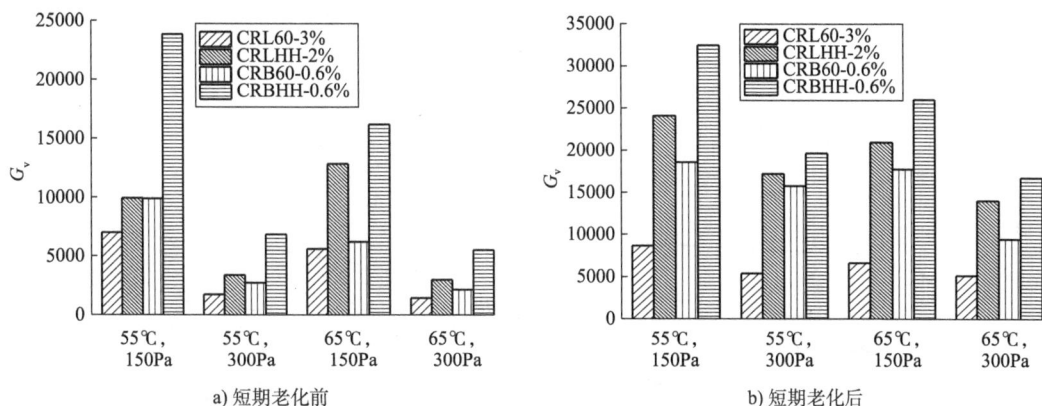

a) 短期老化前   b) 短期老化后

图 5-38　四种改性沥青在不同条件下的 G_v 值

由图 5-38 可以看出，在相同的应力水平下，短期老化前后四种改性沥青的 G_v 值随温度的增加呈现明显降低的趋势。在相同的温度下，短期老化前后四种改性沥青的 G_v 值随应力的增加也呈现明显下降的趋势。在相同温度和相同应力水平作用下，短期老化后其 G_v 值较大，表明短期老化后其高温抗变形能力提高，且无论短期老化前后，CRBHH-0.6% 改性沥青的 G_v 值均最大，表明 CRBHH-0.6% 改性沥青的高温抗变形能力最好，这与前面 $\varepsilon_P / \varepsilon_L$ 的分析得到的结论一致。

5.6　温拌胶粉改性沥青的低温流变性能

采用美国 CANNON 公司的低温弯曲梁流变仪，考虑内蒙古地区的低温特性，试验温度为 $-12℃$、$-18℃$、$-24℃$ 和 $-30℃$，根据时间-温度转换原理，将荷载作用时间缩短为 60s，试验温度降低 10℃，两种试验条件是等效的，即本试验模拟实际路面温度为 $-22℃$、$-28℃$、$-34℃$ 和 $-40℃$。

5.6.1　温拌剂对低温流变性能的影响

图 5-39 为短期老化前后不同温度下降黏型温拌胶粉改性沥青的 S 和 m 值随温拌剂掺量的变化规律，从图 5-39a)、b)中可以看出，短期老化前后，CRL60 改性沥青的 S 值要比胶粉改性沥青的小，m 值比胶粉改性沥青的大，说明降黏剂加入 60 目胶粉改性沥青中，使沥青的松弛能力有所提高，低温开裂的可能性降低。在试验温度下，随着降黏剂掺量的增加，CRL60 改性沥青的 m 值逐渐增加，S 值也逐渐增加，但增长趋势缓慢。从图 5-39c)、d)中可以看出，CRLHH 改性沥青的 S 值要比 CRH 改性沥青的大，m 值比 CRH 改性沥青的小，说明降黏剂加入混合目数胶粉改性沥青中，其低温抗裂性能变差；在短期老化前后 CRLHH 改性

沥青中,S 值最小的是掺量 3% 的 CRLHH 改性沥青,m 值最大的是掺量 1% 的 CRLHH 改性沥青。

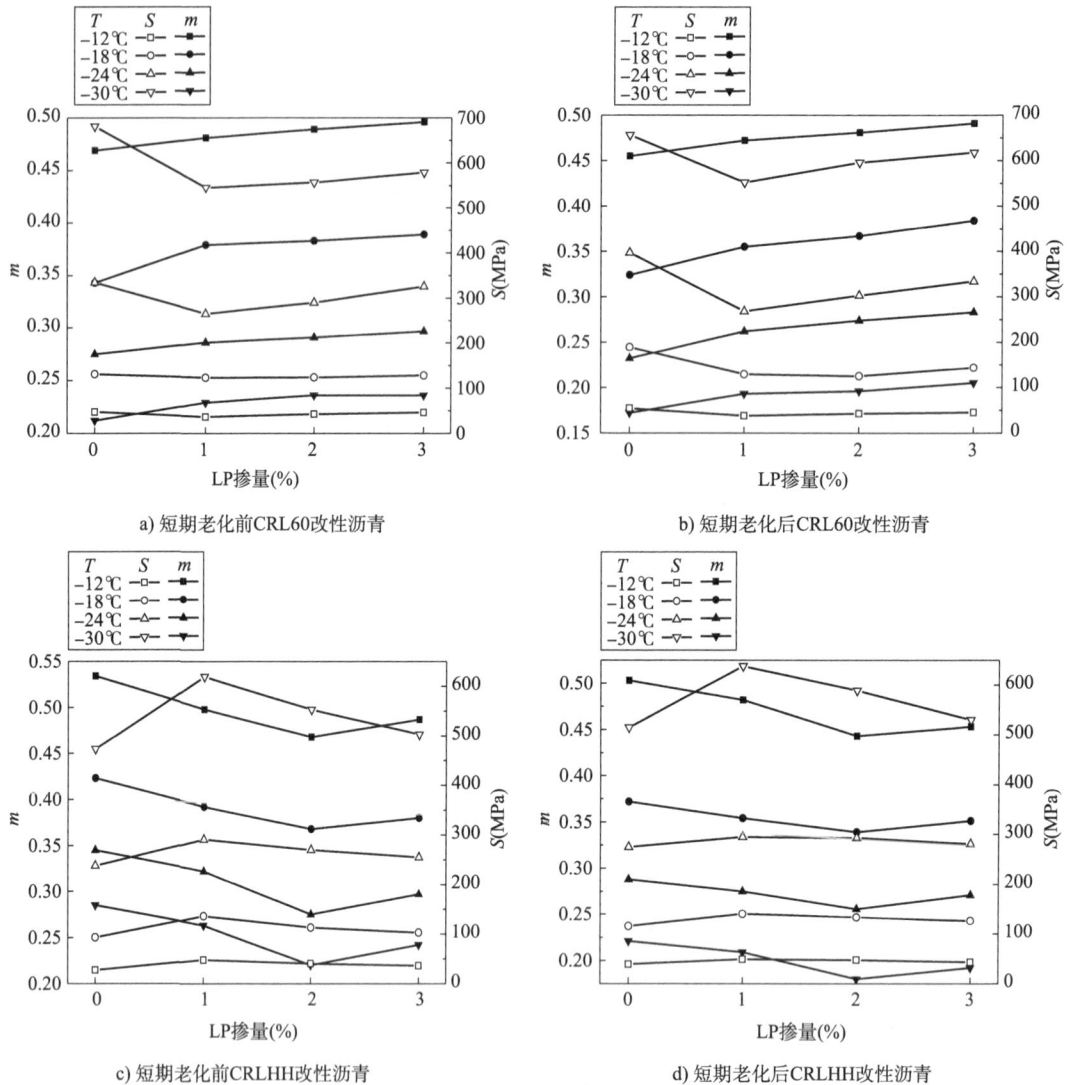

a) 短期老化前CRL60改性沥青

b) 短期老化后CRL60改性沥青

c) 短期老化前CRLHH改性沥青

d) 短期老化后CRLHH改性沥青

图 5-39 短期老化前后不同温度下 CRL 改性沥青 S、m 随 LP 掺量的变化

图 5-40 为短期老化前后不同温度下 CRB 改性沥青 S、m 随掺量的变化关系。由图 5-40a)、b)可以看出,CRB60 改性沥青的 S 值要比胶粉改性沥青的小,m 值比胶粉改性沥青的大,说明表面活性剂加入 60 目胶粉改性沥青中,使沥青的松弛能力有所提高,低温开裂的可能性降低。从图 5-40c)、d)中可以看出,CRBHH 改性沥青的 S 值要比 CRH 改性沥青的大,m 值比 CRH 改性沥青的小,说明表面活性剂加入混合目数胶粉改性沥青中使其低温抗裂性能变差。从图 5-40a) ~ d)还可以看出,几种温拌胶粉改性沥青相比,在 -12℃、-18℃、-24℃、-30℃各温度下,掺量 0.6% 的 CRH 改性沥青 S 值最小,m 值最大,说明短期老化前后,无论是将表面活性剂加入 60 目胶粉改性沥青中还是混合目数胶粉改性沥青中,掺量

0.6% 的表面活性剂型温拌胶粉改性沥青的低温抗裂性都是最优的。

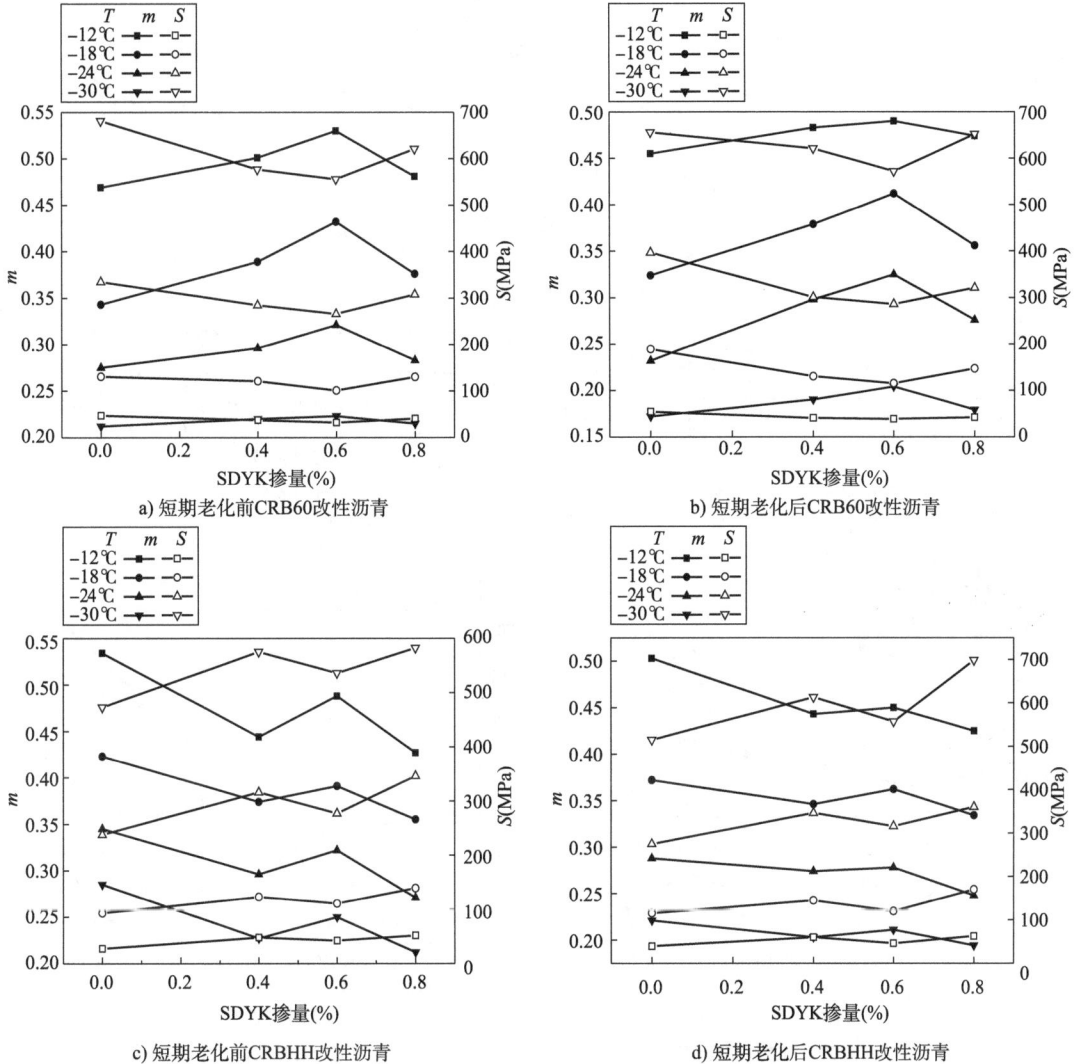

a) 短期老化前 CRB60 改性沥青

b) 短期老化后 CRB60 改性沥青

c) 短期老化前 CRBHH 改性沥青

d) 短期老化后 CRBHH 改性沥青

图 5-40　短期老化前后不同温度下 CRB 改性沥青 S、m 随掺量的变化

图 5-41 为不同温度下沥青 S、m 随掺量的变化关系。由图 5-41a) 可以看出, 随着 SDYK 掺量的增加, CRB60 改性沥青的 m 值变化幅度比较大, m 值先增加后减小; 随着 LP 掺量的增加, CRL60 改性沥青的 m 值变化幅度比较小。从图 5-41b) 可以看出, 随着 SDYK 掺量的增加, CRB60 改性沥青的 S 值变化幅度比较大, S 值先减小后增大; 随着 LP 掺量的增加, CRL60 改性沥青的 S 值变化幅度比较小。以上分析表明: 表面活性剂较降黏剂对 60 目胶粉改性沥青的低温性能影响更大。从图 5-41c)、d) 可以看出, CRBHH 和 CRLHH 改性沥青的 m 值随温拌剂掺量的变化幅度都很大, CRBHH 改性沥青的 S 值随 SDYK 掺量的变化幅度比较大, S 值先减小后增大, CRLHH 改性沥青的 S 值随 LP 掺量的变化幅度不大, 表明表面活性剂较降黏剂对混合目数胶粉改性沥青的低温性能影响更大。

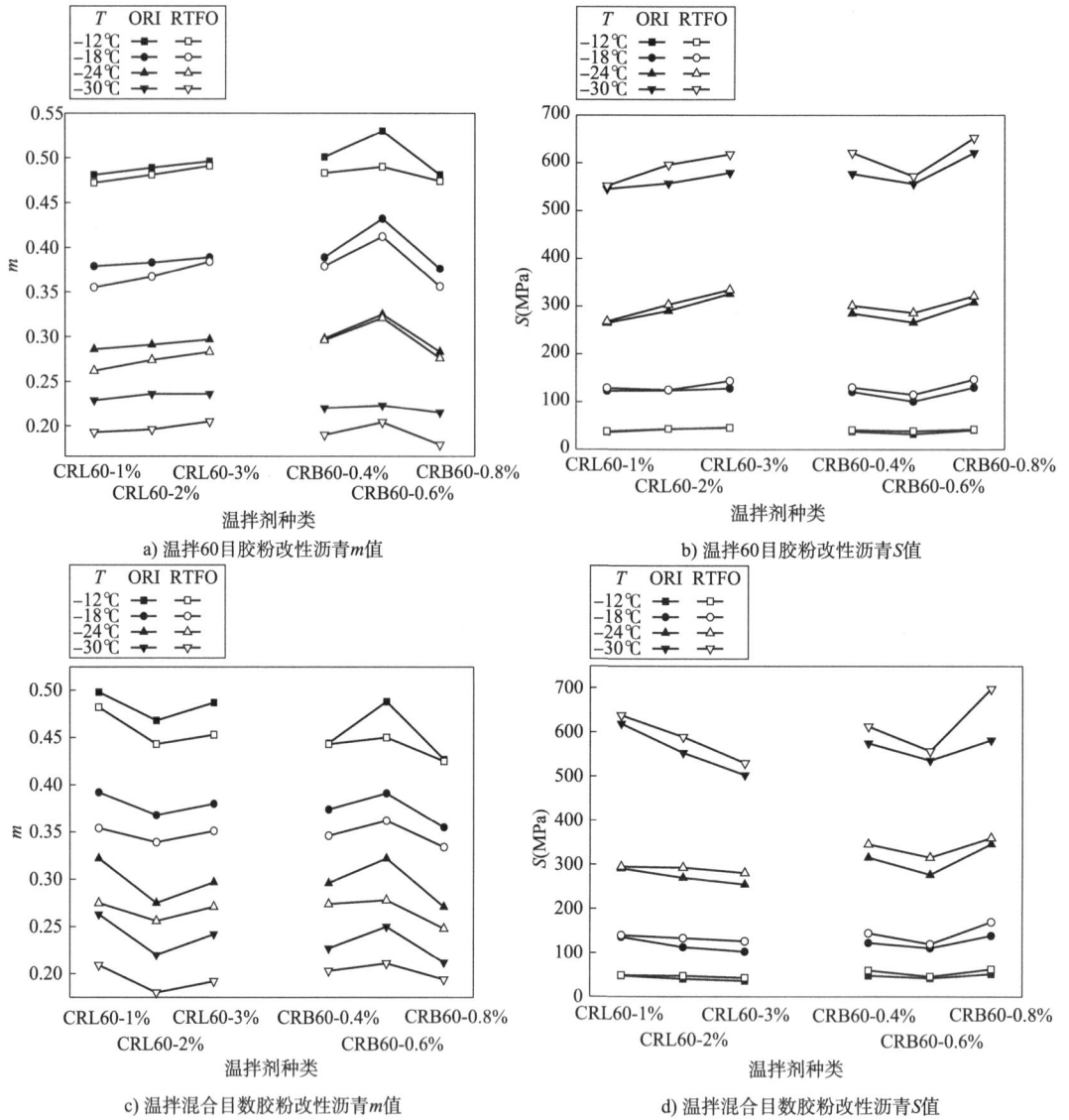

a) 温拌60目胶粉改性沥青m值

b) 温拌60目胶粉改性沥青S值

c) 温拌混合目数胶粉改性沥青m值

d) 温拌混合目数胶粉改性沥青S值

图 5-41　不同温度下沥青 S、m 随掺量的变化

5.6.2　温度对低温流变性能的影响

在对多种沥青进行比较分析时,会出现用 S 值和 m 值评价低温流变性能相互矛盾的情况,如上文所述,在短期老化前后 CRLHH 改性沥青中,S 值最小的是掺量 3% 的 CRLHH 改性沥青,m 值最大的是掺量 1% 的 CRLHH 改性沥青,S 值越小,m 值越大,沥青低温流变性能越好,那么仅通过 S 值和 m 值的分析无法判断哪种沥青更好。张树文等[29]在对沥青低温流变性能参数间关系的分析研究中结合伯格斯模型中的四个参数,推导出了用参数表示的 $m(t)$ 与 $S(t)$ 之间的物理关系,计算时间 $t=60s$ 时的 m/S,其值越大,表明沥青的低温流变性能越好,反之越差。

图 5-42 和图 5-43 分别为短期老化前后降黏型和表面活性剂型温拌胶粉改性沥青的 m/S 随温度变化曲线图,由图可以看出,这几种沥青曲线变化规律大体一致,随着温度的降低,m/S 值逐渐减小, $-18 \sim -12℃$ 范围内下降较明显,随后减缓, $-30 \sim -24℃$ 区间内趋于平缓,这是因为随着温度的降低,分子运动的能量降低,结构趋于稳定。

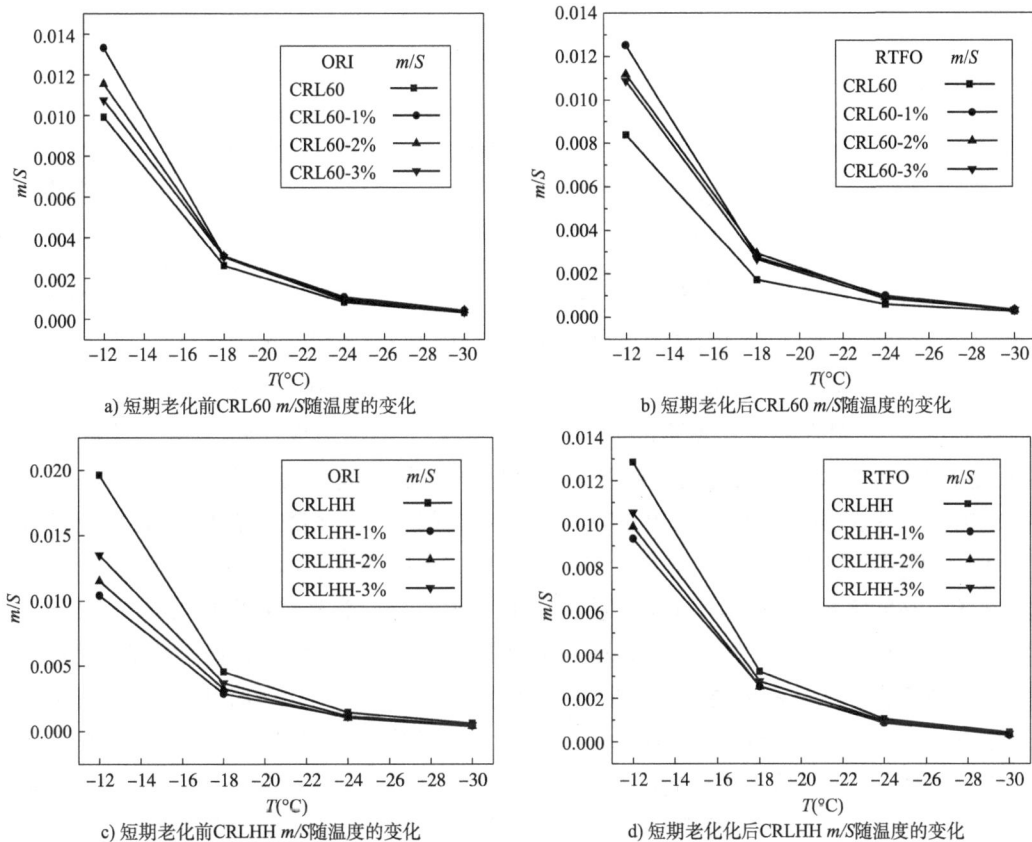

a) 短期老化前CRL60 m/S随温度的变化

b) 短期老化后CRL60 m/S随温度的变化

c) 短期老化前CRLHH m/S随温度的变化

d) 短期老化化后CRLHH m/S随温度的变化

图 5-42 短期老化前后 CRL 改性沥青 m/S 随温度的变化

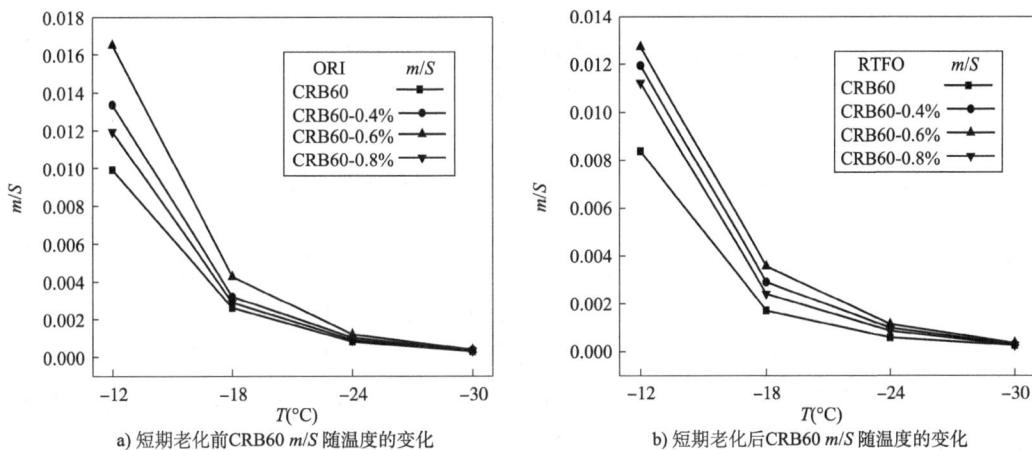

a) 短期老化前CRB60 m/S 随温度的变化

b) 短期老化后CRB60 m/S 随温度的变化

图 5-43

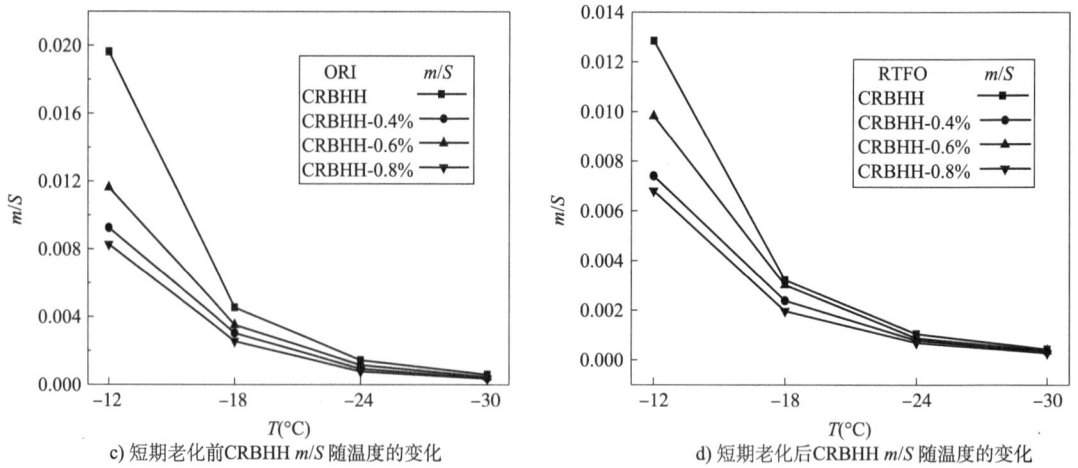

c) 短期老化前CRBHH m/S 随温度的变化　　　　　　　d) 短期老化后CRBHH m/S 随温度的变化

图 5-43　短期老化前后 CRHH 改性沥青 m/S 随温度的变化

由图 5-42a)、b)可以看出,各种 CRL60 改性沥青的 m/S 值在不同温度下都比 60 目胶粉改性沥青的大,说明降黏剂改善了 60 目胶粉改性沥青的低温流变性能,这是因为降黏剂能够增强胶粉改性沥青在低温时的收缩能力,有利于改善低温流变性能;短期老化前后 m/S 排序为 CRL60-1% > CRL60-2% > CRL60-3% > CRL60,掺量 1% 的降黏剂加入 60 目胶粉改性沥青中,其低温流变性能最好。但在 −24 ~ −18℃,不同掺量 LP 对 m/S 值影响减小,说明不同掺量的降黏剂随温度的降低对 CRL 改性沥青的低温流变性能改善效果减弱。由图 5-42c)、d)可以看出,各种 CRLHH 改性沥青 m/S 值在不同温度下都比 CRLHH 改性沥青的小,说明降黏剂未改善混合目数胶粉改性沥青低温流变性能,在 −18 ~ −12℃时,随着降黏剂掺量逐渐增加,CRLHH 改性沥青 m/S 值逐渐增大,说明随着降黏剂掺量的增加,CRLHH 改性沥青的低温流变性能逐渐增强。短期老化前后 m/S 排序为 CRLHH > CRLHH-3% > CRLHH-2% > CRLHH-1%,即 CRLHH 改性沥青中,掺量 3% 的降黏剂加入混合目数胶粉改性沥青中,其低温流变性能最好。

由图 5-43a)、b)可以看出,各种 CRB60 改性沥青的 m/S 值在不同温度下都比 60 目胶粉改性沥青的大,说明表面活性剂改善了 60 目胶粉改性沥青低温流变性能,在 −24 ~ −12℃整个温度区间内,同一温度下,短期老化前后 CRB60 改性沥青 m/S 排序为 CRB60-0.6% > CRB60-0.4% > CRB60-0.8%,掺量 0.6% 的 CRB60 改性沥青的低温流变性能更好。但在 −30 ~ −24℃区间内,不同掺量的改性沥青对 m/S 值影响减小,说明温度的下降使沥青的低温性能下降。从图 5-43c)、d)可以看出,各种 CRBHH 改性沥青 m/S 值在不同温度下都比 CRHH 改性沥青的小,说明表面活性剂未改善混合目数胶粉改性沥青低温流变性能。CRBHH 改性沥青中,短期老化前后 CRBHH 改性沥青 m/S 排序为 CRBHH-0.6% > CRBHH-0.4% > CRBHH-0.8%,表明其低温流变性能排序为 CRBHH-0.6% > CRBHH-0.4% > CRBHH-0.8%。在 −24 ~ −12℃区间中,CRBHH-0.6% 的改性沥青 m/S 最大,相对 CRBHH-0.8% 改性沥青的增长率接近 50%,CRBHH-0.4% 改性沥青的 m/S 居中,相对 CRBHH-0.8% 改性沥青的增长率接近 20%,表明 CRBHH-0.6% 改性沥青 m/S 值明显大于其他几种改性沥青,即掺量

0.6% 的 CRBHH 改性沥青低温流变性能明显高于其他掺量的 CRBHH 改性沥青。

5.6.3 老化程度对低温流变性能的影响

为了更好地评价各种沥青老化程度对低温流变性能的影响,用蠕变速率 m 和蠕变劲度 S 的比值 m/S 来进行对比分析,m/S 值越大,则改性沥青的低温流变性能越好,反之越差。各种沥青的 m/S 值随温度的变化曲线如图 5-44 所示。

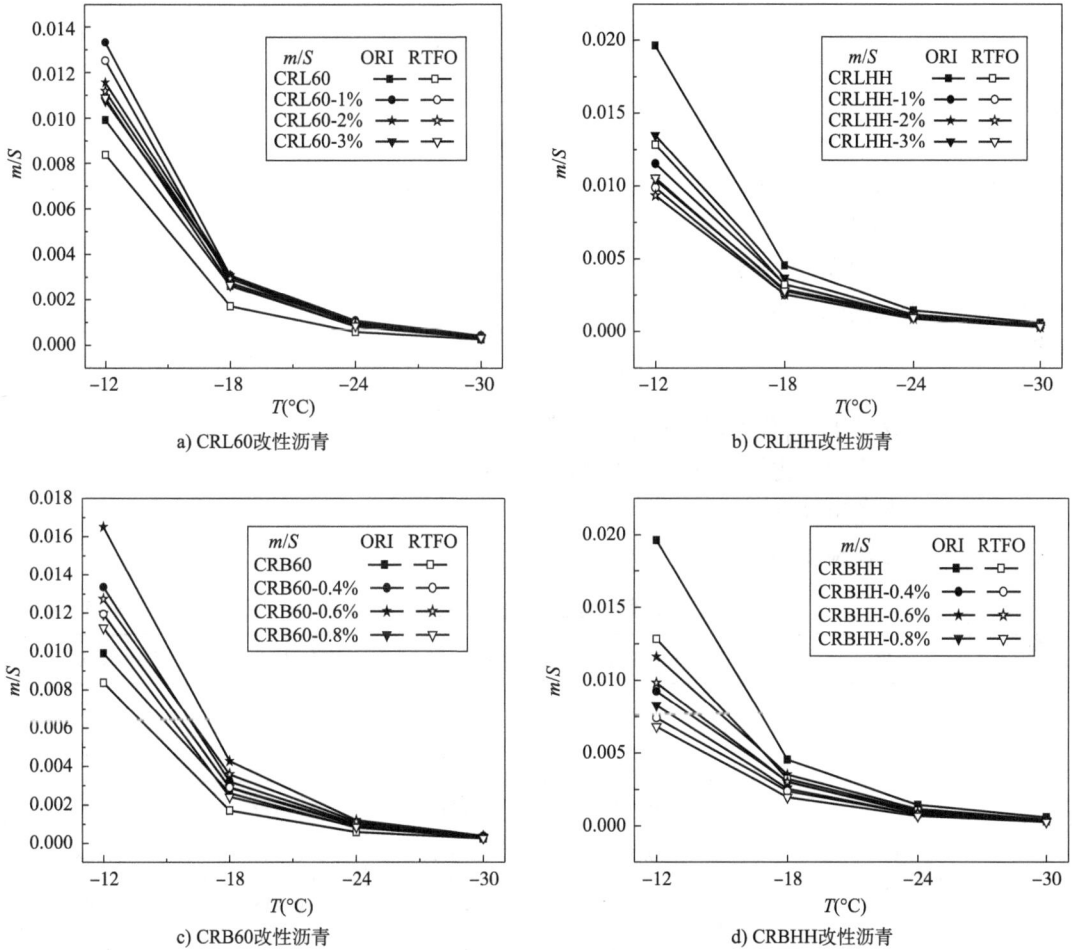

a) CRL60改性沥青   b) CRLHH改性沥青

c) CRB60改性沥青   d) CRBHH改性沥青

图 5-44 短期老化前后改性沥青 m/S 随温度的变化

由图 5-44 可以看出,经过短期老化后,各种沥青的 m/S 值逐渐减小,说明短期老化作用使各种沥青的低温性能变差;在短期老化前后,随着温度的降低,m/S 值逐渐减小,在 $-18 \sim -12$℃下降明显,随后减缓,在 $-30 \sim -24$℃范围内趋于平缓,说明随着温度的降低,沥青中分子运动能量下降,沥青的低温流变性能趋于稳定。在 $-24 \sim -12$℃范围内,经短期老化后,CRLHH 和 CRBHH 改性沥青 m/S 值减小程度大,而 CRL60 和 CRB60 改性沥青 m/S 值减小程度小,表明与 60 目胶粉改性沥青相比,温拌剂掺入混合目数胶粉改性沥青中短期老化后对低温流变性能的影响较大。

5.6.4 劲度模量主曲线

选 −18℃ 为参考温度主曲线,采用式(5-11)所示的 Sigmoid 模型[30],结合时-温等效原理和非线性最小二乘法,将试验温度的劲度模量向参考温度平移,得到四种沥青的劲度模量主曲线,同时可求出模型中各参数和温度移位因子,如表 5-13 所示。模型方程如式(5-11)所示,其中移位因子如式(5-12)所示。

$$\lg|S^*| = \delta + \frac{\alpha}{e^{\beta + \gamma \lg \omega_\gamma}} \tag{5-11}$$

其中:

$$\omega_\gamma = \alpha_T \omega$$

式中:S^*——劲度模量,Pa;

α、δ、β、γ——方程参数;

ω_γ——荷载角频率,rad/s;

ω——角频率,rad/s。

$$\lg \alpha_T = k_1 \left(\frac{1}{T} - \frac{1}{T_0} \right) \tag{5-12}$$

式中:$\lg \alpha_T$——移位因子,代表沿 x 轴水平位移值;

k_1——沥青的活化能与气体常数 R 的比值;

T_0——参考温度,K;

T——比较温度,K。

劲度模量主曲线拟合结果 表 5-13

参数		CRL60-1%	CRLHH-3%	CRB60-0.6%	CRBHH-0.6%
δ		0.966	0.422	0.477	0.842
α		1.000	0.737	0.742	0.922
β		0.440	0.344	0.899	0.490
γ		0.574	0.271	0.332	0.538
k_1		0.939	0.277	0.413	0.045
移位因子	−12℃	−1.062	−1.138	−1.054	−1.121
	−18℃	0	0	0	0
	−24℃	1.113	1.193	1.105	1.175
	−30℃	2.280	2.445	2.264	2.407

图 5-45 为 CRL60-1%、CRLHH-3%、CRB60-0.6% 和 CRBHH-0.6% 四种改性沥青在不同温度下的劲度模量主曲线。沥青的劲度模量主曲线是在某一温度下,劲度模量随时间的变化曲线,沥青的变形越大,劲度值越小,说明其柔性越好,低温性能越好。因此,利用主曲线下的面积来比较各种沥青的低温性能,曲线所包围的面积越小,说明具有越好的释放沥青

内部应力的能力[31],抗裂能力越强,沥青的低温性能越好。

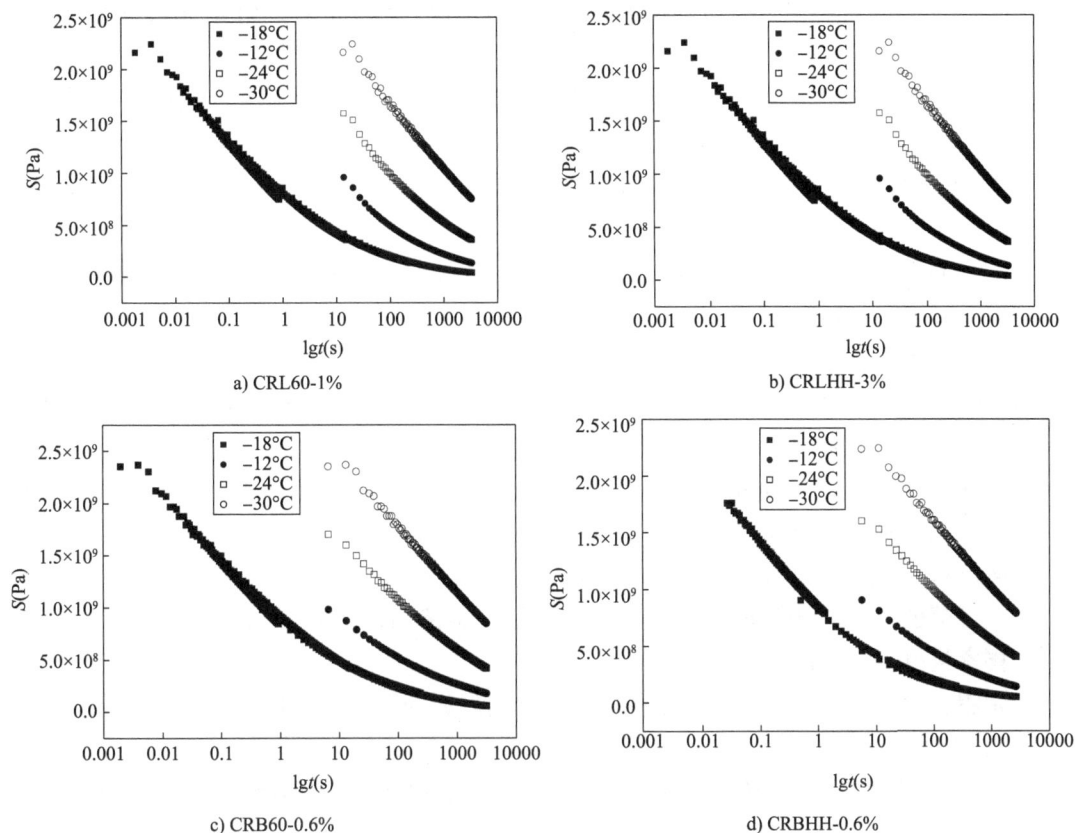

a) CRL60-1%

b) CRLHH-3%

c) CRB60-0.6%

d) CRBHH-0.6%

图 5-45　四种改性沥青在 −18℃ 的劲度模量主曲线

表 5-14 为 −18℃ 下各种沥青短期老化前后劲度模量主曲线下的面积。从表中可以看出,短期老化前后主曲线下的面积顺序为 CRBHH-0.6% < CRLHH-3% < CRB60-0.6% < CRL60-1%,由此可见,无论短期老化前后,CRBHH-0.6% 改性沥青主曲线下的面积最小,表明掺量 0.6% 的表面活性剂加入混合目数胶粉改性沥青中其低温性能最好。且经过短期老化后,其面积都比老化前大,表明经过短期老化后的各种沥青低温抗裂性能较老化前有所减弱[32]。

四种改性沥青 −18℃劲度模量主曲线下的面积 　　　　　　　　表 5-14

沥青种类	CRL60-1%	CRLHH-3%	CRB60-0.6%	CRBHH-0.6%
ORI	1.570×10^{12}	1.430×10^{12}	1.517×10^{12}	1.260×10^{12}
RTFO	1.593×10^{12}	1.493×10^{12}	1.571×10^{12}	1.357×10^{12}

本章参考文献

[1] 李祝龙,丁小军,赵述曾,等.沥青混合料应用中的环境保护[J].交通运输工程学报,2004,4(4):1-4.

[2] 吴乃明. 温拌剂种类对沥青混合料性能影响的研究[D]. 哈尔滨:东北林业大学, 2013.

[3] 李新阳. 基于降粘与表面活性技术的温拌沥青及混合料性能对比研究[D]. 重庆:重庆交通大学, 2013.

[4] 徐世法,颜彬,季节,等. 高节能低排放型温拌沥青混合料的技术现状与应用前景[J]. 公路,2005(7):195-198.

[5] HURLEY G C, PROWELL B D. Evaluation of Aspha-min® zeolite for use in warm mix asphalt[R]. Alabama:NCAT Report05-04, 2005.

[6] 张月,周卫峰,李翠红. 不同温拌剂对胶粉改性沥青性能的影响研究[J]. 中外公路, 2017,37(3):271-275.

[7] 冉维廷. 温拌沥青混合料沥青降粘机理研究[D]. 济南:山东建筑大学, 2012.

[8] HURLEY G C, PROWELL B D. Evaluation of sasobit for use in warm mix asphalt[R]. Alabama:NCAT Report 05-06.

[9] MCLEOD N W. A 4-year survey of low temperature transverse pavement cracking on three ontario test roads with discussion and closure[C/OL]//Association of Asphalt Paving Technologists Proc. 1972,41. https://trid.trb.org/view/100217.

[10] 交通部公路科学研究所. 道路沥青及沥青混合料路用性能的研究 [R]. 北京:"八五"国家科技攻关专题总报告,1995.

[11] 常睿,郝培文. 胶粉复配RET改性沥青老化前后流变特性与老化机理[J]. 建筑材料学报, 2017, 20(6): 914-920.

[12] 李源渊,宋晓燕,周卫峰. 温拌剂对沥青及沥青混合料性能的影响研究[J]. 中外公路, 2012, 32(4): 311-315.

[13] 王岚,张琪,冯蕾. 温拌胶粉改性沥青的流变和微观性能评价[J]. 建筑材料学报,2020, 23(6):1458-1463,1495.

[14] HOFKO B, POROT L, CANNONE A F, et al. FTIR spectral analysis of bituminous binders:reproducibility and impact of ageing temperature[J]. Materials and Structures, 2018, 51(2): 1-16.

[15] 何亮,凌天清,马育,等. 温拌橡胶沥青宽路用温度域流变特性[J]. 交通运输工程学报, 2015, 15(1):1-9.

[16] ZACHARIASSE K A, VAN PHUC N, KOZANKIEWICZ B. Investigation of micelles, microemulsions, and phospholipid bilayers with the pyridinium-N-phenolbetaine ET(30), a polarity probe for aqueous interfaces[J]. The Journal of Physical Chemistry, 1981, 85(18): 2676-2683.

[17] 赵晶,张肖宁,于桂珍,等. 应用凝胶渗透色谱法研究改性沥青机理[J]. 哈尔滨建筑大学学报, 2000(2): 83-85.

[18] 季节,孙立军,徐世法. 沥青两次老化规律的对比分析[J]. 同济大学学报(自然科学版), 2009, 37(5): 623-626.

[19] 高凤凤. 表面活性剂在复杂界面及体相行为的理论研究[D]. 济南:山东大学,2015.

［20］刘武,肖新颜,晏英.层状双羟基复合金属氢氧化物/废胶粉改性沥青的性能及老化机理[J].高分子材料科学与工程,2015,31(2):72-76.

［21］YOUNG T J, MONCLUS M A, BURNETT T L, et al. The use of the PeakForceTM quantitative nanomechanical mapping AFM-based method for high-resolution Young's modulus measurement of polymers[J]. Measurement Science & Technology, 2011,22(12):125703.

［22］冯娟.温拌沥青胶结料降粘机理研究[D].乌鲁木齐:新疆大学,2013.

［23］闵振华,许德平,曹敏,等.表面活性剂对炭素泡沫结构与性能的影响[J].材料研究学报,2007(5):523-530.

［24］谭忆秋,郭猛,曹丽萍.常用改性剂对沥青粘弹特性的影响[J].中国公路学报,2013,26(4):7-15.

［25］常睿,郝培文.胶粉复配RET改性沥青老化前后流变特性与老化机理[J].建筑材料学报,2017,20(6):914-920.

［26］SHENOY A. Refinement of the super pave specification parameter for performance grading of asphalt [J]. Journal of Transportation Engineering, 2002,43(3):34-35.

［27］SHENOY A. Unifging asphalt rheological data using the material's volumetric-flow rate [J]. Journal of Materials in Civil Engineering, 2001,13(4):260-273.

［28］CHEN H,WANG B. Modification of rutting factor of styrene butadiene styrene block copolymer modified-asphalt [J]. Journal of Tongji University(Natural Science),2008, 36(10): 1384-1387.

［29］张树文,赵佃宝,曲恒辉,等.基于低温弯曲蠕变试验的沥青混合料低温性能分析[J].公路交通科技(应用技术版),2019,15(9):100-104.

［30］张肖宁.沥青与沥青混合料的粘弹力学原理及应用[M].北京:人民交通出版社,2006.

［31］刘泉声,许锡昌,山口勉,等.岩石时-温等效原理的理论与实验研究——第二部分:岩石时-温等效原理主曲线与移位因子[J].岩石力学与工程学报,2002,21(3):320-325.

［32］王立志,魏建明,张玉贞.用弯曲梁流变仪评价道路沥青的低温性能[J].中国石油大学学报(自然科学版),2009,33(1):150-153.

第6章
温拌胶粉改性沥青混合料性能

6.1 温拌胶粉改性沥青混合料配合比设计

胶粉改性沥青由盘锦 90# 基质沥青与废胎橡胶粉制备而成。废胎橡胶粉采用 60 目、混合目两种细度,且掺量均为基质沥青的 20%(外掺),其中混合目废胎橡胶粉由 40 目、60 目、80 目胶粉按照一定比例(3∶3∶1)混合而成,温拌剂采用山东省交通科学研究院自主研发的 SDYK 型表面活性剂。按照《公路工程沥青及沥青混合料试验规程》(JTG E20—2011)进行相关试验。

目前,沥青混合料配合比设计方法主要有马歇尔设计法、Superpave 设计法、GTM 法、贝雷法。由于马歇尔设计方法简单,试验结果满足路用性能的要求,因此一直是我国路面设计采用的主要方法。《公路沥青路面施工技术规范》(JTG F40—2004)也推荐采用马歇尔设计法,本研究以马歇尔设计法进行胶粉改性沥青混合料的配合比设计。级配采用 AC-16 型,最佳沥青用量为 5.4%。矿料级配如表 6-1 所示。

AC-16 矿料级配　　　　　　　　　　　　　表 6-1

粒径(mm)	级配上限(%)	级配下限(%)	级配中值(%)	合成级配(%)
26.5	100	100	100	100
19	100	100	100	100
16	100	90	95	94.2
13.2	92	72	84	83.6
9.5	80	60	70	71.8
4.75	62	34	48	48.5
2.36	48	20	34	33.6
1.18	36	13	24.5	25.4
0.6	26	9	17.5	18.6
0.3	18	7	12.5	12.9
0.15	14	5	10	9.6
0.075	8	4	6	6.6

对温拌后的胶粉改性沥青混合料进行变温马歇尔试验,在不同的成型温度下制作马歇尔试件,通过测试不同成型温度下温拌沥青混合料的孔隙率,并与对应的热拌沥青混合料做比较,当某一温度下的孔隙率与对应的热拌沥青混合料的孔隙率相等时,认为二者等效。

图6-1为温拌胶粉改性沥青混合料孔隙率-击实温度曲线。由图可以看出,在试验温度区间,随着温度的升高,温拌胶粉改性沥青混合料的孔隙率不断减小,达到某一温度时趋于平缓。出现这种现象的原因是:当温度升高时,存在于矿料间隙的沥青黏度变小,此时沥青能够起到润滑作用,集料颗粒之间可以相互移动而挤密,表现为孔隙率的减小;当温度进一步升高,黏度很小,流动性太大反而不易压实。此外,随着温度升高沥青加速老化,轻质组分转变为重质组分使沥青变得硬脆,同样不易进一步压实。在本试验中温拌胶粉改性沥青混合料达到与热拌沥青混合料相同孔隙率时,温拌沥青混合料的击实温度为146℃,与热拌沥青混合料相比降低了19℃,综上可知,温拌胶粉改性沥青混合料的拌和、压实温度分别为161℃、146℃。

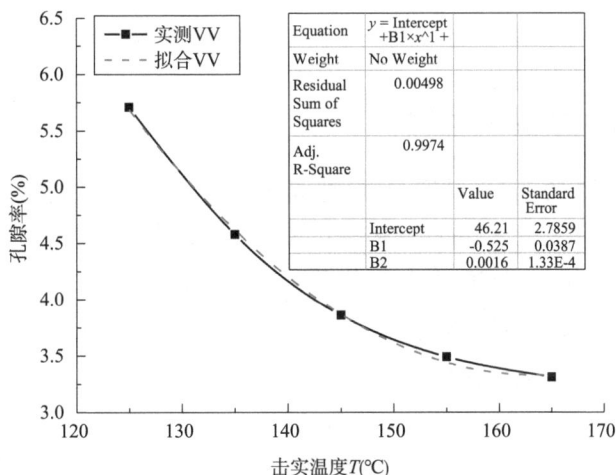

图6-1 孔隙率-击实温度曲线

6.2 温拌胶粉改性沥青混合料高温性能研究

6.2.1 车辙试验

表6-2为温拌和热拌胶粉改性沥青混合料车辙试验结果。由表可知,对于热拌沥青混合料,混合目数胶粉改性沥青混合料动稳定度DS大于60目胶粉改性沥青混合料的动稳定度DS;对于温拌沥青混合料,规律与热拌一致,这可解释为:后者结合料所用胶粉偏细,胶粉颗粒与沥青的反硫化和解聚合作用也比前者强,反硫化和解聚合作用会减小胶粉颗粒体积,导致胶粉颗粒间的交联作用减弱,反映为前者胶浆黏度比后者大,在相同级配条件下形成的

结构具有更好的抗车辙能力;对比温拌前、后的混合目数和60目胶粉改性沥青混合料,动稳定度 DS 分别增加了46%和48%,这主要是因为温拌后表面活性剂成分会转移到集料-沥青界面,增强沥青对集料的包裹能力,表现为动稳定度的增大。从车辙试验结果来看,推荐采用温拌混合目数胶粉改性沥青混合料。

温拌和热拌胶粉改性沥青混合料车辙试验结果　　　　表6-2

沥青混合料类型	t_1、t_2 时刻的车辙深度(mm)		动稳定度 DS (次/mm)	规范要求不小于 (次/mm)
	$t_1=45min$	$t_2=60min$		
热拌60目	1.6733	1.8171	4381	
温拌60目	1.5231	1.6206	6462	2400
热拌混合	1.6542	1.7841	4850	
温拌混合	1.5012	1.5091	7087	

注:热拌60目是指热拌60目胶粉改性沥青混合料,温拌60目是指温拌60目胶粉改性沥青混合料,热拌混合是指热拌混合目数的胶粉改性沥青混合料,温拌混合是指温拌混合目数的胶粉改性沥青混合料。

6.2.2　三轴重复蠕变试验

对热拌60目、温拌60目、温拌混合、热拌混合四种不同类型的胶粉改性沥青混合料分别在40℃、50℃、60℃下进行三轴重复蠕变试验,每一个试验温度下又进行偏应力分别为0.7MPa、0.9MPa、1.1MPa 的性能测试,围压统一取 138kPa。

6.2.2.1　偏应力对应变的影响

以试验温度60℃为例说明,图6-2为胶粉改性沥青混合料60℃的轴向应变。

由图6-2可以看出:

①在相同的温度、偏应力水平下,随着荷载循环次数的增加,胶粉改性沥青混合料的应变都在不断增大,当温度和偏应力水平达到较高水平(60℃、1.1MPa)时才会出现蠕变的第三阶段,三轴重复蠕变试验可以反映胶粉改性沥青混合料的变形特征。

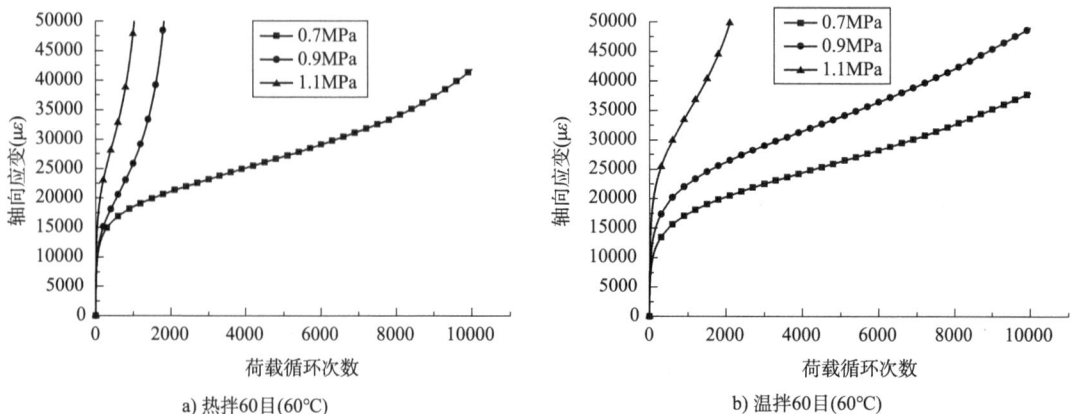

a) 热拌60目(60℃)　　　b) 温拌60目(60℃)

图 6-2

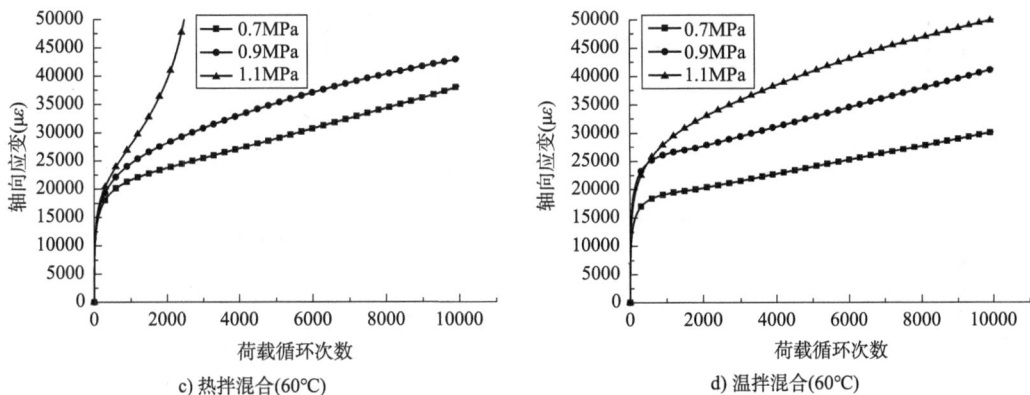

c) 热拌混合(60℃)

d) 温拌混合(60℃)

图 6-2　胶粉改性沥青混合料 60℃的轴向应变

②沥青混合料的变形可分解为瞬时弹性变形、黏性流动变形、延迟弹性变形三部分,随着偏应力水平的增大,应变不断增大。在加载的初始阶段,首先形成瞬时弹性变形,随着时间的持续,黏性流动变形、延迟弹性变形也会持续增加,直至试验结束。加载前期试件发生瞬时弹性变形,试件在较短的时间内被压密,此过程变形量很大,变形速率也很快;当荷载进入持续阶段时,试件的变形速率逐渐减小并随时间的增加而趋于稳定,这与沥青路面前期车辙增长快后期增长慢的情况吻合[1]。

③相同温度下,随着偏应力水平的增大,稳定期持续时间减小,车辙也会提前出现,进一步说明重载会大大缩短路面的使用寿命,因此限制超载车辆是必要的。

6.2.2.2　温度对应变的影响

以偏应力 0.9MPa 为例说明,图 6-3 为胶粉改性沥青混合料在 0.9MPa 时的轴向应变。由图 6-3 可以看出:

①在相同的试验温度、偏应力水平下,随着荷载循环次数的增加,胶粉改性沥青混合料的应变都在不断增大,试验温度低应力对应的应变小,试验温度高应力对应的应变大,这一结论与前文一致。

②在相同的偏应力水平下,应变随温度升高不断增大,这将同样使稳定期持续时间减小,车辙提前出现,进一步说明高温同样会缩短路面的使用寿命。

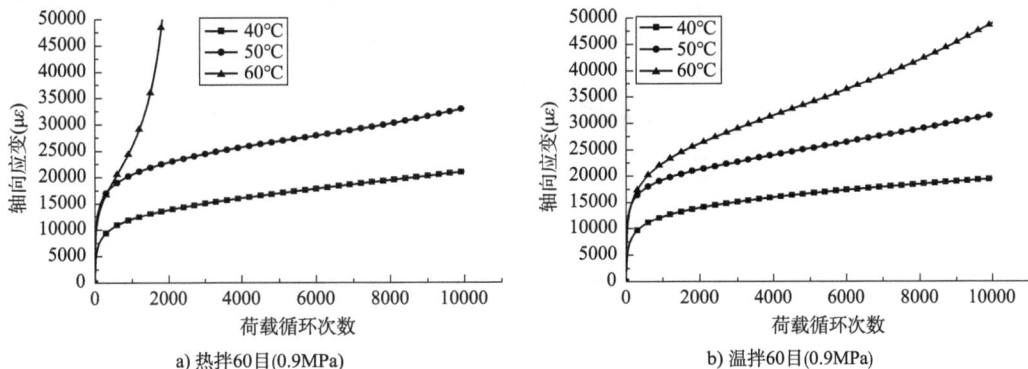

a) 热拌60目(0.9MPa)

b) 温拌60目(0.9MPa)

图　6-3

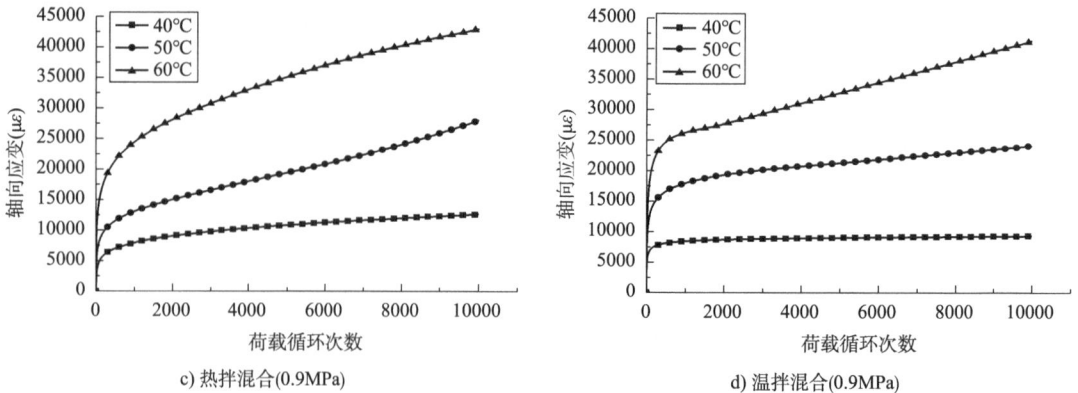

c) 热拌混合(0.9MPa)

d) 温拌混合(0.9MPa)

图6-3 胶粉改性沥青混合料0.9MPa的轴向应变

③应力、温度和荷载循环次数(时间)存在某种等效关系,即高温(或者高应力)短时间与低温(或低应力)长时间的应变存在一定的等效关系。这主要是因为温度升高,沥青软化,对集料起到润滑的作用,降低了集料之间的嵌挤,使得沥青混合料的流变性能增强,从而导致沥青混合料应变增大。

6.2.2.3 沥青混合料类型对应变的影响

以偏应力0.9MPa为例说明,图6-4为不同胶粉改性沥青混合料0.9MPa的轴向应变。

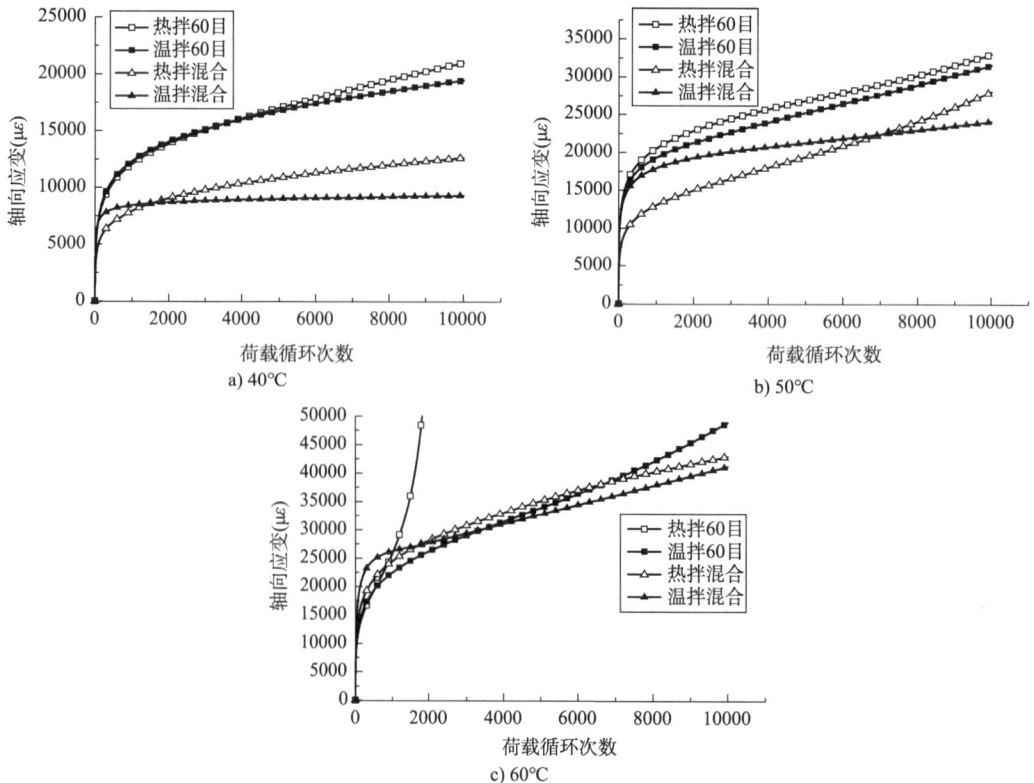

a) 40℃

b) 50℃

c) 60℃

图6-4 不同胶粉改性沥青混合料0.9MPa的轴向应变

由图 6-4 可知:

对比热拌沥青混合料:当温度为 40℃和 50℃时,60 目胶粉改性沥青混合料的轴向应变大于混合目胶粉改性沥青混合料的轴向应变,说明此时前者的高温性能比后者差;当温度为 60℃时,60 目胶粉改性沥青混合料迅速发生蠕变破坏,说明 60 目胶粉改性沥青混合料的高温性能低于混合目胶粉改性沥青混合料。对比温拌沥青混合料:60 目胶粉改性沥青混合料的轴向应变大于混合目胶粉改性沥青混合料的轴向应变,说明前者的高温性能始终比后者差。出现这种现象的主要原因是前者沥青胶浆的黏度比后者小且温度敏感性比后者高,在相同的外界条件下,前者形成的沥青混合料结构的黏聚力不如后者。对比温拌前、后的沥青混合料:温拌后沥青混合料的轴向应变基本呈现出低于热拌沥青混合料的趋势,且荷载循环次数越多效果越明显,混合目胶粉改性沥青混合料的降低幅度比 60 目胶粉改性沥青混合料的更加显著,同时发现,温拌后沥青混合料稳定期的持续时间变长、破坏期滞后出现或者不出现,说明温拌后的高温性能确实得到了改善,且混合目胶粉改性沥青混合料的效果更加明显。从高温抗车辙性能考虑推荐采用温拌混合目胶粉改性沥青混合料,这一结论与车辙试验结果一致。

6.3 温拌胶粉改性沥青混合料的高温流变特性

在描述黏弹性的本构方程中,由四个元件组成的 Burgers 黏弹性模型[1]应用较为广泛,然而 Burgers 黏弹性模型中的黏性流动变形随时间的延长无限增长,实际上沥青混合料黏性流动变形随时间的推移,变形速率不断减小,最终黏性流动变形趋于稳定,即存在所谓的"固结效应"。徐世法针对 Burgers 模型不能反映固结效应的缺陷,提出改进的 Burgers 模型(图 6-5),即"四单元五参数"模型[2]。该模型中,Maxwell 模型的黏壶黏度为非线性,记为:

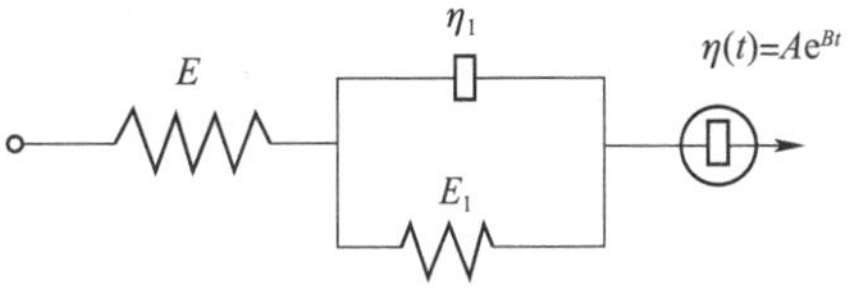

图 6-5 改进的 Burgers 模型

$$\eta(t) = Ae^{Bt} \tag{6-1}$$

式中:A、B——正的材料参数。

文献[3]认为改进的 Burgers 模型克服了 Burgers 模型不能反映沥青混合料固结效应的严重缺陷。许多研究也表明,改进的 Burgers 模型作为描述沥青混合料的黏弹性模型是合理、实用的。

6.3.1 模型参数拟合

汽车荷载对路面的作用是一个不断加卸载的循环过程,而且两次加卸载之间存在时间间隔,采用半正弦间歇荷载模拟该过程。该间歇荷载的分段函数表达式如式(6-2)所示:

$$\sigma_t = \begin{cases} \dfrac{\sigma_0}{2}\left(1 - \cos\dfrac{2\pi t}{t_0}\right) & 0 \leq t < t_0 \\ 0 & t_0 \leq t \leq T \end{cases} \tag{6-2}$$

式中：σ_t——t 时刻的偏应力，MPa；

σ_0——偏应力最大值（即半正弦波峰），MPa；

t_0——每个周期的加载时间，s；

t_d——每个周期的间歇时间，s；

T——每个周期的时间，$T = t_0 + t_d = 1\,\mathrm{s}$。

改进的 Burgers 模型一个加载周期内的本构方程如式（6-3）所示：

$$\varepsilon(t) = \sigma_0 \left(\frac{1}{E_0} + \frac{1 - \mathrm{e}^{-Bt}}{AB} + \frac{1 - \mathrm{e}^{\frac{-E_1 t}{\eta_1}}}{E_1} \right) \tag{6-3}$$

弹性分量 $\varepsilon_e = \dfrac{\sigma_0}{E_0}$。

黏性分量 $\varepsilon_v = \sigma_0 \dfrac{1 - \mathrm{e}^{-Bt}}{AB}$。

黏弹分量 $\varepsilon_{ve} = \sigma_0 \dfrac{1 - \mathrm{e}^{\frac{-E_1 t}{\eta_1}}}{E_1}$。

若在 $t = t_0$ 时刻卸载，本构方程如式（6-4）所示：

$$\varepsilon(t) = \sigma_0 \left[\frac{1 - \mathrm{e}^{-Bt_0}}{AB} \mathrm{e}^{-B(t-t_0)} + \frac{1 - \mathrm{e}^{-\frac{E_1 t_0}{\eta_1}}}{E_1} \mathrm{e}^{-\frac{E_1}{\eta_1}(t-t_0)} \right] \tag{6-4}$$

假定第 i 个半正弦波荷载作用时刻为 τ，则 τ 时刻作用之前荷载作用时间记为 $(i-1)t_0$，则串联的黏壶黏度如式（6-5）所示：

$$\eta_i(\tau) = A\mathrm{e}^{(i-1)t_0 + \tau} \tag{6-5}$$

第 i 个半正弦波荷载作用产生的黏性流动，如式（6-6）所示：

$$\varepsilon_{v,i} = \int_0^{t_0} \frac{\sigma(\tau)}{\eta_i(\tau)} \mathrm{d}\tau = \frac{\pi \sigma_0 t_0 (1 + \mathrm{e}^{-Bt_0})}{A(\pi^2 + B^2 t_0^2)} \mathrm{e}^{-B(i-1)t_0} \tag{6-6}$$

黏性流动变形是不可恢复的，在 N 次荷载作用后其大小如式（6-7）所示：

$$\varepsilon_{v,N} = \sum_{i=1}^{N} \varepsilon_{v,i} = \frac{\pi \sigma_0 t_0 (1 + \mathrm{e}^{-Bt_0})}{A(\pi^2 + B^2 t_0^2)(1 - \mathrm{e}^{-Bt_0})} (1 - \mathrm{e}^{-BNt_0}) \tag{6-7}$$

第 i 个半正弦波荷载作用产生的黏弹性变形如式（6-8）所示。

已知改进的 Burgers 模型中黏弹性元件的蠕变柔量，如式（6-8）所示[4]：

$$J(t) = \frac{1 - \mathrm{e}^{\frac{-E_1 t}{\eta_1}}}{E_1} \tag{6-8}$$

根据 Boltzmann 线性叠加原理，第 i 个半正弦波产生的黏弹性变形到第 N 个半正弦波作用时刻结束，残余的黏弹性变形如式（6-9）所示[5]：

$$\varepsilon_{R,ve,i} = \int_0^{t_0} J[t - (i-1)T - \tau] \frac{\mathrm{d}\sigma(\tau)}{\mathrm{d}\tau} \mathrm{d}\tau = \frac{\pi t_0 \sigma_0}{\eta_1 \left(\pi^2 + \frac{E_1^2 t_0^2}{\eta_1^2} \right)} \left(1 + \mathrm{e}^{\frac{E_1}{\eta_1} t_0} \right) \mathrm{e}^{-\frac{E_1}{\eta_1} [NT - (i-1)T]}$$

$$\tag{6-9}$$

N 次荷载作用后残余的黏弹性变形如式（6-10）所示：

$$\varepsilon_{\mathrm{R,ve},N} = \sum_{i=1}^{N} \varepsilon_{\mathrm{R,ve},i} = \frac{\pi t_0 \sigma_0 \mathrm{e}^{\frac{-E_1 T}{\eta_1}}}{\eta_1 \left(\pi^2 + \frac{E_1^2 t_0^2}{\eta_1^2} \right) \left(1 - \mathrm{e}^{-\frac{E_1 T}{\eta_1}} \right)} \left(1 + \mathrm{e}^{\frac{E_1}{\eta_1} t_0} \right) \left(1 - \mathrm{e}^{-\frac{E_1}{\eta_1} NT} \right) \quad (6\text{-}10)$$

在间歇时间内,弹性变形可以完全恢复,最后只留下黏性流动变形和残余黏弹性变形,即 $\varepsilon_{\mathrm{p},N} = \varepsilon_{\mathrm{v},N} + \varepsilon_{\mathrm{R,ve},N}$,代入式(6-7)、式(6-10)求得:

$$\varepsilon_{\mathrm{p},N} = \frac{\pi \sigma_0 t_0 (1 + \mathrm{e}^{-Bt_0})}{A(\pi^2 + B^2 t_0^2)(1 - \mathrm{e}^{-Bt_0})} (1 - \mathrm{e}^{-BNt_0}) +$$

$$\frac{\pi t_0 \sigma_0 \mathrm{e}^{\frac{-E_1 T}{\eta_1}}}{\eta_1 \left(\pi^2 + \frac{E_1^2 t_0^2}{\eta_1^2} \right) \left(1 - \mathrm{e}^{-\frac{E_1 T}{\eta_1}} \right)} \left(1 + \mathrm{e}^{\frac{E_1}{\eta_1} t_0} \right) \left(1 - \mathrm{e}^{-\frac{E_1}{\eta_1} NT} \right) \quad (6\text{-}11)$$

令

$$\delta_1 = \frac{\pi t_0 (1 + \mathrm{e}^{-Bt_0})}{A(\pi^2 + B^2 t_0^2)(1 - \mathrm{e}^{-Bt_0})} \qquad \delta_2 = B$$

$$\delta_3 = \frac{\pi t_0 \mathrm{e}^{\frac{-E_1 T}{\eta_1}}}{\eta_1 \left(\pi^2 + \frac{E_1^2 t_0^2}{\eta_1^2} \right) \left(1 - \mathrm{e}^{-\frac{E_1 T}{\eta_1}} \right)} \left(1 + \mathrm{e}^{\frac{E_1}{\eta_1} t_0} \right) \qquad \delta_4 = \frac{E_1}{\eta_1}$$

所以

$$\varepsilon_{\mathrm{p},N} = \sigma_0 \delta_1 (1 - \mathrm{e}^{-\delta_2 N t_0}) + \sigma_0 \delta_3 (1 - \mathrm{e}^{-\delta_4 N T}) \quad (6\text{-}12)$$

试验中,已知 $t_0 = 0.1\mathrm{s}$,$T = 1\mathrm{s}$。模型中的4个黏弹参数 A、B、E_1、η_1 可以通过1stopt软件求出,具体试验结果见表6-3~表6-6。

热拌60目胶粉改性沥青混合料黏弹参数   表6-3

温度(℃)	偏应力水平 (MPa)	黏弹参数				相关系数 r^2
		$A(\mathrm{s})$	$B(\mathrm{s}^{-1})$	$E_1(\mathrm{MPa})$	$\eta_1(\mathrm{MPa \cdot s})$	
40	0.7	335.43	0.2012	5.827	21591.96	0.9826
	0.9	546.89	0.1032	2.0300	14836.64	0.9927
	1.1	400.25	0.1032	1.4857	10858.53	0.9927
50	0.7	214.82	0.1856	3.4379	15873.11	0.9807
	0.9	215.69	0.1463	1.3818	12350.44	0.9925
	1.1	105.39	0.3470	0.9446	3032.62	0.9886
60	0.7	247.95	0.1062	1.7508	12912.30	0.9915
	0.9	161.97	0.2281	0.9117	4729.24	0.9940
	1.1	82.64	0.4571	0.4087	1848.37	0.9939

温拌 60 目胶粉改性沥青混合料黏弹参数 表 6-4

温度（℃）	偏应力水平（MPa）	黏弹参数				相关系数 r
		$A(s)$	$B(s^{-1})$	$E_1(MPa)$	$\eta_1(MPa \cdot s)$	
40	0.7	452.17	0.1911	8.3838	28101.23	0.9826
	0.9	496.05	0.1137	2.8246	12942.82	0.9916
	1.1	332.35	0.1156	2.2190	8818.81	0.9905
50	0.7	172.46	0.3535	5.4475	18671.46	0.9695
	0.9	161.01	0.2082	1.0982	9321.60	0.9895
	1.1	195.68	0.1468	1.9622	6861.89	0.9859
60	0.7	328.48	0.1883	1.9234	14074.12	0.9934
	0.9	150.69	0.2396	0.8538	4625.97	0.9934
	1.1	100.52	0.3309	0.7263	2543.30	0.9930

热拌混合胶粉改性沥青混合料黏弹参数 表 6-5

温度（℃）	偏应力水平（MPa）	黏弹参数				相关系数 r
		$A(s)$	$B(s^{-1})$	$E_1(MPa)$	$\eta_1(MPa \cdot s)$	
40	0.7	696.40	0.0954	4.9889	20610.24	0.9881
	0.9	578.82	0.1527	4.2953	19214.24	0.9922
	1.1	711.93	0.1004	2.1168	22612.13	0.9945
50	0.7	69.99	0.5319	3.2381	15512.18	0.9665
	0.9	404.51	0.1237	0.0042	17850.00	0.9941
	1.1	332.88	0.1276	1.4762	13899.81	0.9956
60	0.7	156.70	0.1483	0.2857	10545.43	0.9934
	0.9	173.81	0.1535	0.9266	5299.12	0.9940
	1.1	157.09	0.2404	0.4940	4935.02	0.9963

温拌混合胶粉改性沥青混合料黏弹参数 表 6-6

温度（℃）	偏应力水平（MPa）	黏弹参数				相关系数 r
		$A(s)$	$B(s^{-1})$	$E_1(MPa)$	$\eta_1(MPa \cdot s)$	
40	0.7	634.88	0.1767	13.17	30349.14	0.9782
	0.9	189.45	0.6356	7.3945	28309.99	0.9748
	1.1	308.51	0.1917	4.7946	20298.35	0.9797
50	0.7	199.54	0.3101	6.7108	23752.83	0.9754
	0.9	157.16	0.2272	3.2570	16659.11	0.9732
	1.1	256.48	0.1976	3.9856	15014.08	0.9720

续上表

温度(℃)	偏应力水平（MPa）	黏弹参数				相关系数 r
		$A(s)$	$B(s^{-1})$	$E_1(MPa)$	$\eta_1(MPa \cdot s)$	
60	0.7	127.49	0.2001	0.2694	16281.57	0.9935
	0.9	119.91	0.2000	0.2534	15313.48	0.9935
	1.1	197.28	0.1535	1.0218	6721.88	0.9940

6.3.2　改进 Burgers 模型黏弹参数分析

6.3.2.1　温度对黏弹参数的影响（以温拌混合胶粉改性沥青混合料为例）

图 6-6 为胶粉改性沥青混合料黏弹参数随偏应力水平变化关系。由图 6-6 看出，随着温度的升高，四个黏弹参数都在不断减小，参数 η_1、E_1 分别代表 Kelvin 模型中黏壶的黏度和弹性元件的弹性模量，η_1、E_1 可以在一定程度上反映沥青混合料的黏弹变形能力，当温度升高时，沥青混合料的黏性增大，参数 η_1、E_1 减小，反映在 Kelvin 模型中即为黏弹变形能力的增强；对 Maxwell 串联的黏壶黏度，温度升高黏度下降，不过由于它的黏度由参数 A、B 共同决定，总体上看这两个参数同样也都在降低。这些指标的变化都说明高温会导致较大的变形，即产生较大的轴向应变[6]。

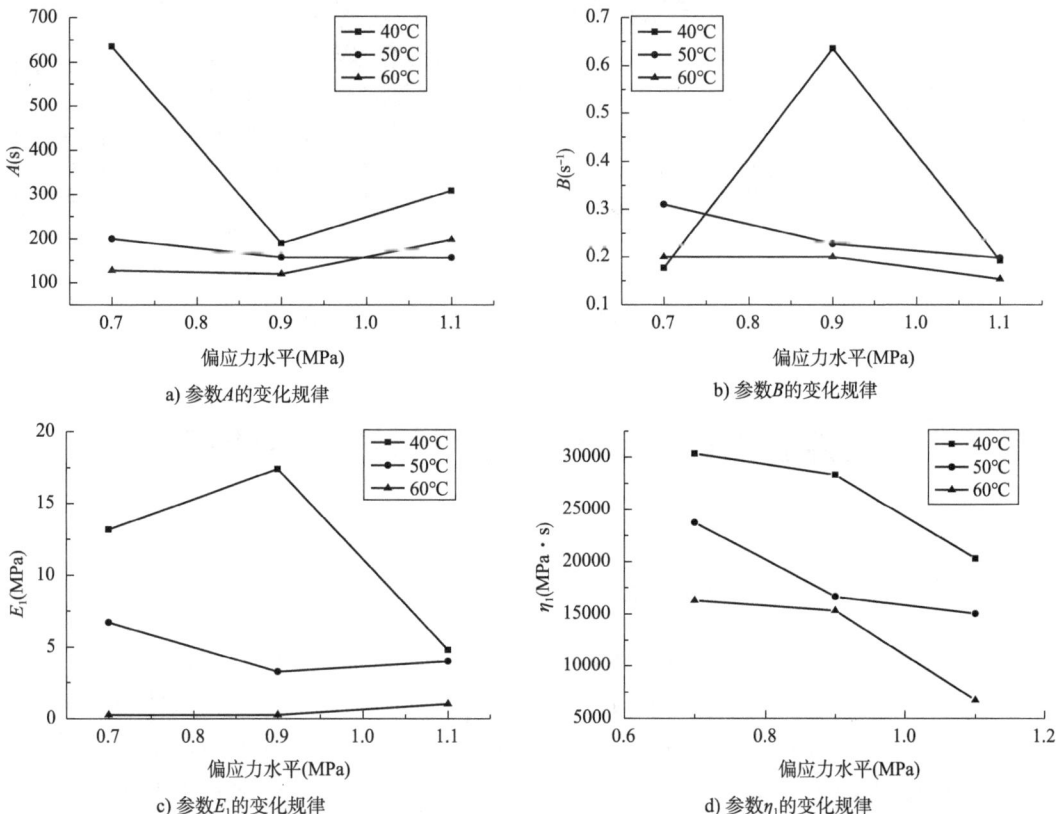

图 6-6　胶粉改性沥青混合料黏弹参数

6.3.2.2 沥青混合料类型对黏弹参数的影响(以偏应力 0.7MPa 为例)

图 6-7 为不同温度时胶粉改性沥青混合料 0.7MPa 下的黏弹参数。由图 6-7 可知,当偏应力为 0.7MPa 时,对比热拌沥青混合料,60 目胶粉改性沥青混合料的黏弹参数 E_1、η_1 在试验中任何温度下始终大于混合目胶粉改性沥青混合料的黏弹参数,说明前者的黏弹变形能力比后者弱。不过这并不能直接说明前者的高温性能就比后者好,观察发现,前者 Maxwell 模型的黏壶黏度总比后者小,且温度越高,偏应力越大,说明前者的黏性流动变形能力比后者强。在较高温度、短时间作用下,沥青混合料黏弹变形起主导作用,表现为前者的轴向应变比后者小,即前者比后者的高温性能好;在高温、长时间作用下,黏性流动变形起主导作用,表现为前者的轴向应变比后者大,即后者比前者的高温性能好。对比温拌胶粉改性沥青混合料,60 目胶粉改性沥青混合料的黏弹参数 E_1、η_1 在任何温度下始终小于混合目胶粉改性沥青混合料的黏弹参数,说明前者的黏弹变形能力比后者强;同时发现 Maxwell 模型的黏壶黏度也比后者小,进一步说明前者的高温性能确实不如后者。对比温拌前、后的胶粉改性沥青混合料发现,温拌后沥青混合料的黏弹参数都变大,说明沥青混合料的高温性能得到了改善。综上可知,从高温性能考虑推荐采用温拌混合目胶粉改性沥青混合料。

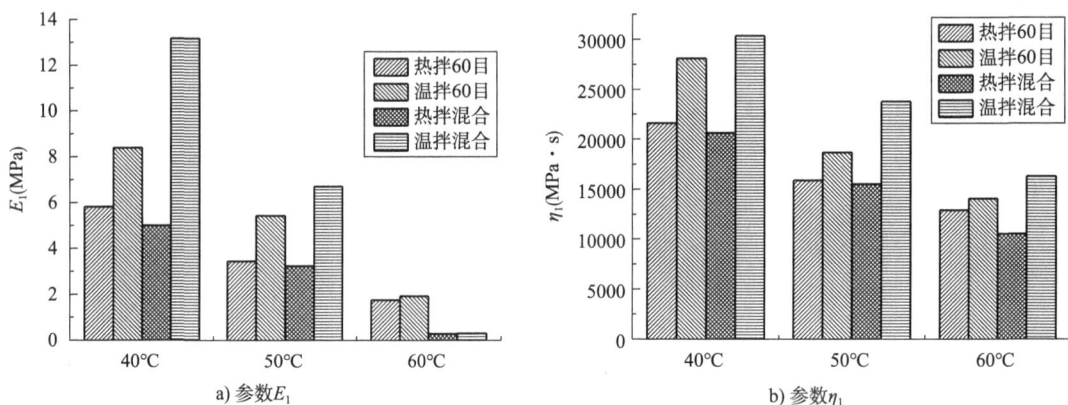

图 6-7 胶粉改性沥青混合料 0.7MPa 下的黏弹参数

6.4 温拌胶粉改性沥青混合料低温性能研究

6.4.1 低温小梁弯曲试验

按照《公路工程沥青及沥青混合料试验规程》(JTG E20—2011)中的沥青混合料弯曲试验(T 0715—2011)的要求,采用尺寸为 250mm×30mm×35mm 的四种改性沥青混合料小梁试件进行三点弯曲试验,试验温度为 0℃、−10℃、−20℃,加载速率为 50mm/min,实时采集加载过程中的力及挠度,试验终止条件为试件断裂,试验结果如图 6-8 ~ 图 6-10 所示。

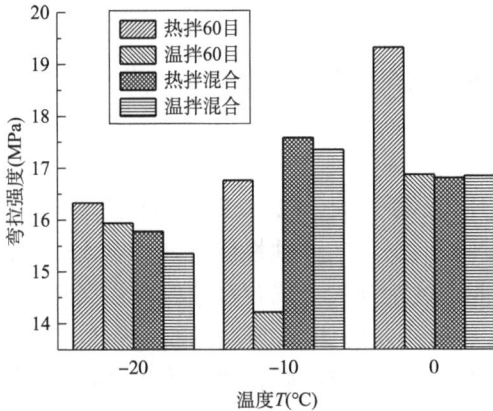

图 6-8 弯拉强度

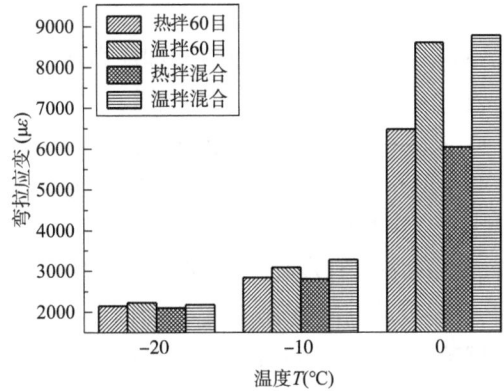

图 6-9 弯拉应变

由图 6-8 ~ 图 6-10 可知:

①随着温度的升高,弯拉强度的变化规律性不强,说明弯拉强度不宜用来单独评价胶粉改性沥青混合料的低温性能。

②弯拉应变随着温度的升高不断增大,且 −20℃ 到 −10℃ 的应变增长率明显小于 −10℃ 到 0℃ 的应变增长率。对比热拌沥青混合料,60 目胶粉改性沥青混合料的弯拉应变大于混合目胶粉改性沥青混合料,温度较高时效果更加明显,说明前者具有更好的变形能力,低温性能也比后者好,在严寒的冬季不易

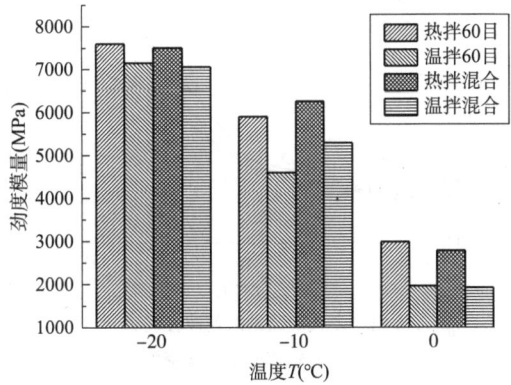

图 6-10 劲度模量

开裂。温拌后两种沥青混合料的弯拉应变都变大,说明温拌后沥青混合料的低温抗裂性也得到改善,这主要是因为温拌沥青混合料的拌和温度较低,拌和过程中沥青的老化程度降低,与热拌相比温拌沥青混合料的沥青胶浆黏度小,表现出较大的变形能力。

③沥青混合料的低温劲度模量与路面横向裂缝有关。一般认为,劲度模量愈小,其抗低温开裂的能力就愈强[7]。试验中胶粉改性沥青混合料的劲度模量随着温度的降低而增大,这主要是因为温度越低,沥青混合料的弹性越突出,变形也越小,表现为劲度模量的增大。无论是热拌还是温拌沥青混合料,在 −20℃、0℃ 的试验温度下,60 目胶粉改性沥青混合料的劲度模量大于混合目胶粉改性沥青混合料;在 −10℃ 的试验温度下,60 目胶粉改性沥青混合料的劲度模量又变为小于混合目胶粉改性沥青混合料。对比温拌前、后的沥青混合料发现,温拌后沥青混合料的劲度模量都变小,且温度越高,减小程度越大,同时发现 60 目胶粉改性沥青混合料的降低幅度更明显,说明温拌后 60 目胶粉改性沥青混合料的低温抗裂性能比混合目胶粉改性沥青混合料更加优异,这同样是因为温拌沥青混合料的拌和温度较低,沥青的老化程度低,沥青胶浆黏度也小,变形能力强,低温性能好。

为进一步判断温拌胶粉改性沥青的低温性能,采用应变能来衡量,知道应力-应变的函数关系,通过积分即可求出弯曲应变能,应变能密度函数为:

$$w_f = \frac{\mathrm{d}w}{\mathrm{d}v} = \int_0^{\varepsilon_c} \sigma(\varepsilon)\mathrm{d}\varepsilon \qquad\qquad (6\text{-}13)$$

式中:w_f——应变能密度函数,即应力达到峰值时 σ-ε 曲线下方的包络面积;

$\sigma(\varepsilon)$——应力关于应变的函数;

ε_c——最大应力对应的应变。

由图 6-11 可知:弯曲应变能密度随着温度的升高不断增大, -20℃到 -10℃的增长率明显小于 -10℃到 0℃的增长率,这主要是因为温度降低,材料的弹性性能增强。对比热拌沥青混合料,60 目胶粉改性沥青混合料的弯曲应变能密度始终大于混合目胶粉改性沥青混合料,且温度越高越显著,这是因为前者的沥青结合料所用胶粉偏细,废胎橡胶粉颗粒与沥青的反硫化和解聚合作用也比后者强,反硫化与解聚合作用会减小胶粉颗粒体积,体积变小,废胎橡胶粉颗粒间的交联作用也会减弱,反映为前者沥青胶浆黏度比后者小,形成沥青混合料的柔性大,变形能力强,需要输入较高的能量才能破坏。对比温拌沥青混合料,变化规律与热拌相同。对比温拌前、后的沥青混合料发现,温拌后沥青混合料的应变能密度都增大,只是 60 目胶粉改性沥青混合料的增大效果比混合目胶粉改性沥青混合料更加显著,说明降低拌和温度可改善沥青混合料的低温性能。综合考虑低温性能的各个评价指标,仅从低温性能考虑推荐采用温拌 60 目胶粉改性沥青混合料。

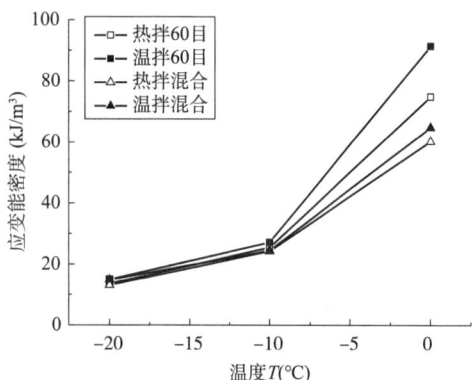

图 6-11 不同类型的胶粉改性沥青混合料弯曲应变能密度

6.4.2 低温小梁弯曲蠕变特性研究

6.4.2.1 试验条件

按照《公路工程沥青及沥青混合料试验规程》(JTG E20—2011)的沥青混合料弯曲蠕变试验(T 0728—2000)的要求,采用尺寸为 250mm × 30mm × 35mm 的四种改性沥青混合料小梁试件,在温度为 0℃ 、 -10℃ 、 -20℃进行小梁弯曲蠕变试验,加载应力为破坏应力的 10%,实时采集加载过程中的跨中挠度;试验终止条件为进入稳定期后 0.5h,每种沥青混合料至少取 3 个平行试件进行试验。

6.4.2.2 蠕变试验结果

试验结果如图 6-12、图 6-13 所示。由图 6-12 可知:

①温度越低,蠕变速率越小,具体表现为温度每降低 10℃,蠕变速率下降 2 ~ 3 数量级,蠕变速率可以反映材料的松弛能力。蠕变速率小,应力松弛能力小,沥青混合料弹性性能强,在相同的荷载条件下更容易引起低温开裂。

②对比热拌沥青混合料,60 目胶粉改性沥青混合料的蠕变速率始终大于混合目胶粉改性沥青混合料,说明前者的应力松弛能力比后者强,进一步证明前者的低温抗裂性能比后者

强;对比温拌沥青混合料,变化规律与热拌一致;对比温拌前、后的沥青混合料,温拌后沥青混合料的蠕变速率都增大了,说明温拌后沥青混合料的应力松弛能力增强,低温柔性增强,这主要是因为温拌沥青混合料拌和温度低,拌和过程中沥青的老化程度降低,低温流动变形性能比热拌沥青混合料好。从低温应力松弛能力的角度考虑,推荐采用温拌 60 目胶粉改性沥青混合料。

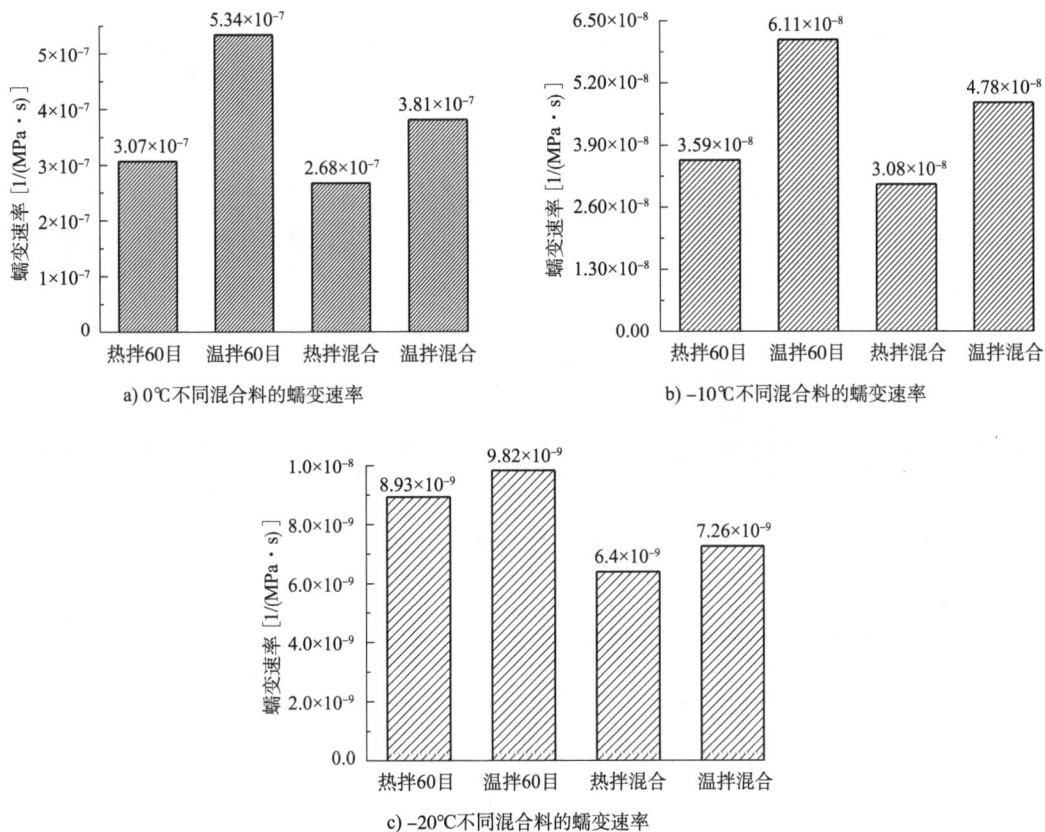

a) 0℃不同混合料的蠕变速率

b) −10℃不同混合料的蠕变速率

c) −20℃不同混合料的蠕变速率

图 6-12　不同温度下的蠕变速率

由图 6-13 可知:

①不同温度下拟合得到的黏弹参数也不同,随着温度的降低,Burgers 模型的四个参数都增大,说明随着温度的降低,胶粉改性沥青混合料的黏性不断衰减,弹性不断增强,低温下胶粉改性沥青混合料的弹性性能突出,低温开裂问题应引起足够重视。

②对比热拌沥青混合料,60 目胶粉改性沥青混合料的四个黏弹参数小于混合目胶粉改性沥青混合料,说明前者的黏性比后者显著,低温抗裂性也比后者强;对比温拌沥青混合料,变化规律与热拌一致;对比温拌前、后的胶粉改性沥青混合料,温拌后两类沥青混合料的黏弹参数都减小了,说明温拌后沥青混合料的弹性减弱,黏性增强,即温拌后沥青混合料的低温性能确实得到了改善,这同样因为温拌沥青混合料拌和温度低,拌和过程中沥青老化程度也较低。从材料的黏弹特性考虑,推荐采用温拌 60 目胶粉改性沥青混合料。

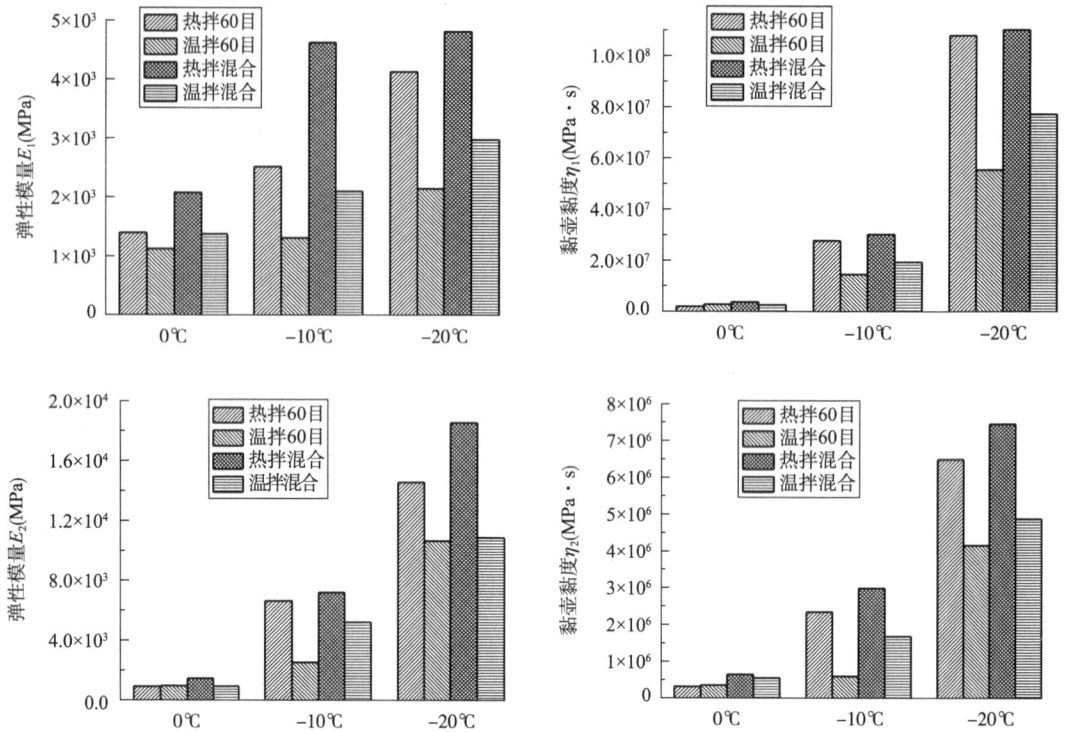

图6-13　胶粉改性沥青混合料的低温黏弹参数

6.4.3　低温开裂温度预估

6.4.3.1　温度应变能密度

沥青混合料的温度应变能密度可定义为:在气温降低过程中,单位体积的沥青混合料内部由于温度收缩应力会累积产生一定的能量,将此能量定义为温度应变能密度。具体计算公式如下:

$$w_\varepsilon = \int_{\varepsilon(T_0)}^{\varepsilon(T)} \sigma(t) \, \mathrm{d}\varepsilon \qquad (6\text{-}14)$$

式中:w_ε——沥青混合料的温度应变能密度,$\mathrm{kJ/m^3}$;

$\sigma(t)$——降温过程中沥青混合料内部产生的温度应力,MPa;

$\varepsilon(T)$——温度从起始温度 T_0 降到 T 时沥青混合料内部所产生的累积应变。

在大气温度急剧变化过程中,沥青混合料内部会产生温度应力,要计算温度应力,就必须调查当地的气温变化情况,从而确定沥青混合料路面的降温速率和降温幅度,本研究采取偏保守设计处理,假定当地冬季起始温度为10℃,降温速率为5℃/h。

6.4.3.2　温度应力计算

Burgers 模型的本构方程:

$$\sigma + p_1 \dot{\sigma} + p_2 \ddot{\sigma} = q_1 \dot{\varepsilon} + q_2 \ddot{\varepsilon} \qquad (6\text{-}15)$$

式中：$p_1 = \dfrac{\eta_1}{E_1} + \dfrac{\eta_1 + \eta_2}{E_2}$；

$\qquad p_2 = \dfrac{\eta_1 \eta_2}{E_1 E_2}$；

$\qquad q_1 = \eta_1$；

$\qquad q_2 = \dfrac{\eta_1 \eta_2}{E_2}$。

式(6-15)是一个二阶常系数非齐次微分方程，根据相应的收缩应变试验结果[8]，温度收缩应变速率为 $4 \times 10^{-4}/\mathrm{s}$，则有

$$\sigma(0) = 0$$

$$\dot{\sigma}_{t=0} = E_1 \dot{\varepsilon}$$

将上面的结果代入式(6-15)求出最终结果如下：

$$\sigma(t) = \frac{\dot{\varepsilon}\eta_1\eta_2}{E_1 E_2 \sqrt{\Lambda}}\left\{\left[E_1 - \frac{E_1 E_2}{2\eta_2}(M + \sqrt{\Lambda})\right]\mathrm{e}^{-\frac{M-\sqrt{\Lambda}}{2\eta_1\eta_2}t}\right.$$

$$\left. - \left[E_1 - \frac{E_1 E_2}{2\eta_2}(M - \sqrt{\Lambda})\right]\mathrm{e}^{-\frac{M+\sqrt{\Lambda}}{2\eta_1\eta_2}t}\right\} + \eta_1 \dot{\varepsilon} \tag{6-16}$$

式中：$M = \dfrac{\eta_1}{E_1} + \dfrac{\eta_1 + \eta_2}{E_2}$；

$\qquad \Lambda = \left(\dfrac{\eta_1}{E_1}\right)^2 + \left(\dfrac{\eta_1 + \eta_2}{E_2}\right)^2 + \dfrac{2\eta_1(\eta_1 - \eta_2)}{E_1 E_2}$。

式(6-16)即为沥青混合料在降温过程中的温度应力的计算公式。

6.4.3.3 温度应变能计算

由于式(6-16)中的黏弹参数是通过特定温度的弯曲蠕变试验得到的，对黏弹性材料来说，不同温度、作用时间的力学性能有很大差异，要将这些参数应用于降温过程中的胶粉改性沥青混合料温度应变能的计算中，必须采用时-温等效原理来解决不断降温过程中的材料参数的变化问题[9]，在沥青及沥青混合料低温性能与沥青路面低温开裂问题的研究中，移位因子的计算大多可以采用 Arrhenius 公式[10]：

$$\alpha(T) = \exp\left[\frac{\Delta E_a}{R}\left(\frac{1}{T} - \frac{1}{T_0}\right)\right] \tag{6-17}$$

式中：$\alpha(T)$——移位因子；

$\qquad \Delta E_a$——表面活化能，J/mol；

$\qquad R$——普适气体常数，J/(K·mol)，可取为 8.314J/(K·mol)；

$\qquad T_0$——参考温度，本书取绝对温度，273K。

沥青混合料在降温过程的温度应力可以表示为：

$$\sigma(t) = \frac{\dot{\varepsilon}\eta_1\eta_2}{E_1 E_2 \sqrt{\Lambda}}\left\{\left[E_1 - \frac{E_1 E_2}{2\eta_2}(M + \sqrt{\Lambda})\right]\mathrm{e}^{-\frac{M-\sqrt{\Lambda}}{2\eta_1\eta_2}\frac{t}{\alpha_t}}\right.$$

$$\left[E_1 - \frac{E_1 E_2}{2\eta_2}(M - \sqrt{\Lambda})\right]e^{-\frac{M+\sqrt{\Lambda}}{2\eta_1\eta_2}\frac{t}{\alpha_t}}\right\} + \eta_1\dot{\varepsilon} \tag{6-18}$$

将式(6-18)代入式(6-14)就得到温度应变能的表达式,具体如下:

$$W_0 = \frac{\dot{\varepsilon}\eta_1\eta_2}{E_1 E_2 \sqrt{\Lambda}}\int_0^{\varepsilon(T)}\left(\left\{\left[E_1 - \frac{E_1 E_2}{2\eta_2}(M + \sqrt{\Lambda})\right]e^{-\frac{M-\sqrt{\Lambda}}{2\eta_1\eta_2}\frac{t}{\alpha_t}} - \right.\right.$$

$$\left.\left.\left[E_1 - \frac{E_1 E_2}{2\eta_2}(M - \sqrt{\Lambda})\right]e^{-\frac{M+\sqrt{\Lambda}}{2\eta_1\eta_2}\frac{t}{\alpha_t}}\right\} + \frac{E_1 E_2 \sqrt{\Lambda}}{\eta_2}\right)d\varepsilon \tag{6-19}$$

这里是温度降低至 T 时的沥青混合料内产生的应变,之前假设起始温度为10℃,降温速率为5℃/h,那么沥青混合料路面在任意时刻的温度 T 可以表示为 $T = 10 - 5t$,故可以确定温度 T 同样也可用时间 t 来表示。

从式(6-19)发现,温度应变能是关于时间 t 的函数,被积函数的表达式非常复杂,同时移位因子是指数函数,这样使得积分变得更加复杂,为了简化计算,对式(6-19)进行离散化处理,将时间步长设为2s,对积分进行离散化处理,已知应变率为 4×10^{-4}/s,t_i 时刻 T_i 温度下对应的移位因子为 $\alpha(T)_i$,温度达到 T 时,其所用时间为 $(10 - T)/5$,则温度应变能密度的计算公式最终离散化为:

$$W_0 = \frac{\dot{\varepsilon}\eta_1\eta_2}{E_1 E_2 \sqrt{\Lambda}}\sum_{t=0}^{t=\frac{10-t}{5}\times1800}\left(\left\{\left[E_1 - \frac{E_1 E_2}{2\eta_2}(M + \sqrt{\Lambda})\right]e^{-\frac{M-\sqrt{\Lambda}}{2\eta_1\eta_2}\frac{t}{1800\alpha_t}} - \right.\right.$$

$$\left.\left.\left[E_1 - \frac{E_1 E_2}{2\eta_2}(M - \sqrt{\Lambda})\right]e^{-\frac{M+\sqrt{\Lambda}}{2\eta_1\eta_2}\frac{t}{1800\alpha_t}}\right\} + \frac{E_1 E_2 \sqrt{\Lambda}}{\eta_2}\right)\frac{\dot{\varepsilon}}{1800} \tag{6-20}$$

进一步整理得到最后的温度应变能的计算结果:

$$W_0 = \frac{\dot{\varepsilon}^2\eta_1\eta_2}{1800E_1 E_2 \sqrt{\Lambda}}\sum_{t=0}^{t=\frac{10-t}{5}\times1800}\left(\left\{\left[E_1 - \frac{E_1 E_2}{2\eta_2}(M + \sqrt{\Lambda})\right]e^{-\frac{M-\sqrt{\Lambda}}{2\eta_1\eta_2}\frac{t}{1800\alpha_t}} - \right.\right.$$

$$\left.\left.\left[E_1 - \frac{E_1 E_2}{2\eta_2}(M - \sqrt{\Lambda})\right]e^{-\frac{M+\sqrt{\Lambda}}{2\eta_1\eta_2}\frac{t}{1800\alpha_t}}\right\} + \frac{E_1 E_2 \sqrt{\Lambda}}{\eta_2}\right) \tag{6-21}$$

6.4.3.4 低温开裂温度的预估

由前面得到的温度应变能密度与温度的变化规律,观察发现,温度应变能密度随温度的降低而增大;相反,弯曲应变能密度随温度的降低而减小,说明一定存在一个临界温度,高于此温度前者小于后者,低于此温度后者大于前者。即,温度应变能密度大于弯曲应变能密度导致低温开裂,反之则不开裂。

表6-7为胶粉改性沥青混合料预估开裂温度。对比温拌前、后的沥青混合料,可以发现,温拌后两类胶粉改性沥青混合料的开裂温度分别降低了1.77℃、0.6℃,说明温拌后的沥青混合料可以在更低的温度下工作而不会发生开裂,从开裂温度考虑,推荐采用温拌60目胶粉改性沥青混合料。

胶粉改性沥青混合料预估开裂温度   表 6-7

沥青混合料类型	温度(℃)	弯曲应变能密度(kJ/m³)	温度应变能密度(kJ/m³)	预估的开裂温度(℃)
热拌 60 目	0	74.9	0.448	−21.19
	−10	25.48	3.228	
	−20	13.59	11.91	
	−30	—	55.78	
温拌 60 目	0	91.46	0.362	−22.96
	−10	27.2	1.68	
	−20	14.95	6.18	
	−30	—	27.21	
热拌混合	0	60.2	0.668	−19.61
	−10	24.31	5.924	
	−20	13.08	13.87	
	−30	—	65.48	
温拌混合	0	64.79	0.442	−20.21
	−10	24.49	1.537	
	−20	14.88	14.37	
	−30	—	76.28	

6.5　温拌胶粉改性沥青混合料疲劳性能研究

6.5.1　四点弯曲疲劳试验

通过剪切压实成型 450mm × 150mm × 180mm 的四种改性沥青混合料试件,切割成长 380mm ± 5mm,厚 50mm ± 5mm,宽 63.5mm ± 5mm 的试件,按照《公路工程沥青及沥青混合料试验规程》(JTG E20—2011)中沥青混合料弯曲蠕变试验(T 0728—2000)的规定,利用 UTM-100 伺服液压多功能材料试验系统在 15℃ 下采用应变控制的偏正弦加载模式(目标拉应变分别为 600$\mu\varepsilon$、700$\mu\varepsilon$、800$\mu\varepsilon$)进行四点弯曲疲劳试验,试验终止条件为弯曲劲度模量下降到初始劲度模量的 50%,试验结果如表 6-8 所示。

6.5.2　基于应变的疲劳模型分析

美国加州大学伯克利分校的卡尔莫尼史密斯以及英国诺丁汉大学的佩尔提出的基于应变的沥青混合料疲劳寿命方程[11]为:

$$N_f = a \left(\frac{1}{\varepsilon}\right)^b \qquad (6\text{-}22)$$

式中：N_f——达到破坏时的荷载作用次数；

ε——拉应变；

a、b——拟合参数（与材料性质和试验条件相关）。

胶粉改性沥青混合料疲劳试验结果 　　　　表6-8

沥青混合料类型	拉应变（$\mu\varepsilon$）	初始劲度模量（MPa）	疲劳寿命（次）	平均相位角（°）	耗散能（J）
热拌60目	600	4888	175030	43.10	362.96
	700	4244	78060	45.15	196.29
	800	4629	28590	45.39	108.95
温拌60目	600	3724	195630	43.17	436.16
	700	4829	88040	44.99	244.81
	800	4231	47170	45.10	151.41
热拌混合	600	4958	197380	42.47	404.80
	700	4151	85540	45.97	202.03
	800	4306	32720	46.18	107.50
温拌混合	600	4286	294870	40.95	516.309
	700	4193	111750	44.82	263.79
	800	4569	48230	45.31	172.18

由式(6-22)可知，如果对 N_f 和 ε 进行双对数回归，可发现关系式变为线性关系且具体表达式变为：

$$\lg N_f = \lg a - b\lg\varepsilon \qquad (6\text{-}23)$$

令 $\lg a = m$，$-b = k$，则原等式变为：

$$\lg N_f = m + k\lg\varepsilon \qquad (6\text{-}24)$$

表6-9为各沥青混合料疲劳方程的回归参数。在双对数坐标下，疲劳曲线的斜率 k 可反映沥青混合料的疲劳寿命对应变的敏感度，k 值与试验条件及试验材料的特性有关，k 越大，疲劳曲线越陡，表明该沥青混合料的疲劳寿命对应变的敏感性越大；m 表示疲劳曲线的线位高低，m 越大，沥青混合料抗疲劳特性也越好[12-13]。对比热拌沥青混合料，60目胶粉改性沥青混合料和混合目胶粉改性沥青混合料的斜率 k、截距 m 都较为接近，说明这两种沥青混合料的疲劳寿命相近；对比温拌沥青混合料，虽然两种胶粉改性沥青混合料的斜率 k、截距 m 差异较大，但在试验应变下，混合目胶粉改性沥青混合料的疲劳寿命都比60目胶粉改性沥青混合料疲劳寿命长。对比温拌前、后的沥青混合料发现，温拌后沥青混合料的斜率 k 减小或变化不大，截距 m 均减小，说明温拌后沥青混合料的疲劳敏感性降低，疲劳性能增强。

由图6-14可知：四种沥青混合料疲劳寿命-应变曲线在双对数坐标下表现出良好的线性

相关性,应变对沥青混合料的疲劳寿命有巨大的影响,应变越大,疲劳寿命越短。可以看出,温拌后沥青混合料的疲劳敏感性降低,疲劳性能增强。综上可知,该模型可以评价四种胶粉改性沥青混合料的疲劳性能。

各沥青混合料疲劳方程的回归参数
表 6-9

沥青混合料类型	疲劳方程	参数		相关系数
		m	k	
热拌 60 目	$\lg N_f = m + k\lg\varepsilon$	22.687	−6.271	0.9784
温拌 60 目		19.040	−4.951	0.9983
热拌混合		22.609	−6.226	0.9868
温拌混合		22.954	−6.204	0.9999

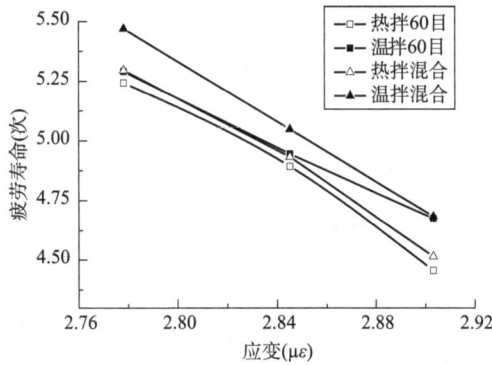

图 6-14　疲劳寿命-应变曲线

6.5.3　基于耗散能理论的疲劳特性分析

沥青混合料在承受外部荷载作用的过程中,材料会抵抗外部荷载作用。为了适应材料内部结构变化(如材料内部的移动、新表面的产生等),沥青混合料需要消耗一部分能量作为代价,这种因适应内部结构变化而消耗的能量就是耗散能[14]。

Van Dijk、Visser[15]通过对沥青混合料进行室内疲劳试验,分析了能量损耗,发现具有黏弹特性的沥青混合料的疲劳破坏过程可看作一个能量耗散的过程,可从耗散能理论出发来解释沥青混合料的疲劳特性。

滞回方程的求解如下:

假定施加一个正弦应变,且其大小为 $a\sin\omega t$,试件会以相同的频率产生一个大小为 $b\sin(\omega t + \varphi)$ 的应力响应,其中 φ 为滞后相位角[15]。

$$x = a\sin\omega t \tag{6-25}$$

$$y = b\sin(\omega t + \varphi) \tag{6-26}$$

将式(6-26)的三角函数展开并将式(6-25)代入得到

$$\cos\omega t = \frac{1}{\sin\varphi}\left(\frac{y}{b} - \frac{x}{a}\cos\varphi\right) \tag{6-27}$$

由式(6-25)及式(6-27)可得滞回方程为:

$$\left(\frac{x}{a}\right)^2 + \left(\frac{y}{b}\right)^2 - \frac{2\cos\varphi}{ab}xy = \sin^2\varphi \tag{6-28}$$

图6-15绘出了试验小梁在温度为15℃,一个周期内的应力-应变滞回曲线,该曲线围成了近似椭圆的闭合回路,根据耗散能的定义可知该曲线围成的面积就是该周期的耗散能。图6-16所示为应力-应变滞回曲线在不同循环次数下的变化趋势,由于是在应变控制模式下得到的滞回曲线,应变幅值保持不变,试件所承受的应力将随着循环次数的增加而逐渐减小,滞回曲线将沿着箭头所指示的方向移动,椭圆的形状将会逐渐变得扁平,闭合曲线的面积逐渐减小。

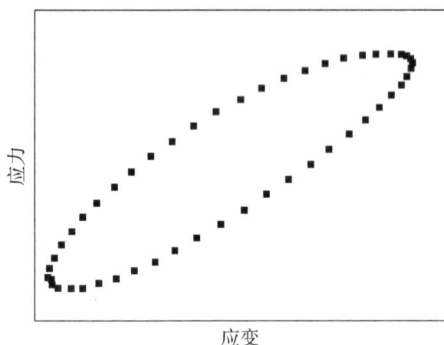

图6-15 一个周期的应力-应变滞回曲线

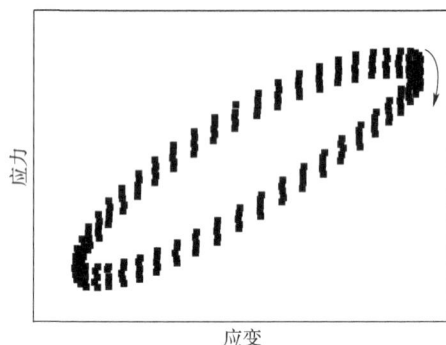

图6-16 多个周期的应力-应变滞回曲线

一个闭合回路的面积可采用如下计算公式求解:

$$E_D = \int y\mathrm{d}x = \int_0^{2\pi/\omega} y\mathrm{d}x = \int_0^{2\pi/\omega} ab\omega\sin(\omega t + \varphi)\cos\omega t\mathrm{d}t = \pi ab\sin\varphi \tag{6-29}$$

第 i 个加载周期的面积:

$$E_{Di} = \pi a_i b_i \sin\varphi_i \tag{6-30}$$

式中: E_D ——第 i 个加载周期的耗散能,J;

b_i ——第 i 个加载周期的应力峰值,MPa;

a_i ——第 i 个加载周期的应变峰值;

φ_i ——第 i 个加载周期的相位角,(°)。

则累计耗散能:

$$E_{CD} = \sum_{i=1}^{n} E_{Di} \tag{6-31}$$

6.5.3.1 基于耗散能变化率的疲劳特性分析

耗散能间接反映了胶粉改性沥青混合料在疲劳试验过程中损伤演化过程,以第 i 次循环荷载为例,第 i 次循环荷载的耗散能表示为 DE_i。

$$\mathrm{DE}_i = \mathrm{DE}_i^\eta + \mathrm{DE}_i^\varepsilon \tag{6-32}$$

式中: DE_i ——第 i 次循环荷载的耗散能,J;

DE_i^η ——第 i 次循环荷载中消耗于黏弹性的耗散能,J;

$\mathrm{DE}_i^\varepsilon$ ——第 i 次循环荷载中消耗于沥青混合料损伤变形的耗散能,J。

根据国内外研究学者得出的结论[16],每次循环荷载中消耗于黏弹性的耗散能 DE_i^η 为定值,而消耗于沥青混合料损伤变形的耗散能 DE_i^ε 则是变化的,且 DE_i^η 远大于 DE_i^ε。

结合上述推导,本书采用 Shen,Carpenter 提出的耗散能相对变化率 RDEC[17] 来分析胶粉改性沥青混合料的疲劳性能,这里定义的耗散能相对变化率 RDEC 为:

$$RDEC = \frac{|DE_{i+1} - DE_i|}{DE_i} \qquad (6\text{-}33)$$

式中:RDEC——耗散能相对变化率;

$\quad DE_{i+1}$——第 $i+1$ 次的循环荷载耗散能,MPa;

$\quad DE_i$——第 i 次的循环荷载耗散能,MPa。

但由于胶粉改性沥青混合料的疲劳寿命差异较大,最长的疲劳寿命在 30 万次以上,最短的只有几万次,鉴于此,将以上公式进行变换并最终确定了以可变步长的耗散能相对变化率作为评价疲劳的有效指标。

$$RDEC = \frac{|DE_j - DE_i|}{DE_i(j-i)} \qquad (6\text{-}34)$$

式中:DE_j——第 j 次循环荷载耗散能$(j>i)$,MPa;

$\quad DE_i$——第 i 次循环荷载耗散能,MPa。

$$RDEC = \frac{|DE_j - DE_i|}{DE_i(j-i)} = \frac{|(DE_j^\eta + DE_j^\varepsilon) - (DE_i^\eta + DE_i^\varepsilon)|}{(DE_i^\eta + DE_j^\varepsilon)(j-i)} \qquad (6\text{-}35)$$

由前面可知 $DE_j^\eta = DE_i^\eta = DE^\eta$,同时有 $DE_i^\eta > DE_i^\varepsilon$,可得

$$RDEC = \frac{|DE_j - DE_i|}{DE_i(j-i)} \approx \frac{|DE_j^\varepsilon - DE_i^\varepsilon|}{DE^\eta(j-i)} = \frac{\Delta DE^\varepsilon}{DE^\eta} \qquad (6\text{-}36)$$

式中:ΔDE^ε——消耗于损伤的耗散能梯度;

$\quad DE^\eta$——每次循环中消耗于黏弹性的耗散能,MPa,且为定值。

综上可知,耗散能变化率 RDEC 可用来表征材料的损伤程度。

6.5.3.2 不同应变水平的耗散能变化率分析

图 6-17 为不同循环加载次数下胶粉改性沥青混合料的耗散能变化率。由图 6-17 可知:

①耗散能变化率 RDEC 随加载次数的变化可以分为两个阶段,第一阶段,在循环荷载作用下,试验试件会抵抗外部荷载的反复作用,导致耗散能变化率迅速降低,这主要是因为初始阶段微裂缝的形成需要较多的能量,加载过程中内部损伤的进一步发展又会表现为耗散能变化率迅速降低,这也说明在初始的循环荷载中,消耗于材料内部损伤的耗散能占据较大的比例;第二阶段,随着荷载循环次数的增加,耗散能变化率保持在较低的稳定值,说明此时用于沥青混合料损伤的耗散能处于稳定的水平,试验试件以稳定的速率发生损伤演变,由于试验终止条件为劲度模量下降到初始值的 50%,这一阶段无论对于哪一种沥青混合料,耗散能变化率都没有出现第三阶段。

②每一种沥青混合料在不同应变水平下的耗散能变化率不同,应变水平越高、曲线越陡,对应的循环次数也越少,这与之前应变大则疲劳寿命短的规律是一致的。不同应变下第二阶段的耗散能变化率稳定值大小也不同,应变大,对应的稳定值也大,这也进一步说明应

变越大,疲劳寿命越短。

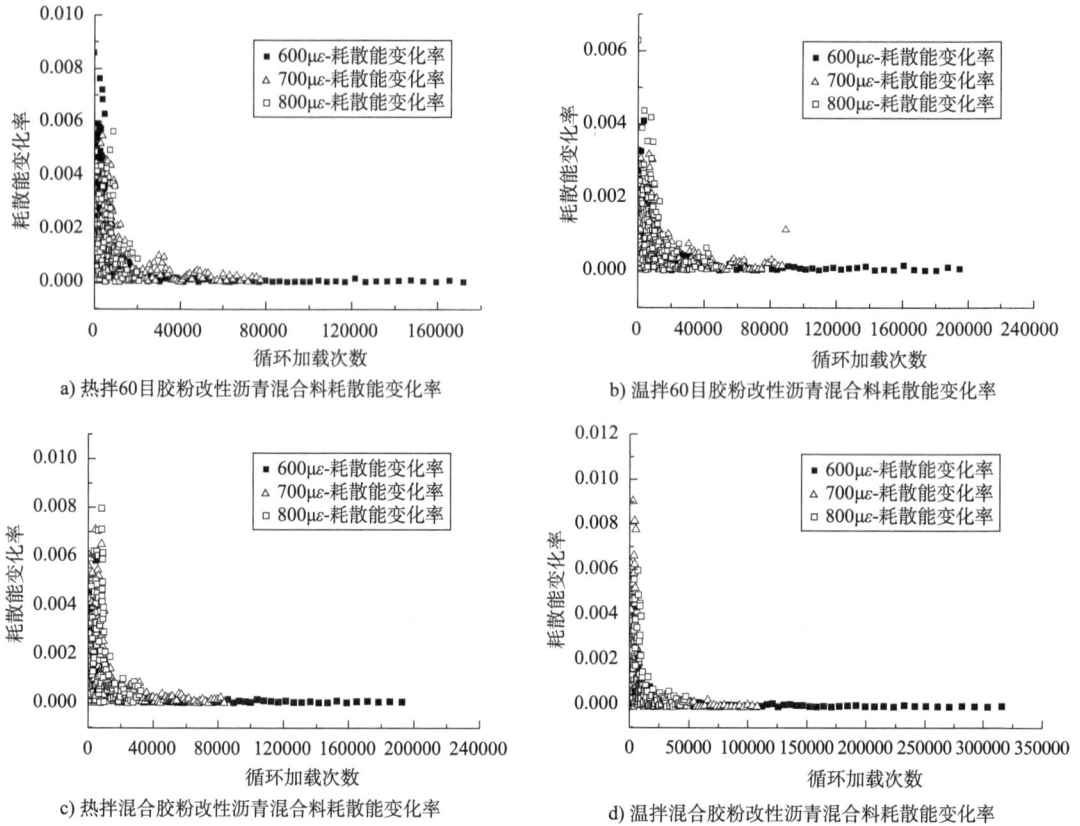

a) 热拌60目胶粉改性沥青混合料耗散能变化率

b) 温拌60目胶粉改性沥青混合料耗散能变化率

c) 热拌混合胶粉改性沥青混合料耗散能变化率

d) 温拌混合胶粉改性沥青混合料耗散能变化率

图6-17　不同循环加载次数下胶粉改性沥青混合料的耗散能变化率

6.5.3.3　不同沥青混合料的耗散能变化率稳定值分析

由前面分析可知,耗散能变化率在第二阶段存在一个稳定值,但由于耗散能变化率连续变化,其稳定值也并非一个定值,从图中可以找出一个区域,该区域之前耗散能变化率以较快速度迅速下降,之后耗散能变化率在小范围内波动,这里将该区域之后的耗散能变化率的平均值作为耗散能变化率的稳定值。具体计算示意如图6-18所示(以热拌混合目胶粉改性沥青混合料为例),计算结果如图6-19所示。

由图6-19可知:耗散能变化率稳定值随应变的增大而增加,即应变越大,损伤也越大。对比热拌沥青混合料,混合目胶粉改性沥青混合料的稳定值比60目胶粉改性沥青混合料对应的稳定值小,说明前者在每次荷载循环中消耗于损伤的耗散能梯度也比后者小,这主要是因为前者胶结料黏度比后者大,形成沥青混合料的弹性性能突出,疲劳加载过程中消耗于损伤的耗散能也比后者少;对比温拌沥青混合料,结论与热拌沥青混合料一致;对比温拌前、后的沥青混合料发现,温拌后的稳定值都要减小,说明消耗于损伤的能量也在减小,这是因为温拌后表面活性剂成分会转移到集料-沥青界面,增强沥青对集料的包裹能力。从耗散能梯度出发,推荐采用温拌混合目胶粉改性沥青混合料。

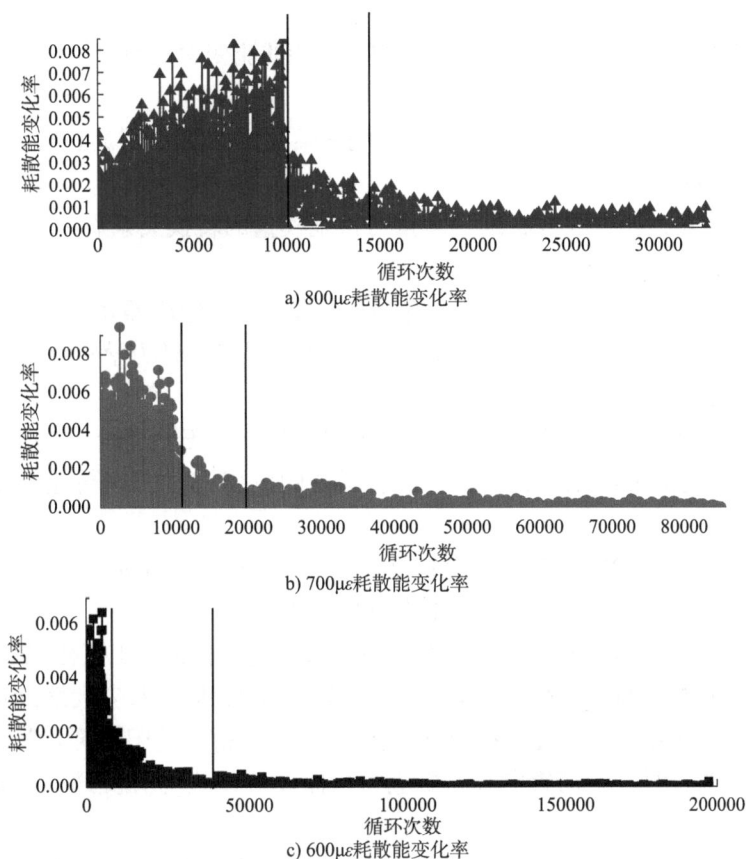

a) 800με耗散能变化率

b) 700με耗散能变化率

c) 600με耗散能变化率

图 6-18 热拌混合目胶粉改性沥青混合料耗散能变化率稳定值计算示意图

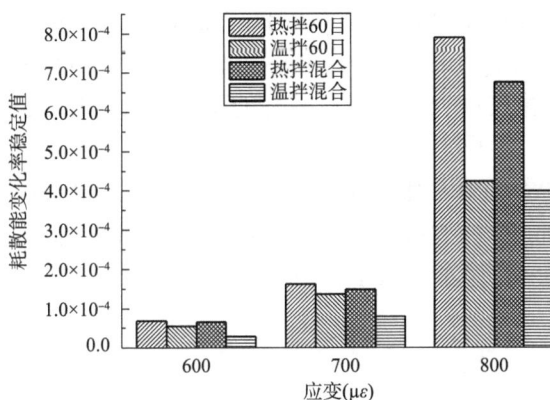

图 6-19 不同胶粉改性沥青混合料的耗散能变化率稳定值

本章参考文献

[1] MONISMITH C L, SECOR K E. Viscoelastic behavior of asphalt concrete pavements[C]// International Conference on the Structural Design of Asphalt Pavements. Michigan: University

of Michigan,1962.

[2] 徐世法. 表征沥青及沥青混合料高低温蠕变性能的流变学模型[J]. 力学与实践,1992,14(1):37-40.

[3] 王后裕,朱可善,言志信,等. 沥青混合料蠕变柔量的一种实用模型及其应用[J]. 固体力学学报,2002,23(2):232-236.

[4] 严明星,王金昌. 沥青混合料蠕变柔量与松弛模量的转换关系研究[J]. 公路交通技术,2016,32(5):28-31.

[5] 秦旻. 基于平整度的沥青路面使用寿命预估研究[D]. 重庆:重庆交通大学,2010.

[6] 张裕卿,黄晓明. 重复荷载下沥青混合料永久变形的粘弹性力学模型[J]. 公路交通科技,2008,25(4):1-6.

[7] 卢铁瑞. 道路沥青混合料低温性能评价指标的研究[J]. 石油沥青,1998(1):19,20-32.

[8] 范兆博. 浅析玄武岩纤维在公路沥青混合料中的应用[J]. 工程与建设,2012,26(6):837-839.

[9] SHAW M T, MACKNIGHT W J. 聚合物黏弹性引论:Introduction to polymer viscoelasticity [M]. 李怡宁,译. 上海:华东理工大学出版社,2012.

[10] 张少实,庄茁. 复合材料与粘弹性力学[M]. 北京:机械工业出版社,2005.

[11] 季社鹏. 沥青混合料工作性及施工质量控制研究[D]. 西安:长安大学,2012.

[12] 杨国峰. 基于重载的沥青混合料疲劳性能研究[D]. 沈阳:沈阳建筑大学,2011.

[13] 朱洪洲,高爽,唐伯明. 沥青混合料常应力弯曲疲劳试验[J]. 交通标准化,2010(9):107-111.

[14] 陈伟强. 基于耗散能量的沥青混合料疲劳破坏机理研究[D]. 广州:华南理工大学,2014.

[15] VAN DIJK W, VISSER W. Energy approach to fatigue for pavement design[C/OL]//Association of Asphalt Paving Technologists Proc. 1977. https://trid.trb.org/view/87372.

[16] 史经春. 不同级配橡胶沥青混合料疲劳性能研究[J]. 湖南交通科技,2014,40(4):38-40.

[17] SHEN S H, CARPENTER S H. Application of the dissipated energy concept in fatigue endurance limit testing[J]. Transportation Research Record:Journal of the Transportation Research Board, 2005,1929(1):165-173.

第7章
寒旱区胶粉改性沥青的工程应用之一
——桥面防水层

结合内蒙古寒冷地区特点,有代表性地选择了位于内蒙古通辽地区的依托工程作为实体试验工程,通过特定工程条件下实体试验工程的实施,说明寒冷地区混凝土桥梁桥面防水特点,研究成果为提出适用于寒冷地区气候特点的桥面防水设计与施工成套技术提供依据,并用于指导相关工程的实施。

7.1 实体试验工程概况及试验方案

7.1.1 实体试验工程概况

实体试验工程(二道河中桥)位于省际通道连接线通辽至舍伯吐段一级公路 K40 + 684,如图 7-1 所示。该桥所在的路线等级为一级公路;设计荷载为汽车超-20 级,挂车-120 级;地震基本烈度为 7 度。桥梁总长 4 × 13m,全宽25.5m,其中两侧车行道各宽 11.25m,两幅净距为1.0m,两侧防撞栏高均为 0.5m,桥面无纵坡,横坡为单向 1.5%。上部结构形式为预应力混凝土简支空心板梁,下部结构为双柱式墩台、钻孔灌注桩基础。桥梁开工建设时间为 2005 年 8 月,桥面防水层实施方案于 2005 年 12 月确定,并同步进行了室内试验。桥面防水施工于 2006 年 9月 10 日开始,至 9 月 11 日完成。

图 7-1 实体试验工程全貌

7.1.2 试验方案

通辽市位于我国北部,属寒冷地区,极端最高气温为 38.8℃,极端最低气温为 −33.9℃。因此,在选择防水材料时,除考虑与桥面水泥混凝土和沥青混凝土铺装层黏结性能、抗渗性能及抗施工损伤性能外,还应充分考虑防水材料的低温柔性性能。在室内试验的基础上,选用了胶粉改性沥青防水材料。该桥属于中桥,按桥梁防水分级标准,这座桥的防水等级为Ⅰ级。

原防水设计方案:桥面铺装层设计为主梁上铺筑 10cm 厚防水混凝土找平层,内设钢筋网;其上为 4cm 厚中粒式沥青混凝土 + 3cm 厚细粒式沥青混凝土;桥上无纵坡,横坡为 1.5%;原防水层为 FYT-Ⅰ型。

本实体试验工程桥面防水层改为如下试验方案:将 10cm 厚防水混凝土作为找平层;在找平层上加铺 1.5mm 厚热铺型胶粉改性沥青,并按 60% 撒布率撒布 5 ~ 10mm 厚碎石作为防水层;然后铺筑 4cm 厚中粒式沥青混凝土 + 3cm 厚细粒式沥青混凝土铺装层。

7.1.3 设计方案可行性分析

可从胶粉改性沥青材料自身工程特性及加碎石后与上层沥青混凝土的黏结效果两方面分析本试验工程采取的设计方案的可行性。

①胶粉改性沥青具有比一般改性沥青更好的高温稳定性和低温抗裂性,而且由材料试验可知,各项指标均满足防水材料要求,且更加适用于寒冷地区。同时,由于利用了废旧橡胶轮胎,减少了黑色污染,具有很好的社会经济和环保效益。

②在铺筑完胶粉改性沥青后,再按 60% 的撒布率撒布一层 5 ~ 10mm 厚的碎石,使得防水层与其上层沥青混凝土铺装层间的黏结力大大增加,因而,抗剪切能力增强,减少了桥上水平荷载作用下的剪切破坏,保证了桥面防水层的有效性和耐久性。

7.2 胶粉改性沥青的防水性能试验

主要对应用于实体试验工程的防水材料——胶粉改性沥青进行材料性能试验,对于胶粉改性沥青来说,表征沥青对温度敏感性的指标主要有针入度、延度和软化点三个指标;对于防水材料的性能,主要评价耐高温性能、耐低温性能、不透水性和拉伸性能四个方面;对于防水材料的路用性能,主要评价层间的剪切性能、防水材料抗施工损伤性能。胶粉改性沥青的材料特性以及物理性能如表 7-1、表 7-2 所示。

胶粉改性沥青材料特性

表 7-1

项目	行业标准(温区)	试验结果
针入度(25℃)	50 ~ 100	59
针入度指数 PI		0.46
延度(5cm/min,5℃)(cm)	>10	32.7
软化点(环球法)(℃)	>49	69.5
135℃旋转黏度(Pa·s)		7.225
闪点(开口)(℃)		277
溶解度(三氯乙烯)(%)		99.7
离析温度(℃)		1.8
弹性恢复(25℃)(%)	>10	85

胶粉改性沥青主要物理性能 表 7-2

项目	标准要求	检测值
拉伸强度(MPa)	≥1.0	3.60
断裂伸长率(%)	≥800	520
不透水性(0.3MPa、30min)	不透水	不透水
低温柔性	−25℃无裂纹	无裂纹
抗冻性	冻融20次无开裂	无开裂
黏结性(MPa)	≥0.3	0.5

7.2.1 层间剪切试验

据实际路况调查,沥青混凝土桥面最主要的病害是面层沥青混凝土推移、剥落、松散。研究发现,这些病害大都是在水平方向荷载作用下,桥面铺装各层之间的抗剪强度不足引起的。

混凝土桥面防水层,包括整个铺装层,是在垂直荷载和水平荷载的综合作用下工作的。所以,防水层的抗剪切能力是一项重要的技术指标。本试验即是为了比较、确定各种柔性防水材料的抗剪切能力,以确定不同防水层材料的抗剪强度、不同的环境条件对材料剪切变形性能的影响规律,并建立相应的抗剪性能指标,以供正确选择防水层,指导设计与施工。

7.2.1.1 剪切试验简介

采用 YJW 系列微机控制压剪试验机。此试验设备包括机械和数据采集两部分。机械部分包括无级变速拉力机、反力架、滚轴座、对心器、传感器、剪力盒等。机械部分保证试件上各个作用荷载的施加,其上有三个传感器,两个拉压力传感器用于测量垂直与水平荷载,一个水平位移传感器用于测量剪切位移值。这三个传感器皆与数据采集仪连接。数据采集仪专用程序实现对全部试验过程的控制,并对采集数据进行存储、分析及处理。试验模拟沥青混凝土桥面在车辆荷载的作用下,层与层之间产生的剪应力。

试验原理:把试件放到试验机上、下两层之间,上下层板与试件接触后加压模拟车辆垂直荷载;达到设定值后,水平夹板开始移动模拟车辆水平荷载,以达到剪切效果。试件的应力-应变曲线由仪器的输出端输出,显示到电脑屏幕以便记录、分析。试验设备如图 7-2 所示。

7.2.1.2 试验方法

试验材料为胶粉改性沥青、SBS 改性沥青、425 水泥、碎石、天然砂。

通过正交试验设计法研究环境温度、防水层厚度、撒布碎石粒径以及防水材料四个因素对防水层与沥青混凝土铺装层及下层水泥混凝土间抗剪切能力的影响(表 7-3),从而确定最佳防水层的厚度、防水层与铺装层的最佳黏结方法,确定最佳防水材料,并通过计算比较两种防水材料的层间剪切性能。

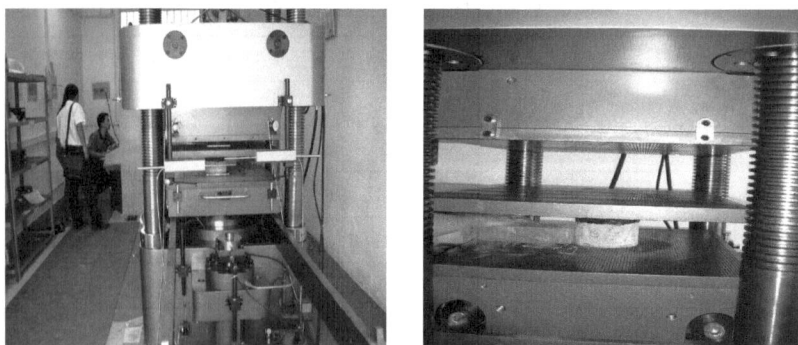

图 7-2 试验设备

试验因素与水平   表 7-3

水平	因素			
	A 环境温度(℃)	B 防水层厚度(mm)	C 撒布碎石粒径(mm)	D 防水材料
1	25	1.0	无	橡胶
2	40	1.5	5~10	SBS
3	60	2.0	10~15	橡胶

7.2.1.3 试验步骤

（1）制备试件

①用 425 水泥根据材料试验得出的配合比,制备直径为 150mm,高为 100mm 的 C40 号水泥混凝土试件,然后放入混凝土标准养护室养护 7d;

②将水泥混凝土试件养护 7d 后取出晾干,待试件完全干燥,按要求在其表面涂防水层,采用与实体工程一致的厚度、碎石撒布率及防水材料类型;

③根据材料的配合比及最佳油石比分析,采用胶粉改性沥青制备沥青混凝土;

④将刚搅拌出锅的沥青混凝土用静压法与水泥混凝土试件压紧,使之成为一体,以便用于剪切试验。

（2）剪切试验:待试件冷却成型后 24h 开始试验

①将试件放入 40℃和 60℃温度箱内进行保温。

②准备试验仪器,按温度的不同,分别把在不同温度条件下进行试验的试件放到试验仪器上进行剪切试验。

③试验得出的数据记录在表 7-4 中。

7.2.1.4 试验结果分析

（1）试验数据分析

试验结果如图 7-3 所示。图 7-3a）为剪切力与温度关系曲线,其中纵坐标 F 表示剪切力,横坐标 T 表示温度。由于防水层厚度以及撒布碎石粒径不同,分别用胶粉改性沥青 1 和胶粉改性沥青 2 来表示胶粉改性沥青。胶粉改性沥青 1 用于 1 号、5 号、9 号试验,胶粉改性沥青 2 用于 3 号、4 号、8 号试验。从曲线上可以看出,温度在 25℃时层间剪切力要远大于高温的情况。试件在 0℃时进行试验但没有发生剪切破坏,说明低温性能很强。

剪切试验记录表 表 7-4

试验号	因素				
	温度(℃)	防水层厚度(mm)	撒布碎石粒径(mm)	防水材料	剪切力(kN)
1	25	1.0	无	橡胶	10.0
2	25	1.5	5~10	SBS	11.6
3	25	2.0	10~15	橡胶	11.0
4	40	1.0	5~10	橡胶	6.2
5	40	1.5	10~15	橡胶	6.3
6	40	2.0	无	SBS	4.5
7	60	1.0	10~15	SBS	4.8
8	60	1.5	无	橡胶	5.4
9	60	2.0	5~10	橡胶	5.2
因素之和 k_1	32.6	21	19.9	44.1	
因素之和 k_2	17	23.3	23	20.9	
因素之和 k_3	15.4	20.7	22.1		
平均效果 K_1	10.9	7.0	6.6	7.4	65
平均效果 K_2	5.7	7.8	7.7	7.0	
平均效果 K_3	5.1	6.9	7.4		
极差 R	5.2	0.9	1.0	0.4	
最优方案	A_1	B_2	C_2	D_1	—

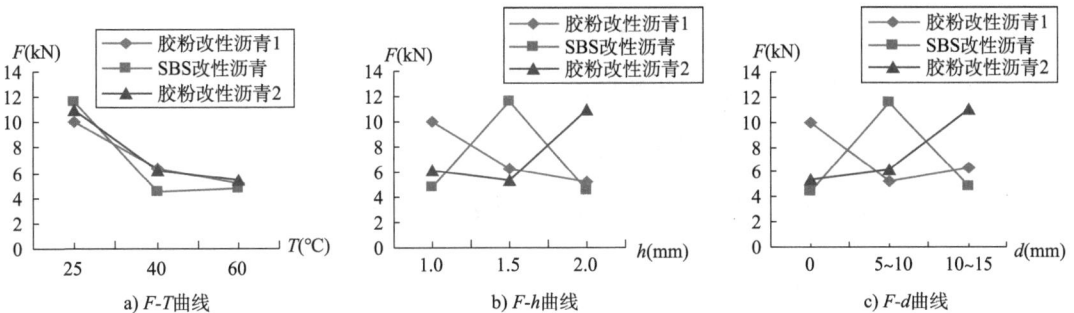

a) F-T曲线   b) F-h曲线   c) F-d曲线

图 7-3 层间剪切力与试验因素关系图

图 7-3b)为剪切力与防水层厚度关系曲线,其中纵坐标 F 表示剪切力,横坐标 h 表示防水层厚度。胶粉改性沥青 1、2 的意义同上。分析可知,层间剪切力在防水层厚度为 1.5mm 时最大。

图 7-3c)为剪切力与撒布碎石粒径关系曲线,其中纵坐标 F 表示剪切力,横坐标 d 表示碎石撒布粒径。其中,胶粉改性沥青 1、2 的意义与前面相同。经过对数据进行分析,可以得出,撒布碎石粒径为 5～10mm 时层间的抗剪切性能最好。

（2）最优方案的分析

通过以上的试验数据分析可知,$A_1B_2C_2D_1$ 是最优试验方案,即胶粉改性沥青在常温 25℃、防水层厚度 1.5mm、撒布碎石粒径 5～10mm 时层间的抗剪切效果最好。其中,温度对防水材料的影响很大,属于主要条件,温度越高,防水效果越差。一般来说,在 25℃ 温度条件下,防水材料的防水性能最好,即 A_1;对试验影响的次要因素是 C——撒布碎石粒径,由试验数据可以看出撒布碎石粒径为 5～10mm 时其层间剪切力最大,也就是说,此时的撒布碎石粒径对上部铺装层与防水层的黏结效果最好,即 C_2;比较而言,因素 B——防水层厚度,是稍次于因素 C 对层间剪切有影响的因素,其第二个水平（1.5mm）是最佳的防水层厚度;因素 D——防水材料是对防水层抗剪切效果影响最小的因素。

（3）最优方案的预估

由前面试验数据得出最优方案是常温下使用胶粉改性沥青做防水层,防水层的厚度为 1.5mm,撒布碎石粒径为 5～10mm。但在试验表中没有这一组试验,为确定这组试验的数据,除了另外进行试验外,还可以使用最优方案下的点估计来预估[1]。预估公式为

$$\hat{u}_{优} = \hat{u} + \hat{A}_1 + \hat{B}_2 + \hat{C}_2 + \hat{D}_1 \qquad (7\text{-}1)$$

式中:$\hat{u}_{优}$——最优方案下的估计值;

$\hat{u}$——工程平均值的估计值;

$\hat{A}_1$——温度 A 第一水平的效应估计值;

$\hat{B}_2$——厚度 B 第二水平的效应估计值;

$\hat{C}_2$——撒布碎石粒径 C 第二水平的效应估计值;

$\hat{D}_1$——防水材料 D 第一水平的效应估计值。

对公式进行推导后得

$$\hat{u}_{优} = \bar{A}_1 + \bar{B}_2 + \bar{C}_2 + \bar{D}_1 - 3\bar{x} \qquad (7\text{-}2)$$

式中:$\bar{A}_1$——温度 A 第一水平的平均效果;

$\bar{B}_2$——厚度 B 第二水平的平均效果;

$\bar{C}_2$——撒布碎石粒径 C 第二水平的平均效果;

$\bar{D}_1$——防水材料 D 第一水平的平均效果;

$\bar{x}$——指标值的平均效果。

将试验数据代入式(7-2)后可算出胶粉改性沥青在常温、1.5mm 厚、5～10mm 撒布碎石粒径的情况下,剪切力为 12.2kN,即 0.69MPa;而 SBS 改性沥青在同样的条件下,剪切力为 11.8kN,即 0.67MPa。从而可知,使用胶粉改性沥青的防水层要比 SBS 改性沥青防水层效果好。

7.2.1.5 各种因素对抗剪强度的影响

（1）环境温度的影响

由前文可知,温度对防水层抗剪性能的影响最大。根据前面得到的最佳方案,选择防水层厚度为1.5mm,撒布碎石粒径为 5 ~ 10mm,可以得到不同的环境温度对不同材料的防水层抗剪性能的影响,如图 7-4 所示。

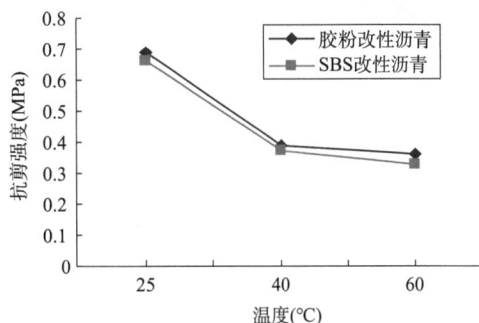

图7-4 不同材料的防水层的抗剪强度随温度的变化

由图 7-4 可以看出,随着温度的升高,无论哪种材料的防水层抗剪强度都会大幅下降。如果设常温(25℃)情况下,两种材料的剪切强度值为 1,那么胶粉改性沥青和 SBS 改性沥青在高温(60℃)下的剪切强度分别为 0.52MPa 和 0.5MPa,可以看出,胶粉改性沥青随环境温度的变化相对较小,耐高温性能较好。

（2）防水层粗糙度的影响

一般情况下,随着表面粗糙程度的增加,材料抗剪特性会呈现先上升后下降的趋势。不管使用哪种防水材料,防水层在表面光滑的情况下与其上的铺装层不会有很好的黏结力。为了达到与铺装层良好的黏结性能,将常温(25℃)和高温(60℃)下不同防水层粗糙度(撒布不同粒径的碎石)对剪切性能的影响进行分析(表 7-5、图 7-5)。

不同防水层粗糙度下的剪切强度

表 7-5

材料/温度	不同防水层粗糙度下剪切强度（MPa）		
	无	5 ~ 10mm	10 ~ 15mm
胶粉改性沥青25℃	0.62	0.69	0.67
胶粉改性沥青60℃	0.29	0.36	0.34
SBS 改性沥青25℃	0.61	0.67	0.65
SBS 改性沥青60℃	0.29	0.34	0.32

由表 7-5、图 7-5 可以看出,适当的防水层粗糙度对抗剪切性能是有好处的。无防水层粗糙度是指仅涂抹 1.5mm 厚的防水层,而铺装层直接铺筑在这一层防水层上;其余两种粗糙度是指涂抹 1.5mm 防水层后撒布经过预热的碎石,碎石的粒径分别为 5 ~ 10mm 和 10 ~ 15mm,将碎石碾压冷却后铺设铺装层。经过分析可知,无论是胶粉改性沥青还是 SBS 改性沥青,层间抗剪切效果最佳状态是在防水层上撒布 5 ~ 10mm 的碎石。

由于改性沥青具有自愈合能力,碎石嵌入防水层经冷却后可以和防水层黏结成为一体,有效地增加了防水层的粗糙程度。在这样的情况下铺设上部铺装层,嵌进防水层的碎石就会同样地嵌进铺装层中,从而起到黏结上下两层的作用。经分析可知,碎石的撒布率应该为 60% ~ 80%,而且碎石在加热前应先清洗以去除杂质、灰尘。

图7-5

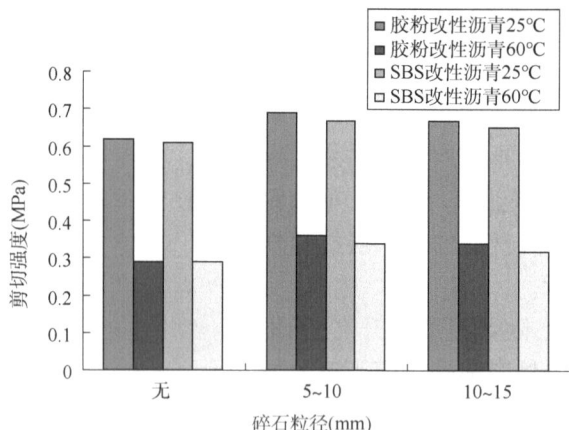

图 7-5　不同温度不同防水层粗糙度下的剪切强度

（3）防水层厚度的影响

防水层的厚度会影响防水层的冷却时间和耐热性以及抗剪切能力。如果防水层过薄（单位用量过小），则不能在界面上形成足够的黏结面，造成抗剪强度下降。如果防水层过厚（单位用量过大），则在界面形成富油层，同样也会造成抗剪强度下降。因此，必须确定适宜的防水材料用量，也就是防水层厚度。不同厚度防水层抗剪强度见表7-6及图7-6。

不同厚度防水层剪切强度　　　　　　　　　　　　　　　　表7-6

温度	不同厚度防水层剪切强度（MPa）					
	胶粉改性沥青			SBS 改性沥青		
	1.0mm	1.5mm	2.0mm	1.0mm	1.5mm	2.0mm
25℃	0.64	0.69	0.63	0.62	0.66	0.61
60℃	0.31	0.36	0.31	0.29	0.33	0.28

图 7-6

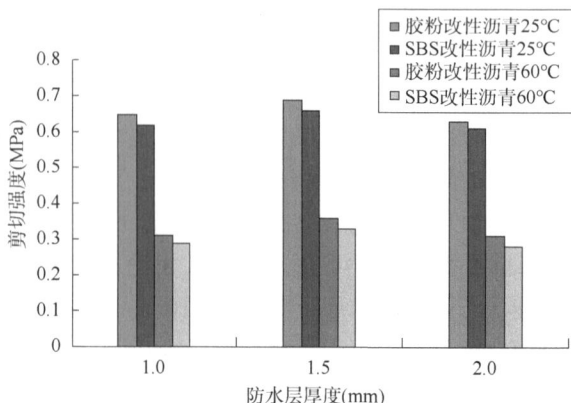

图 7-6　不同厚度防水层的剪切强度

由表7-6和图7-6可以看出,并不是防水层越厚抗剪效果越好。与前两种影响因素相比,防水层厚度属于次要因素,这和试验得出的结论相一致。但仍能够说明防水层存在最佳厚度,即1.5mm。

7.2.1.6 试验结论

通过以上试验分析,可以得出以下结论:

①常温下每种防水材料的层间剪切力要比高温情况下的大,且在常温情况下用胶粉改性沥青的防水层的指标性能要优于用SBS改性沥青的防水层。

②通常在铺设防水层后直接在其上铺设沥青混凝土铺装层并进行碾压,但这种铺装层一般在使用一段时间后会出现"两层皮"的现象,原因就是两层之间的黏结力差。为了解决这一问题,需要增加层间黏结力,通过研究发现在防水层上撒布60%~70%的碎石,能增加防水层与沥青混凝土铺装层之间的黏结力,撒布碎石最佳粒径为5~10mm;胶粉改性沥青和SBS改性沥青防水材料的防水层最佳厚度均为1.5mm。

③通过分析试验数据发现,胶粉改性沥青防水层的最佳方案——常温25℃、防水层厚度为1.5mm、碎石撒布粒径5~10mm的情况下,最大的层间剪切力为0.69MPa。而车辆在桥面行驶的制动力根据《公路桥涵设计通用规范》(JTG D60—2015)规定:对于1~2车道,按布置在荷载长度内一列汽车车队总重力的10%计算,并不小于一辆重车的30%。对于标准车的后轮,在竖向力作用下的制动为0.58MPa,故胶粉改性沥青防水层的层间剪切力大于车辆的制动力。

④通过对层间抗剪切能力影响因素进行分析发现:首先,随着温度的升高,各种防水材料的抗剪性能均逐渐降低,并且降低的速度很快,但胶粉改性沥青和SBS改性沥青的耐高温性能和低温性能都很强;其次,防水层与铺装层的黏结性能对层间的抗剪性能也有影响——防水层表面光滑,黏结性差,防水层表面粗糙,黏结性强,为了使防水层粗糙,在铺筑防水层后撒布碎石以提高防水层黏结性能,其抗剪效果比光滑防水层好;最后,通过防水层厚度对层间抗剪性能影响分析发现,胶粉改性沥青防水层的厚度在1~2mm之间对层间剪切效果的影响相似,但厚度为1.5mm时防水层的抗剪切能力最强。

7.2.2 渗水试验

渗水试验是测试防水层路用性能的一种室内试验方法,主要是为了测试水泥混凝土铺筑防水层后的防水效果。本试验对混凝土的渗水试验进行了改进,在成型的混凝土试件底部涂抹胶粉改性沥青防水层后,将试件放到自动调压抗渗仪上进行试验,测定涂抹防水层后水泥混凝土的渗水等级。

7.2.2.1 试验设备

HJW-60型混凝土搅拌机、HP-4.0型自动调压混凝土抗渗仪、烘箱、石蜡、加热炉、钟表、钢尺、梯形板(图7-7)。

7.2.2.2 试验步骤

①根据混凝土抗渗仪的成型模具(尺寸:上口直径175mm,下口

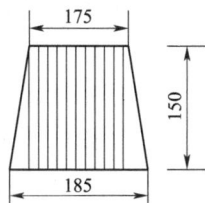

图7-7 梯形板(单位:mm)

直径185mm,高150mm的锥台)成型试件。

混凝土配合比为0.38∶1∶1.01∶1.66;水灰比为0.38,砂率为38%,并由此确定相应的混凝土搅拌机容积的各材料用量。

②将成型后的试件养护28d,测标准立方体试件的混凝土实际强度,经压力机测定该混凝土立方体抗压强度为 $f_{cu}=42.6\text{MPa}$。

③试件到龄期后取出,擦干表面,用钢丝刷刷净两端面,待表面干燥后涂抹防水层。

④待防水层实干后,将融化的石蜡均匀地滚涂在试件的侧表面,以达到侧面密封的效果,防止侧面渗水。

⑤用烘箱加热试验试模,并将试件压入试模中,使试件底面和试模底平齐,待试模冷却后,固定在抗渗仪上进行试验。

⑥开动仪器,从0.2MPa开始加压,每8h加压一次,观察试件表面渗水情况并记录。

7.2.2.3　试验结果

当水压达到0.8MPa时,试件表面渗水,说明加铺防水层的水泥混凝土试件的渗水指标为S8。而在高速行驶的汽车轮胎下所产生的动水压力与许多因素有关,只有当孔隙被水分全部充满时所产生的动水压力才是最大的。根据交通运输部颁布的《公路工程技术标准》(JTG B01—2014)规定的计算行车速度,对于高等级公路中的中小跨径桥梁来说,在行车速度为120km/h的情况下水压力为0.54MPa。因此,本试验所测得的渗水指标要大于规定水压力的标准,故防水层的渗水性能能够满足桥面抗渗的要求。

7.2.3　抗施工损伤试验

抗热集料刺破试验是为了观察胶粉改性沥青防水层铺装后,在铺筑沥青混凝土面层时是否会被热集料刺破而损伤。

7.2.3.1　试验器材

LHB-Ⅱ型自动混合料拌和机、HYCX-1型车辙试样成型机、硬白纸、橡胶锤、加热箱等。

7.2.3.2　试验步骤

①将加热到180℃的防水材料(胶粉改性沥青)按实际的铺设厚度涂抹于尺寸为30cm×30cm的硬白纸上,并将在加热箱中预热的碎石撒布在防水层上,用橡胶锤压实,使碎石与防水层成为一体。

②待防水层和碎石冷却并实干后,平铺在车辙试样成型机的模具中。

③将沥青混凝土按照生产配合比在LHB-Ⅱ型自动混合料拌和机中拌和,并将拌和好的沥青混凝土装到车辙试样成型机的模具中。

④通过车辙试样成型机进行碾压,模拟现场压路机对沥青混凝土面层的施工,观察碾压后防水层背面白纸的情况,如图7-8所示。

7.2.3.3　试验结论

通过对碾压后试件背面白纸的观察,可以得到结果如表7-7所示。

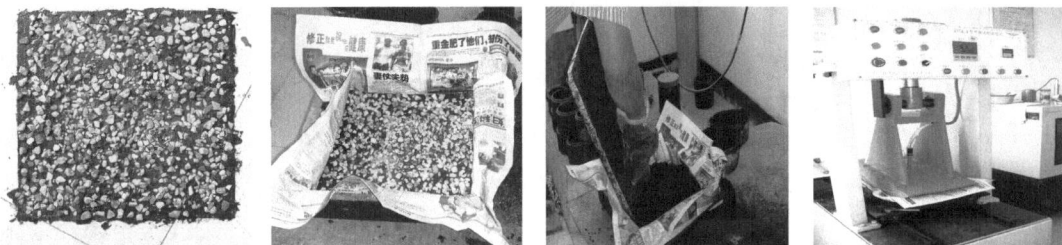

图 7-8 试件成型及碾压过程

试验结果 表 7-7

防水材料	碾压温度(℃)	观察结果描述
胶粉改性沥青	140~150	防水层无破损,隔离纸上留有 10 处大小不等黑斑
	160~170	1 处破损,且在隔离纸上留有 15 处大而深的黑斑
SBS 改性沥青	140~150	防水层无破损,隔离纸上留有 15 处大小不等黑斑
	160~170	1 处破损,隔离纸上留有 20 处大而深的黑斑

由表 7-7 可以看出,热集料的施工对防水层有一定的影响,但由于胶粉改性沥青具有自愈合的能力,在温度降低后又可以与嵌入其中的沥青混凝土很好地结合成为一体,共同起到防水的作用。且 SBS 改性沥青抵抗热集料碾压的性能没有胶粉改性沥青的效果好。

7.3 实体试验工程的实施

7.3.1 二道河中桥桥面防水施工方法

按设计方案要求,二道河中桥桥面防水施工按如下程序进行:桥面准备、防水材料及集料准备、防水层铺筑及防水层质量检测。

施工要点:

①在喷洒桥面防水黏结材料之前,应先凿除桥面水泥混凝土铺装层浮浆,凿除深度应控制在 3~6mm,浮浆凿除后表面应露出混凝土集料面,露出的集料面积经目测占全部面积的 40% 以上。

②浮浆凿除后应用鼓风机将桥面上的粉尘、石屑等杂物清理干净,然后用水进行冲洗,保证桥面无藏灰、杂物(图 7-9)。

③凿除浮浆要做好施工防护措施,施工人员必须佩戴必要的防护工具,防止粉尘污染影响工作人员身体健康。

④浮浆凿除工序完成后,应由监理单位及业主项目经理部进行验收,合格后方可进行下道工序施工。

⑤待桥面干燥后,方可喷洒桥面防水层材料。

图 7-9 桥面清扫

⑥桥面防水层改性沥青喷洒可采用同步碎石撒布车或人工进行撒布。大面积施工前应进行小面积试洒,确定车辆行走速度、泵量等参数,确保施工用量满足要求的沥青洒布量。

⑦沥青喷洒温度不应低于 175℃,洒布量为 1 ~ 1.4kg/m²。沥青需经过预热脱筒后,倒进加热炉中继续加热升温至要求温度。桥面防水材料应均匀洒布,保证厚度一致,无露白,无油团堆积。

⑧在沥青洒布起步、终止部位,应铺条布或采用其他手段,接多余沥青,防止对桥面产生污染。

⑨施工单位应对沥青洒布量进行自检,监理单位应认真进行现场监理和检测。沥青洒布量检测方法可采用在车辆行走路线上铺一块牛皮纸,撒布车以正常速度通过后,称量牛皮纸上的沥青质量即可。

⑩改性沥青喷洒完成后,应立即撒布单一粒径 5 ~ 10mm 碎石,碎石撒布率为 60% ~ 70%(5 ~ 6kg/m²),撒布前集料温度不低于 140℃。

⑪在进行大面积撒布前,应进行碎石撒布试验,确定车辆行走速度、开口大小(碎石流量),确定车辆工作参数与单位碎石用量关系。

⑫撒布石料的粒径规格和质量应符合《公路沥青路面施工技术规范》(JTG F40—2004)的规定。石料应干燥、洁净,针片状石料含量应低于 10%。

⑬撒布完成后,桥梁地袱、防撞墙等的阴角、转角等部位人工涂刷改性沥青。涂刷高度不低于 4cm。泄水孔边缘和内部应涂刷改性沥青,内部处理深度不小于 10cm。

图 7-10 防水层碾压

⑭撒布完毕后,应用轻型胶轮压路机碾压 1 ~ 2 遍,压路机行走速度需均匀,不得喷水,不得在作业面上掉头,并用鼓风机将浮石吹净,如图 7-10 所示。

⑮防水层施工完毕后养护期间,最少在 12h 后才可允许必须行驶的车辆上路,并保证车速低于 5km/h,不得刹车或掉头,以防止防水层受损坏。

⑯在防水层上严禁有重物冲击、任意堆放其他物品,严防钉子、钢筋等锐利物的人为破坏。管理人员

对防水层随时检查并清扫,发现问题及时维修并做维修记录。

7.3.2 实体试验工程的检测

防水层施工过程中,为确保施工操作符合规程、施工质量合格、防水层满足要求,需要对防水层的质量进行检测。

7.3.2.1 防水层厚度检测

防水涂料的基本要求是"牢、薄、透、匀",所以必须非常均匀地施作一薄层,最厚不宜超过2mm。防水层施工完成后,由检测人员用沥青针入度仪器或针刺法量测防水层的厚度,各个测点厚度必须满足技术标准规定,否则不得进行下道工序的施工,检测频率可为每1000m² 测 4 个点取平均值,不足 1000m² 按 1000m² 检测。

7.3.2.2 碎石撒布量检测

碎石的撒布量是通过石屑撒布车料斗开口大小和撒布车的行车速度来控制的。在施工前须通过干料反复进行试验,用撒布石料的车通过牛皮纸,进行称重确定撒布速度和量,最终确定撒布车工作参数与撒布量的关系,使预拌碎石的撒布率为60% ~70%(5~6kg/m²)。以现场能看见其下的防水黏结层,但车辆及人行走其上不接触防水层为判断标准。

7.3.2.3 外观质量检测

防水涂料施作时应及时检查有无空鼓、气泡、脱落、翘边等现象,以及阴阳角、接头和搭接处的施工是否符合要求,且重点检查伸缩缝、收水口部位的质量,不符合要求的应及时处理。

7.3.2.4 成品保护

防水层成型后,应注意成品保护,在沥青混合料摊铺前禁止车辆通行,且及早摊铺面层。在摊铺沥青混合料时,应随时检查有无损坏的部位,及时进行修补。

7.3.2.5 防水层不透水性检测

按工地实际防水材料用量(涂膜)和工艺要求在室内制作试件并检测。检测频率为对每座桥按 2000m² 以下为一组,2000~4000m² 时为两组,大于 4000m² 时为三组,每组 3 个试件。

7.3.3 桥面防水效果分析

二道河中桥位于内蒙古通辽地区,该地区气候寒冷,设计方案为热铺型胶粉改性沥青加碎石防水层,胶粉改性沥青具有很好的低温抗裂性,使得防水材料具有更好的气候适用性。同时,由于在胶粉改性沥青上面又撒布 5~10mm 的碎石,防水层与上层沥青混凝土铺装层间具有更好的层间黏结力,可有效抵抗车辆荷载作用下的水平剪力,使防水层能更好地发挥作用,更具耐久性。同时,该防水层施工工艺简单,施工质量及防水效果良好,未发生桥面铺装损坏及防水失效现象,也无其他病害发生。二道河中桥实体试验工程的成功实施,说明热铺型胶粉改性沥青加碎石防水层能够改善寒冷地区桥面防水功能,减少桥面铺装层的损坏概率,增强行车时效性和舒适性,且经长期观测效果良好。

7.3.4 成本比较及社会与经济效益评价

桥面防水方案的选择,应从其自身的使用性能出发,结合本地区气候、构造物的类型、施工场地环境等情况,既要考虑建设成本,又要考虑其技术特点及应用效果,即防水效果,还要考虑工程交付运营后的养护成本,以获得最佳综合效益。

7.3.4.1 建设成本分析

原设计桥面防水层为 FYT-Ⅰ型,与课题试验防水层(热铺型胶粉改性沥青加碎石防水层)在材料选择和施工工艺上有差异,但不增加防水层设备台班费和人工费。

计算结果表明:实施方案 A 初期建设成本较原方案成本增加 5000 元(表 7-8)。

二道河中桥桥面防水预算成本对比   表 7-8

建设成本(元)	防水方案	
	方案 A(实施方案)	方案 B(原设计方案)
人工费	2500	2500
材料费	20000	15000
机械使用费	3750	3750
费用合计	26250	21250

7.3.4.2 养护成本分析

通过大量的调研了解到,20 世纪 80 年代之前,公路交通发展速度缓慢,受工程科技含量较低、技术标准不完善、建设管理体制不健全等因素的制约,桥面防水在桥梁建设工程中的重要作用和利害关系被忽视,桥面防水技术未引起设计、施工、管理等部门的足够重视,由设计不合理、施工粗糙、管理不严引发的桥面铺装病害现象十分严重,养护成本逐年增加,桥梁自身特有的功能得不到充分发挥,甚至造成巨大经济损失,产生不良的社会影响。因此,桥面防水工程以其自身的特殊性,成为决定桥梁使用周期和质量的主要因素之一。

桥面铺装保养周期较短,养护部门每 5 年就要投入一定的经费处理桥面铺装病害。而采用适宜的桥面防水措施,可加强防水层与水泥混凝土梁体及沥青混凝土铺装层间的黏结力,对保证桥面铺装的正常使用和工作、延长桥面铺装的使用年限、大大减少混凝土梁体的腐蚀病害具有重要作用。因此,只有在工程设计和建设阶段对桥面防水予以充分重视,因地制宜实践桥面防水技术,并将其合理应用于桥梁工程中,才能有效减轻或基本避免桥面铺装和梁体的腐蚀病害的产生,以达到延长维修周期、降低桥梁养护成本的目的。

以二道河中桥为例,按照桥面铺装层使用设计年限 15 年计算,普通结构桥面铺装层由于防水层设置不合理,需要每 5 年进行一次养护改造,而采用热铺型胶粉改性沥青加碎石防水层的桥面铺装性能改善,只需要 8 年养护一次,则采用改进的防水处治措施后,在使用周期内可少养护 1 次,则使用周期(按照只养护改造 3cm 上面层计算)内总的养护费为(该桥

面以 1250m² 计):

实施方案(A)桥面养护费为:
$$2 \times 1250 \times 35 = 87500(元)$$
原设计方案(B)桥面养护费为:
$$3 \times 1250 \times 35 = 131250(元)$$

通过计算,在设计使用寿命周期内,铺设桥面防水层后该试验桥面可节省养护费用:131250 - 87500 = 43750(元)。

试验研究以及工程实践表明:防水层设置不合理时,极易引发铺装层沥青混凝土病害,如坑槽、松散、推移、壅包等,严重影响桥面的正常通行,大大降低桥面的实际使用寿命,使养护费用增加,甚至需要重新铺装,严重时甚至威胁水泥混凝土结构的安全。采用热铺型胶粉改性沥青加碎石桥面防水层后,可有效防止桥面铺装层的早期病害,特别是有效防止水对桥梁的侵蚀,可延长桥面的使用寿命,使用年限比不设防水层或防水层设置不当可提高 30% ~ 40%。

7.3.4.3 间接经济效益分析

采用不当的桥面防水层时,由于桥面状况变差,行驶车辆的燃油、轮胎消耗增加,车辆的保修、折旧以及误工等费用增加,使行驶速度下降,行驶时间延长,因养护维修以及大、中修影响行车,使行驶减速或绕道行驶等,都会引起用户费用的增加。而采用热铺型胶粉改性沥青加碎石桥面防水黏结层与普通桥面防水黏结剂相比,防水层与桥面铺装层及桥面混凝土具有更好的黏结力,有效防止了桥面铺装的早期病害,使车辆可以保持较高速度匀速行驶,减少了旅途时间。此外,由于减少了养护次数,也可以减少旅客因公路养护而耗费的时间,若按日交通量10000辆计算,每车平均乘员4人,按5年计算,则共有近1亿人通过,每人减少旅途1min,按照内蒙古地区当时800元/月的平均工资水平,每人每小时创造2元的产值,那么5年可以总共带来1000万元以上的经济效益。

7.3.4.4 社会效益分析

桥梁作为一种结构物,在交通运输中发挥着不可替代的作用。从我国现有公路状况来看,桥面防水病害是一个普遍存在且亟待解决的问题,由此引起桥面铺装破损、钢筋腐蚀、混凝土破碎、承载能力降低等问题,严重影响桥梁结构的安全使用和耐久性,同时使司乘人员在行车过程中感到颠簸和不适,甚至引发安全事故,造成重大经济损失和社会影响。由于低等级公路交通量小,桥梁构造物数量不多,桥面防水病害产生的负面影响并不十分明显,但在高等级公路建设步伐不断加快的今天,桥面防水病害问题直接关系到能否保证公路交通安全和高速运营,因此引起人们的广泛关注。

该项目的推广可在很大程度上减少桥面早期病害的发生,由于采取了防水层设计的工程措施,虽然在工程实施阶段工程造价有所增加,但大大改善桥面铺装和防水效果,从而减少了各种病害发生的概率。投入运营后,在节约养护成本方面,其经济效益还是非常明显的。重要的是,减少了桥面铺装损坏和防水失效引起的梁体损坏现象,其社会效益更是不可估量的。铺装层使用寿命的延长,会大大降低养护成本;良好的耐久性、好的使用舒适度,给交通运输带来极大的便利,车速的提高大大降低了运输成本;同时由于行驶状况的改善,减少了轮胎的磨损,因此也减少了交通事故发生的隐患,有力保障了行车的安全性、舒适度。因此,做好桥面防水设计与施工,对减少或消除各种桥梁工程病害,具有显著的综合效益。此外,由于采用了废胎橡胶粉,充分利用了废旧轮胎,减少了黑色污染,对环境保护和发展循环经济都具有显著的社会和经济效益。

综上所述,桥面防水层的设置受其结构及特定条件的限制,是一项容易被忽视而又非常重要的工作,处理不当必然会造成桥面铺装破损和梁体的腐蚀,从而导致桥面铺装病害和混凝土梁体承载力下降甚至破坏。如何采取合理手段及有效措施增加桥面防水层的有效性,减少桥梁病害,以保证桥梁结构的耐久性是需要解决的关键问题。本研究根据寒冷地区气候特点,从材料选择入手,通过大量室内试验,针对性地确定桥面防水层设计方案。通过总结施工经验,分析观测、观察实体工程使用效果,得出以下研究结论:

①针对寒冷地区气候特点和桥面防水中存在的防水层界面黏结力不足,造成车辆荷载作用下剪切破坏,继而致使桥面铺装破损等现象,研究提出采用热铺型胶粉改性沥青加碎石的防水层设计方法,利用胶粉改性沥青的低温抗裂性好、抗拉性能好及该防水层与沥青混凝土铺装层间黏结力强的特点,提高防水层界面的抗剪能力,减少桥面铺装的损害现象,从而保证桥梁结构的耐久性。

②从工程实施角度来看,热铺型胶粉改性沥青加碎石防水层的设置,与原方案相比,建设成本略有增加。但通过防水层的设置,桥梁病害大大减少,行车舒适性增加,因而降低了桥梁的养护与维修费用,延长了桥梁的使用寿命和养护周期。同时,由于使用了废旧橡胶轮胎,减少了黑色污染,保护了环境,因而综合来看,设置热铺型胶粉改性沥青加碎石防水层具有巨大的经济和社会效益。

本章参考文献

[1] 陈魁.试验设计与分析[M].2版.北京:清华大学出版社,2005.

▶ 第8章
寒旱区胶粉改性沥青的工程应用之二
——降噪路面

8.1 降噪路面的材料特性

8.1.1 胶粉改性沥青降噪路面材料组成及特性

大孔隙降噪路面由于结构孔隙较大,故所用的材料与普通沥青混凝土在集料级配、集料性质、黏结料种类及用量等方面有所不同。

8.1.1.1 沥青

沥青混合料是由沥青胶结料与矿料组成的路面材料,胶结料的性能对沥青混合料影响很大。OGFC(升级配抗滑磨耗层)路面由于混合料粗颗粒过多,细颗粒太少,虽然能形成骨架,但颗粒之间不能够形成强有力的嵌锁作用,沥青混合料的强度受胶结料的黏结影响很大,所以要求沥青具有很高的黏性,以确保沥青混合料的稳定性。降噪路面具有大孔隙特点,容易受到空气及太阳紫外线的作用,加速沥青的老化。为了防止由此产生的老化,对混合料的抗老化性能提出了更高的要求。由于 OGFC 路面雨水经常要从路面结构内部排走,极易受到水的损害,因此要求沥青与矿料具有很好的黏附性。在高速公路上修筑 OGFC 路面,考虑我国公路上重载多的实际情况,混合料应该具有较高的抵抗塑性变形的能力。根据以上分析,OGFC 混合料所用沥青应该具有以下特点:

①抗飞散。黏结料必须具有较高的黏度,以增加黏结料与集料的黏结力,防止表面集料在车轮荷载作用下飞散。

②耐候性。为防止沥青混合料受环境影响发生老化,包裹集料的沥青应有足够的厚度。

③耐水性。由于雨水的浸透,为确保沥青混合料的耐水性(抗剥离性),沥青对集料应具有很好的黏附性。

④耐高温。在高温和重交通的条件下,沥青混合料应具有较高的抗塑性变形能力(不易产生车辙)。

综上所述,铺筑降噪路面时采用普通沥青很难满足上述要求,而胶粉改性沥青具有较好的黏附性、抗老化能力和抗塑性变形能力,能够满足以上要求。

8.1.1.2　粗集料

胶粉改性沥青降噪路面的沥青混合料粗集料达到70%左右,由粗集料形成骨架,构成骨架孔隙结构,所以,粗集料性能是关系到沥青混合料性能的关键,其性质、形状及级配对OG-FC混合料的性能有着重要的影响。选择粗集料时首先要考虑集料的岩性,岩石的酸碱性会使生产的集料与沥青的黏附性有很大的不同。工程上根据石料化学成分中二氧化硅的含量来划分岩性,二氧化硅含量大于65%的为酸性石料,二氧化硅含量小于52%的为碱性石料。当碱性石料与沥青接触时,会发生化学吸附反应,在沥青与矿料接触面上形成新的化合物,对于保持沥青混合料的水稳定性有利;而酸性石料与沥青的黏附性差。同时,集料的嵌挤作用在很大程度上取决于集料的坚硬性、集料的颗粒形状和棱角性,因此对其压碎值要求高。粗集料应均匀、洁净、干燥、无风化、无杂质,有足够的强度、耐磨耗性、抗冲击性、耐磨光性及抗破碎性,且必须限制扁平颗粒的含量。须选用反击式或锤式破碎机加工的碎石,不得采用颚式破碎机加工的碎石。不容许使用破碎砾石作为粗集料。粗集料最好采用玄武岩或花岗岩。

8.1.1.3　细集料

细集料在OGFC沥青混合料中只占很小的比例,然而其对沥青混合料的性能影响较大。细集料一般采用质地坚硬的轧制砂代替天然砂。原因是天然砂与沥青的黏附性较差,而且天然砂的颗粒基本上是球形,对高温抗车辙能力不利。根据相关研究可知,天然砂掺量每增加1%,沥青混合料的动稳定度就降低4%。而轧制砂是破碎得到的,表面特别粗糙,对提高马歇尔稳定度和动稳定度效果明显。此外,细集料应干净、坚硬、干燥、无风化,有适当的级配,并与改性沥青有良好的黏附性。

8.1.1.4　矿粉

沥青混合料的性能受矿粉的影响很大。沥青与矿粉相互作用后,在矿粉表面会形成一层结构膜,称为结构沥青,结构膜外面的沥青称为自由沥青,如果颗粒之间以结构沥青连接,就会形成较大的黏聚力;反之,若由自由沥青连接,则具有较小的黏聚力。由于矿粉的比表面积远远大于其他集料,单位质量矿粉的表面积是粗集料的600倍左右,因此矿粉与沥青发生作用形成的结构中沥青为主要部分。矿粉的性质和用量对沥青混合料的强度影响很大。要求采用憎水亲油的碱性石料,如石灰石磨制的矿粉,尽量采用亲水系数小的矿粉。矿粉要求干燥、洁净、能自由地从石粉仓流出。拌和楼除尘回收的粉尘不得作为矿粉使用,并且矿粉贮存必须采取防水措施。

8.1.1.5　乳化沥青

为了提高胶粉改性沥青降噪路面上面层与下面层的黏结力,应在其间铺洒乳化沥青黏层油。黏层油在胶粉改性沥青降噪路面结构中起着至关重要的作用,主要有两个方面:

①与普通密级配沥青混凝土相比,排水沥青上面层与中面层之间的接触面积减少了15%~25%,因此需要黏层油提供更高的黏结强度,确保层间的完全连续条件。

②具有防止雨水下渗的作用,并保证防水功能的耐久可靠。

乳化沥青分阴离子型和阳离子型两种。对于胶粉改性沥青降噪面,一般采用阳离子乳化沥青。如采用改性乳化沥青,沥青含量应控制在 50% ~ 60% 。

8.1.2　胶粉改性沥青降噪路面配合比设计要点

因为胶粉改性沥青降噪路面沥青混合料的稳定度与沥青用量的关系曲线不存在峰值,所以胶粉改性沥青降噪路面沥青混合料的用油量不能采用马歇尔试验方法确定。我国的 OGFC 矿料级配和沥青用量的确定主要包含以下步骤:

①按照相关试验规程精确测定各种原材料的相对密度,对于 4.75mm 以上的粗集料测定毛体积相对密度,对于 4.75mm 以下的细集料及矿粉则测定表观相对密度。

②根据路面设计层厚和当地的应用经验,确定混合料的公称最大粒径,然后按照规范规定的 OGFC 设计级配范围,在充分参考同类型工程成功经验的基础上,初选 3 组不同 2.36mm 筛孔通过率的矿料级配作为初选级配。

③对于每一组初选的矿料级配,按照经验公式[式(8-1)]计算集料总比表面积,然后根据希望的沥青膜厚度,按式(8-2)计算每一组初选级配混合料的初始沥青用量。我国通常采用 14μm 的沥青膜厚度。

$$A = (2 + 0.02a + 0.04b + 0.08c + 0.14d + 0.3e + 0.6f + 1.6g)/48.74 \qquad (8\text{-}1)$$

$$P_b = hA \qquad (8\text{-}2)$$

式中:P_b——沥青用量;

　　　h——沥青膜厚度;

　　　A——集料的总比表面积。

④制作马歇尔试件,其中马歇尔击实次数为双面击实 50 次。用体积法测定成型试件孔隙率,绘制 2.36mm 筛孔通过率与孔隙率的关系曲线。根据期望的设计孔隙率确定混合料的矿料级配,并按式(8-1)、式(8-2)计算该级配混合料的初始沥青用量。

⑤以确定的矿料级配和初始沥青用量在拌和温度下拌和制备沥青混合料,分别进行马歇尔试验、谢伦堡析漏试验、肯特堡飞散试验及车辙试验,各项指标应符合规范要求。如果体积参数和性能指标不符合要求,则重新调整沥青用量进行试验,直至符合要求为止,否则应重新设计级配或更换原材料。

⑥在室内确定目标配合比和沥青用量后,像其他普通热拌沥青混合料一样,还应进行生产配合比的设计和验证,最终确定合适的矿料级配和沥青用量。

8.2　胶粉改性沥青降噪路面配合比设计工程实例

试验路段设在内蒙古通赤高速公路与赤朝高速公路连接线部分(桩号 K4 + 540 至 K4 + 740)。其中,原路面结构为 SBS 改性沥青 Superpave,厚度为 40mm,设计孔隙率为 4% 。试验路段降噪路面结构为胶粉改性沥青 OGFC-13,厚度为 40mm,设计孔隙率为 20% 。

8.2.1 原材料

①粗集料:采用玄武岩 10~15cm、5~10cm、3~5cm 规格料,产地均为赤峰(表 8-1),筛分结果见表 8-2。

②细集料:采用玄武岩机制砂 0~3cm,产地为内蒙古赤峰(表 8-1),筛分结果见表 8-2。

集料密度数据 表 8-1

矿料	表观相对密度	毛体积相对密度	试验方法
10~15mm	2.916	2.830	T 0304—2005
5~10mm	2.922	2.785	T 0304—2005
3~5mm	2.916	2.680	T 0304—2005
0~3mm	2.571	2.499	T 0328—2005、T 0330—2005
矿粉	2.659	2.659	T 0304—2005

集料筛分数据 表 8-2

集料	通过下列筛孔(mm)的质量百分数(%)									
	16.0	13.2	9.5	4.75	2.36	1.18	0.6	0.3	0.15	0.075
10~15mm	100	87.1	9.0	0.1	0.1	0.1	0.1	0.1	0.1	0.1
5~10mm	100	100	88.9	2.6	0.1	0.1	0.1	0.1	0.1	0.1
3~5mm	100	100	100	87.5	24.3	8.2	1.5	0.3	0.3	0.3
0~3mm	100	100	100	100	94.4	74.3	49.1	26.3	13.2	5.3
矿粉	100	100	100	100	100	100	100	97.5	86.4	64.8

③沥青:采用胶粉改性沥青。

胶粉改性沥青主要技术性质见表 8-3。

胶粉改性沥青主要技术性质 表 8-3

试验项目		技术要求	试验结果
针入度(25℃,100g,5s)(0.1mm)		50~65	52
软化点(环球法)(℃)		≥60	66.8
闪点(℃)		≥230	264
密度(15℃)(g/cm³)		实测	1.032
运动黏度(175℃)(Pa·s)		1~4	2.75
弹性恢复(25℃)(%)		≥75	89
旋转薄膜加热试验	质量损失(%)	≤1.0	-0.15
	针入度比(%)	≥60	86.5
	延度(5℃)(cm)	≥10	15.2

由黏温曲线得:最佳拌和温度为180℃,最佳碾压温度为170℃。

8.2.2 设计级配的确定

按照 OGFC 沥青混合料的级配目标值范围,根据不同规格矿料的筛分结果,确定初试矿料级配(表8-4、表8-5、图8-1)。

初试矿料级配组成 表8-4

矿料	级配1(%)	级配2(%)	级配3(%)
10~15mm	42	46	50
5~10mm	34	33	32
3~5mm	0	0	0
机制砂	20	17	14
矿粉	4	4	4

试验混合料级配 表8-5

筛孔尺寸(mm)	通过率(%)			
	级配1	级配2	级配3	标准要求
16	99.4	99.4	99.3	100
13.2	91.6	90.8	90.0	90-100
9.5	74.1	71.7	69.3	60-80
4.75	28.6	25.5	22.4	12-30
2.36	21.6	18.9	16.3	10-22
1.18	15.7	13.9	12.2	6-18
0.6	12.1	10.9	9.6	4-15
0.3	8.7	7.9	7.2	3-12
0.15	6.5	6	5.5	3-8
0.075	4.5	4.2	3.8	2-6

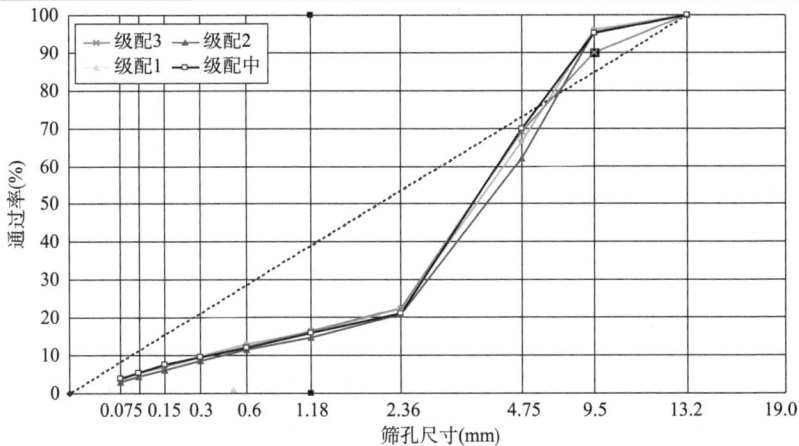

图8-1 OGFC 配合比级配

8.2.3 沥青用量的确定

根据《公路沥青路面施工技术规范》(JTG F40—2004)OGFC 混合料配合比设计方法,对 3 组初选矿料级配分别计算其集料的表面积,在沥青膜厚度 14μm 时得出 3 组混合料的初试沥青用量,如表 8-6 所示。

初选级配沥青用量 表 8-6

级配	级配 1	级配 2	级配 3
沥青用量(%)	5.77	5.33	4.87
油石比	6.12	5.63	5.12

根据计算出的沥青用量对 3 组初选级配进行马歇尔试验,马歇尔试件为双面击实 50 次。用体积法测定试件的孔隙率(表 8-7),并绘制孔隙率与 2.36mm 筛孔通过率的关系曲线(图 8-2)。

初选级配孔隙率 表 8-7

级配	马氏密度(体积法)(g/cm³)	最大理论密度(g/cm³)	孔隙率(%)	2.36mm 筛孔通过率(%)
级配 1	2.203	2.598	15.2	21.4
级配 2	2.151	2.617	17.8	18.9
级配 3	2.105	2.638	20.2	16.3

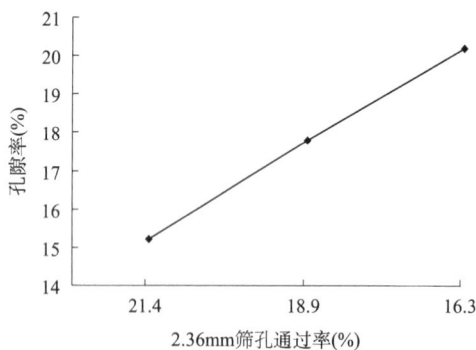

图 8-2 孔隙率-2.36mm 筛孔通过率关系曲线

与设计孔隙率(20%)进行比较,最后确定 2.36mm 筛孔通过率为 16.3%、孔隙率 20.2% 为设计级配。

8.2.4 性能验证

采用前述沥青混合料的最佳级配及最佳沥青用量成型试件,测得沥青用量为 4.87% 时试件的马歇尔指标与动稳定度(表 8-8、表 8-9)。结果表明,所用合成级配与沥青用量完全满足技术要求。

马歇尔试验技术指标 表 8-8

试验项目	试验结果	规范要求
击实次数	50	50
稳定度（kN）	7.5	>3.5
流值（0.1mm）	18.5	实测
孔隙率（%）	20.2	18～25
谢伦堡析漏损失（%）	0.03	<0.3
肯特堡飞散损失（%）	9.3	<20
马歇尔密度（g/cm³）	2.105	实测
理论最大相对密度（g/cm³）	2.638	实测

车辙试验数据 表 8-9

混合料类型	动稳定度（次/mm）				
	1	2	3	平均	要求
OGFC-13	3115	2985	3071	3057	≥1500

8.3 胶粉改性沥青降噪路面的施工

8.3.1 施工前准备

（1）材料准备

在胶粉改性沥青降噪路面施工中，砂、碎石等地方材料以及胶粉改性沥青等物资的使用消耗量较大，在上面层施工前通过目标配合比估算石料和胶粉改性沥青的用量，提前进场。对于砂、碎石的各项指标要加大检测频率，保证材料质量。不合格材料严禁进场。由于用料时间集中，在施工中要解决好供需矛盾。所以，在保证一定储备量的前提下，明确胶粉改性沥青混合料的出仓量和铺筑消耗量。同时，设专职人员在胶粉改性沥青混合料供应处检测质量并组织发货。

（2）天气的要求

胶粉改性沥青降噪路面的铺筑受天气影响较大，为保证施工质量，施工时最低气温不应低于15℃，下雨、中面层表面潮湿等情况均不得施工。施工应尽可能地选择在持续晴朗、不会降雨的时段，并根据天气预报，随时做好防雨准备，调整施工计划。

（3）人员和机械设备的要求

在人员配备上，组建一支技术精湛的施工队伍。为保证工程质量，施工前组织工程技术人员、管理人员、机械操作人员进行学习,使其充分了解整个工程的设计、工程量、工期要求、施工方法等,并且必须对所有人员进行详细分工,定岗定员,对每个岗位的施工人员做好技术交底,使每个人都充分了解自己的工作内容。对于机械操作人员,在上岗前要着重进行培训,使他们明白操作程序和操作方法,杜绝在现场随意操作。现场指挥人员必须具备一定的组织协调能力,施工中出现各种情况都应通过现场指挥人员进行解决,以免造成混乱。在机械的选择与配置中,应注意拌和设备的产量与摊铺机合理摊铺速度下摊铺能力的配套,压实机具的数量与摊铺能力的配套,以及压实机械的机型选择与合理有效的组合。同时应做好拌和设备以及路面施工机械的检修、保养,以保证机械设备的正常运行。

8.3.2 下承层准备

(1)中面层准备工作

中面层的表面状况直接影响上面层的施工质量,要求中面层平整、干燥、整洁,不得有尘土、杂物或油污。具体中面层准备工作为:

①中面层的清扫。

胶粉改性沥青混合料上面层摊铺前,中面层必须经过清扫,将中面层上运输车撒落的材料、粉尘、浮砂、石屑等杂物清理干净,保证中面层无藏灰、杂物,中面层表面出现的任何质量问题,都会影响路面结构的层间结合以及路面整体强度。

②中面层的检测。

对中面层表面进行检测,包括顶面高程、宽度、平整度及密实度等均要符合设计要求,中面层顶面不能有积水、松散、弹软等现象,有缺陷时应及时处理。

③黏层油的洒布。

为保证中面层与上面层黏结良好,应根据设计要求喷洒乳化沥青黏层油,在喷洒前应对中面层表面进行必要的清扫和修补,使其表面无明显松散层和大量浮尘、浮砂。黏层油的洒布应避免雾、雨、风的影响,同时严格控制洒布量。黏层油过多易引起泛油,并使摊铺机作业时履带打滑,行走速度不均,从而影响铺层平整度;过少又使其作用减弱。洒布黏层油后应封闭交通,以免造成污染。

(2)土工布的铺设

上面层胶粉改性沥青降噪路面具有排水特性,水排放到路肩时,为了防止冲刷路肩,应在路缘石处铺设土工布防止渗水。铺设程序如下:中面层的清扫→喷洒乳化沥青黏层油→铺设土工布。

①施工工艺。

在中面层喷洒乳化沥青黏层油后,立即将裁剪成60cm宽的土工布铺放在上面,铺设时将土工布单面烧毛的向上,未处理的一面向下与黏层油黏结。人工铺布时应匀速向前,以免产生折皱。土工布纵向搭接不少于20cm,其中搭接重叠处需涂刷黏层油黏结。为了铺筑上面层时不引起土工布局部的错动,铺设时把土工布用铁钉固定。要把土工布平铺,并用轻型工具压实、压平。

②铺设土工布时的注意事项。

a.搭接土工布时,一卷布与另一卷布应该沿着铺布方向搭接,搭接部分长度为20cm,布与布之间用黏层油黏合。

b.在下雨或潮湿路面施工将影响乳化沥青黏层油的黏结度,因此,需在天气情况较好、气温较高的条件下施工。

c.在铺设土工布时,除了施工车辆外,其他车辆禁止通行,施工车辆禁止在土工布上急刹车和急转弯。

8.3.3 施工工艺

胶粉改性沥青降噪路面的施工工艺直接影响道路的使用性能和降噪效果。降噪路面的施工过程主要包括胶粉改性沥青混合料的拌和、运输、摊铺和压实四个阶段。

(1)胶粉改性沥青混合料的拌和

胶粉改性沥青混合料的拌和采用间歇式搅拌设备,其特点是按照预先设定的程序和配合比,分别单独计量矿料和热沥青,分批投入搅拌锅内进行搅拌,冷矿料烘干加热以及与热沥青的拌和,先后在不同设备中进行,从而可获得较精确的配合比,保证了胶粉改性沥青混合料的质量。胶粉改性沥青混合料宜随拌随用,储存时间不宜过长,储存温降不应超过10℃,生产胶粉改性沥青混合料前后应及时对储油罐和输油管道进行清理。胶粉改性沥青混合料拌和后要均匀、色泽一致、无结团、无离析。

(2)胶粉改性沥青混合料的运输

胶粉改性沥青混合料采用自卸车运输。车辆的数量应与摊铺机的数量、摊铺能力、运输距离相适应。在运输过程中为防止混合料黏附车厢,应保证车厢底板及四壁清洁、光滑,装料前涂刷隔离剂。每车料卸完后应将车厢清理干净,不应残留混合料。为了减少混合料离析现象,应按照前、后、中的顺序进行装料,并保持运输车轴线与拌和楼卸料斗轴线一致。混合料的运输,应严格控制出厂温度和运到现场温度。由于胶粉改性沥青降噪路面对温度要求较高,为了减少混合料运输过程中的温度损失,每辆运输车上都应配有加厚篷布,进行覆盖保温。

(3)胶粉改性沥青混合料的摊铺

胶粉改性沥青降噪路面铺筑要提前做好天气预报信息的收集工作,避免下雨对施工造成影响。

胶粉改性沥青混合料上面层施工采用摊铺机全宽一次摊铺成型法施工,施工过程中采用4cm摊铺控制厚度,允许误差为±5mm。摊铺前,应在摊铺机和工具上喷洒隔离剂,以防止黏结混合料,摊铺时速度控制在3m/min左右。摊铺成型碾压前严禁在路面上行走,确保路面的平整度。

由于摊铺的面积比较小,要求所有运输车辆必须全部到位,方可施工。在摊铺过程中,随时检查摊铺层厚度及路拱、横坡,摊铺不得中途停顿,并加快碾压。施工必须一次成型,不允许出现施工间断(图8-3)。

(4)胶粉改性沥青混合料的压实

根据胶粉改性沥青上面层的特性,混合料压实采用钢轮压路机和胶轮压路机(图8-4)。

碾压前保证钢轮压路机和胶轮压路机的碾压轮表面洁净,以免带杂物进行碾压,并在碾压过程中严格控制好碾压温度。碾压按照以下原则进行:

①按照"紧跟、慢压"的方针进行碾压。由于混合料的摊铺厚度小,温度散失很快,压路机必须紧跟在摊铺机后面,在碾压过程中不宜大量喷水,以防混合料表面冷却过快,并且在碾压过程中不得使混合料产生推移、开裂。只有在高温条件下碾压才能取得最好效果;慢压要求初压速度控制在 2~3km/h,复压、终压速度控制在 3~5km/h。

②碾压应均衡地进行,方向要渐渐地改变,不许拐弯行走,对每一道碾压起点或终点可稍微扭弯碾压,以消除碾压接头轮迹。

③压路机不允许在新铺混合料上转向、掉头、左右移动位置、突然刹车或停机休息;其他机械也不能在未冷却结硬的路面上停留。原则上所有机械,尤其是压路机从开始碾压后便不能停机,直至该段路面施工结束,避免产生局部波浪。

④碾压应纵向进行,并由摊铺路幅的低边向高边低速行进碾压,相邻碾压重叠至少 20cm,初压时始终让从动轮在后,驱动轮面向摊铺机,避免由于温度高使轮前留下波浪。

图 8-3 现场施工摊铺图

图 8-4 现场施工碾压图

由于胶粉改性沥青混合料油石比大,改性沥青黏度高,相应的胶粉改性沥青混合料对温度的要求也较高,各阶段施工温度是质量控制的关键,正常施工温度控制范围见表8-10,胶粉改性沥青降噪路面施工控制温度见表8-11。

胶粉改性沥青施工阶段控制温度　　　　　表 8-10

施工阶段	温度控制(℃)
摊铺温度	170~180
初压开始温度	不低于155
复压最低温度	不低于135
碾压终了温度	不低于90

胶粉改性沥青降噪路面施工控制温度 表 8-11

施工阶段	温度控制(℃)
摊铺温度	172
初压开始温度	161
复压最低温度	154
碾压终了温度	151

8.3.4 施工注意事项

①拌和的沥青混合料应立即使用。

②运料车在运输过程中都应加盖篷布,以防表面混合料降温结成硬壳。

③运料车卸料必须倒净,如发现残留物,应及时清除。

④运料车到达现场后,应严格检查沥青混合料的温度,不得低于摊铺温度。

⑤胶粉改性沥青混合料的摊铺速度应调整到与供料速度平衡,必须均匀、连续不间断地摊铺。

⑥时刻检查沥青混合料的摊铺温度。

⑦胶粉改性沥青混合料摊铺后,必须紧跟着在尽可能高的温度状态下开始碾压。

⑧胶粉改性沥青混合料的初压区的长度与摊铺机的速度匹配,一般不宜大于 20m。复压应紧跟在初压后进行。

⑨振动压路机碾压沥青混合料应遵循"紧跟、慢压、高频、低幅"的原则,即压路机必须紧跟在摊铺机后面碾压,碾压速度要慢,要均匀,并采取高频率、低振幅的方式碾压。

⑩对沥青混合料,应防止过度碾压,以防磨掉石料棱角或压碎石料,破坏集料嵌挤。

⑪为了防止混合料黏附在轮子上,应使轮子保持湿润。

8.4 降噪效果现场检测

8.4.1 现场噪声检测方法

为了研究降噪路面降噪效果,进行了降噪效果的检测。检测时选择胶粉改性沥青降噪路面和 SBS 改性沥青路面进行测试。考虑车辆大小、速度、车本身发动机噪声对道路噪声的影响,选用三菱轿车和解放汽车按不同行驶速度进行胶粉改性沥青降噪路面和 SBS 改性沥青路面对比测试,如图 8-5 所示。

8.4.2 现场检测结果分析

车外和怠速测点布置,要求测试话筒位于 20m 跑道中心一侧,距离最近车道中心线

7.5m,距离地面高1.2m,用三脚架固定,话筒平行于路面,其轴线垂直于车辆行驶方向。车内噪声测点位置通常在人耳附近,驾驶室内噪声测点位置距座位高750mm,距座位中心右侧200mm,使用选定的车辆,在被测路段上,车以给定的速度行驶,测量单车经过时的噪声。所使用的仪器为AWA6270+型噪声分析仪。

图8-5　降噪效果现场测试图

8.4.2.1　车外现场测试数据

从表8-12、表8-13和图8-6车外噪声量来看,降噪路面相比于普通路面具有明显的降噪效果,降噪量可达5.0~8.9dB,并且车外噪声随车速的增加而增加。

小轿车车外噪声量的测试数据　　　　　　　　　　　　表8-12

时间:2007-9-23		大气温度:34.5℃		风速:0.33m/s	
噪声	车速				
	120km/h	100km/h		80km/h	60km/h
普通路面噪声(dB)	88.6	85.3		80.7	76
降噪路面噪声(dB)	81.8	76.4		73.2	70.5
降噪量(dB)	6.8	8.9		7.5	5.5

大车车外噪声量的测试数据　　　　　　　　　　　　表8-13

时间:2007-9-24		大气温度:21.5℃	风速:1.81m/s	
噪声	车速			
	90km/h	75km/h		60km/h
普通路面噪声(dB)	88.5	85.0		80.4
降噪路面噪声(dB)	79.7	77.3		75.4
降噪量(dB)	8.8	7.7		5.0

8.4.2.2　车内现场测试数据

从表8-14、表8-15和图8-7车内噪声量可以看出,同样降噪路面相比于普通路面具有一定降噪效果,但相比车外噪声降噪效果看其降噪量更小,仅为1.7~2.4dB。原因是降噪路面的吸声效果主要体现在对轮胎噪声的吸收上,而驾驶室为封闭空间,有隔音作用,故传播到车内的噪声也有所减少。

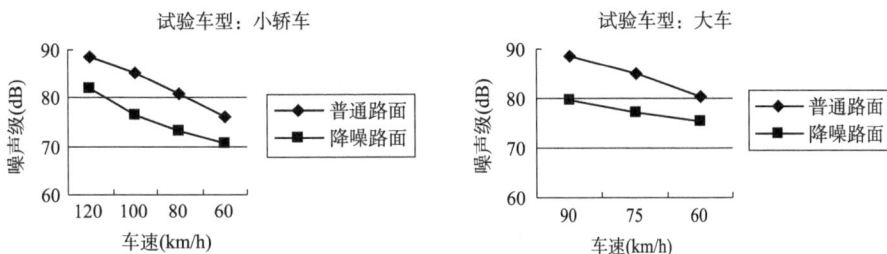

图 8-6 普通路面与降噪路面的车外噪声量对比

小轿车车内噪声量的测试数据　　　　　　　　　　表 8-14

时间:2007-9-24		大气温度:21.5℃		风速:风速:1.81m/s	
噪声	车速				
	120km/h	100km/h	80km/h	60km/h	
普通路面噪声(dB)	82.2	77.2	73.4	71.7	
降噪路面噪声(dB)	80.3	75.3	71.0	69.5	
降噪量(dB)	1.9	1.9	2.4	2.2	

大车车内噪声量的测试数据　　　　　　　　　　表 8-15

时间: 2007-9-24		大气温度:21℃	风速:1.61m/s	
噪声	车速			
	90km/h	75km/h	60km/h	
普通路面噪声(dB)	81.1	77.9	75.5	
降噪路面噪声(dB)	79.0	76.2	73.5	
降噪量(dB)	2.1	1.7	2.0	

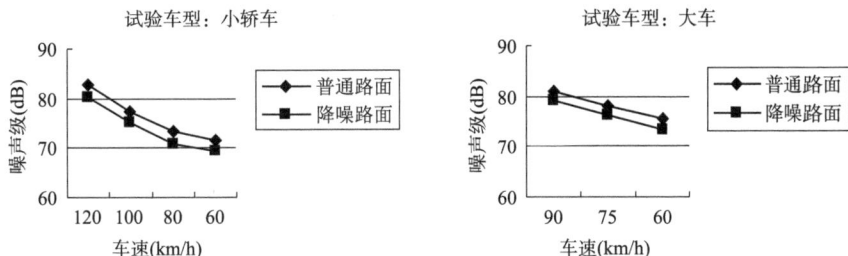

图 8-7 普通路面与降噪路面的车内噪声量对比

8.4.2.3 怠速状态

从表 8-16、表 8-17 和图 8-8 怠速噪声量上看,降噪路面相比于普通路面也具有更好的降噪效果,但相比车外降噪效果看,其降噪量较小,仅为 2.2～3.9dB。原因是降噪路面的吸声效果主要体现在对轮胎噪声的吸收上,而其对于汽车本身噪声的降噪效果不明显。

小轿车怠速噪声量的测试数据　　　　　　　　　　　　表 8-16

时间：2007-9-24		大气温度：26.5℃		风速：1.17m/s	
噪声	车速				
	120km/h	100km/h	80km/h	60km/h	
普通路面噪声(dB)	82.5	79.0	74.9	70.8	
降噪路面噪声(dB)	79.6	75.1	71.5	68.0	
降噪量(dB)	2.9	3.9	3.4	2.8	

大车怠速噪声量的测试数据　　　　　　　　　　　　表 8-17

时间：2007-9-24		大气温度：18.8℃	风速：1.8m/s	
噪声	车速			
	90km/h	75km/h	60km/h	
普通路面噪声(dB)	81.5	78.0	76.0	
降噪路面噪声(dB)	77.7	74.6	73.8	
降噪量(dB)	3.8	3.4	2.2	

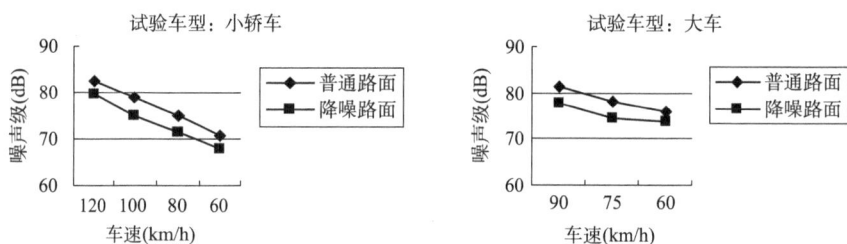

图 8-8　普通路面与降噪路面的怠速噪声量对比

第9章
寒旱区胶粉改性沥青的工程应用之三——桥面铺装

桥面铺装层暴露于自然环境中,其温度随着周期性变化的气温、太阳辐射等外界环境而变化。特别是对于冬季气温低、昼夜温差大、温度骤降现象多的地区,桥面铺装层将受到较大的温度应力,且由于梁板和沥青混凝土铺装层材料存在差异,它们对温度的敏感性不同,在界面产生变形差,易造成铺装层与桥面混凝土间黏结失效,继而引起桥面铺装层的损坏。因此,应对桥面铺装层温度场分布情况进行分析、研究,从而得出铺装层温度应力。寒冷地区桥面铺装材料应具有更好的低温性能。我国目前还没有统一的有关寒冷地区桥面铺装层的设计、试验、施工方面的规范,铺装材料一般采用与相应路面结构相同的材料。

9.1 实体试验工程概况及铺装原材料的要求

9.1.1 实体试验工程概况

实体试验工程清河大桥位于大庆至广州高速公路双辽至通辽段 K310 + 270.0 处。该桥全长 125.6m,孔径 20m,共 6 孔(图 9-1)。上部结构采用预应力混凝土小箱梁。桥面铺装层设计厚度为 9cm,分两层铺筑,上面层采用 4cm 细粒式改性沥青混凝土(AC-16),下面层采用 5cm 中粒式改性沥青混凝土(AC-20)。通辽地区四季分明,昼夜温差大,气候条件具有典型性。该桥桥面铺装实施方案于 2010 年 10 月确定,并同步进行了室内材料试验。

图 9-1 清河大桥概貌

清河大桥实体试验工程中的桥面铺装施工于 2011 年 6 月 1 日开始,至 6 月 5 日完成,并在铺设过程中埋设了温度传感器,以观测桥面铺装层内温度场的变化。

9.1.2 铺装层原材料要求

(1)粗集料

用于胶粉改性沥青混合料的粗集料应该满足《公路沥青路面施工技术规范》(JTG F40—2004)对粗集料的技术指标要求,见表9-1。

用作表面层时,胶粉改性沥青与粗集料的黏附性应达到5级,磨光值不小于40。当粗集料粉尘含量大于0.8%,用于表面层时,宜水洗干燥后使用。

胶粉改性沥青混合料用粗集料技术指标要求(高等级公路)　　　　　　　表9-1

技术指标	单位	技术指标要求		试验方法
		表面层	其他层次	
集料压碎值	%	≤26	≤28	T 0316—2000
洛杉矶磨耗损失	%	≤28	≤30	T 0317—2000
毛体积相对密度	—	≥2.60	≥2.50	T 0304—2000
吸水率	%	≤2.0	3.0	
坚固性	%	≤12	≤12	T 0314—2000
针片状颗粒含量(混合料) 其中粒径大于9.5mm 其中粒径小于9.5mm	%	≤15 ≤12 ≤18	≤18 ≤15 ≤20	T 0312—2000
软石含量	%	≤3	≤5	T 0320—2000
水洗法<0.075mm颗粒含量	%	≤0.8	≤1	T 0310—2000

(2)细集料

用于胶粉改性沥青混合料的细集料应洁净、干燥、无风化、无杂质,并具有适当的颗粒级配。细集料的技术指标要求应满足《公路沥青路面施工技术规范》(JTG F40—2004)的要求,见表9-2。

胶粉改性沥青混合料用细集料技术指标要求(高等级公路)　　　　　　　表9-2

技术指标	单位	技术指标要求	试验方法
表观相对密度	—	≥2.50	T 0329—2000
坚固性(>0.3mm部分)	%	≥12	T 0340—1994
砂当量	%	≥60	T 0334—1994

(3)矿粉

用于胶粉改性沥青混合料的矿粉应采用石灰岩或岩浆岩中的强基性岩石等憎水性石料磨细得到,原石料中的泥土杂质应除净。矿粉的技术指标应满足《公路沥青路面施工技术规范》(JTG F40—2004)对矿粉的要求,见表9-3。

胶粉改性沥青混合料用矿粉技术指标要求(高等级公路)　　　　表9-3

技术指标	单位	技术指标要求	试验方法
表观密度	—	≥2.50	T 0352—2000
粒度范围 <0.6mm	%	100	T 0351—2000
<0.15mm	%	90~100	
<0.075mm	%	75~100	
亲水系数	%	≤1.0	T 0353—2000

(4)胶粉改性沥青

针对气候和交通环境,胶粉改性沥青的有关技术指标要求见表9-4。胶粉改性沥青应按规定的技术要求进行生产,宜随配随用,不符合要求的不得使用;应在有加热保温和搅拌装置的贮罐内贮存,贮存期不得超过15d。胶粉改性沥青的热贮存温度应保持在120~130℃范围内,如超过贮存期,需重新进行型式检验,合格后方可使用。每次试验前应该进行胶粉改性沥青的技术性能测试,保证其稳定性。

对购置的成品废轮胎胶粉改性沥青,在使用前应按表9-4的技术要求进行质量检验,不符合要求的不得使用。

胶粉改性沥青技术指标要求(高等级公路)　　　　表9-4

检验项目		技术指标要求
175℃运动黏度(Pa·s)		1~4
针入度(25℃,100g,5s,0.1mm)		40~70
延度(5cm/min,5℃)≥		10
软化点(环球法,℃)≥		55
闪点(℃)≥		230
TFOT后残留物	质量损失(%)≤	1
	25℃针入度比(%)≥	60
	延度(5℃)≥	5
离析,软化点差(℃)≤		5
25℃弹性恢复(%)≥		70

9.1.3 铺装层沥青混合料控制指标

9.1.3.1 胶粉改性沥青混合料技术指标

无论是作为表面层还是用于中、下面层,无论是密级配混合料还是开级配混合料,胶粉改性沥青混合料配合比设计宜采用GTM(旋转压实和剪切性能试验)方法。

胶粉改性沥青混合料马歇尔试验的技术指标要求见表9-5。

胶粉改性沥青混合料马歇尔试验技术指标要求　　　　表9-5

试验项目	技术指标要求
马歇尔击实次数	双面各75次
试件尺寸(mm)	$\phi 101.6 \times 63.5$
稳定度MS(流值为3mm)(kN)	≥8
流值FL(mm)	2~4
矿料间隙率VMA(%)	≥14
设计孔隙率VV(%)	3~5
沥青饱和度VFA(%)	70~85
谢伦堡析漏损失(%)	—
肯塔堡飞散损失(%)	—

9.1.3.2　胶粉改性沥青混合料技术性能

（1）高温性能

胶粉改性沥青混合料高温性能根据交通荷载等级进行分类,以车辙试验为标准,按照现场压实度的标准成型试件,具体技术性能指标见表9-6。

胶粉改性沥青混合料高温性能要求　　　　表9-6

交通荷载等级	技术指标	上面层	中面层	下面层
轻	动稳定度(次/mm)	2000	1200	800
	相对变形(%)	15	15	20
中	动稳定度(次/mm)	2500	1500	1000
	相对变形(%)	10	10	15
重	动稳定度(次/mm)	3500	2500	1500
	相对变形(%)	5	10	10
超重	动稳定度(次/mm)	4000	3000	2000
	相对变形(%)	3	5	10

相对变形指标是车辙试验结束后,试件的最终变形深度与试件高度的比值。

（2）水稳定性能

胶粉改性沥青混合料应具有良好的水稳定性,采用浸水马歇尔试验和沥青与矿料的黏附性试验来进行判定。胶粉改性沥青混合料水稳定性技术指标应符合表9-7的规定。

（3）低温性能

胶粉改性沥青混合料的低温性能技术指标应符合表9-8的规定。

胶粉改性沥青混合料水稳定性能技术指标   表 9-7

级配类型	技术指标	上面层	中、下面层
密级配混合料	马歇尔残留稳定度（%）	≥85	≥80
	冻融劈裂强度比（%）	≥80	≥75
	沥青与石料的黏附性（级）	≥4	≥4

胶粉改性沥青混合料低温性能技术指标   表 9-8

技术指标	技术指标要求		
	冬严寒区	冬寒区	冬冷区
弯曲试验破坏应变（με） （-10℃，50mm/min），不小于	3000	2800	2500

9.1.4 胶粉改性沥青混合料的现场生产

如图 9-2～图 9-5 所示，为保证改性沥青的品质，尽量减少远距离运输带来的沥青老化、离析、运输成本增加等问题，实体工程中采用了现场生产胶粉改性沥青，同时在拌和站拌和沥青混合料的方法。

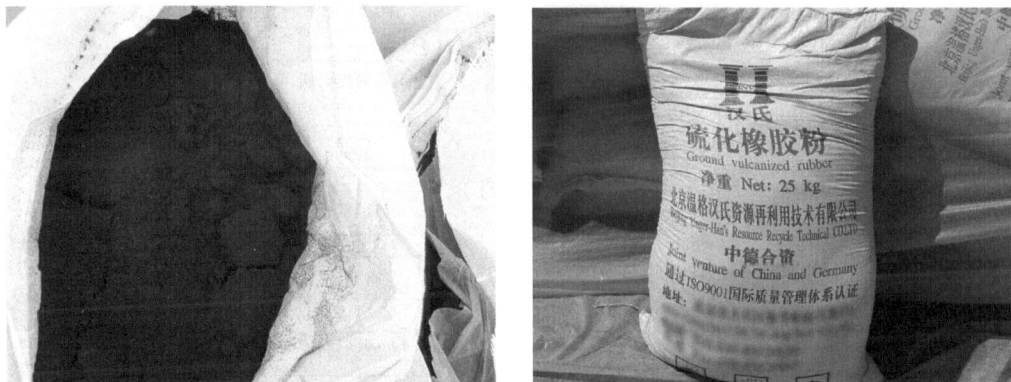

图 9-2 废胎橡胶粉

图 9-3 集料

图9-4　胶粉改性沥青发育罐

图9-5　混合料拌和站

9.1.4.1　工艺流程

胶粉改性沥青混合料的生产工艺流程如图9-6所示。

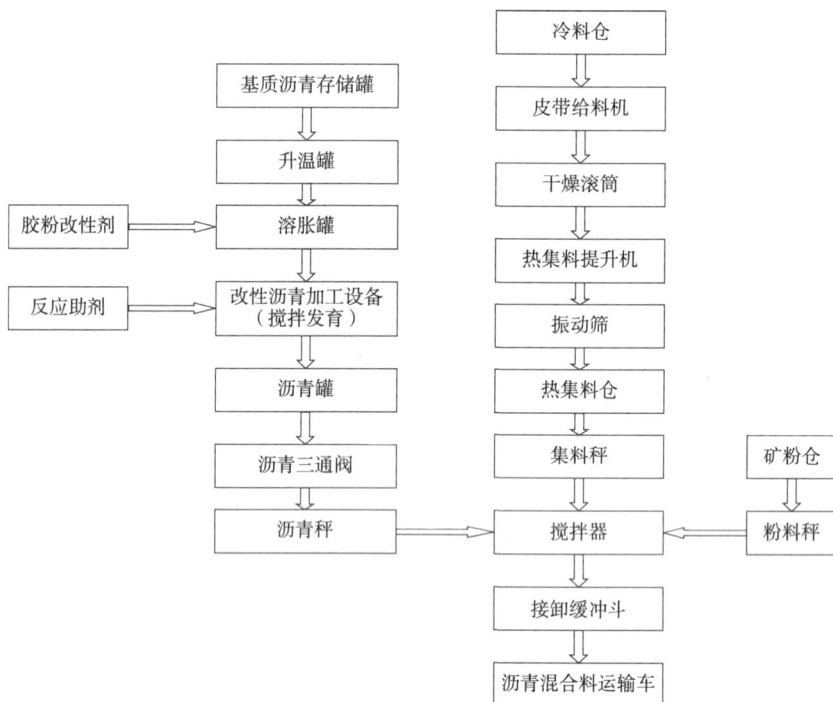

图9-6　胶粉改性沥青混合料的生产工艺流程

9.1.4.2　胶粉改性沥青混合料的质量控制

(1)混合料级配控制

拌和机正常生产后,在各热料仓下料口取料,进行筛分试验,验证当天的实际生产级配曲线是否满足目标配合比设计要求。如发现生产级配与目标级配相差较大,应加密筛分频率,以实际筛分数据为准,适当调整热料仓比例,直到生产级配曲线满足目标配合比设计要求。

（2）混合料温度控制

为了提高胶粉改性沥青混合料的施工质量，要求在生产过程中对胶粉改性沥青加热温度、矿料加热温度、混合料装车温度及混合料出厂温度进行逐车测量。对胶粉改性沥青混合料的温度控制应该更加严格，必须保证混合料的出厂温度和到现场的温度。

（3）混合料外观检查

对于生产出的沥青混合料，用目测法观察其均匀性，有无花白料、离析、结团现象，压实过程中混合料有无推移、壅包等。

（4）混合料质量检验

拌和机采用生产配合比进行试拌，采用拌和的沥青混合料进行马歇尔试验、矿料筛分、沥青用量检验和压实度检验。

9.1.4.3 胶粉改性沥青混合料的拌和要求

①拌和厂应在其设计、协调、配合和操作方面，都能使生产的胶粉改性沥青混合料符合生产配合比设计要求。拌和设备的小时产量宜控制在其设计能力的 60% ~ 80%。拌和机均应有防止矿粉飞扬散失的密封性能及除尘设备，并有检测拌和温度的装置。

②拌和楼必须有自记设备，在拌和过程中能逐盘采集并打印各个传感器测定的材料用量和沥青混合料拌和量、拌和温度等各种参数。

③胶粉改性沥青混合料的拌和参照普通沥青混合料的拌和工艺，由于胶粉改性沥青的黏度高，每盘料的拌和时间要适当延长，防止出现花料现象，当需要改变生产条件或生产方法时，应通过试验研究确定。胶粉改性沥青混合料拌和时间应以混合料拌和均匀、所有矿料颗粒全部裹覆沥青结合料为度，并经试拌确定，原则是无花白料、结团和离析。间歇式拌和机每盘的生产周期不宜少于 50 ~ 60s（其中干拌时间不少于 15 ~ 20s）。

④胶粉改性沥青混合料宜采用间歇式拌和机拌和。间歇式拌和机宜配备保温性能好的成品储料仓，在储存过程中混合料温降不得大于 5℃，且不能有沥青滴漏。胶粉改性沥青混合料宜随拌随用，若因生产或其他原因需要短时间储存时，储存时间不宜超过 24h，贮存期间温降不应超过 100℃，且不得发生结合料老化、滴漏以及粗细集料颗粒离析。当由储存引起结合料老化、滴漏、混合料降温过多、粗细集料颗粒离析以及其他影响产品质量的情况时，应予废弃。

⑤生产胶粉改性沥青混合料前后应及时对储油罐和输油管道进行清理。

⑥矿料、胶粉改性沥青的加热温度及混合料的拌和温度应根据所用胶粉改性沥青的黏温曲线确定，也可以直接选用表 9-9 提供的经验值。当胶粉改性沥青的黏度大于 2.5Pa·s 时，其加热温度应再提高 5 ~ 10℃。

胶粉改性沥青混合料的施工温度参数　　　　　　　表 9-9

施工控制温度	控制标准（℃）
胶粉改性沥青加热温度	175 ~ 185
矿料温度	190 ~ 210
出料温度	175 ~ 185

施工控制温度	控制标准(℃)
混合料运输到现场温度	不低于170
摊铺温度	不低于165
碾压温度	不低于155
碾压终了温度	不低于120
开放交通温度	不高于50
贮料仓贮存温度	贮料过程中温度降低不超过10

9.2 桥面铺装施工工艺

9.2.1 施工准备

(1)施工设备准备

在试验段施工前,应该对各种施工机具做全面检查,并经调试证明处于性能良好状态,确保机具数量足够、施工能力配套,重要机械宜有备用设备。

(2)下承层准备

试验段施工前应首先对下承层进行检查,特别是重点检查高程是否符合要求,透层油或黏层油是否洒布均匀,表面有无松散(局部小面积松散要彻底挖除,用沥青混凝土补充夯实,出现大面积松散要彻底返工处理),平整度是否满足要求。以上检验必须严格执行规定。

(3)试验室准备

试验室应对原材料进行试验检测,保证所用原材料全部合格,并使用相应原材料按照目标配合比的设计要求进行生产配合比设计,并拌制试样,按设计及规范要求进行相应的试验。沥青混合料正式搅拌前,先取热料进行混合料的筛分,合格后正式搅拌,并取样进行油石比和矿料级配的验证试验,保证搅拌出的沥青混合料符合设计及规范要求。

9.2.2 混合料的运输

①胶粉改性沥青混合料宜采用较大吨位的运料车运输,但不得超载运输、紧急制动或急弯掉头对透层、封层造成损伤。车辆的数量应与摊铺机的数量、摊铺能力、运输距离相适应,在摊铺机前应形成一个不间断的供料车流。运料车的运力应稍有富余,施工过程中摊铺机前方应有运料车等候。对于高等级道路,待等候的运料车多于5辆后宜开始摊铺。

②为了便于卸料,运料车每次使用前后必须清扫干净,胶粉改性沥青混合料运输车的车辆底板和侧板应抹一层隔离剂,但不得有余液积聚在车厢底部。使用油水混合料液作为隔离剂时,应严格控制油与水的比例。严禁使用纯石油制品。从拌和机向运料车上装料时,应

多次挪动汽车位置,平衡装料,以减少混合料离析。运料车运输混合料宜用苫布或棉被覆盖,以保温、防雨、防污染,直到摊铺前方可将覆盖物打开。

③摊铺过程中运料车应在摊铺机前 1~3m 处停住,空挡等候,由摊铺机顶上运料车,运料车边前进边缓缓卸料,避免运料车撞击摊铺机。在有条件时,运料车可将混合料卸入转运车经二次拌和后向摊铺机连续均匀地供料。运料车每次卸料必须倒净,如有剩余,应及时清除,防止冻结。

④由储料仓向运料车装混合料时,要尽量缩短储料仓出料口到车厢板的距离,要分别在车厢的不同位置分次卸料。如先在车厢的后部装一部分料,再在车厢的前部装一部分料,再在车厢中部装一部分料。如车厢的容量大,可以分成 5 次装料,先在车厢后部装两堆料,再在车厢前部装两堆料,最后在车厢中部装一堆料。这样可减少装料过程中集料的离析现象。

⑤摊铺机的摊铺速度应与拌和机的正常生产能力或每小时的产量相匹配。运料车需要有足够的数量,能将拌和机生产的混合料及时运到铺筑现场。

⑥现场应设专人指挥运料车就位,并使其配合摊铺机卸料。

9.2.3 胶粉改性沥青混合料的摊铺

①胶粉改性沥青混合料的摊铺宜使用履带式摊铺机。在开始摊铺沥青混合料前 1h,就应加热摊铺机的分料器和熨平板等有关装置。

②运料车向摊铺机受料斗中卸料时,要根据受料斗的容量,尽可能快速地一次将受料斗装满,以减少集料离析。要注意不要一次卸料过多,使混合料溢出受料斗,散落到摊铺下承层上。

③应将散落在下承层上的沥青混合料,用铁锹铲出放到受料斗内,不能就地铲开后铺平薄层。因摊成的薄层料的温度下降很快,摊铺机铺上新混合料和碾压后,实际上会导致沥青混凝土层局部的不均匀性。散落在下承层的少量沥青混合料,应铲起甩出路外。

④受料斗中的沥青混合料要及时送到后面分料室中。分料室的螺旋分料器要及时将料分向两侧,直到混合料的高度达到全长螺旋分料器的 3/4 高度,即混合料的高度要超过螺旋分料器的转轴并将上部分料器掩埋 1/2,然后开始摊铺。在摊铺过程中,受料斗中的沥青混合料要连续不断地向后面分料室送料,螺旋分料器也要不间断地将混合料向两侧分料,并始终保持螺旋分料器周围混合料的高度。混合料的高度不能忽高忽低,分料器的转轴不能时隐时现,也不能使转轴的两端在混合料内,而中间外露,或中间在混合料内,而两端外露。因为这些现象都将影响铺成沥青混凝土的均匀性和平整度。

⑤当受料斗内混合料不多时,指挥人员应估计运料车中剩余混合料能否一次卸到受料斗中。如能一次卸完,应指挥运料车驾驶员将混合料一次卸入受料斗中。要注意不使混合料溢出受料斗和散落在下承层上,同时指挥卸完料的运料车尽快离开摊铺机,并指挥待卸料的运料车尽快后退到摊铺机受料斗前,准备卸料。

⑥受料斗两侧翼板内的混合料,常是粗颗粒较多的离析混合料。在料斗中间部分混合料较少时,摊铺机操作员习惯上会将两侧翼板内的离析混合料向中间翻倒。如果这部分混合料被单独送到分料室中,并摊铺在下承层上,则摊铺机后面接近两侧铺成的沥青混合料会

产生片状离析现象。为避免发生上述现象,指挥人员指挥运料车到受料斗前部,并在受料斗中部的离析混合料还没有输送到后面分料室输送前,及时向受料斗中卸入新混合料,使新混合料与原离析混合料一起被送到分料室中,并由螺旋分料器将新旧混合料分散开。这样能减少集料离析现象。

⑦为避免发生⑥所说的片状离析现象,也可以不将两侧翼板内的离析混合料向中间翻倒。中间混合料不足时,运料车及时向受料斗内倾泻混合料。在中断摊铺时,将两侧翼板内的混合料废弃不用。

⑧摊铺机必须缓慢、均匀、连续不间断地摊铺,不得随意变换速度或中途停顿,以提高平整度,减少混合料的离析。摊铺速度宜控制在 1 ~ 3m/min。当发现混合料出现明显的离析、波浪、裂缝、拖痕时,应分析原因,予以消除。

⑨摊铺机应采用自动找平方式,下面层或基层采用钢丝绳引导的高层控制方式,上面层宜采用平衡梁或雪橇式摊铺厚度控制方式,中间层根据情况选用找平方式。直接接触式平衡梁的轮子不得黏附沥青。

⑩胶粉改性沥青路面施工的最低气温应不低于15℃,寒冷季节遇大风降温,不能保证迅速压实时不得铺筑胶粉改性沥青混合料。热拌沥青混合料的最低摊铺温度根据铺筑层厚度、气温、风速及下卧层表面温度不得低于表 9-10 的要求。每天施工开始阶段宜采用较高温度的混合料。

胶粉改性沥青混合料的最低摊铺温度 表 9-10

下卧层的表面温度(℃)	相应于下列不同摊铺层厚度的最低摊铺温度(℃)		
	<50mm	50 ~ 80mm	80 ~ 100mm
10 ~ 15	172	165	160
15 ~ 20	167	160	155
20 ~ 25	160	155	150
>25	155	155	150

⑪为了减少摊铺过程中的离析,提高路面摊铺质量,宜采用运料传输车配合摊铺使用。

⑫对于高等级公路,胶粉改性沥青混合料的松铺系数应通过试验路段的试铺、试压确定。

9.2.4 胶粉改性沥青混合料的压实

①胶粉改性沥青混合料压实时,应根据路面宽度、厚度,胶粉改性沥青混合料类型,混合料温度,气温,拌和、运输、摊铺能力等条件综合确定压路机数量、质量、类型以及压路机的组合、编队等。

②胶粉改性沥青混合料的压实层最大厚度不宜大于100mm。

③胶粉改性沥青路面施工应配备足够数量的压路机,选择合理的压路机组合方式及初

压、复压、终压(包括成型)的碾压步骤,以达到最佳碾压效果。铺筑高等级道路双车道沥青路面的压路机不宜少于 7 台。施工气温低、风大、碾压层薄时,压路机数量应适当增加。

④压路机轮上的淋水喷头,应疏通、调试好,应能够有效控制喷水量。在碾压过程中,压实机的喷水壶中应灌入肥皂水,防止压实机轮子黏附混凝土。应该经常检查摊铺机漏斗内的胶粉改性沥青混凝土混合料的温度,温度低时很难摊铺、压实,温度高时,混合料过软,需要暂时延缓压实直到混合料冷却到规定温度。

在碾压过程中,根据情况应随时调整喷头的大小,且不得过度喷水碾压。同时,给压路机添水的水车,应随时跟在压路机后面或停放在已碾压好路段的旁边,便于压路机及时加水。

⑤在整个碾压过程中,应有专人指挥,负责碾压各个阶段的衔接。

⑥压路机应缓慢、匀速地碾压,压路机的碾压速度应符合表 9-11 的规定。压路机的碾压路线及碾压方向不应突然改变而导致混合料推移。两端的折返位置应随摊铺机前进而推进,相邻压实轨连的折返位置不得在同一横断面处。

压路机碾压速度　　　　　　　　　　　表 9-11

压路机类型	碾压速度(km/h)					
	初压		复压		终压	
	适宜	最大	适宜	最大	适宜	最大
钢筒式压路机	2~3	4	3~5	6	3~6	6
轮胎压路机	2~3	4	3~5	6	3~6	8
振动压路机	2~3 (静压或振动)	4 (静压或振动)	3~4.5 (振动)	5 (振动)	3~6 (静压)	6 (静压)

⑦胶粉改性沥青混合料碾压温度与胶粉改性沥青的黏度有关。黏度越大,碾压温度越高。胶粉改性沥青混合料的初压温度一般不宜低于 165℃,复压温度不宜低于 150℃,终压的结束温度不宜低于 120℃。

⑧胶粉改性沥青混合料的初压应符合下列要求:

a. 初压应紧跟摊铺机后进行,并保持较小的初压区长度,以尽快使表面压实,减少热量散失。

b. 胶粉改性沥青混合料宜采用重型胶轮压路机进行初压 3 遍,以提高碾压混合料的密实性。压路机吨位应不小于 30t。当胶轮压路机上路碾压前,应将轮胎清理干净,并用水与煤油(或柴油)的混合液(比例 1∶1 左右)擦拭轮胎。在整个碾压过程中,轮胎压路机不可洒水,以保持高温碾压。同时,每个压路机跟着 1 名工人,用拖把蘸混合液不时擦拭轮胎,防止粘轮。

c. 初压后应检查平整度、路拱,有严重缺陷时进行修整乃至返工。

⑨胶粉改性沥青混合料的复压应符合下列要求:

a. 复压应紧跟在初压后进行,且不得随意停顿。压路机碾压段的总长度应尽量小,通常不超过 50m。采用不同型号的压路机组合碾压时,宜安排所有压路机进行全幅碾压,防止不同部位的压实度不均匀。

b. 在路面部分碾压时,宜采用振动压路机复压。钢轮压路机的静压力应不低于11t。振动压路机的振动频率宜为35~50Hz,振幅宜为0.3~0.8mm。层厚较大时选用高频率大振幅,以产生较大的激振力,厚度较小时采用高频率低振幅,以防止集料破碎。相邻碾压带重叠宽度为100~200mm。当碾压桥面部分时要采用低频率小振幅进行,振动压路机的振动频率为35Hz,振幅为0.3mm。振动压路机折返时应先停止振动。

c. 对路面边缘、加宽及港湾式停车带等大型压路机难以碾压的部位,宜采用小型振动压路机或振动夯板进行补充碾压。

⑩终压可选用双轮钢筒式压路机碾压不少于2遍,至无明显轮迹为止。

⑪在复压结束后,应由施工人员用3m直尺检测路面的纵向平整度,结合终压及时修补,以保证良好的平整度。

9.2.5 接缝处理

①铺筑工作的安排应使纵、横向两种接缝都保持在最小数量。接缝处的密度和表面修饰与其他部分相同。

②接缝处应紧密、连接平顺,不得产生明显的接缝离析。上下层的纵缝应错开15cm(热接缝)以上或30~40cm(冷接缝)。相邻两幅及上下的横向接缝均应错位1m以上。接缝施工应用3m直尺检查,确保平整度符合要求。

③纵向接缝:

a. 不碾压,作为后续部分的基准面,然后作跨缝碾压以消除缝迹。

b. 当半幅施工或因特殊原因而产生纵向冷接缝时,宜加设挡板或加设切刀切齐,也可在混合料尚未完全冷却前用镐刨除边缘从而留下毛茬的方式,但不宜在冷却后采用切割机作纵向切缝。加铺另半幅前应涂洒少量沥青,在已铺层上重叠5~10cm,再铲走铺在前半幅上面的混合料,碾压时由边向中碾压留下10~15cm,再跨缝挤紧压实。或者先在已压实路面上行走碾压新铺层15cm左右,然后压实新铺部分。

④横向接缝:

a. 横向施工缝全部采用平接缝,继续摊铺前将切缝上的灰浆清除,薄涂少量黏层油,摊铺机熨平板从接缝后起步摊铺,碾压时用钢筒压路机进行横向压实,逐渐移向新铺面层。并注意设置整平板的高度,为碾压留出适当的预留量。

b. 横向接缝碾压首先用双钢轮压路机横向碾压,压路机开始在冷路面碾压逐渐向热路面过渡,第一次压入量为1~2cm,逐渐至压入热路面10~15cm。

c. 实行45°斜压。斜压从中间向两侧依次分开,重叠量应为1/2轮宽。

d. 实施横压。压路机由冷路面逐渐过渡到整机在热路面上横压,根据接缝处混合料温度的变化,这一过程可以实施振动压实。

⑤横接缝碾压温度一般比正常碾压温度低5~10℃。

9.2.6 开放交通

胶粉改性沥青混合料摊铺结束后,24h后或路面温度低于50℃后方可开放交通。

9.2.7 胶粉改性沥青混合料桥面铺装层的现场检测

胶粉改性沥青混凝土每 2000m² 检测一组压实水平,采用压实度和现场空隙率双指标控制,控制标准见表 9-12。

混合料压实水平的控制标准　　　　　　　　　　　表 9-12

项目	上面层	中、下面层	计算标准
压实度(%)≥	98	97	试验室标准密度
现场空隙率(%)≤	7	7	混合料最大理论密度

胶粉改性沥青路面及桥面的其他验收标准与现行路面施工技术规范中的要求一致。

第10章
寒旱区胶粉改性沥青的工程应用之四
——温拌胶粉改性沥青路面

10.1 实体试验工程概况及路面材料的要求

10.1.1 实体试验工程所在地区气候特点

乌兰察布市地处内陆,远离海洋,其气候四季分明,冬寒少雪,春燥多风,夏季凉爽,秋凉多霜。由于阴山山脉的阻隔,形成了前后山地区气候差异较大的南北气候分区,就全市而言,属典型的中温带半干旱大陆性季风气候。受干燥寒冷的蒙古冷高压控制,气温很低。年平均气温在 0~6℃之间。冬季寒冷漫长,平均气温在 -15℃以下,-20℃以下的严寒日数平均在 47~75d;春季干燥多风,大风日数可达 60d;夏季短促湿热,降水集中,平均气温在 17~22℃之间;秋季降湿剧烈,霜冻较早,南部地区秋霜偏早的概率在 20%,北部地区为 43%。年降水量在 150~450mm 之间,南部多于北部,东部多于西部。年平均太阳总辐射量为5500~6200MJ/m²,年平均日照时数为 2775~3080h。

由表 10-1 统计数据可以看出,乌兰察布地区一年的最大温差可以接近 67℃,这样极端的天气条件,对胶粉改性沥青混凝土的低温特性提出了更高的要求。另据气象资料,乌兰察布地区最大降温幅度在 4℃/h,温度骤降将会限制需要在高温条件下施工的胶粉改性沥青混凝土在更大范围的应用,因此,选择合适的温拌胶粉改性沥青技术尤为重要。

乌兰察布市气象资料统计 表 10-1

月份(月)	平均最高气温(℃)	平均最低气温(℃)	历史最高气温(℃)	历史最低气温(℃)
1	-5	-18	8	-30
2	-2	-15	10	-24
3	7	-7	21	-20
4	14	1	28	-13
5	20	7	32	-4
6	23	10	30	0
7	26	13	37	0
8	23	11	32	0

月份(月)	平均最高气温(℃)	平均最低气温(℃)	历史最高气温(℃)	历史最高气温(℃)
9	16	5	29	-2
10	10	-1	23	-14
11	2	-9	15	-22
12	-4	-16	7	-26

10.1.2 依托工程简介

项目依托 S102 线崞县窑至凉城段公路项目,是省道 102 线呼和浩特至右玉公路的重要组成部分,是内蒙古自治区首府呼和浩特市经凉城县通往山西省的重要公路通道。路线总体呈西北至东南走向,起点位于呼和浩特市与乌兰察布市交界处,与拟建呼和浩特至崞县窑段公路顺接,终点位于凉城县红旗营,接拟建国道 512 线丰镇至凉城段公路,路线全长 52.227km,全线采用双向四车道一级公路标准建设,设计时速 80km,路基宽度 24.5m。全线设互通立交 1 处,分离立交 3 处,大桥 12 座,中桥 10 座,收费站、养护工区各 1 处。全线采用沥青混凝土路面,桥涵与路基同宽,桥涵设计汽车荷载为公路—Ⅰ级,其他技术指标符合原交通部颁发的《公路工程技术标准》(JTG B01—2003)中的规定。

项目铺筑了 1km 温拌 60 目胶粉改性沥青路面,结合路面结构层设计,分别铺筑 AC-20 和 AC-16 两种路面结构的温拌胶粉改性沥青混合料。

10.1.3 生产混合料性能验证

10.1.3.1 混合料级配设计

如表 10-2、图 10-1、表 10-3、图 10-2 所示,AC-20、AC-16 混合料级配设计均满足《公路沥青路面施工技术规范》(JTG F40—2004)的规定,但是混合料设计中由于胶粉改性沥青的高黏性,混合料基本按照 AR-16 和 AR-20 的混合料级配的中线设计,以达到体积指标和性能指标的要求。

AC-20 混合料级配设计   表 10-2

项目	确定级配(%)	筛孔尺寸(mm)											
		26.5	19	16	13.2	9.5	4.75	2.36	1.18	0.6	0.3	0.15	0.075
10~20	10	100.0	77.9	13.1	1.5	0.1	0.1	0.1	0.1	0.1	0.1	0.1	0.0
10~18	37	100.0	100.0	77.9	35.1	1.7	0.0	0.0	0.0	0.0	0.0	0.0	0.0
5~10	24	100.0	100.0	100.0	100.0	95.6	0.0	0.0	0.0	0.0	0.0	0.0	0.0
0~3	26	100.0	100.0	100.0	100.0	100.0	100.0	74.7	48.2	31.9	21.7	18.0	11.2
矿粉	3	100.0	100.0	100.0	100.0	100.0	100.0	100.0	100.0	100.0	100.0	96.7	80.4

项目	确定级配(%)	筛孔尺寸(mm)											
		26.5	19	16	13.2	9.5	4.75	2.36	1.18	0.6	0.3	0.15	0.075
AC-20工程级配下限		100.0	90.0	78.0	62.0	50.0	26.0	16.0	12.0	8.0	5.0	4.0	3.0
AC-20工程级配上限		100.0	100.0	92.0	80.0	72.0	56.0	44.0	33.0	24.0	17.0	13.0	7.0
AC-20级配中值		100.0	95.0	85.0	71.0	61.0	41.0	30.0	22.5	16.0	11.0	8.5	5.0
AR-20工程级配下限		100	90	77	64	47	23	18	13	10	7	5	4
AR-20工程级配上限		100	100	88	76	59	33	27	23	17	13	10	8
AR-20级配中值		100	95	82.5	70	53	28	22.5	18	13.5	10	7.5	6
合成级配	100	100.0	97.8	83.1	66.1	52.6	29.0	22.5	15.6	11.3	8.7	7.6	5.3

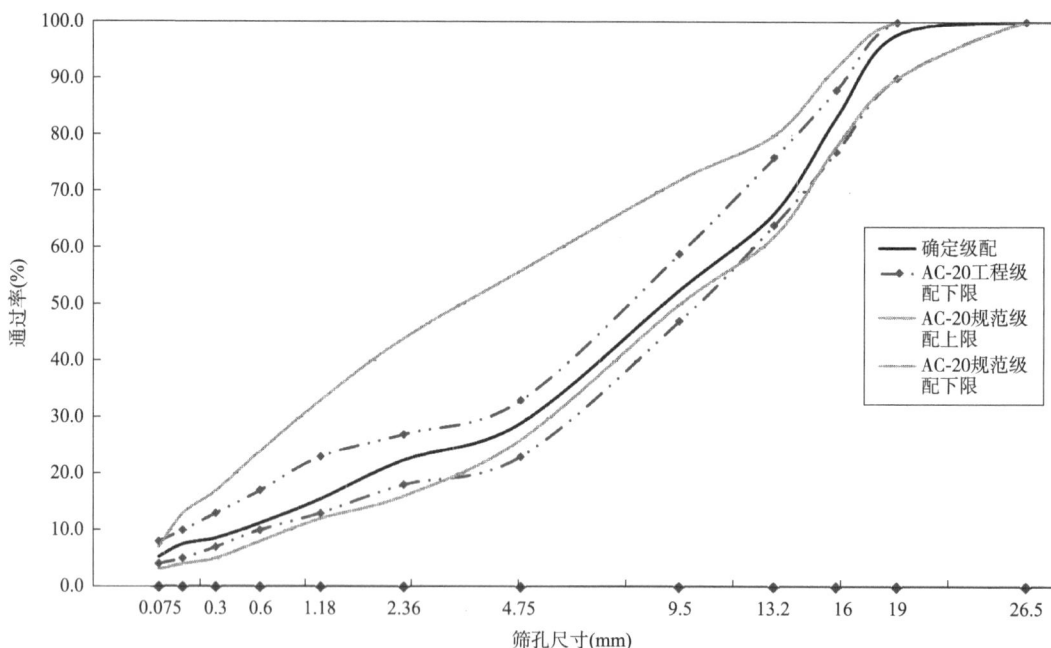

图 10-1 AC-20 混合料级配曲线

AC-16 混合料级配设计   表 10-3

筛孔尺寸(mm)	确定级配(%)	26.5	19	16	13.2	9.5	4.75	2.36	1.18	0.6	0.3	0.15	0.075
10~18	37	100.0	100.0	94.1	57.5	7.1	0.0	0.0	0.0	0.0	0.0	0.0	0.0
5~10	34	100.0	100.0	100.0	100.0	94.9	19.8	0.0	0.0	0.0	0.0	0.0	0.0
0~3	25	100.0	100.0	100.0	100.0	100.0	100.0	77.8	56.6	40.6	27.8	23.0	13.7
矿粉	4	100.0	100.0	100.0	100.0	100.0	100.0	100.0	100.0	100.0	100.0	96.7	80.4

续上表

筛孔尺寸（mm）	确定级配（%）	26.5	19	16	13.2	9.5	4.75	2.36	1.18	0.6	0.3	0.15	0.075
AC-16 工程级配下限			100.0	100.0	90.0	76.0	60.0	34.0	20.0	13.0	9.0	7.0	5.0	4.0
AC-16 工程级配上限			100.0	100.0	100.0	92.0	80.0	62.0	48.0	36.0	26.0	18.0	14.0	8.0
AC-16 级配中值			100.0	100.0	95.0	84.0	70.0	48.0	34.0	24.5	17.5	12.5	9.5	6.0
AR-16 工程级配下限			100.0	100.0	90.0	78.0	55.0	28.0	15.0	—	8.0	—	—	4.0
AR-16 工程级配上限			100.0	100.0	100.0	92.0	75.0	42.0	25.0	—	15.0	—	—	8.0
AR-16 级配中值			100.0	100.0	95.0	85.0	65.0	35.0	20.0	—	11.5	—	—	6.0
合成级配		100	100.0	100.0	97.8	84.3	63.9	35.7	23.5	18.2	14.2	11.0	9.6	6.6

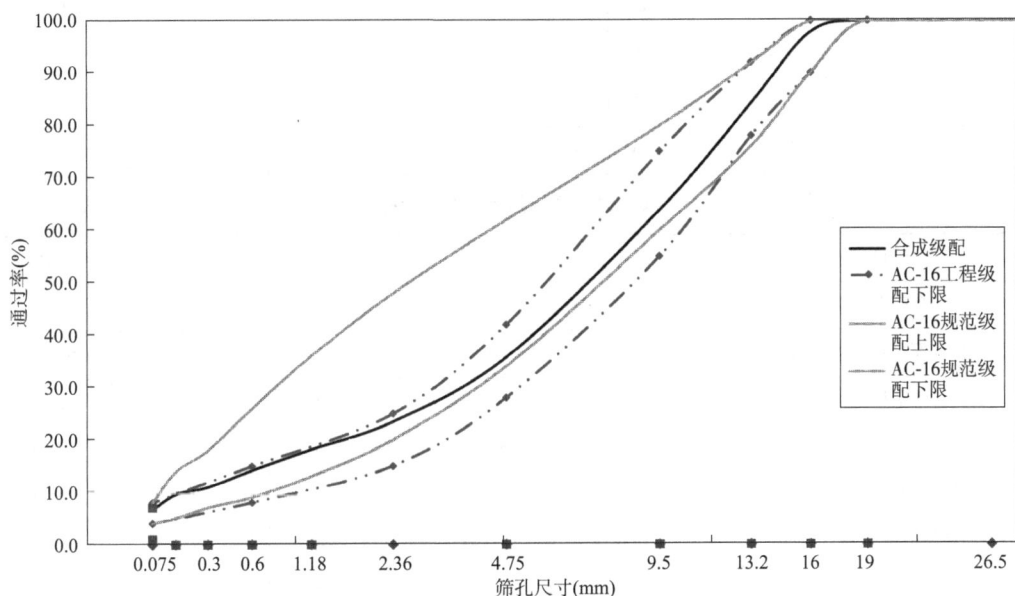

图 10-2　AC-16 混合料级配曲线

10.1.3.2　确定最佳沥青用量

根据确定的混合料级配组成，分别采用马歇尔击实法确定 AC-20 最佳沥青用量为 5.3%，AC-16 最佳沥青用量为 5.4%。在最佳沥青用量条件下，AC-20 和 AC-16 沥青混合料主要体积指标分别见表 10-4、表 10-5。

AC-20 沥青混合料体积指标　　　　　　　　　　表 10-4

试件编号	1	2	3	4	平均值
沥青用量（%）	5.3				
试件厚度（平均）（mm）	63.52	63.44	63.12	63.72	63.5
空气中称量 m_a（g）	1211.1	1216.1	1204.7	1214.2	1211.5

续上表

试件编号	1	2	3	4	平均值
水中称量 m_w(g)	722.8	725.6	718.0	724.4	722.7
饱和面干称量 m_f(g)	1213.5	1218.3	1206.4	1216.8	1213.8
试件毛体积相对密度	2.4681	2.4682	2.4666	2.4659	2.467
最大相对理论密度	计算值	2.564	实测值		
空隙率 AV(%)	3.7	3.7	3.8	3.8	3.8
Pbe=4.7				粉胶比=1.1	
矿料间隙率 VMA(%)	15.60	15.60	15.65	15.68	15.6
沥青饱和度 VFA(%)	75.99	76.01	75.70	75.55	75.8
粗集料间隙率 $VCA_{4.75}$(%)	40.09	40.09	40.13	40.15	40.1
粗集料间隙率 $VCA_{2.36}$(%)	34.55	34.55	34.59	34.61	34.6
稳定度(kN)	10.0	9.6	9.6	8.7	9.5
流值(mm)	3.08	2.99	3.13	3.05	3.1

AC-16 沥青混合料体积指标　　表 10-5

试件编号	1	2	3	4	平均值
沥青用量(%)	5.4				
试件厚度(平均)(mm)	63.62	63.41	63.57	63.42	63.5
空气中称量 m_a(g)	1173.2	1171.4	1170.6	1174.7	1172.5
水中称量 m_w(g)	685.4	684.8	684.5	685.9	685.2
饱和面干称量 m_f(g)	1175.9	1174.7	1174.1	1178.5	1175.8
试件毛体积相对密度	2.3918	2.3911	2.3909	2.3847	2.390
最大相对理论密度	计算值	2.497	实测值		
空隙率 AV(%)	4.2	4.2	4.2	4.5	4.3
Pbe=4.9				粉胶比=1.24	
矿料间隙率 VMA(%)	17.97	17.99	18.00	18.21	18.0
沥青饱和度 VFA(%)	76.64	76.51	76.48	75.38	76.3
粗集料间隙率 $VCA_{4.75}$(%)	47.29	47.31	47.31	47.45	47.3
粗集料间隙率 $VCA_{2.36}$(%)	37.21	37.23	37.24	37.40	37.3
稳定度(kN)	9.3	8.6	8.2	8.7	8.7
流值(mm)	3.38	3.29	5.33	3.45	3.9

10.1.3.3　冻融劈裂试验

在规定条件下对沥青混合料进行冻融循环,测定混合料试件在受到水损害前后劈裂破坏的强度比,可以有效地评价沥青混合料的水稳定性。采用马歇尔击实法分别成型 AC-20、AC-16 混合料试件,并将试件分别随机分为两组,一组置于(-18 ±2)℃保持(16 ±1)h,然后将冻结后的试件置于(60 ±0.5)℃的恒温水槽中保温 24h,另一组置于常温下保存,最后将两组试件置于(25 ±0.5)℃的恒温水槽中不少于 2h,进行劈裂试验。AC-20 和 AC-16 沥青混合料冻融劈裂试验结果见表 10-6、表 10-7。

AC-20 沥青混合料冻融劈裂试验结果 表 10-6

冻融循环后第一组试件					
试件编号	1	3	5	7	平均
最大相对理论密度	2.564				
试件高度(mm)	63.40	63.90	63.80	63.50	63.7
空气中称量(g)	1189.50	1190.28	1191.35	1192.29	
水中称量(g)	704.45	704.35	703.36	705.02	
饱和面干称量(g)	1196.72	1196.37	1197.18	1199.71	
试件毛体积相对密度	2.4164	2.4192	2.4125	2.4102	2.415
试件空隙率(%)	5.76	5.65	5.91	6.00	5.8
真空保水水中称量(g)	711.10	712.70	714.30	714.50	
真空饱水后在空气中的表干称量(g)	1216.60	1214.90	1217.30	1220.30	
试件吸水率(%)	3.93	3.69	4.00	4.07	3.9
试件饱和度(%)	68.29	65.35	67.67	67.84	67.3
力值(N)	9040	9060	9010	8970	9020
劈裂强度(MPa)	0.90	0.89	0.89	0.89	0.89
冻融循环前第二组试件					
试件编号	2	4	6	8	平均
试件高度(mm)	63.60	64.10	64.00	64.20	64.0
空气中称量(g)	1192.47	1192.20	1191.97	1192.09	
水中称量(g)	708.83	705.99	706.86	708.53	
饱和面干称量(g)	1201.38	1197.80	1199.68	1201.08	
试件毛体积相对密度	2.4210	2.4241	2.4187	2.4202	2.421
试件空隙率(%)	5.58	5.46	5.67	5.61	5.6
应力环读数(0.01mm)	100.00	97.00	108.00	103.00	
力值(N)	10610	10700	11480	9930	10680
劈裂强度(MPa)	1.05	1.05	1.13	0.97	1.05
冻融劈裂强度比 TSR(%) =84.76					

AC-16 沥青混合料冻融劈裂试验结果 表 10-7

冻融循环后第一组试件					
试件编号	1	3	5	7	平均
最大相对理论密度	2.497				
试件高度(mm)	63.40	63.90	63.80	63.50	63.7
空气中称量(g)	1173.37	1173.33	1171.58	1172.65	
水中称量(g)	679.69	681.26	678.64	677.32	
饱和面干称量(g)	1181.63	1182.54	1180.29	1179.11	
试件毛体积相对密度	2.3377	2.3407	2.3354	2.3369	2.338
试件空隙率(%)	6.38	6.26	6.47	6.41	6.4
真空保水水中称量(g)	711.10	712.70	714.30	714.50	
真空饱水后在空气中的表干称量(g)	1216.60	1214.90	1217.30	1220.30	
试件吸水率(%)	6.92	6.44	7.36	8.14	7.2
试件饱和度(%)	108.44	102.93	113.72	127.03	113.0
力值(N)	10100	11020	11000	9210	10333
劈裂强度(MPa)	1.00	1.08	1.08	0.91	1.02
冻融循环前第二组试件					
试件编号	2	4	6	8	平均
试件高度(mm)	63.60	64.10	64.00	64.20	64.0
空气中称量(g)	1173.01	1192.20	1191.97	1192.09	
水中称量(g)	678.06	705.99	706.86	708.53	
饱和面干称量(g)	1179.84	1197.80	1199.68	1201.08	
试件毛体积相对密度	2.3377	2.4241	2.4187	2.4202	2.400
试件空隙率(%)	6.38	5.46	5.67	5.61	5.78
应力环读数(0.01mm)	100.00	97.00	108.00	103.00	
力值(N)	11910	10700	11480	9930	11005
劈裂强度(MPa)	1.18	1.05	1.13	0.97	1.08
冻融劈裂强度比 TSR(%) =94.4					

由室内试验可知,温拌胶粉改性沥青混合料冻融劈裂强度比满足《公路沥青路面施工技术规范》(JTG F40—2004)设计要求,表明温拌胶粉改性沥青混合料具有良好的水稳定性。

10.1.3.4 混合料车辙试验

采用车辙试验测定沥青混合料的高温抗车辙能力,以表征混合料的高温稳定性。采用轮碾仪成型 300mm × 300mm × 50mm 的标准车辙板试件,并置于常温环境下放置 48h,使改性沥青充分固化。将车辙板试件置于恒温室中,保温 6h,进行车辙试验,试验结果见表 10-8、表 10-9。

AC-20 沥青混合料车辙试验结果 表 10-8

混合料类型		AC-20		沥青含量(%)		5.3
试验温度(℃)		60		试件制作方法		轮碾法
成型密度(g/cm³)		2.382		轮压(MPa)		0.7
集料规格(mm)	石灰岩 10 ~ 20	石灰岩 10 ~ 18	石灰岩 5 ~ 10	石灰岩 0 ~ 3		矿粉
组成比例(%)	10	37	24	26		3
试件编号	时间 t_1 时的变形量(mm)	时间 t_2 时的变形量(mm)	变形量之差(mm)	动稳定度(次/mm) 单值	动稳定度(次/mm) 平均值	标准差(次/mm)	变异系数(%)
1	1.948	2.034	0.086	7326	7358	217.49	2.96
2	1.796	1.884	0.088	7159			
3	1.854	1.937	0.083	7590			
动稳定度规定值(次/mm)				>6000			

AC-16 沥青混合料车辙试验结果 表 10-9

混合料类型		AC-16		沥青含量(%)		5.4
试验温度(℃)		60		试件制作方法		轮碾法
成型密度(g/cm³)		2.305		轮压(MPa)		0.7
集料规格(mm)	石灰岩 10 ~ 18		石灰岩 5 ~ 10	石灰岩 0 ~ 3		矿粉
组成比例(%)	37		35	24		4
试件编号	时间 t_1 时的变形量(mm)	时间 t_2 时的变形量(mm)	变形量之差(mm)	动稳定度(次/mm) 单值	动稳定度(次/mm) 平均值	标准差(次/mm)	变异系数(%)
1	1.885	1.986	0.101	6238	6455	200.02	3.10
2	1.868	1.965	0.097	6495			
3	1.96	2.055	0.095	6632			
动稳定度规定值(次/mm)				>6000			

结果表明,温拌胶粉改性沥青混合料动稳定度满足《公路沥青路面施工技术规范》(JTG F40—2004)设计要求,表明温拌胶粉改性沥青混合料具有良好的高温稳定性。

10.1.3.5　温拌与热拌沥青混合料性能对比分析

为进一步对比分析热拌沥青混合料与温拌沥青混合料间的性能差异,对比分析了 60 目的胶粉改性剂和混合目的胶粉改性剂在两种拌和状态下混合料的高温性能、低温性能和水稳定性,研究结果见表 10-10 和图 10-3 ~ 图 10-6。

研究结果表明,相同粒径胶粉改性剂条件下,温拌沥青混合料的高温性能和低温性能均优于热拌沥青混合料,水稳定性虽略低于热拌沥青混合料,但差异并不明显,表明采用温拌技术可以有效提高胶粉改性沥青混合料的高、低温性能,并有效降低混合料的拌和、施工温度,具有良好的社会经济、环保效益。

温拌与热拌沥青混合料性能结果 表 10-10

混合料类型	高温性能	低温性能	水稳定性	
	车辙试验	小梁弯曲试验	浸水马歇尔试验	冻融劈裂试验
	规范值			
	≥2400 次/mm	≥2800με	≥80%	≥75%
热拌 60 目	4381	2842	95	89
温拌 60 目	6462	3292	95	86
热拌混合目	4850	2810	94	85
温拌混合目	7087	3078	93	85

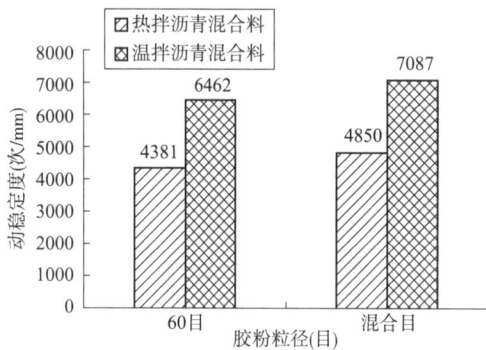

图 10-3　车辙试验

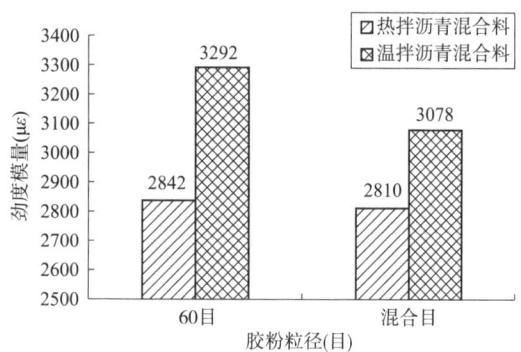

图 10-4　小梁弯曲试验

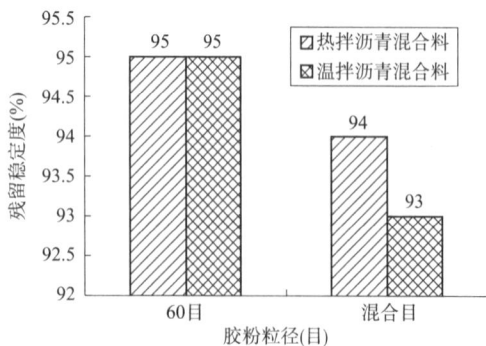

图 10-5　浸水马歇尔试验

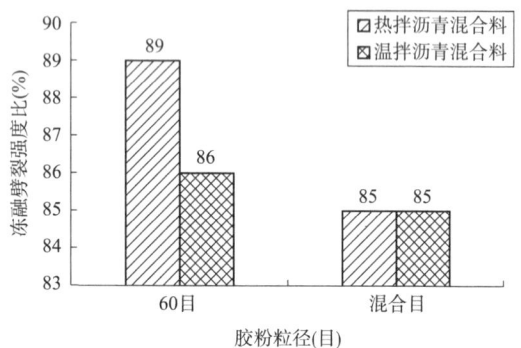

图 10-6　冻融劈裂试验

10.1.3.6　汉堡车辙试验结果分析

(1)汉堡车辙试验方法

汉堡车辙试验(Hamburg Wheel-tracking Test)用于测定沥青混合料的水稳定性及抗车辙

性能。汉堡车辙试验的评价指标有最大车辙深度（Rutting Depth）、蠕变线（Rutting Slope）、剥落拐点（Stripping Inflection Point）、剥落线（Stripping Slope）等，如图 10-7 所示。蠕变线用于评价沥青混合料的抗车辙性能，剥落拐点及剥落线用于评价沥青混合料的水稳定性。最大车辙深度则综合反映了沥青混合料的路用性能。

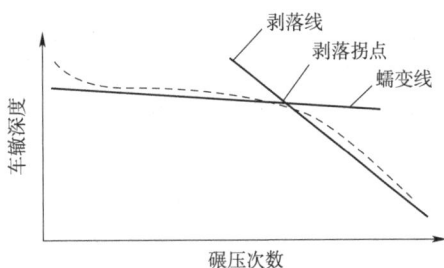

图 10-7 车辙试验曲线示意图

关于汉堡车辙试验的评价指标，美国科罗拉多州交通部认为，当剥落拐点小于 10000 次时，沥青混合料水稳定性能较差。美国国家沥青技术中心（NCAT）基于密级配沥青路面的水损害、车辙与汉堡车辙试验相关性的研究结果，建议碾压 10000 次时最大变形深度不应超过 4mm，碾压 20000 次时最大变形深度不应超过 10mm。得克萨斯州交通部（TxDOT）公路施工及维护规范根据沥青胶结料的 PG 等级提出相应的指标要求，如表 10-11 所示。

得克萨斯州汉堡车辙试验要求   表 10-11

沥青胶结料等级	碾压以下次数时，车辙深度不高于 12.7mm（试验温度为 50℃）
PG64 或更低	10000
PG70	15000
PG76 或更高	20000

我国常用车辙试验。汉堡车辙试验是目前测试沥青混合料水敏感性和抗车辙性能试验条件最苛刻的试验之一。而且汉堡车辙试验结果与沥青混合料的现场性能具有良好的相关

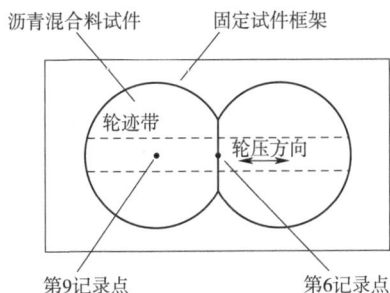

图 10-8 车辙试验变形记录点

性，因此能达到汉堡车辙试验指标要求的沥青混合料一般都具有优良的路用性能。

车辙试验系统自动记录左右轮辙共 11 个点的变形，最大变形一般发生在第 6 点，但由于第 6 点是两块试件的接缝处，不能真实反映混合料的实际变形，因此取第 9 点（或第 3 点）的变形评价沥青混凝土的变形（图 10-8）。本次汉堡车辙试验按照 ASHTO T324 和美国得克萨斯州 Tex-242-F 的试验方法进行。试验温度为 50℃（浸水）。

（2）试验结果分析

芯样由施工单位在现场监理监督下取出送检。试件的汉堡车辙试验结果如表 10-12 所示。车辙试验变形曲线见图 10-9、图 10-10。

从汉堡车辙试验结果分析，胶粉改性沥青 AC-16 和 AC-20 混合料的抗车辙性能都能满足车辙深度不大于 12.7mm 的要求，证明可以满足道路的高温性能和抗水损害性能。

从温拌和非温拌角度分析，AC-16 和 AC-20 混合料在温拌条件下的抗车辙性能较非温拌沥青混合料提高 20% 以上，因此对于胶粉改性沥青，采用温拌技术可以保证混合料的高温稳定性。

汉堡车辙试验结果

表 10-12

芯样编号	变形记录点	碾压15000次变形量（mm）	碾压20000次变形量（mm）	备注
芯样(一)温拌 AC-16	左轮第3点	3.99	4.20	1#
芯样(二)非温拌 AC-16	左轮第9点	5.07	5.60	2#
芯样(三)非温拌 AC-20	右轮第3点	8.63	10.87	6#
芯样(四)温拌 AC-20	右轮第9点	7.17	8.77	8#

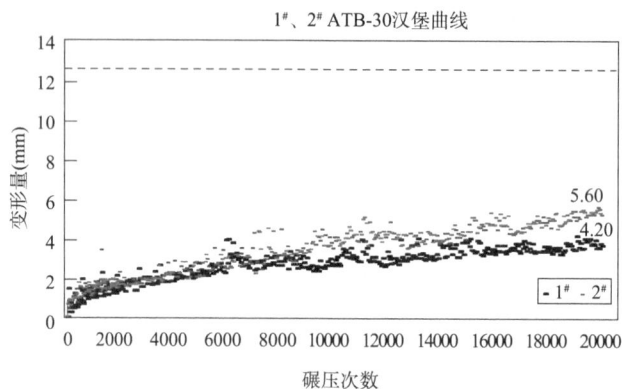

图 10-9 AC-16 汉堡车辙试验结果

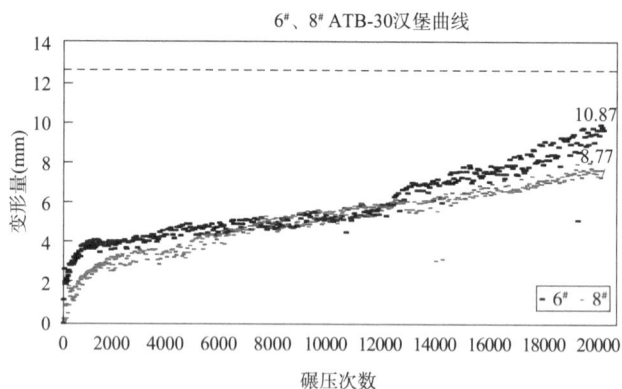

图 10-10 AC-20 汉堡车辙试验结果

10.2 施工工艺研究

10.2.1 温拌剂及温拌沥青

10.2.1.1 温拌剂作用机理

SDKY 表面活性剂型温拌剂富集在石料与沥青的界面,在沥青混合料生产、摊铺及碾压过程中,温拌剂在界面起到润滑作用,使沥青混合料拌和温度较热拌沥青混合料相应下降30℃以上。SDKY温拌剂具有抗剥落增强功能,加入0.3% ~0.7%SDKY的沥青与集料的黏附性等级可以达到5级。

在理论方面,由于表面活性剂的加入减小了沥青和石料界面的接触角,因而在拌和过程中能使沥青更好地在石料上铺展开来,浸润到基质沥青无法进入的微小缝隙中,有助于提高沥青混合料的裹覆性能。由于表面活性剂分子一端为亲水基,一端为亲油基,在沥青中亲油基的一端聚集形成胶束,沥青与集料拌和后,表面活性剂分子会向沥青与集料的界面发生迁移,亲油基的一端与沥青结合,形成一层润滑层,亲水基由于接入抗剥落加强成分,能牢牢吸附在集料表面。在压实过程中,由于压路机的剪切压实作用和集料与沥青界面亲油基的润滑作用,沥青混合料的施工和易性和可压实性能得到提高,从而使路面容易被压实。但以上分析仅是理论推测,缺乏相应的试验证明。为充分体现SDKY温拌剂的温拌机理,借助SHRP胶结料评价体系中的动态剪切流变仪(DSR)进行试验。动态剪切流变试验(图10-11、图10-12)的结论为当剪切速率达到一定值时,温拌沥青的黏度显著降低,同时对应的剪切应力出现屈服应力,而基质沥青的黏度则在剪切速率增加过程中保持不变。

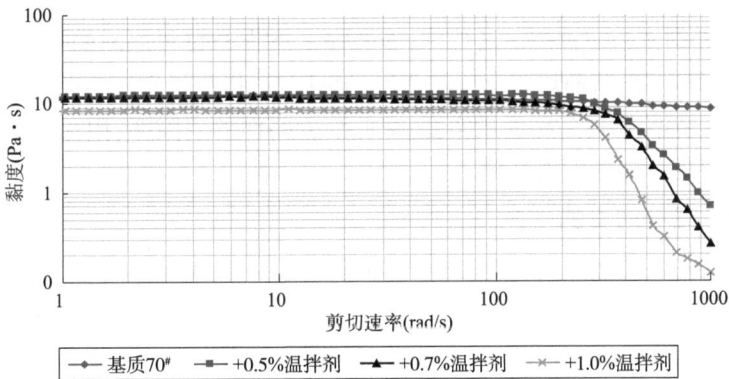

图 10-11　动态剪切流变试验沥青黏度与剪切速率关系曲线

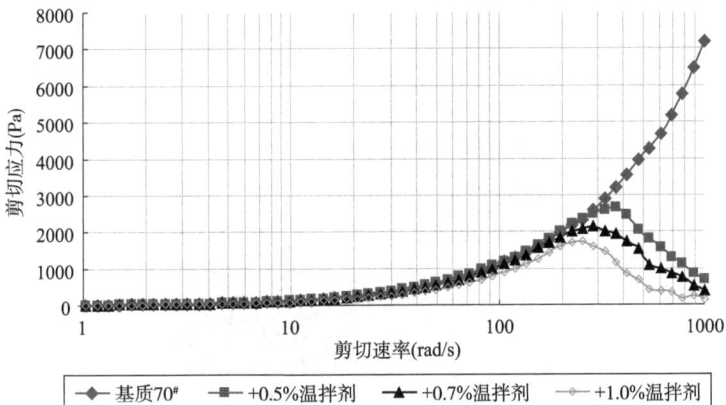

图 10-12　动态剪切流变试验剪切应力与剪切速率关系曲线

在沥青的泵送、混合料的拌和、压路机的碾压过程中,由于温拌剂的加入,在机械力的作用下,使得温拌沥青黏度急剧降低,从而达到温拌的目的。

SDKY 温拌剂对于混合料来说具有很好的抗剥落功能,其作用机理体现在以下几个方面。

①我国绝大部分道路采用的集料为硅酸盐类或碳酸盐类,其中含有大量的 SiO_2。众所周知,H_2O 为极性物质,会电离出 H^+ 和 OH^-,而沥青中各组分极性相对较弱,因而 SiO_2 中的 O^{2-} 更容易与 H_2O 电离出的 H^+ 相结合,这也是沥青混合料容易被水剥离的原因。但 SDKY 温拌剂中含有大量的胺类物质,能够电离出大量的 NH_2^+,NH_2^+ 电荷要比 H^+ 强得多,因而跟负电荷结合的能力也强得多,更容易与石料紧密结合,这也是很多胺类物质可以作为抗剥落剂的原因(图 10-13)。同时,SDKY 温拌剂中的胺类物质热稳定性很好,高温不容易分解,能够长期起到抗剥落的作用。

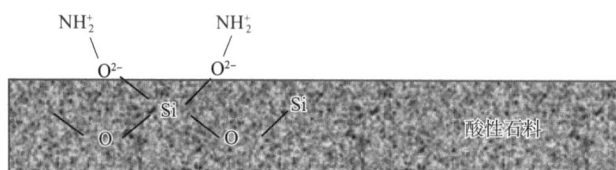

图 10-13　温拌剂的抗剥落机理

②SDKY 温拌剂作为一种表面活性剂,能够降低沥青与集料之间的界面张力,使沥青更好地浸润集料毛细空隙,从而增强沥青与集料的黏附性,提高抗剥落的能力。

③SDKY 温拌剂能够提高路面压实度,降低沥青路面的空隙率,因而降低路面的渗水系数,路面受水侵害的可能性大大降低。

10.2.1.2　温拌沥青的生产

温拌剂添加方式:①在卸沥青时,将温拌剂随沥青一起卸入卸油池,泵送至沥青罐中搅拌 45~60min,或循环 3~5h 即可使用(图 10-14);②直接将温拌剂从沥青罐观察口倒入沥青罐中,开启搅拌装置搅拌 1h 左右或循环 3~5h 即可使用。

图 10-14　沥青温拌剂投放

1t 沥青中添加 3~7kg 温拌剂,同时起到抗剥落增强功能,不用另外添加抗剥落剂。

10.2.2　混合料拌和

混合料生产采用集中厂拌法,选用稳定土拌和站(图10-15)拌和,拌锅采用单拌缸形式。温拌剂掺量为沥青用量的0.6%,直接投入沥青罐中,与沥青充分拌和均匀,以达到对沥青混合料温拌改性的效果。通过加入温拌剂,可以降低沥青混合料拌和温度20~30℃,具有良好的节能、减排效果。

图 10-15　混合料拌和站

10.2.3　混合料运输

为尽量减少混合料的离析现象,采用小型运输车运输混合料,在装料前先将货箱清理干净,并在货箱内均匀地涂刷一层隔离剂,防止混合料黏结在车厢上。如图10-16、图10-17所示,混合料运输过程中,采用双层帆布覆盖,并绑扎牢固,防止表面混合料降温结成硬壳,同时运输过程中保持运输车缓慢、匀速行驶,以防漏料。

图 10-16　混合料出料图

图 10-17　混合料运输

10.2.4　混合料摊铺

采用摊铺机摊铺混合料(图10-18),在摊铺施工前,摊铺机熨平板预热温度达到100℃

以上。本项目采用两台摊铺机同时进行摊铺(图10-19),两台摊铺机之间的距离控制在5～10m,搭接宽度为5～10cm,以确保接缝质量,接缝位置避开了车道轮迹带。卸料过程中运料车挂空挡,靠摊铺机推动前进,以确保摊铺平整度。摊铺过程中,摊铺机沿事先标定的行车线匀速、缓慢前进,保持连续不断地摊铺,尽量避免中途停顿或随意变换方向,以提高路面平整度并减少离析现象的发生。

图10-18　混合料机械摊铺

图10-19　摊铺机同幅摊铺

10.2.5　混合料压实

本项目沥青混合料碾压采用双钢轮压路机(图10-20)和胶轮压路机(图10-21)共同施工,并辅以小型压路机对压不到的边角区域多压实2～3遍。采用的压实工艺为初压选用双钢轮压路机碾压2遍,复压选用胶轮压路机碾压4遍,以达到压实度的要求。终压紧跟复压进行,选用双钢轮压路机碾压2遍,以消除混合料表面轮迹,提高路面平整度。混合料碾压从低处向高处开始,碾压时重叠轮迹的1/3,每次由两端折回的位置呈阶梯形随摊铺机向前推进,使折回处不在同一横断面上。压实过程中不出现弹簧现象,混合料碾压均匀、密实。

图10-20　双钢轮压路机压实

图10-21　胶轮压路机压实